Niederrhein
mit dem Gravelbike

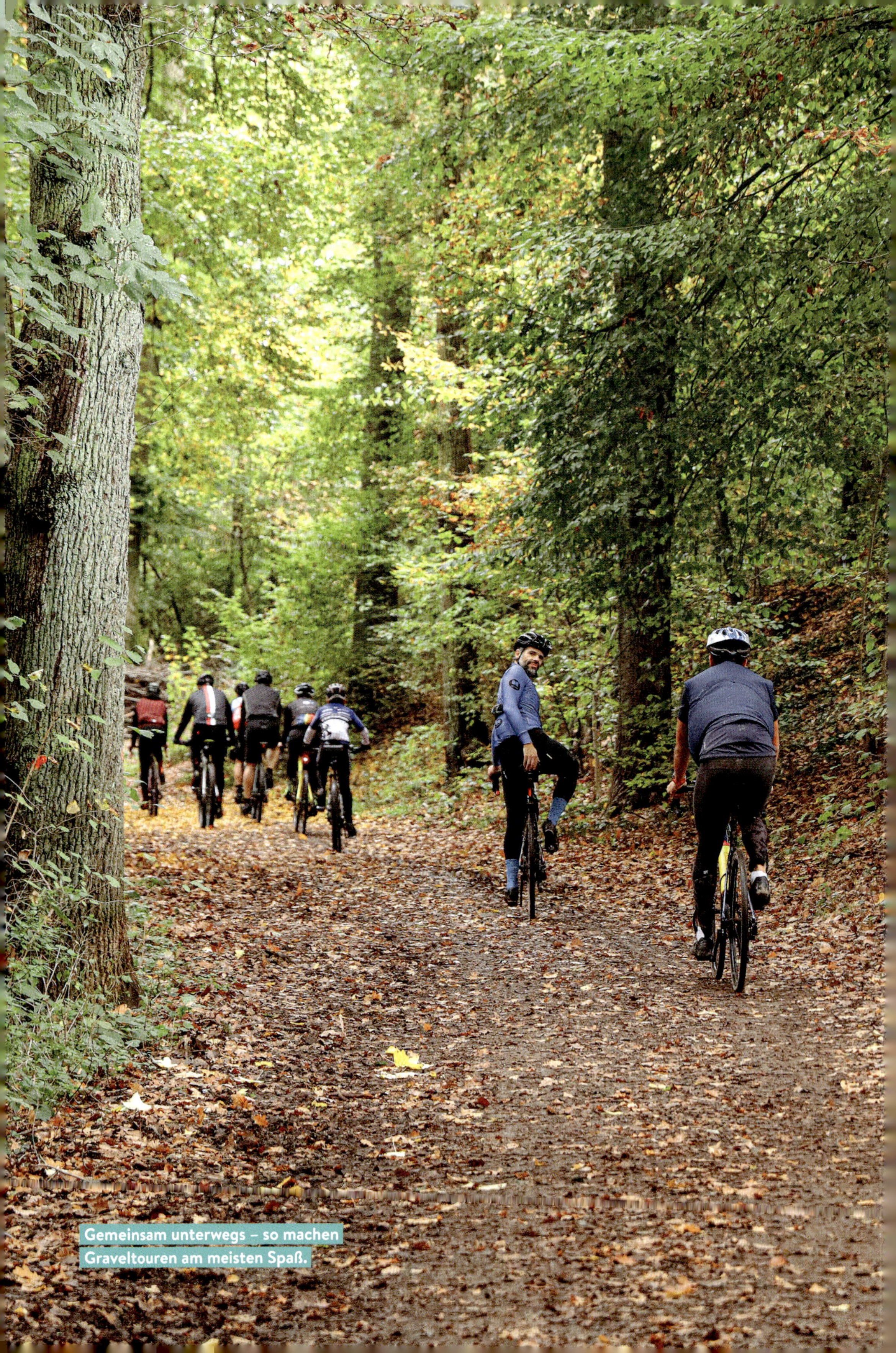

Gemeinsam unterwegs – so machen Graveltouren am meisten Spaß.

Lothar Schmidt · Johannes Pöttgens

NIEDERRHEIN MIT DEM GRAVELBIKE

22 ultimative Touren zwischen Rhein und Maas

BRUCKMANN

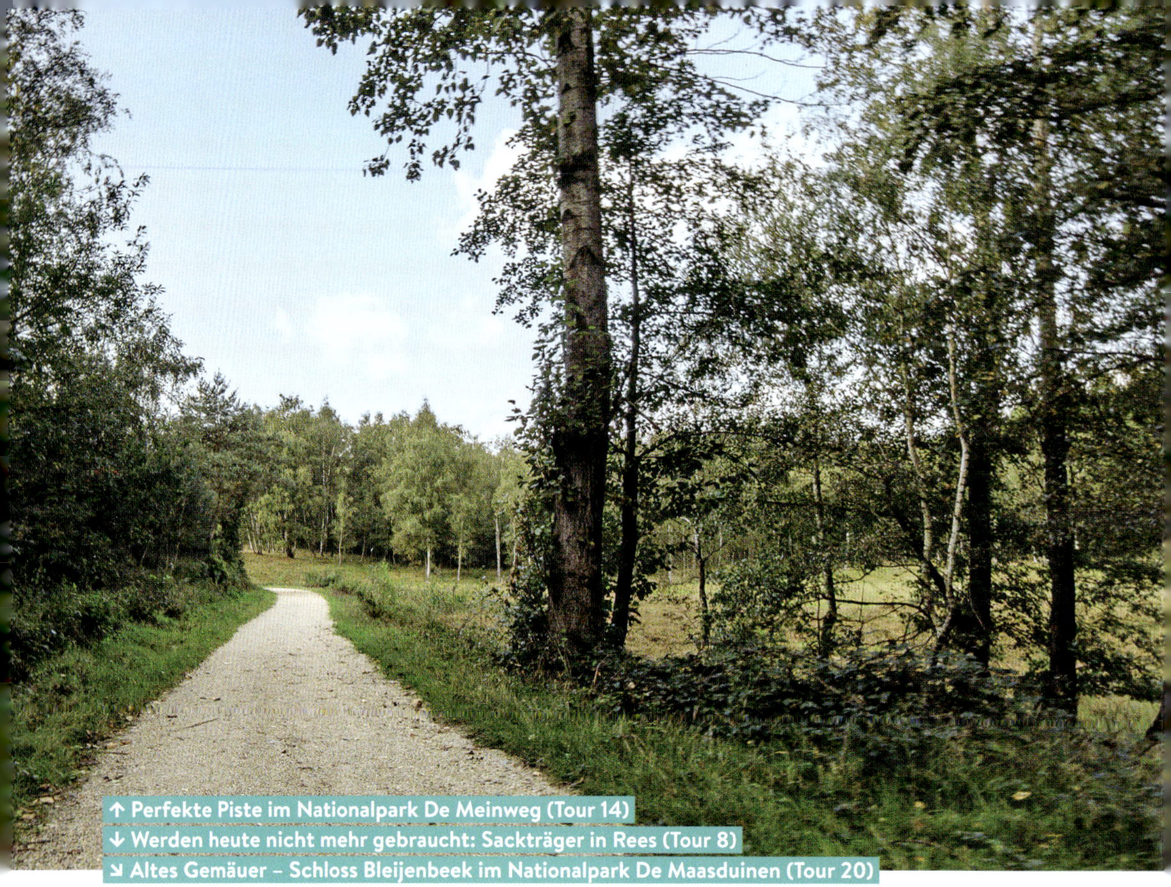

↑ Perfekte Piste im Nationalpark De Meinweg (Tour 14)
↓ Werden heute nicht mehr gebraucht: Sackträger in Rees (Tour 8)
↘ Altes Gemäuer – Schloss Bleijenbeek im Nationalpark De Maasduinen (Tour 20)

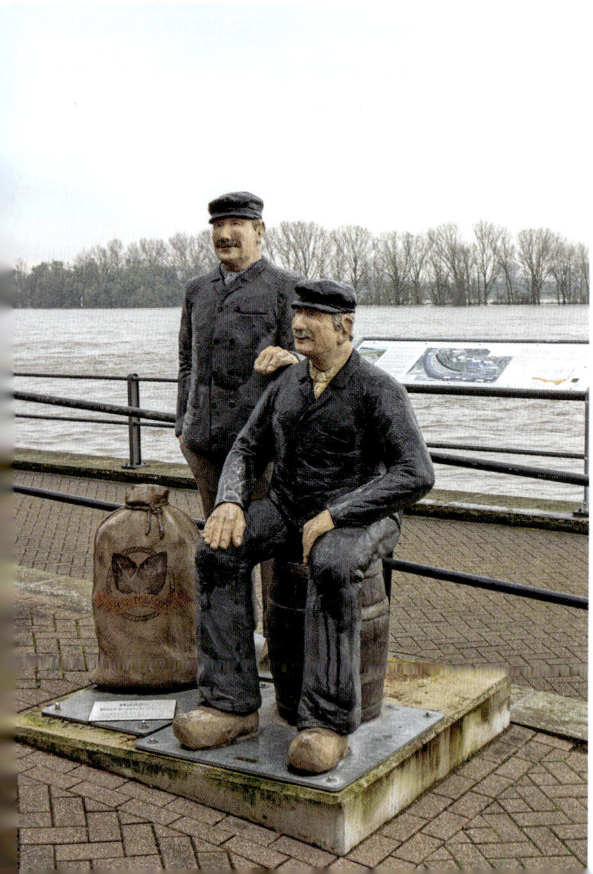

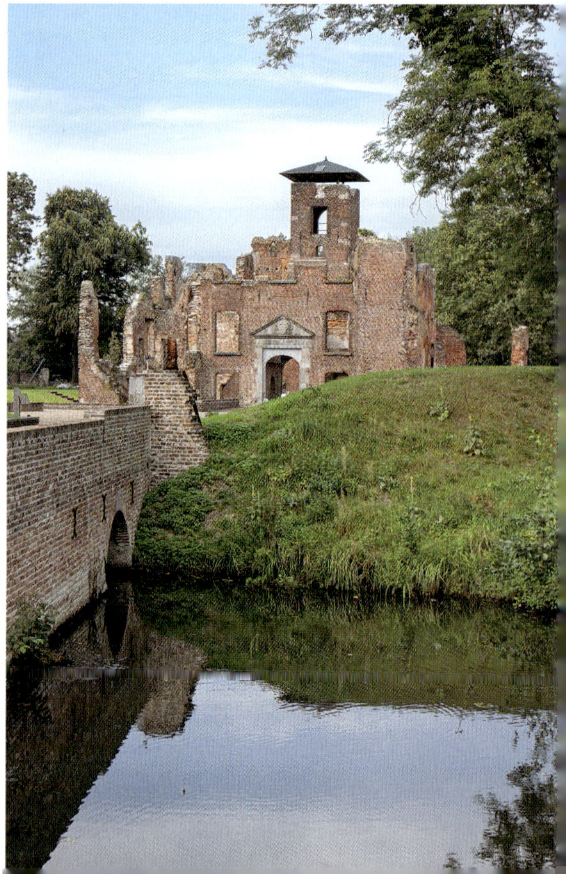

INHALT

DIE TOUREN

Bis 40 Kilometer

Bis 60 Kilometer

Bis 80 Kilometer

Bis 120 Kilometer

Zwei Tage

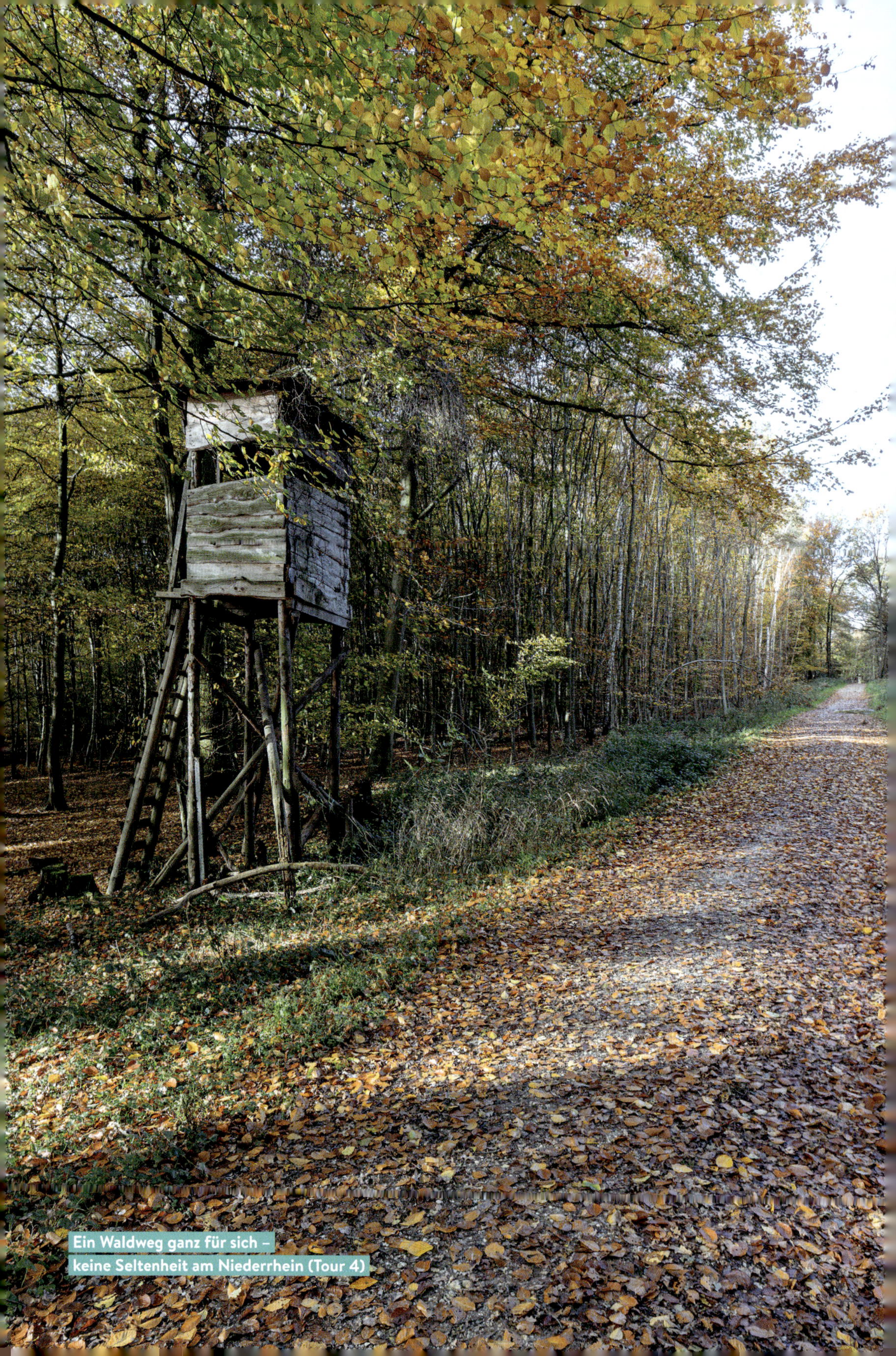

Ein Waldweg ganz für sich –
keine Seltenheit am Niederrhein (Tour 4)

Vorwort

ABENTEUER VOR DER HAUSTÜR. Unser Alltag wird immer digitaler und virtueller? Unser Leben spielt sich in Clouds und Blasen ab, während reale Erfahrungen in realen Räumen immer seltener werden? Nicht, wenn ihr auf dem Gravelbike den Niederrhein erkundet. Auf 22 flotten Touren führen wir euch auf Schleich-, Ab- und Nebenwegen, über Trails und Trassen durch die Region zwischen Rhein und Maas.

Stille Wege durch verwunschene Auenwälder, landwirtschaftliche Pisten mit und ohne Asphalt entlang sattgrüner Wiesen, Spargel-, Rot- und Grünkohlfelder. Entlang von Kanälen und Flüssen. Vorbei an Wasserschlössern und Futtersilos. Über Schotterpisten und unter Pappelalleen. Über Dünen, Halden und eiszeitliche Endmoränen. Mit Stopps an ehrlichen Lokalen.

Immer sportlich, immer gut gelaunt, egal ob auf der Kurzstrecke mit 35 oder der Grand Tour de Niederrhein mit 235 Kilometern. Auf dem Fahrrad wird die Welt wieder real.

Kommt mit, genießt die Gegenwart, wie sie ist.

Viel Spaß dabei.

Johannes Pöttgens
Lothar Schmidt

Willkommen am Niederrhein

Zwischen Rhein und Maas gibt es nur plattes Land? Nicht ganz, die Region überrascht mit eiszeitlichen Hügeln, die den Schweizer Alpen buchstäblich nahe kommen, einem Landstrich im letzten Zipfel der Republik und anderen Eigenheiten.

Niederrheinischer Radwandertag

An jedem ersten Sonntag im Juli laden 55 Städte am Niederrhein zum Radwandertag ein. Bis zu 30 000 Radfahrerinnen und Radfahrer machen mit.

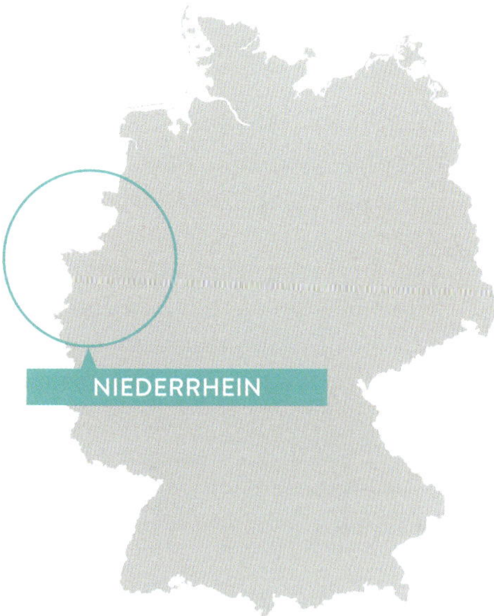

Hinschauen

»Der Niederrhein will angeguckt werden. Und dann beginnt die große Liebe. Dat is dat Geheimnis des Niederrheins. Un wer einmal am Niederrhein war, der kommt wieder.«

Hans Dieter Hüsch

+ 2000 Kilometer

Das längste Radwegenetz Deutschlands soll durch den Niederrhein führen. Bei den mehr als 2000 Kilometer Wegstrecke sind die meisten Trails und Pisten dieses Gravelbuchs noch gar nicht mitgerechnet.

Tief im Westen

Selfkant ist die westlichste Gemeinde Deutschlands. Sie ist eine der vier Gemeinden des Zipfelbunds: Der Vereinigung gehören auch die Gemeinden an, die am weitesten nördlich, östlich und südlich liegen.

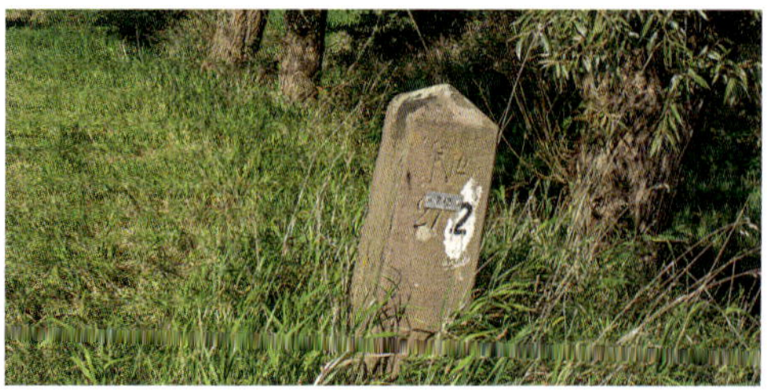

Radsport-Weisheit

Der Wind ist der Bergpass des Niederrheins. Von vorne fühlt es sich an wie bergauf fahren und von hinten wie bergab.

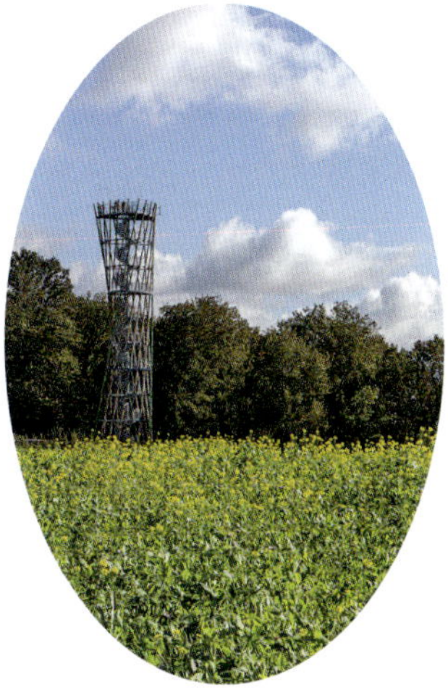

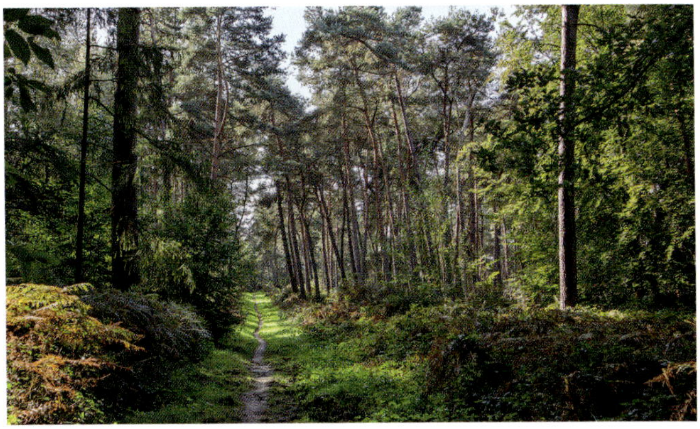

106 Meter

Der Klever Berg ist die höchste Erhebung am Niederrhein. Knapp dahinter liegt der Rupenberg mit 96 Metern. Der wiederum darf sich höchster Berg des Reichwalds nennen.

Schnatter, Schnatter

Tausende arktischer Wildgänse überwintern jedes Jahr am Niederrhein. Es ist der größte Rastplatz im Westen Europas für die Tiere, deren Brutgebiete in Sibirien und Nordskandinavien liegen.

Eidgenössisch

Gleich zwei Gebiete am Niederrhein trumpfen mit alpinen Vergleichen auf: die Hinsbecker Schweiz und die Sonsbecker Schweiz. Wirklich hoch ist es dort nicht, aber ganz schön hügelig.

Schnelle Runde

Die Tour de Neuss hat sich zu einem spannenden Event im Profiradsport entwickelt. Erik Zabel, Andre Greipel, Emanuel Buchmann und viele andere deutsche Spitzensportler waren schon am Start. Den Radclub NRV 1888/09 e. V., der das Event veranstaltet, gibt es schon seit rund 135 Jahren.

Vorsicht Sümpfe

Am Niederrhein gibt es noch einige Sumpfgebiete wie die Fleuthkuhlen zwischen Issum und Geldern, den Birgeler Urwald im Schaagbachtal, den Schwalmbruck und das Straelener Venn. Fast alle sind Schutzgebiete für seltene Pflanzen- und Tierarten.

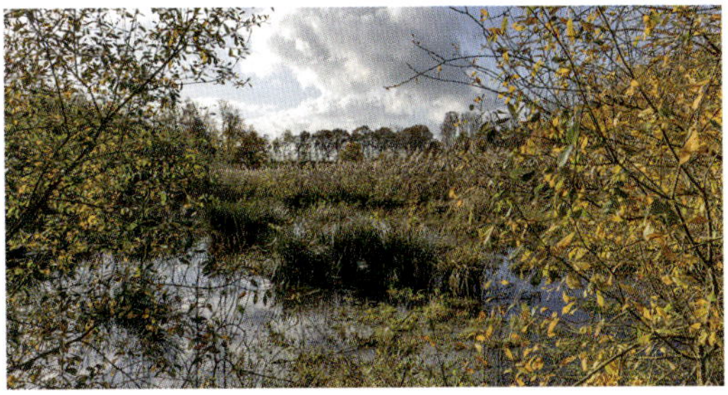

Bruckmann-Tourenfinder

Für jeden Tag die richtige Tour

			km	Hm	Std.					
1	Am neuen und am alten Rhein	●	35	80	2.00	✓	✓	✓		✓
2	Eben mal Seen sehen	●	37	110	2.00	✓	✓		✓	✓
3	Nette, Niers und See neben See	●	40	120	2.15	✓	✓	✓		
4	Schräg zur Rur	●	48	330	3.00					✓
5	Von Xanten in die Schweiz	●	51	360	3.00	✓	✓			✓
6	Heide-Welt	●	52	280	3.00	✓			✓	✓
7	Durchs Waldreich Reichswald	●	52	370	3.00	✓			✓	
8	Kurz vorm Meer	●	53	170	3.00	✓	✓			
9	Schottertour zum Kloster	●	54	180	3.00	✓	✓		✓	✓
10	Schwalm zum Schwärmen	●	54	180	3.00	✓	✓		✓	
11	Auf den Mont Ventoux des Niederrheins	●	55	520	3.30				✓	✓
12	Krefelder Allerlei	●	66	250	3.30	✓			✓	
13	Hin und weg vom De Meinweg	●	68	280	3.45	✓	✓		✓	✓

Nr.	Tour		km	Hm	Std.					
14	Ab in den Zipfel	🔴	70	280	4.00	✓	✓			✓
15	An der Rur in De Meinweg	🔴	74	260	4.00	✓	✓		✓	
16	Alles im Fluss	🔴	76	170	4.00	✓	✓	✓		✓
17	Aldekerk-Alpen-Express	⚫	78	320	4.15	✓		✓		✓
18	Bewegtes Gebiet	⚫	102	470	5.45	✓				✓
19	Maas nehmen	⚫	105	410	5.45	✓	✓	✓		✓
20	Erst der Fluss, dann die Dünen	⚫	116	340	6.30	✓	✓			
21	Zwischen Rhein und Maas	⚫	191	500	11.00	✓	✓			✓
22	Über Dünen und andere Bergwelten	⚫	235	710	14.00	✓	✓			

Es muss nicht immer Schotter sein.
Asphaltierte Wirtschaftswege sind eine willkommene Abwechslung (Tour 19).

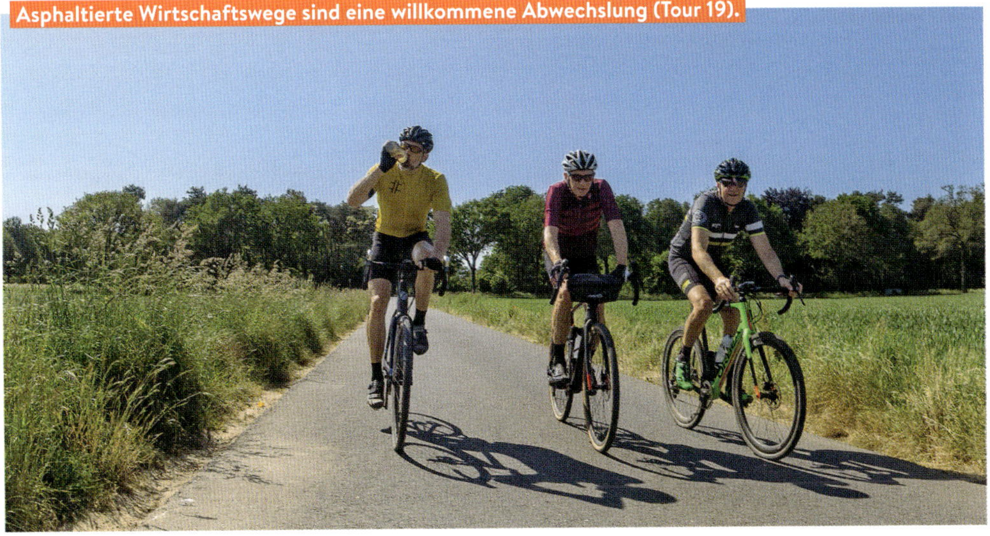

Unser Nachhaltigkeitskodex

Die Welt birgt viele Wunder, Abenteuer und spektakuläre Aussichten, die wir gerne erkunden möchten. Doch sie ist auch leicht aus dem Gleichgewicht zu bringen. Hier ein paar Tipps, wie wir unsere Welt nachhaltig entdecken können:

- **Die Hauptsaison meiden:** Wenn wir nicht gerade auf die Ferienzeiten angewiesen sind, können wir der Umwelt einen großen Gefallen tun, indem wir in der Nebensaison verreisen. Damit tragen wir zu einer gleichmäßigeren Auslastung der Umwelt und der Infrastruktur bei und der Urlaub wird dazu auch noch wesentlich entspannter.
- **Auf umweltschonende Verkehrsmittel setzen:** Wo es möglich ist, reisen wir mit öffentlichen Verkehrsmitteln an. Das reduziert nicht nur die Luftverschmutzung, sondern schont auch unsere Nerven. Falls das nicht geht, helfen verschiedenste Plattformen dabei, den CO_2-Austoß auszugleichen, vor allem, wenn das gewünschte Reiseziel nur mit dem Flugzeug zu erreichen ist.
- **Nur dort parken und campen, wo es erlaubt ist:** Selbst, wenn wir uns noch so vorbildlich verhalten und unseren Aufenthaltsort so hinterlassen, wie wir ihn vorgefunden haben, stören wir den Lebensraum von Wildtieren und hinterlassen Spuren und Gerüche. Auch Lagerfeuer entzünden wir ausschließlich an den dafür vorgesehenen Stellen und achten dabei auf Waldbrandstufen und Naturschutzgebiete.
- **Ressourcen gewissenhaft nutzen:** Manche Umweltressourcen sind bereits knapp, endlich sind auf jeden Fall alle. Um sie zu schonen, sollten wir sparsam mit ihnen umgehen, gerade in Gegenden, in denen zum Beispiel Wasser oder Strom nicht im Überfluss vorhanden sind.
- **Ein guter Gast sein:** Nachhaltig unsere Umgebung zu erkunden bedeutet auch, der hiesigen Flora und Fauna mit Respekt zu begegnen. Pflanzen sollten auf keinen Fall gepflückt werden, aber sie stehen uns bestimmt gerne Modell für das eine oder andere Foto. Das Gleiche gilt für wilde Tiere: Wir füttern sie nicht, halten Abstand und beobachten sie aus der Ferne.
- **Auf den Wegen bleiben:** Wer die vorgegebenen Wege verlässt, dringt nicht nur in die Rückzugsräume heimischer Arten ein, sondern trägt auch dazu bei, dass sich neue Wege bilden, was zur Erosion des Bodens führt.
- **Abfall wieder mitnehmen:** Plastikverpackungen jeglicher Art, Dosen, Flaschen und Papiertaschentücher (es dauert Jahre, bis sich ein einzelnes Taschentuch vollständig abgebaut hat!) gehören nicht in die Natur, sondern artgerecht entsorgt. Am besten gleich eine wiederverwendbare Brotdose oder Trinkflasche mitnehmen.
- **Lokal kaufen:** Dadurch lernen wir Land und Leute besser kennen und unterstützen die regionale Wirtschaft, außerdem sind regionale Produkte meist auch preisgünstiger und qualitativ hochwertiger.

Nachhaltig draußen unterwegs zu sein, bedeutet auch ein **respektvolles Miteinander** – das sollte stets ein Motto in der Natur sein. Es tut nicht weh, sich gegenseitig zu grüßen und sich entgegenkommend zu verhalten. So haben Wanderer auf schmalen Wegen stets Vorrang, bei Gegenverkehr gilt in steilem Gelände immer: Wer absteigt, hält an. So lassen sich die Schönheit und Vielfalt der Natur gemeinsam genießen.

INFO

PIKTOGRAMME ERLEICHTERN DEN ÜBERBLICK

Länge | Höhenunterschied | Fahrzeit

Einkehr | viel Sonne | ÖPNV

Sehenswürdigkeit | schattiger Weg

ANFORDERUNGEN

● LEICHT

Leichte Graveltouren zeichnen sich durch ihre kurze Distanz bis ca. 50 Kilometer aus. Sportlichen Einsteigern sollten diese Touren keine Schwierigkeiten bereiten. Der Untergrund der Wiesen-, Wald-, Schotterwege und Singletrails ist in der Regel fest und hat wenig Gefälle. Kleinere Hindernisse wie Wurzeln, Steine, Pfützen und Ähnliches können auftreten.

● MITTEL

Mittelschwere Schottertouren stellen mittlere Anforderungen an Fahrtechnik und Kondition. Die Strecken erreichen Distanzen bis ca. 75 Kilometer. Der Untergrund der Wiesen-, Wald- und Schotterwege ist nicht durchgehend fest und erfordert ständige Aufmerksamkeit. Vereinzelt gibt es enge Kurven und steilere Anstiege. Kleinere Hindernisse wie Wurzeln, Steine, Pfützen und Wasserrinnen können auftreten.

● SCHWER

Schottertouren gelten als schwer, wenn die Streckenlänge mehr als 75 Kilometer beträgt oder wenn die Strecke aufgrund von Höhenmetern oder technischen Herausforderungen ein höheres Maß an Können und Kondition erfordert. Vereinzelt können Passagen mit engen Kurven und steilerem Gefälle vorkommen, die dosiertes Bremsen und Körperverlagerung erfordern. Mit Hindernissen wie Wurzeln, Steinen, Pfützen und Wasserrinnen ist zu rechnen.

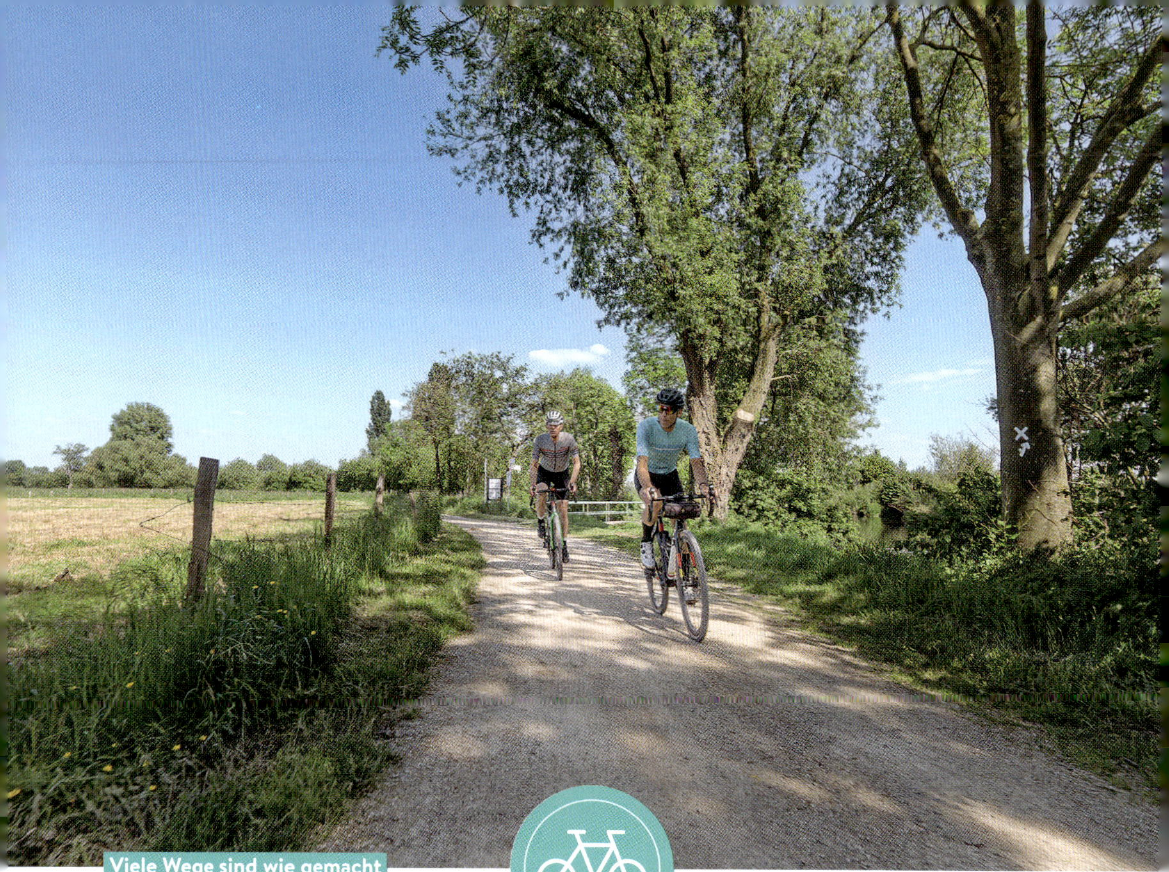

Viele Wege sind wie gemacht für Ausfahrten mit dem Gravelbike.

FLACHLAND IN HÖCHSTFORM

Dünen wie am Meer, Sümpfe und Auen, Heidelandschaften, Torfstiche und Tagebaugruben. Das ist der Niederrhein. Aber auch Spargel- und Erdbeerfelder, Kohlköpfe in Reih und Glied, Wasserschlösser und Dorfschönheiten. Eine Region, die wie geschaffen ist fürs Gravelbike – und die mit jeder Tour an Reiz gewinnt.

Zwischen Rhein und Maas, Münsterland und Eifel – der Niederrhein hat nur ungefähre Grenzen. Manche sagen, Niederrhein sei mehr ein Gefühl. Kann sein. Auf jeden Fall ist es ein sehr gutes Gefühl, in der Region mit dem längsten Radwegenetz Deutschlands unterwegs zu sein. Dass sie nicht zu den bekanntesten touristischen

Regionen des Lands gehört, ist unbedingt ein Vorteil. So kann man die Vielfalt und Schönheit, die ehrliche und in einem guten Sinne bodenständige Welt im Westen ohne Besucherstress und falschen Zauber erleben.

DIE LANDSCHAFT

Die Landschaften am Niederrhein sind ein faszinierendes Mosaik aus natürlicher Schönheit und kulturellem Erbe. Viel flaches Land, durchzogen von idyllischen Flussläufen wie der Niers und der Erft, prägt das Panorama dieser Region. Die großen Ströme Maas und Rhein haben das Land über Jahrtausende immer wieder umgeformt. Sie haben eine einzigartige Terrassenlandschaft geschaffen, die entlang der deutsch-niederländischen Grenze Heidegebiete und Sanddünen entstehen ließ – und die wie geschaffen ist für ausgedehnte Graveltouren.

In der jüngeren Vergangenheit war es eher der Braunkohletagebau im Süden der Region, der für Veränderungen gesorgt hat. Was aus der Erde herausgeholt wurde, türmt sich zu Halden, die teilweise höher sind als die höchste natürliche Erhebung am Niederrhein, der Klever Berg mit seinen 106 Metern. Auch wenn es mit der klimaschädigenden Verstromung der Braunkohle bald vorbei sein wird, gehört sie doch zur Geschichte der Region und ist auch bei einigen Touren ein Thema, zum Beispiel als Bergfahrt auf die Sophienhöhe bei Jülich.

Weite Felder, Auen und grüne Wiesen liegen unter einem hohen Himmel. Ruhige Kleinstädte aus rotem Backstein ergänzen das Bild. Und natürlich zahlreiche alte Mühlen und Wasserschlösser. Der Niederrhein begeistert mit einer Vielfalt an Naturschutzgebieten, Wäldern und Seen, die nicht nur Lebensraum für zahlreiche Pflanzen und

↓ Idyllisches Plätzchen an der Niers (Tour 3)
↘ Blick vom Wolfsberg bei Duisburg (Tour 2)

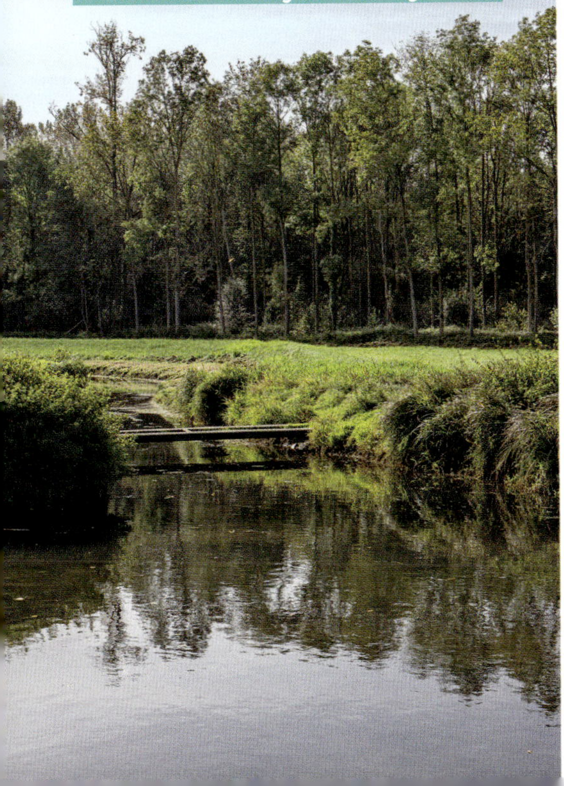

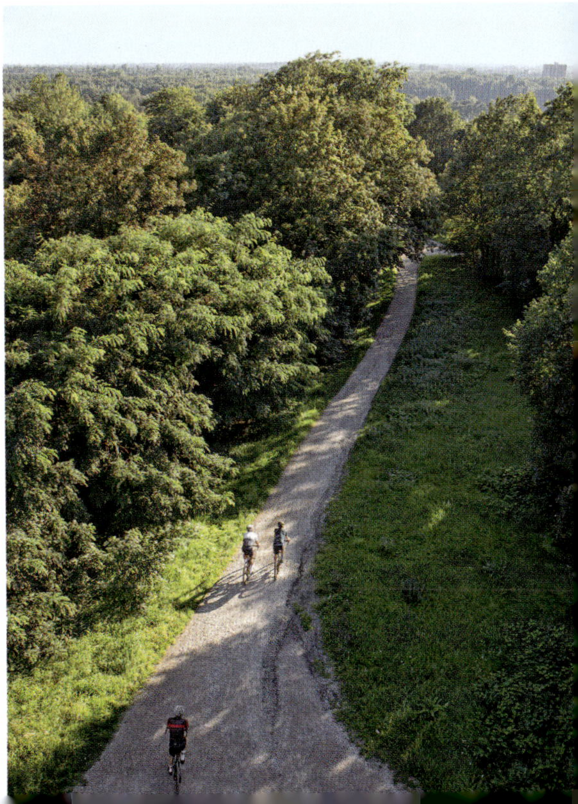

Tiere bieten, sondern auch eine idyllische Kulisse für Gravelabenteuer darstellen. Ob entlang der Flussufer, durch dichte Wälder oder entlang historischer Wege – es gibt immer etwas zu entdecken.

DIE TOUREN

Was die insgesamt 1712 Tourenkilometer in diesem Buch vereint, sind die vielfältige Landschaft, die verschiedenen Wegtypen und der Verzicht auf große Straßen. Sicher, manchmal muss man einfach auf eine autobefahrene Straße, zum Beispiel wenn man an einem S-Bahnhof startet oder eine Landstraße quert.

Ansonsten könnt Ihr euch auf immer wieder wechselnde Untergründe freuen und damit auch auf wechselnde Geschwindigkeiten, Herausforderungen und Erlebnisse. In fast jeder Tour sind auch Singletrails eingebaut – meist im einstelligen Kilometerbereich. In diesen Passagen liegt das Vergnügen in der sehr nahen Verbindung zur Natur, bei Fahrtechnik und Kontrolle. Je breiter und fester der Untergrund, desto mehr Speed ist möglich.

Die Beschreibungen der Untergründe sind nicht ganz einfach. Die Strecken ändern je nach Wetterlage teilweise extrem ihren Charakter. Was im Sommer staubige, flotte Pisten sind, werden nach einem Regenschauer gerne zu einem Pfützen-Slalom. Wo man auch nicht drinsteckt – und was leider auch vorkommt: Passagen werden kurzfristig gesperrt, weil Baumfällarbeiten im Gange sind, wegen Hochwasser – oder Traktoren haben einen Feldweg derart ramponiert, dass man das Rad einige Meter schieben muss. Das alles kann vorkommen und gehört auch dazu. Grundsätzlich sind die Strecken aber ganzjährig befahrbar und haben zu jeder Jahreszeit ihren eigenen Reiz.

↓ Weide bei Heinsberg (Tour 3)

↘ Der Zeitungsbote ist unterwegs – in Aldekerk (Tour 3).

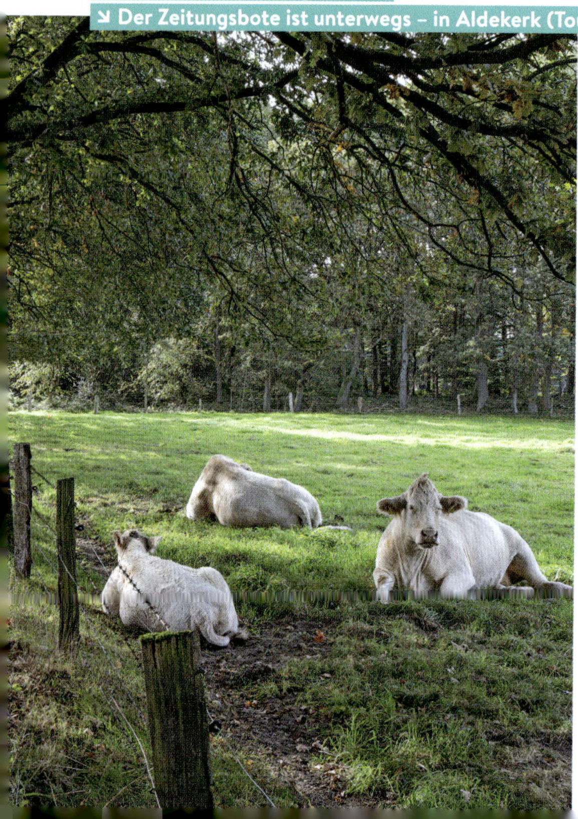

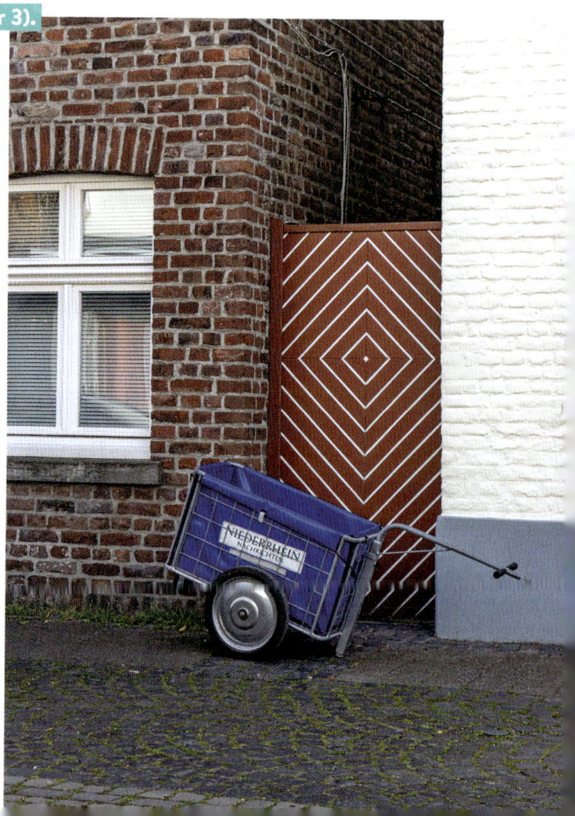

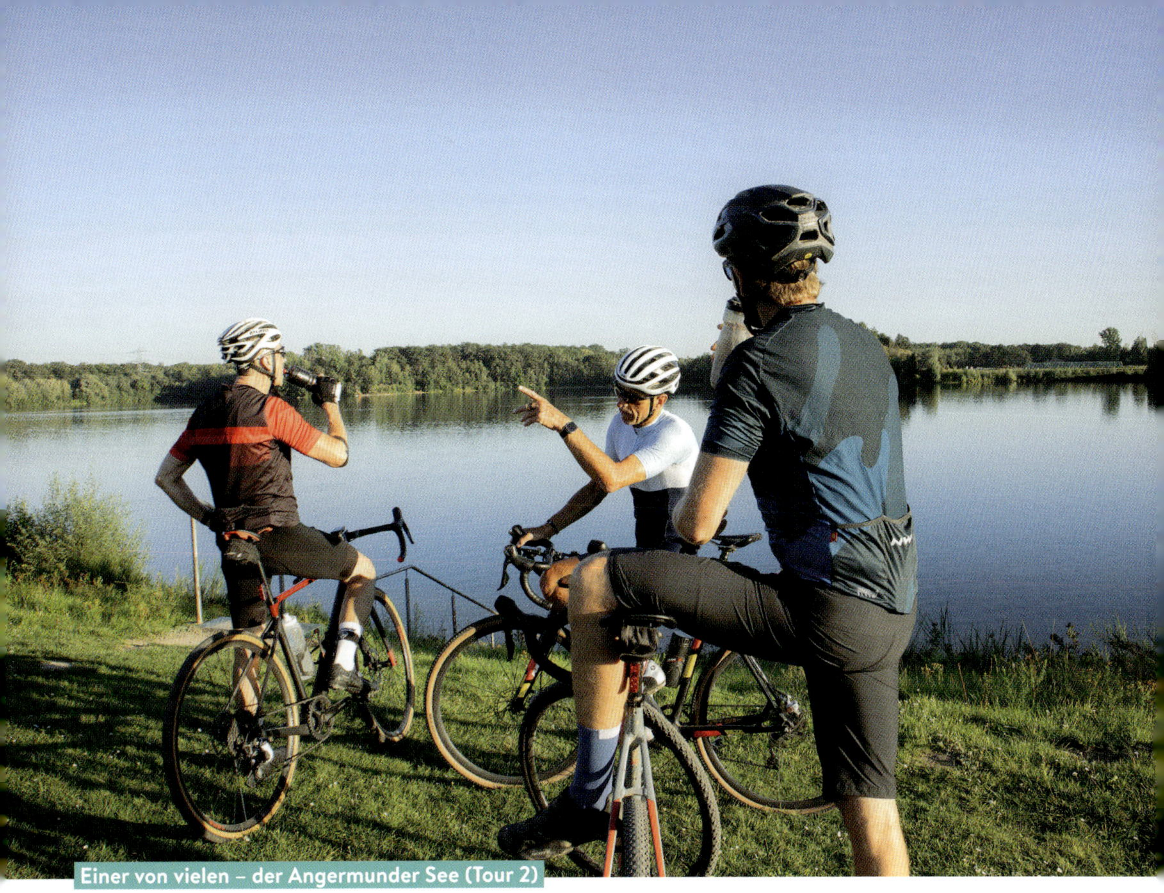

Einer von vielen – der Angermunder See (Tour 2)

Topografisch sind die Touren natürlicherweise flach. Die aufgeführten Höhenmeter werden oft an kurzen Rampen gesammelt. Wer Angst hat, dass die Touren langweilig werden, kann viele Teile auch mit hohem Tempo fahren. Wo wir beim Tempo sind: Die Zeitangaben beziehen sich auf die reine Fahrzeit. Da das Tempo je nach persönlicher Fitness, Wetterlage und Laune stark schwanken kann, sind die Fahrzeiten mit einem entspannten Durchschnittstempo zwischen 16 und 18 km/h berechnet. Bei guten Bedingungen wird der Schnitt eher zwischen 20 und 23 km/h liegen.

Zu jeder Tour gibt es GPX-Tracks zum Download. Die Start- und Zielpunkte befinden sich meist an gut erreichbaren und kostenfreien Parkplätzen mit und ohne Bahnanschluss in der Nähe. Natürlich kann man auch an jedem anderen beliebigen Punkt entlang der Strecke starten, sie mit anderen Touren kombinieren oder individuell anpassen.

RÜCKSICHT NEHMEN

Außer an den Hotspots werdet ihr auf den Touren nur auf wenige andere Menschen treffen. Bitte nehmt Rücksicht auf die Natur und auf eure Mitmenschen. Mit dem Gravelbike teilen wir uns manchmal schmale Wege mit Spaziergängern und Reitern. Daher ist es selbstverständlich, sich langsam anzunähern und defensiv unterwegs zu sein. Auf keinen Fall darf man in geschützten Naturgebieten abseits der angelegten Wege fahren. Soweit wir das beurteilen können, sind im Buch keine Pisten enthalten, auf denen Radfahren verboten ist. Das bezieht sich natürlich auf den Stand der Recherche.

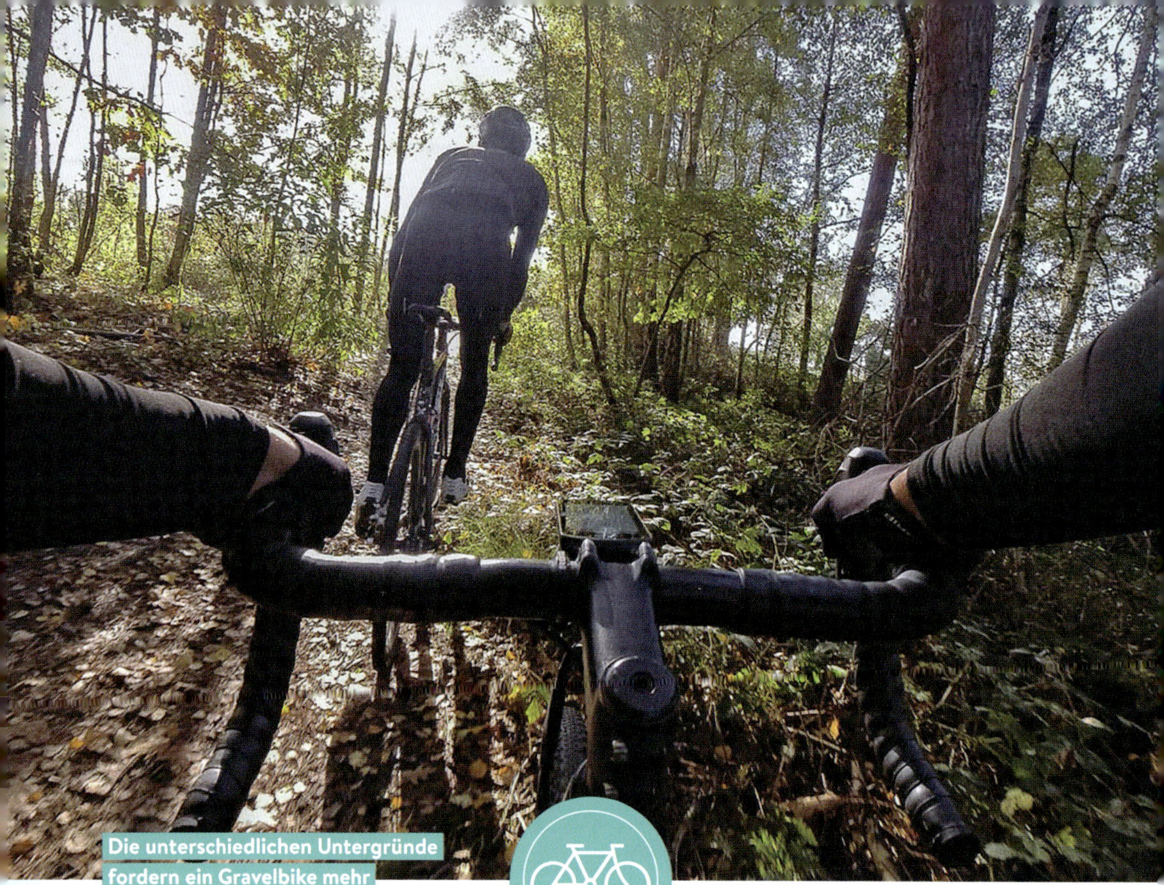

Die unterschiedlichen Untergründe fordern ein Gravelbike mehr als ein Straßenrad.

RUND UMS RAD

Bereit für Sand, Schotter, Staub und Erlebnisse

Beim Gravelbikefahren kommt einiges zusammen: Speed fast wie auf dem Rennrad, Grip ähnlich wie beim Mountainbike und Reisemöglichkeiten wie auf dem Trackingbike. Egal ob Feierabendrunde durch den heimischen Wald oder mehrtägige Bikepacking-Tour: Eine gut funktionierende Technik und Ausstattung geben die nötige Sicherheit jenseits befestigter Wege.

GRAVELBIKE, CYCLOCROSS ODER MTB?

Die Touren in diesem Buch sind so zugeschnitten, dass sie mit einem Gravelbike am meisten Spaß machen. Genauso gut eignen sich aber auch Cyclocross-Bikes. Mit einem Mountainbike oder einem Treckingrad mit stabilen Felgen und Profilreifen kann man durchaus auch unterwegs sein. Allerdings wirst du dir auf einem MTB wahrscheinlich mehr Trails wünschen und mit dem Treckingrad an einigen Stellen dein Rad schieben müssen. Gravelbikes sind vielseitiger und für unterschiedliche Untergründe perfekt geeignet.

SCHALTUNG, ÜBERSETZUNG, ANTRIEB

Gravelschaltgruppen vereinen Konzepte aus dem Rennrad- und dem Mountainbike-Bereich. Wegen der Anforderungen im Gelände sind sie robust und dennoch leicht. Aktuell finden sich sowohl Einfach- als auch Zweifachantriebe. Zweifachantriebe mit Umwerfer am vorderen Kettenblatt sind feiner abgestuft. Wer viel Straße fährt und auch mal Langstrecke, hat mit solch einer Gruppe mehr Möglichkeiten. Für die langen Niederrhein-Runden geht der Einfachantrieb genauso gut.

Um auch im Gelände bei steilen Anstiegen noch Reserven zu haben, sollte die Kassette am Hinterrad auch leichte Übersetzungen bieten. Allerdings ist das keine Bedingung für die Touren am Niederrhein, wo die wenigen Steigungen meist kurz sind.

Noch ein Tipp speziell für die sandigen Terrains: am besten von der geölten Kette das außen noch überschüssige Öl abwischen. Dann bleibt der Sand nicht haften und der Antrieb knirscht weniger.

DIE REIFEN

Beim Gravelbikefahren hat man es mit sehr unterschiedlichen Untergründen und Bedingungen zu tun. So auch bei den Touren in diesem Buch: Während einer Tour rollt man mal entspannt auf Asphalt, dann über einen federnden Waldweg, kämpft sich über holprige Wiesenpfade oder sandige Trails. Im Grunde weiß man nie genau, was einen erwartet. Selbst eine Strecke, die man schon mehrmals gefahren ist, kann sich je nach Jahreszeit und Wetterbedingungen zumindest auf einigen Abschnitten komplett verändern.

Diese vielfältigen Untergründe und die Unsicherheit über die Beschaffenheit des Bodens machen es nicht ganz einfach, den richtigen Reifen zu wählen. Hier also erst einmal die Basics, um sich im Reifen-Dschungel zurechtzufinden.

MIT SCHLAUCH ODER TUBELESS?

Tubeless-Reifen bieten Gravelbikern mehrere Vorteile. Da Tubeless-Reifen mit einem geringeren Reifendruck gefahren werden können, verbessern sich die Traktion und der Fahrkomfort. Fährt man einen Mantel mit Schlauch bei geringem Reifendruck, kann es beim Überfahren von Wurzeln oder Steinen leicht zu einem sogenannten Snakebite kommen. Das heißt, der Reifen schlägt auf die Felge durch und hinterlässt ein Loch im Schlauch. Tubeless ist also pannensicherer, auch weil die Dichtmilch, die in den Reifen gegeben wird, kleine Durchstiche automatisch abdichtet. Geringeres Gewicht und ein in der Regel geringerer Rollwiderstand sind weitere Pluspunkte.

Allerdings kann nicht auf jeder Felge tubeless gefahren werden. Die Felge muss dafür vorbereitet sein und das Felgenband muss gut sitzen, denn nur so bilden Felge und Mantel ein luftdichtes System. Zu den Nachteilen der schlauchlosen Pneus gehört, dass die Montage etwas kniffliger ist. Die beste Wahl ist wohl tubeless zu fahren und für den Fall der Fälle einen Ersatzschlauch dabeizuhaben.

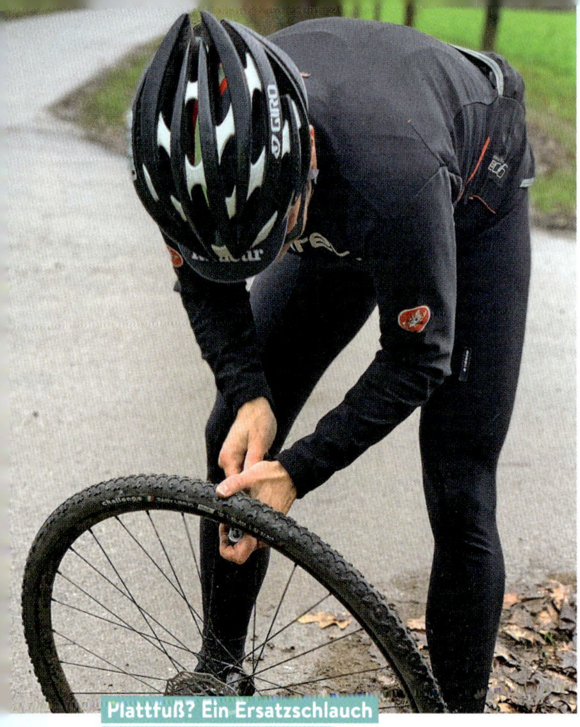

Plattfuß? Ein Ersatzschlauch sollte immer dabei sein.

WELCHE REIFENBREITE SOLLS DENN SEIN?

Cyclocross-Bikes rollen in aller Regel auf 33 Millimeter breiten Pneus – einfach deshalb, weil es das UCI-Reglement für Querfeldeinrennen so vorschreibt. Je nachdem, wie viel Platz der Rahmen bietet, können aber auch breitere Reifen montiert werden. Der Radhersteller gibt an, welche Reifenbreite zulässig ist. Wer diese Info nicht hat, kann sich an die Faustregel halten, dass zwischen Rahmen und Reifen oder Gabel und Reifen jeweils 4 Millimeter Luft bleiben soll.

Tipp

KLINGELING

Oder Klong? Da man sich die schönsten Landschaften immer auch mit Spaziergängern teilt, ist eine Klingel ein nützliches Tool.

Gravelbikes haben meist Reifenbreiten zwischen 37 und 45 mm. Je breiter ein Reifen ist, desto komfortabler ist er, denn je breiter, desto geringer kann der Luftdruck sein. Breite Reifen rollen gut über wurzelreiche, steinige Untergründe und federn einiges weg. Breite Reifen sind aber auch etwas schwammig und können auf Asphalt einen höheren Rollwiderstand haben. Außerdem bringen sie systembedingt mehr Gewicht auf die Waage. Für die Touren am Niederrhein seid ihr mit Breiten von 33 bis 40 Millimetern bestens unterwegs. Mehr ist hier nicht nötig. Da es nur ganz selten grobschottrige und steinige Abschnitte gibt, sind auch keine besonderen Schutzmaßnahmen wie Reifeneinlagen oder besonders stabile Reifenkarkassen nötig.

WELCHES REIFENPROFIL EIGNET SICH AM BESTEN?

Sogenannte Allround-Speed-Reifen mit kleinen und flachen Noppen haben bei einfachen und trockenen Verhältnissen genug Grip und rollen gut. Sobald der Boden aber tiefer und matschiger wird, wird das Handling mit diesen Reifen schwieriger. Bei Touren nach längeren Regenperioden sind Reifen mit etwas mehr Grip wie zum Beispiel Terra Trail von Continental oder G-One Bite von Schwalbe sicherer.

WAS IST DER BESTE REIFENDRUCK?

Kurz gesagt, den gibt es nicht. Auf der Reifenflanke ist der Druckbereich angegeben. Innerhalb dieses Bereichs sollte jeder für sich ausprobieren, was der beste Mix aus Rollwiderstand, Grip und Komfort ist. Ein Reifen ist zu weich, wenn er beim Treten wippt oder bei Wurzeln auf die Felge durchschlägt. Er ist zu hart, wenn das Rad auf unebenen Untergrund springt und die Schläge ungefiltert weitergibt.

GRAVELEVENTS UND MEHR

Hier findet ihr ausgewählte Events und Websites rund um die Fahrradkultur am Niederrhein.

CYCLINGWORLD EUROPE

Die Messe im Düsseldorfer Areal Böhler nennt sich selbst eine Ausstellung für feinste Radkultur. Rund 400 Aussteller zeigen jedes Jahr im Frühjahr Fahrräder und Accessoires aus allen Sparten. Von Singlespeed-Rädern bis E-Bikes. Natürlich sind auch immer viele Gravelbikes am Start, die teilweise auf einem Parcours auch getestet werden können.
www.cyclingworld.de

QUERFELDRHEIN

Das Event auf der Galopprennbahn in Düsseldorf Grafenberg bietet ein Wochenende lang im Oktober rund um den Geländeradsport ein vielfältiges Programm. Es werden Lizenz- und Jedermannrennen in Cyclocross und MTB/Gravelrides ausgetragen. Und im Rahmenprogramm finden geführte Ausfahrten, Seminare und Workshops statt. Auch einige Aussteller sind dabei und zeigen schickes Material und Zubehör.
www.querfeldrhein.bike

COUNTRY-TOURENFAHRTEN

Diese gemeinsamen Touren für Geländeräder finden an bestimmten Terminen statt und werden jenseits des öffentlichen Straßenverkehrs ohne Zeitnahme und Ranglisten durchgeführt. Meist stehen verschiedene Streckenlängen zur Auswahl. Wie beim Radtourenfahren (RTFs) gibt es unterwegs Verpflegungs-, Sanitäts- und Pannenservice. Das Angebot an CTFs am Niederrhein war zuletzt sehr überschaubar. Termine unter:
www.rad-net.de/breitensportkalender.htm
www.radsportverband-nrw.de/breitensport

PERMANENTE GRAVELTOUREN

Permanente Country-Tourenfahrten (Permanente CTR) sind meist von Radclubs zusammengestellte Routen, die mit den jeweiligen Forstbehörden abgestimmt sind und das ganze Jahr über gefahren werden können. Nutzungsbedingungen individuell geregelt.

- »Zwischen Bahndamm und Rhein-CTF«, RSC Nievenheim: www.rsc-nievenheim.de
- »Rund um den Airport«, SG Flughafen Düsseldorf e.V.: www.speichensport.de
- »Durch den Diersfordter und Bislicher Wald«, Radsportgemeinschaft Haldern e.V.: www.rghaldern03.de
- »SVM auf der Sophienhöhe«, »Von der Rur zur Wurm« und »Flach und flüssig durch die Heimat«, SV Malefinkbach 1983 e.V.: www.svmalefinkbach.de

FÜR WEITERE RADERLEBNISSE

Von der AgriFunTour bis zur West-Bike-Route: Die vielen Themenrouten im Niederrhein sind meist für alle Fahrradarten geeignet, mit Ausnahme von Rennrädern. Übersicht unter dem Stichwort Themenrouten:
www.radroutenplaner.nrw.de
Seite des Niederrhein Tourismus:
www.niederrhein-tourismus.de

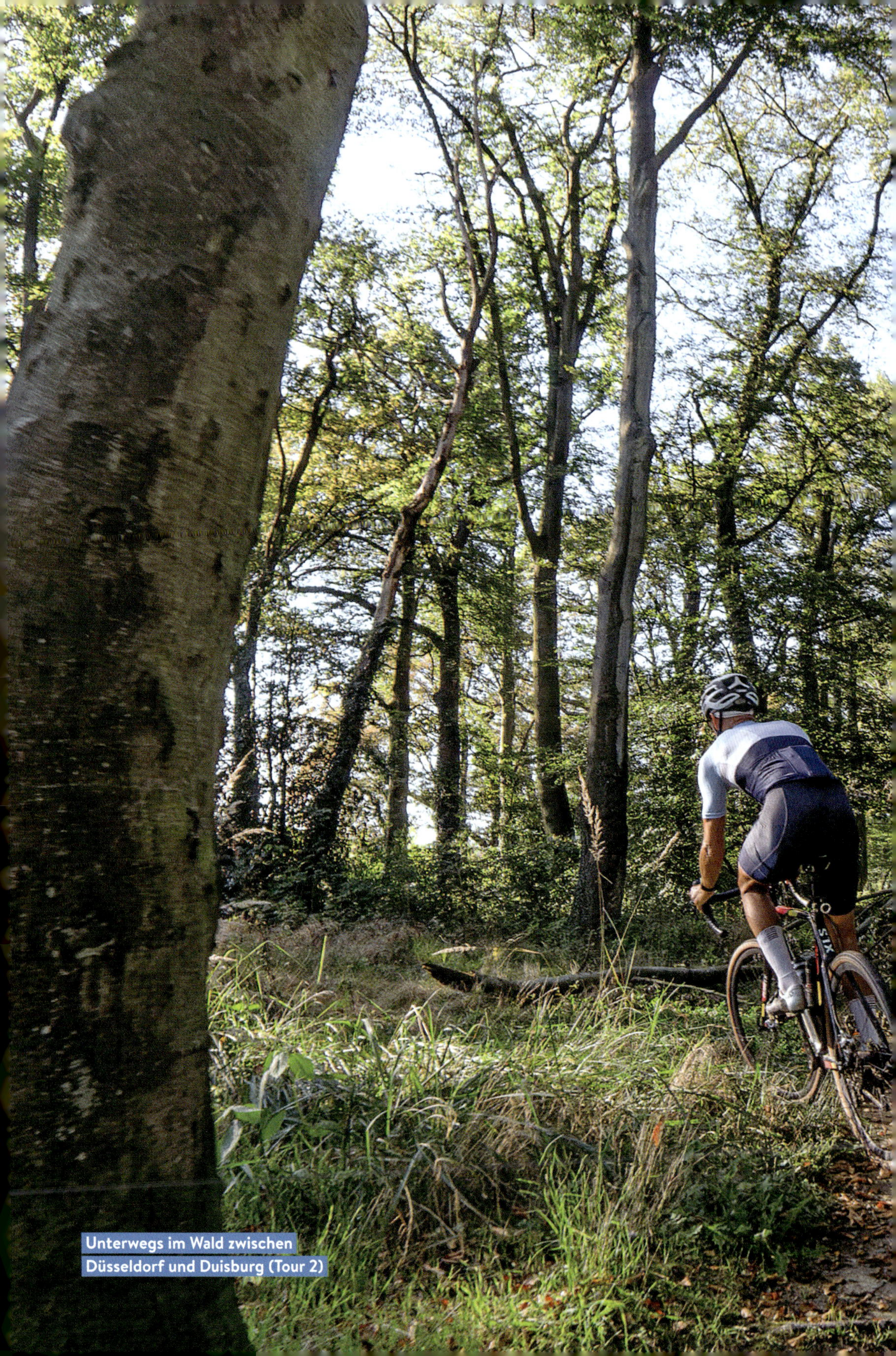

Unterwegs im Wald zwischen Düsseldorf und Duisburg (Tour 2)

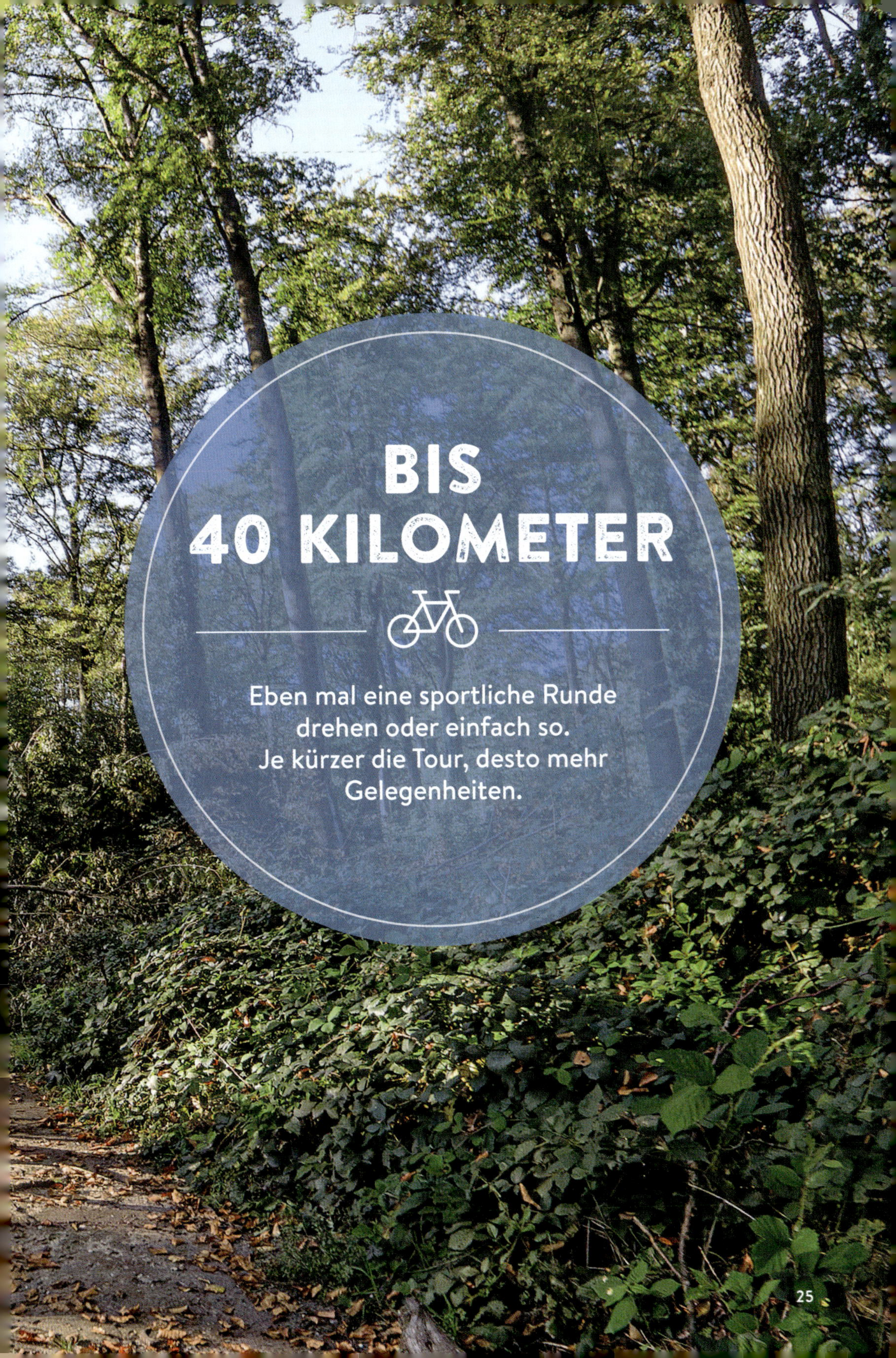

BIS 40 KILOMETER

Eben mal eine sportliche Runde drehen oder einfach so. Je kürzer die Tour, desto mehr Gelegenheiten.

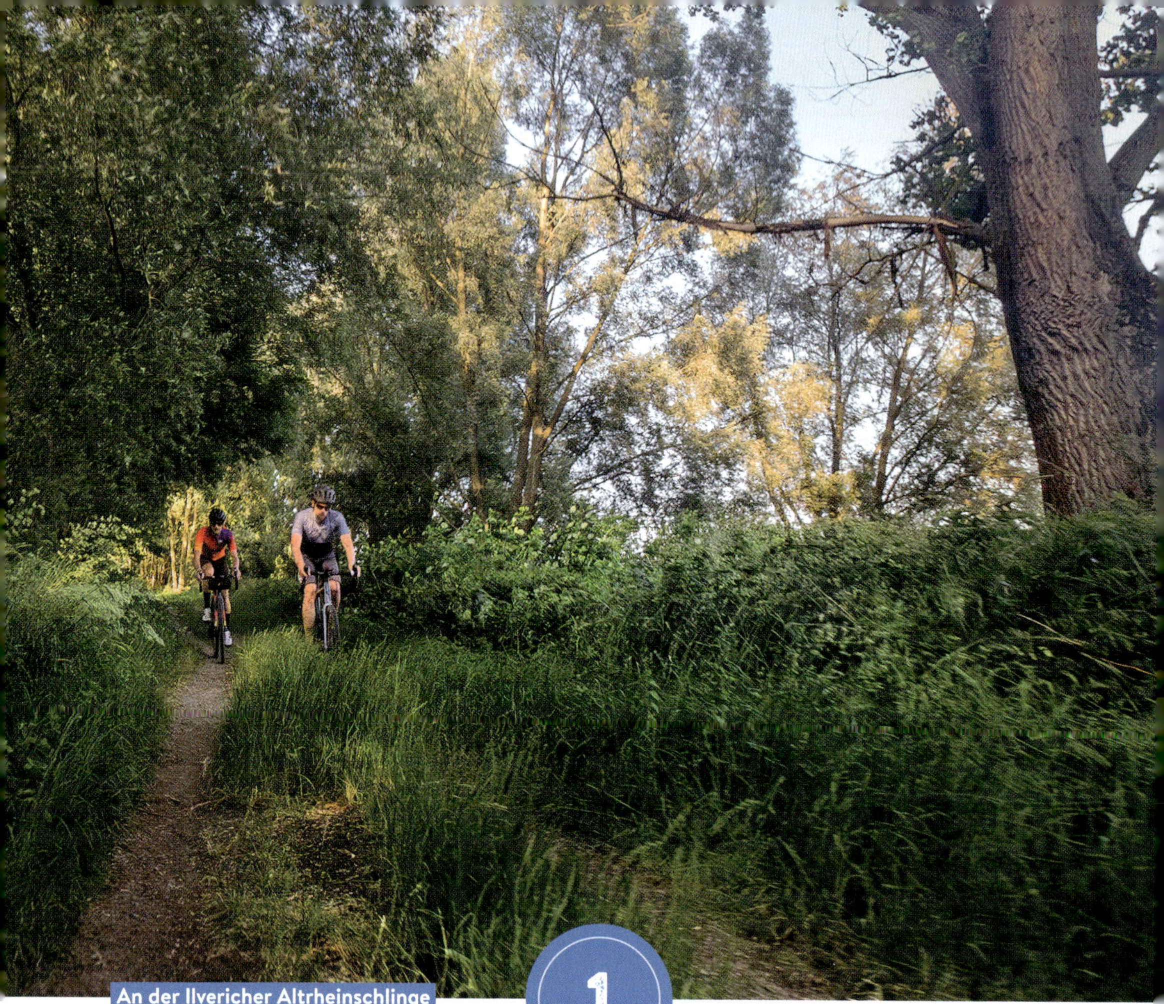

An der Ilvericher Altrheinschlinge

1

AM NEUEN UND AM ALTEN RHEIN

Rhein – Burg Linn – Latumer Bruch – Ilvericher Altrheinschlinge

Am Rhein entlang und dann ab in verwunschene Bruch- und Auenwälder. Wer mag, schaut noch bei der Burg Linn vorbei. Die kurze Tour im Norden von Düsseldorf eignet sich perfekt für eine Feierabendrunde ab Düsseldorf oder Krefeld.

START Es ist immer wieder erstaunlich, dass man nur ein paar Kilometer aus der Stadt rausfahren muss und schon durch die schönste Natur kurvt. Alle, die in Düsseldorf zu Hause sind und sich ein Gravelbike angeschafft haben, kennen vermutlich die Radwege und Promenaden entlang des Rheins. An einer dieser Radhauptrouten wollen wir starten. Also linksrheinisch bei Büderich. Wer in Düsseldorf lebt, kann natürlich von zu Hause aus starten oder mit der Bahn bis Osterrath fahren und dann zum Startpunkt kommen.

Vor allem am Wochenende ist hier am Rhein immer viel los. Deshalb verzichten wir auch auf den schönen Singletrail, der kurz nach unserem Startpunkt etwas oberhalb des Ufers verläuft. Wir radeln also erst mal auf Asphalt, was ganz angenehm ist, um warm zu werden. Der Vorteil ist, dass wir uns nicht auf den Boden konzentrieren müssen und uns auf die schöne Umgebung einlassen können. Der Rhein fließt neben uns breit in Richtung Kaiserswerth und das Flutungsgebiet mit den weiten Wiesen und Fluss- und Kopfweiden ergänzt das Landschaftsbild.

Tipp

DINO CAPPUCINO

Rennradler haben das Café im Zentrum von Meerbusch längst als Anlaufstelle entdeckt. Inhaber Gino Gerst ist selbst begeisterter Rennradfahrer mit einem Faible für italienische Radklassiker und Kaffeekultur. Beides prägt die Atmosphäre im Dino Cappuccino: guter Kaffee aus eigener Röstung und die für italienische Bars typische Vitrine mit diversen Kuchen und Snacks. Zusammen mit Ehefrau Signe Marina Gerst verwöhnen die beiden ihre Gäste auch mit einem leckeren Frühstück und frischen Waffeln am Nachmittag (Dorfstraße 1b, 40667 Meerbusch, www.dino-cappuccino.com).

Radeln mit Ausblick – auf der Flughafenbrücke über den Rhein

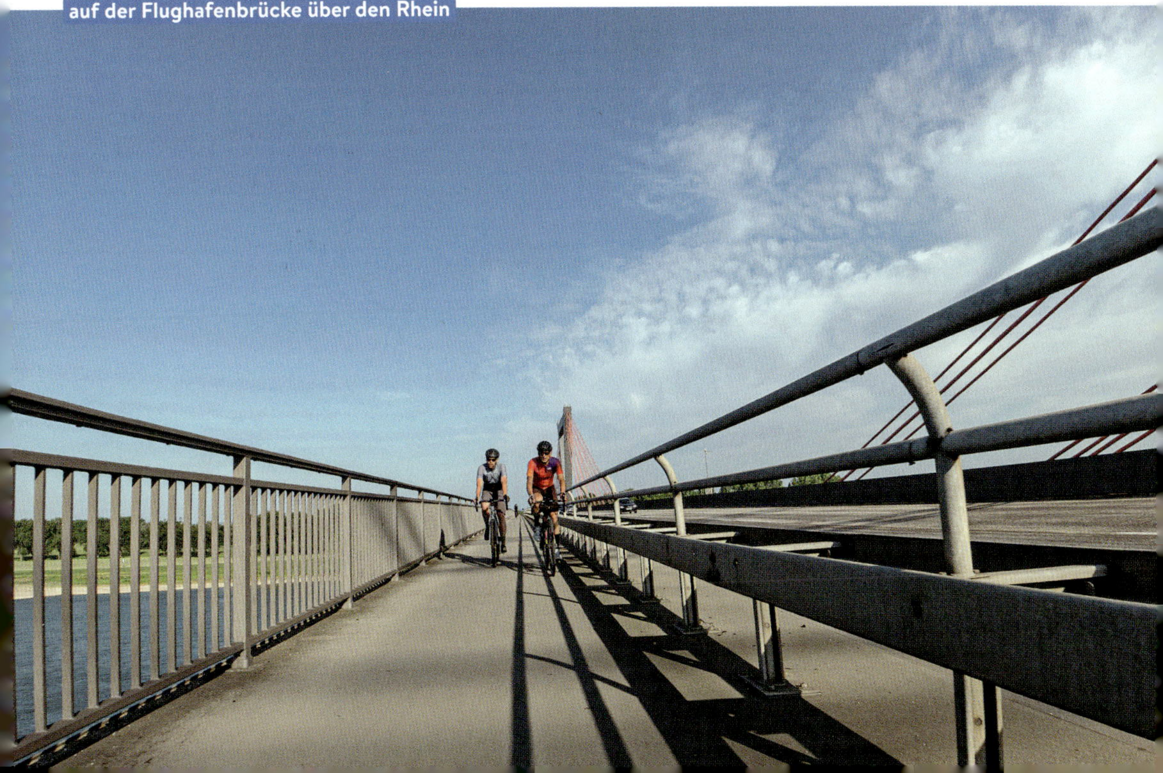

Tipp

AUF DEM SINGLETRAIL AM RHEIN ENTLANG

Nach 500 Metern, in der ersten Kurve nach dem Start, kann man bei guten Bedingungen auch dem schmalen Singletrail am Rhein entlang folgen. Gute Bedingungen heißt in diesem Fall wenig bis keine Spaziergänger. Wie viele Trails verändert auch dieser sein Gesicht im Laufe des Jahrs. Ist die Wiese gemäht oder nicht, hat es geregnet oder nicht? Ihr entscheidet. Bei Kilometer 2,5 trifft der Trail automatisch auf die Hauptroute dieser Tour.

AM RHEIN ENTLANG Nachdem wir die Flughafenbrücke unterquert haben, sind wir so weit aus dem unmittelbaren Stadtgebiet heraus, dass wir es wagen können, die Dammkrone zu verlassen und auf den Singletrail am Ufer zu wechseln. Immer wieder blitzen kleine Strände durchs Geäst, lange Schiffe schieben sich durchs Bild – am Rhein gibt es ständig was zu sehen. Erst recht in Langst-Kierst, wo die Rheinfähre Michaela das linke Rheinufer mit dem rechtsrheinischen Kaiserswerth verbindet. Im Sommer steht hier oft ein Eiswagen. Wer also Lust auf eine Erfrischung hat …

Ansonsten geht es gleich neben dem bevorzugten Stellplatz des Eiswagens weiter am Rhein entlang. Der Schotterweg führt oberhalb des Rheincamping Meerbusch vorbei. Bei einem großen Reiterhof kreuzen wir den Damm mit dem »offiziellen« Radweg und

Kurz und steil – in Niederkassel geht es auf einer Rampe auf den Deich.

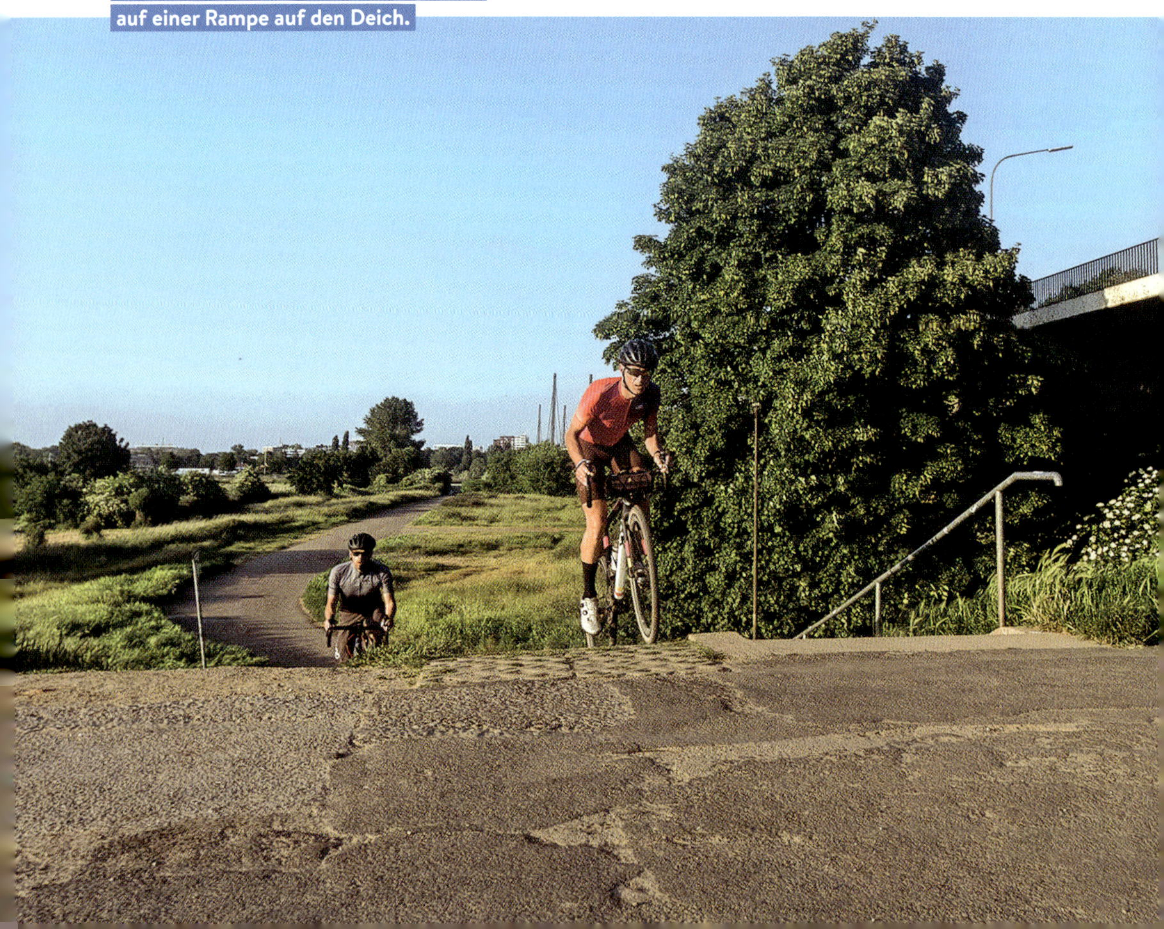

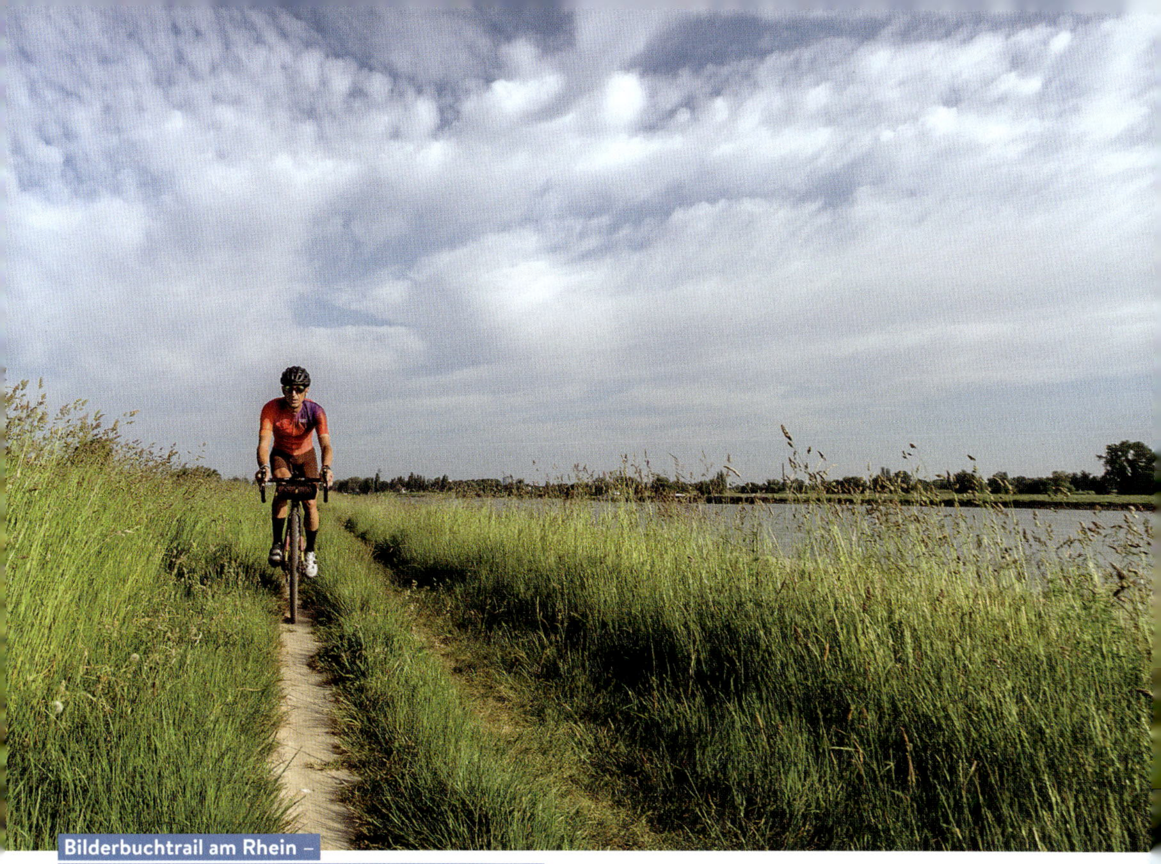

Bilderbuchtrail am Rhein – wenn viel los ist, bleibt man besser auf dem Deich.

nehmen die graveltaugliche Piste entlang der Felder. Wem der Boden zu matschig ist, der kann einfach auf dem gepflasterten Radweg bleiben. Den Ort Nierst streifen wir nur auf asphaltierten Wirtschaftswegen. Mit dem Rhein im Rücken geht es weiter im Zickzack zwischen Lank-Latum und Gellep-Stratum durchs Grüne.

BURG LINN Wer schon immer einmal mit dem Gravelbike zur Burg Linn fahren wollte, biegt bei Kilometer 15,8 nicht links, sondern rechts ab. Nach etwa 500 Metern erblickt man das wiederaufgebaute Prachtstück der Ritterromantik. Weiter geht es auf einem schönen Weg entlang des Latumer Bruchs. Aus der Vogelperspektive bzw. auf der Karte sieht man, dass hier auch einmal der Rhein geflossen ist, die ehemalige Rheinschleife ist noch gut zu erkennen.

Das Minidorf Ossum, durch das wir jetzt kommen, mag ich besonders. Das liegt wohl daran, dass ich hier häufiger vorbeikomme und selbst auf einer Feierabendrunde Urlaubsgefühle bekomme. Ich stelle mir dann vor, ich würde durch die französische Provinz radeln, vielleicht durch das Hinterland der Normandie. Die dazu notwendigen Requisiten sind alle da: eine alte Kirche, Bauernhöfe, eine kaum befahrene Ortsdurchfahrt, es gibt sogar ein Schloss, das sich hinter hohen Mauern und Bäumen versteckt. Nur eine Bar mit Tabakverkauf fehlt.
Wir umfahren Schloss Pesch – Besucher sind hier nicht erwünscht – und nehmen stattdessen einen vorbildlichen Waldweg, auf dem es wieder richtig Spaß macht mit den Schotterrennern. Hier ist so viel Natur und so viel Wildnis – jedenfalls sieht es so aus –, dass man sich kaum vorstellen kann, dass wir

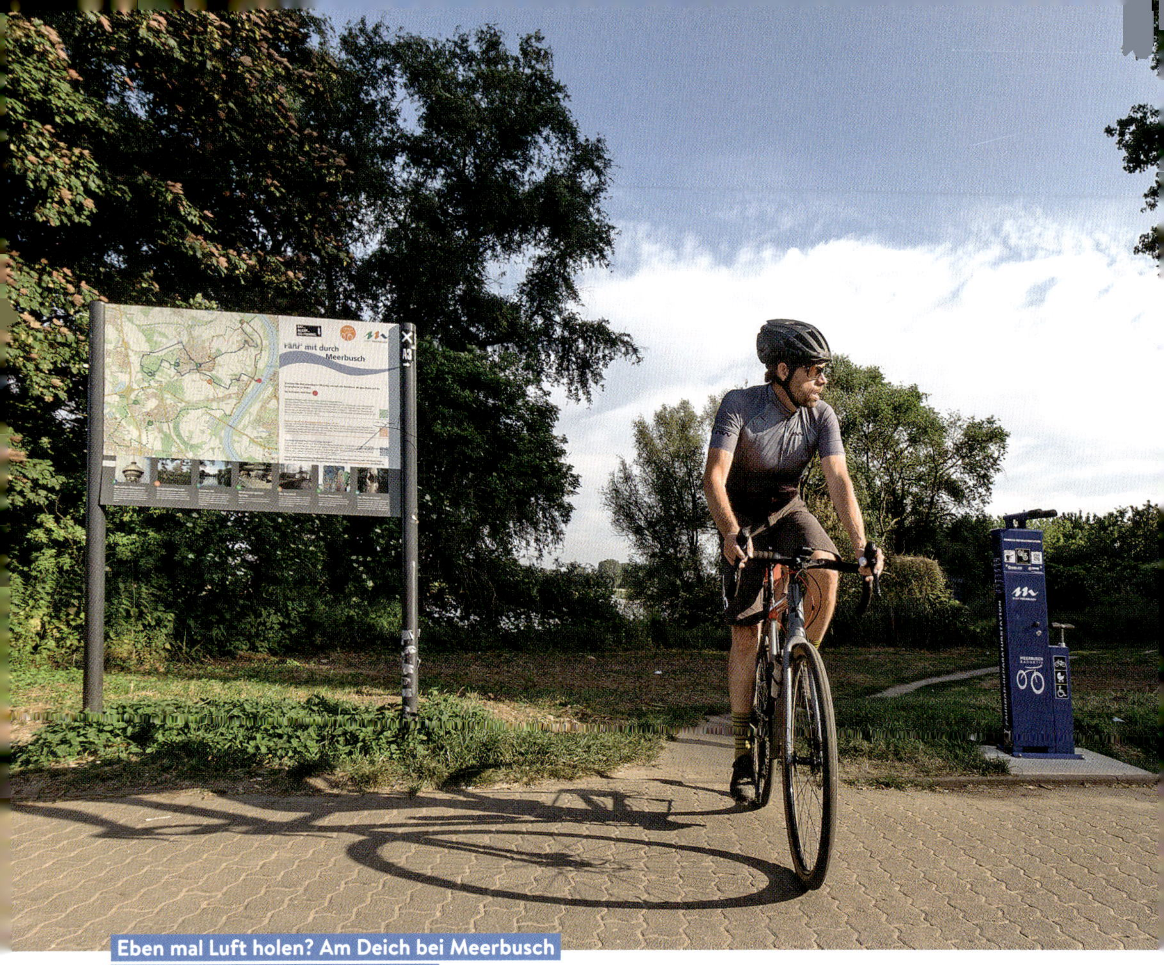

Eben mal Luft holen? Am Deich bei Meerbusch gibt es eine Radreparatur-Station.

zweimal die A 44 kreuzen, die hier unter der feuchten Erde verläuft.

ILVERICHER ALTRHEINSCHLINGE Das nächste Highlight ist nach dem Ort benannt, den wir kurz darauf erreichen: die Ilvericher Altrheinschlinge. Dass der Rhein nicht immer so geflossen ist, wie er heute fließt, lässt sich auf der Karte gut erkennen. In Höhe der Flughafenbrücke ist eine alte Flussschleife deutlich auszumachen. Im ehemaligen Flussbett hat sich ein dichter Auenwald erhalten. Wir folgen diesem einzigartigen Naturraum auf einem schmalen Pfad. Etwaige Spaziergänger werden freundlich gegrüßt, sodass sie keine Chance haben, sich zu ärgern. Dabei sollte man aber den Boden nicht aus den Augen verlieren, denn hier kann es schon mal matschig und rutschig werden.
Besser ihr umfahrt die ein oder andere Pfütze, jedenfalls dann, wenn ihr im Radlertreff Dino Cappucino in Meerbusch-Büderich einen Stopp einlegen wollt. Wenn ihr euch nicht zurückhalten könnt und sich auf der Jacke eine Schlammspur bis zum Kragen zieht, gibt es immer noch Hoffnung. Hinter den Gleisen verlassen wir wieder die Welt der Düsseldorfer Upper Class und biegen ein ins Ländlich-Bäuerliche. Nach zwei Kilometern sind wir zurück am Parkplatz am Rhein. Nicht immer, aber meistens hat der Foodtruck Teatime geöffnet. Neben Tee und Kaffee gibt es meist auch Sandwiches und Kuchen.

INFO

Leicht | 35 km | 80 Hm | 2.00 Std.

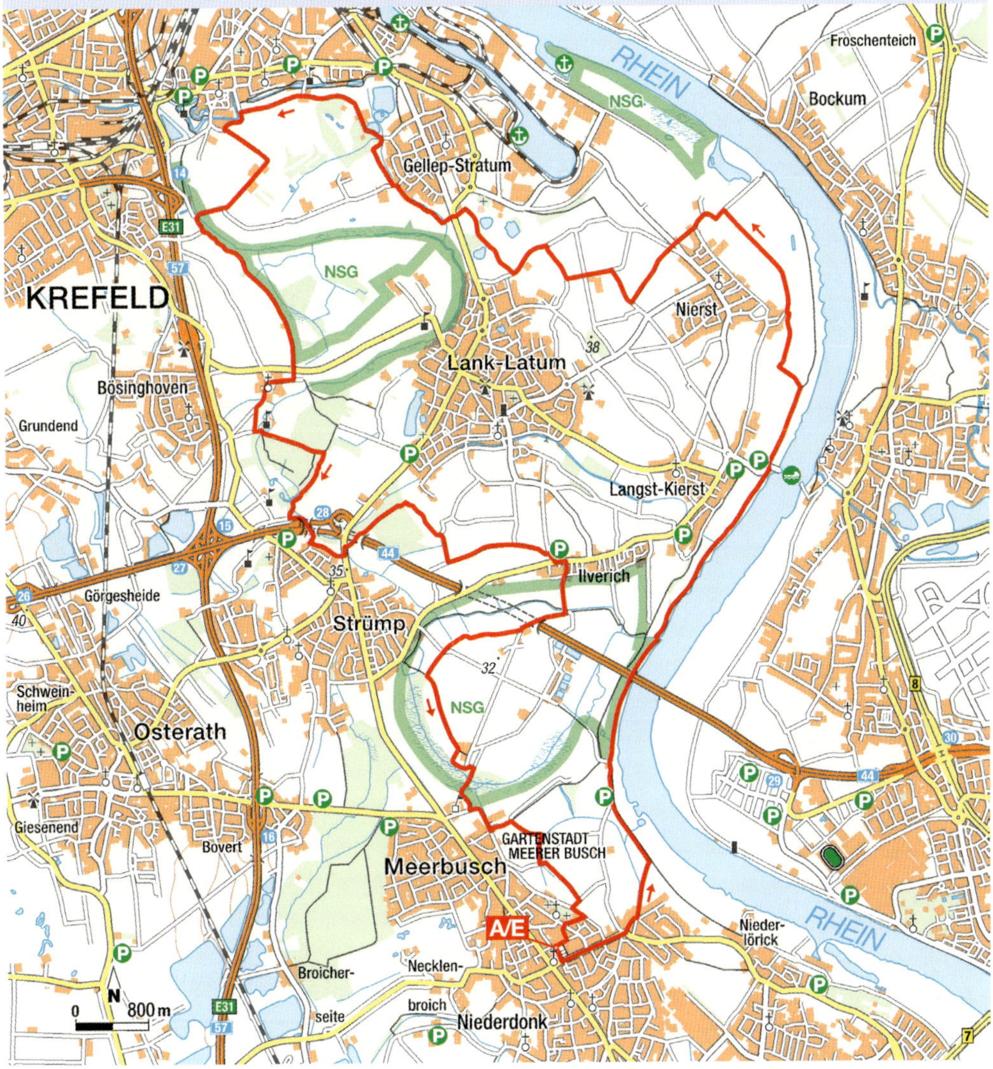

TOURENCHARAKTER

Leichte, flott fahrbare Tour fast ohne Steigungen. Bis auf wenige Ausnahmen einfach zu befahrende Untergründe. An einigen Stellen kann der Boden nach regenreichen Tagen tief sein und es können sich Pfützen gebildet haben.

WEGBESCHAFFENHEIT

Wald, Kies, Schotter: ca. 18 km
Asphalt, Pflasterstein: ca. 17 km

AUSGANGS-/ENDPUNKT

Parkplatz Apelter Weg 110,
40667 Meerbusch-Büderich

KOMBINIERBAR MIT

Tour 17 und 2

FAHRRADWERKSTATT

Cycle Collective,
Willicher Straße 5,
40670 Meerbusch,
www.cycle-collective.de

EBEN MAL SEEN SEHEN

Kaiserswerth – Sechs-Seen-Platte – Angermunder See – Flughafen Düsseldorf

Zwischen Duisburg und Düsseldorf liegt nicht nur der große Düsseldorfer Flughafen, sondern auch ein wunderschönes Wald- und Seengebiet. Beides verbindet diese abwechslungsreiche Tour, die sich auch gut als Feierabendrunde für alle eignet, die in der Nähe wohnen.

2

Viel Wasser: die Sechs-Seen-Platte im Süden von Duisburg

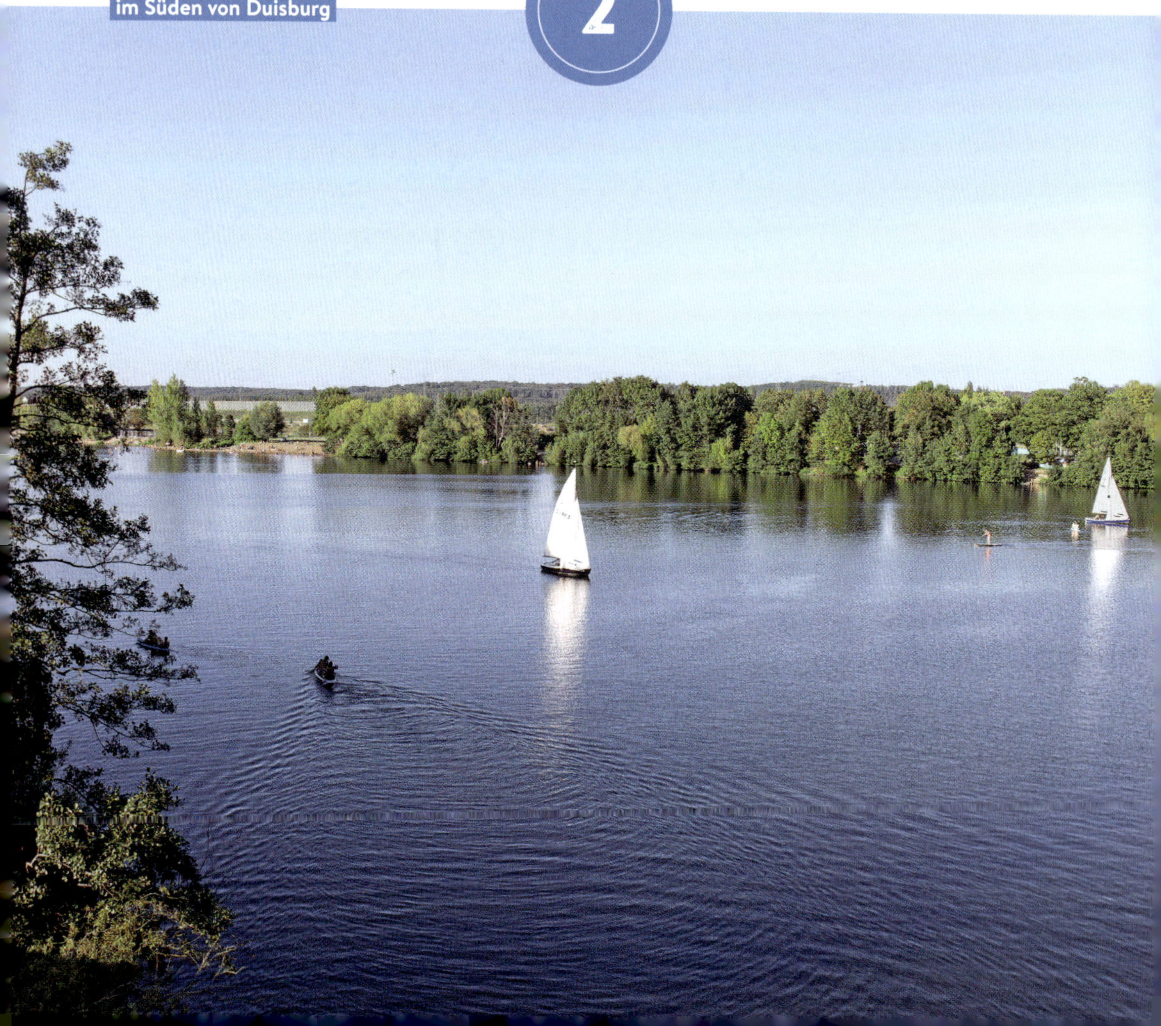

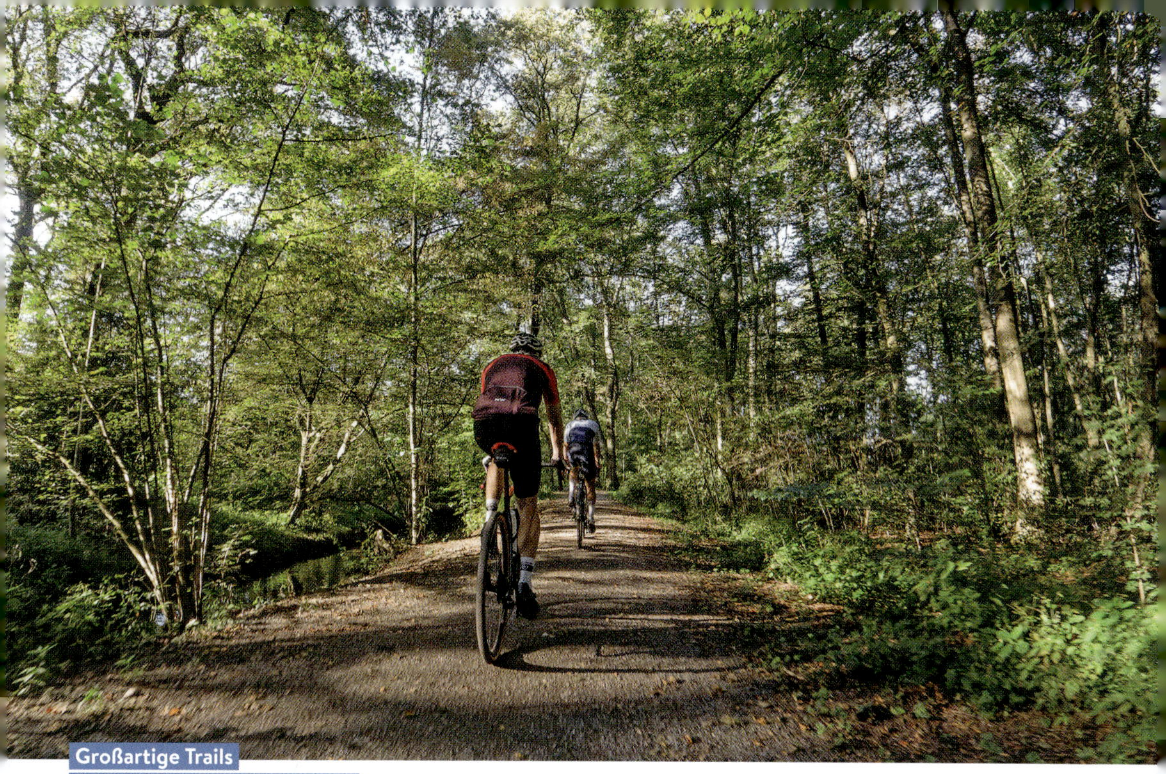

Großartige Trails
führen durch das Waldgebiet.

START Los geht es dieses Mal in Kaiserswerth. Wir starten am Parkplatz Kaiserpfalz am südlichen Ende des Zentrums. Wer mit den Öffis unterwegs ist und mit der U 79, 705 oder 707 kommt, fährt die wenigen Meter vom Klemensplatz zum Startpunkt. Auch wenn am Rhein immer viele Spaziergänger unterwegs sind, gönnt euch doch noch das schöne Panorama und fahrt erst einmal in Richtung Rheinfähre. Die Promenade von Kaiserswerth mit der Ruine der alten Kaiserpfalz, die schöne Kirche St. Swidbert aus dem 13. Jahrhundert und natürlich der Blick über den breiten Strom – kein Wunder, dass Kaiserswerth immer gut besucht ist.

SCHLOSS HELTORF Auf kleinen Straßen führt die Route nördlich um Kaiserswerth herum durch die Felder in Richtung Angermund. Kurz vor dem nördlichsten Stadtteil Düsseldorfs überqueren wir die autobahnähnliche B 8n und biegen in die Heltorfer Schlossallee ein. Die hat ihren Namen nicht umsonst; wer Lust hat, fährt das kleine Stück

Tipp

BURGHOF

Der wohl bekannteste Biergarten im Raum Düsseldorf liegt direkt an der Kaiserpfalz in Kaiserswerth und mit freiem Blick über den Rhein. Oft schiebt sich die Fähre von oder nach Langs-Kierst ins Bild. Den Ausblick genießen die Gäste vom Biergarten aus, der von großen Kastanienbäumen beschattet wird. Auch drinnen sitzt man gemütlich und kann sich mit Flammkuchen, herzhaften Crêpes, Salat oder Weißwürsten stärken. Einziger Haken: Fahrräder dürfen nicht mit in den Biergarten (Burgallee 1, 40489 Düsseldorf, www.galerie-burghof.de).

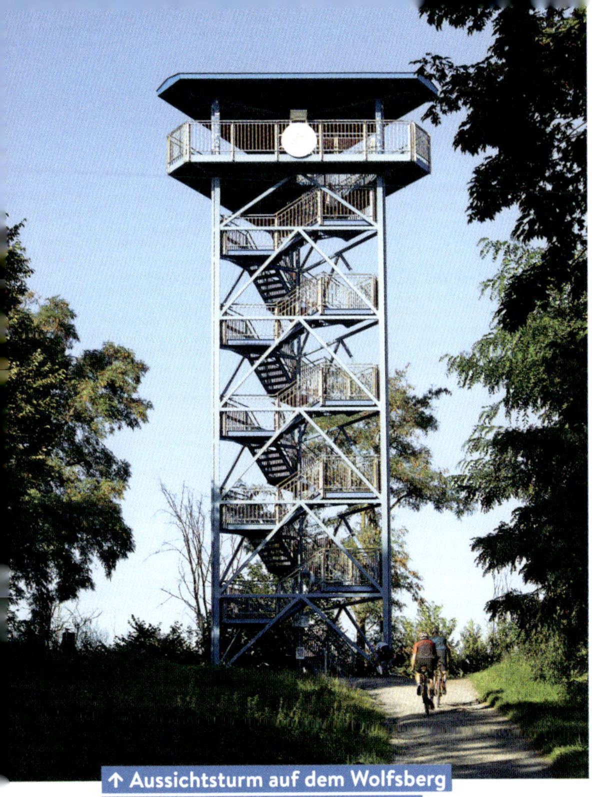

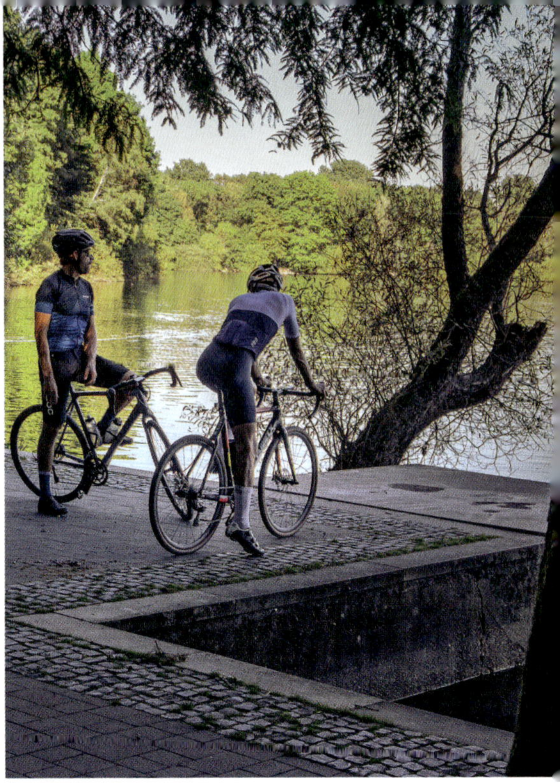

↑ Aussichtsturm auf dem Wolfsberg
↗ Kurze Pause am Wildförstersee

bis zum Ende der Allee. Dort steht man vor einem Wasserschloss mit barocker Vorburg, einem klassizistischen Herrenhaus samt englischem Landschaftsgarten.
Nach der Asphaltstrecke tut es gut, bei der kleinen Kapelle in der Nähe des Schlosses auf einen schmalen Pfad abzubiegen. Bei Rosen Ruland mit seinen Rosenplantagen nehmen wir wieder einen schmalen Trampelpfad, überqueren einmal die Angermunder Straße und tauchen dann ein in unser eigentliches Zielgebiet, das Wald- und Seengebiet im Süden Duisburgs.

WALDGEBIET GRINDSMARK Die Asphaltpiste, die zwischen Wald und Duisburg-Rahm und dann Duisburg-Großenbaum verläuft, ist richtig rumpelig – ungefähr so alt wie das Restaurant Waidmannsheil mit urigem Fachwerk-Speiseraum und dem schönen Biergarten. Dort heißt es: »Draußen nur Kännchen« – wer hätte gedacht, dass es noch ein Lokal auf dieser Welt gibt, in dem man diesen Satz hört. Allein deswegen lohnt sich hier ein Zwischenstopp.
Eben noch bei der Schützenbruderschaft St. Hubertus vorbei, dann geht es wirklich zu den Seen. Wir biegen in einen schönen Waldweg ein, der am Dickelsbach entlangführt. Bald schimmert rechter Hand zwischen den Bäumen der erste der sechs Seen, der Wildförstersee.

SECHS-SEEN-PLATTE Die Duisburger haben es gut. Wer hat schon so ein Naherholungsgebiet direkt vor der Haustür? Rund 25 Kilometer lang ist das Wegenetz rund um die sechs Seen – die meisten lassen sich gut mit dem Gravelbike befahren, und das ist auch nicht verboten. Die Seen sind übrigens keine Laune der Natur, sondern ehemalige Kies- und Sandgruben.

Wir sind an einem sonnigen und heißen Spätsommertag unterwegs und entsprechend viel los ist am und im Wasser. Segler, Stand-up-Paddler, Menschen in Schlauchbooten und im Freibad Wolfssee natürlich viele Badegäste. Ziemlich verlockend, denn uns läuft der Schweiß. Vor allem beim kleinen Anstieg auf den Wolfsberg.

AUF DEN WOLFSBERG Zwischen dem Wolfssee und dem Haubachsee erhebt sich der Wolfsberg, der die Umgebung um 28 Meter überragt. Diese überschaubare Herausforderung nehmen wir gerne an. Auf einem spiralförmigen Weg schrauben wir uns hinauf. Oben angekommen, warten weitere 22 Höhenmeter, allerdings nur zu Fuß und über eine Stahltreppe.
Der Aussichtsturm steht übrigens auf einer Müll- und Trümmerdeponie aus dem Zweiten Weltkrieg. Von oben sieht man Düsseldorf im Süden, Moers im Nordwesten und Bottrop im Nordosten sowie markante Landmarken wie die Achterbahn Tiger & Turtle, die Brücke der Solidarität und die Funk- und Fernsehtürme in der Region.

Tipp

RECHTS UND LINKS DES RHEINS

Den Start- und Endpunkt Kaiserswerth könnt ihr auch als Mittelpunkt einer größeren Tour machen, die einmal rechts und einmal links des Rheins durch die Landschaft führt. Kombiniert die Tour einfach mit der Tour 4 Krefeld und ihr kommt auf rund 70 Kilometer. Auch schön: Um auf die andere Rheinseite zu kommen, setzt ihr mit der Fähre Michaela II nach Langst-Kierst über.

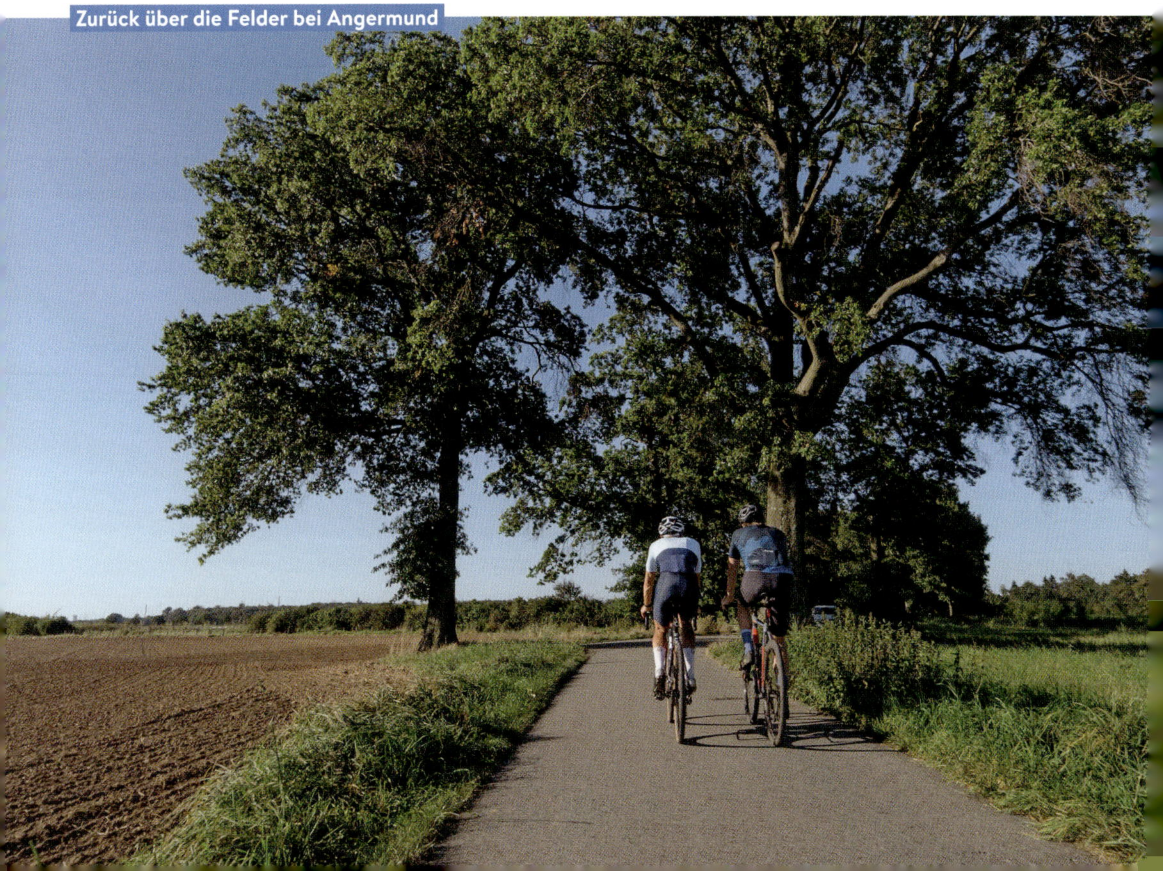
Zurück über die Felder bei Angermund

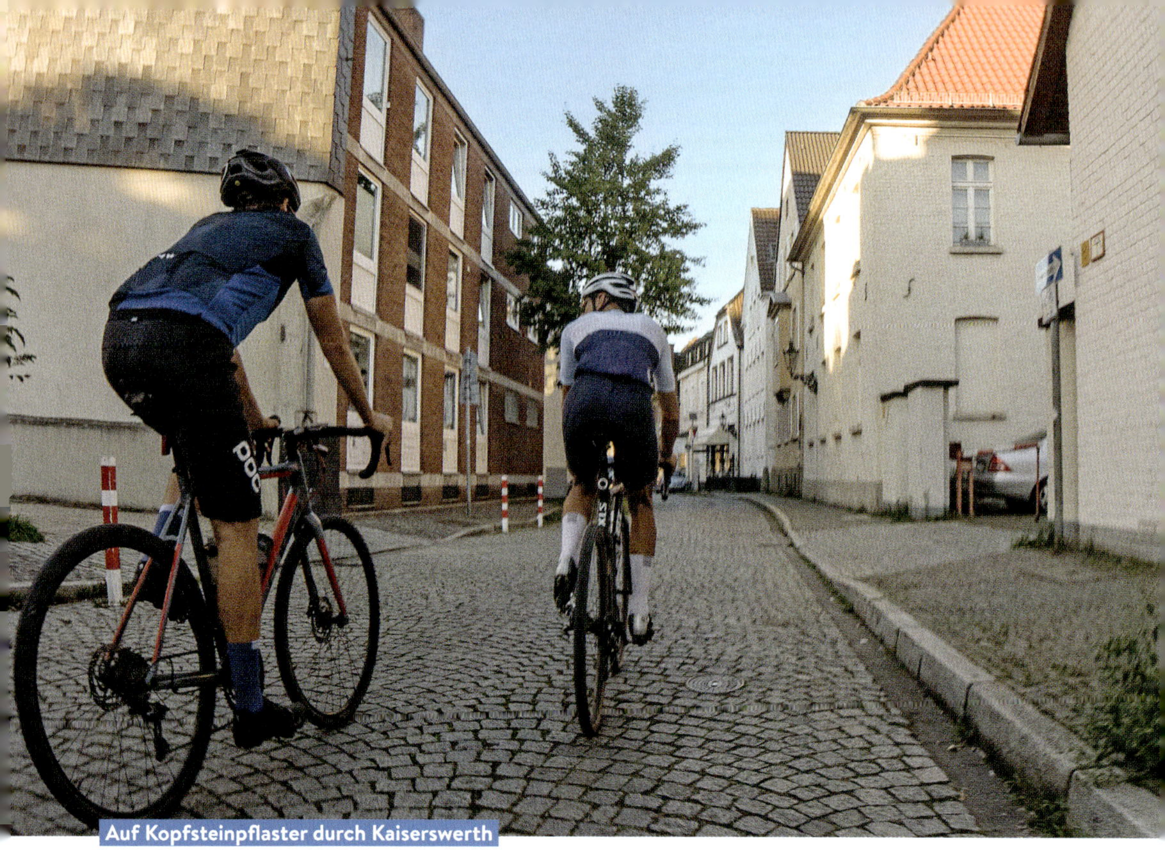

Auf Kopfsteinpflaster durch Kaiserswerth

RAHMER BENDEN Am Ostufer des Wildförstersees verläuft die Route auf einem eher schmalen Waldweg mit Blick auf das Wasser. Gleich wird's noch schöner, ihr folgt einem feinen Trail, der so schmal ist, dass er mit dem Wald verschmilzt. Eng und nah über dem Grundwasserpegel, der in diesem Wald immer recht hoch liegt, bahnen wir uns den Weg durch die verwunschene Natur.
Am Verladebahnhof, wo lange Eisenbahnschienen auf Waggons gekrant werden, haben wir wieder festen Asphalt unter den Reifen. Aber nicht für lange. Der Weg durch das Waldgebiet Rahmer Benden ist ein typischer Waldweg mit zwei Reifenspuren. Ein bisschen Tempo ist wieder drin.

FLUGHAFEN DÜSSELDORF Langsam wird es wieder Zeit für einen See. Auf dem Weg dorthin kommt man noch an einem alten Wasserschloss vorbei, der Kellnerei Angermund. Am Angermunder See herrscht Aufbruchstimmung. Die Badegäste, die gar nicht baden waren, weil es offiziell ja verboten ist, packen ihre Sachen und machen sich langsam auf den Weg. Wir schottern über grobes Geröll am Westufer entlang und biegen bald in eine ebenfalls geschotterte, sehr lange Gerade ein.
Wir sind am Düsseldorfer Flughafen angelangt. Die Piste führt direkt am Zaun entlang und der Blick über das weite Flugfeld mit den startenden und landenden Flugzeugen ist schon aufregend. Das finden übrigens die Flightspotter auch, die sich auf Trittleitern am Zaun postiert haben. Bis zum Start- und Landeplatz sind es nur noch wenige Minuten. Wem das zu schnell geht: Auf dem Klemensplatz in Kaiserswerth werden durstige Radlerinnen und Radler gerne mit frisch gezapftem Altbier und anderen Getränken versorgt.

INFO

Leicht | 37 km | 110 Hm | 2.00 Std.

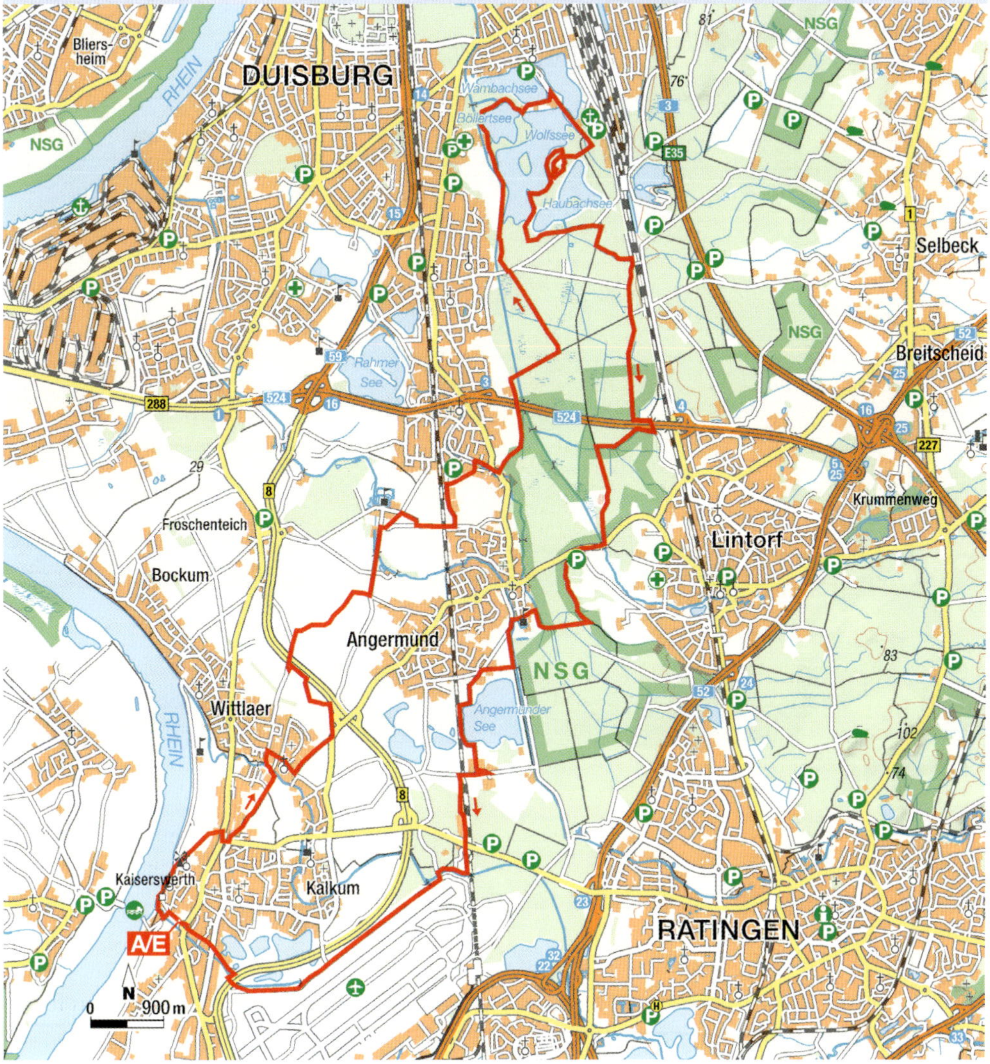

TOURENCHARAKTER

Kurze Tour mit vielen Waldanteilen. Insgesamt leicht zu befahrene Pisten mit einem kürzeren schmalen Singletrail-Abschnitt

WEGBESCHAFFENHEIT

Wald, Kies, Schotter, Singletrails: ca. 24 km

AUSGANGS-/ENDPUNKT

Pkw: Parkplatz Kaiserpfalz, Kaiserswerth
Bahn: D-Klemensplatz, Kaiserswerth

KOMBINIERBAR MIT

Tour 1

FAHRRADWERKSTATT

Little John Bikes, Sittardsberger Allee 21, 47249 Duisburg, Tel 0203/701293, www.littlejohnbikes.de/filialen/duisburg-buchholz

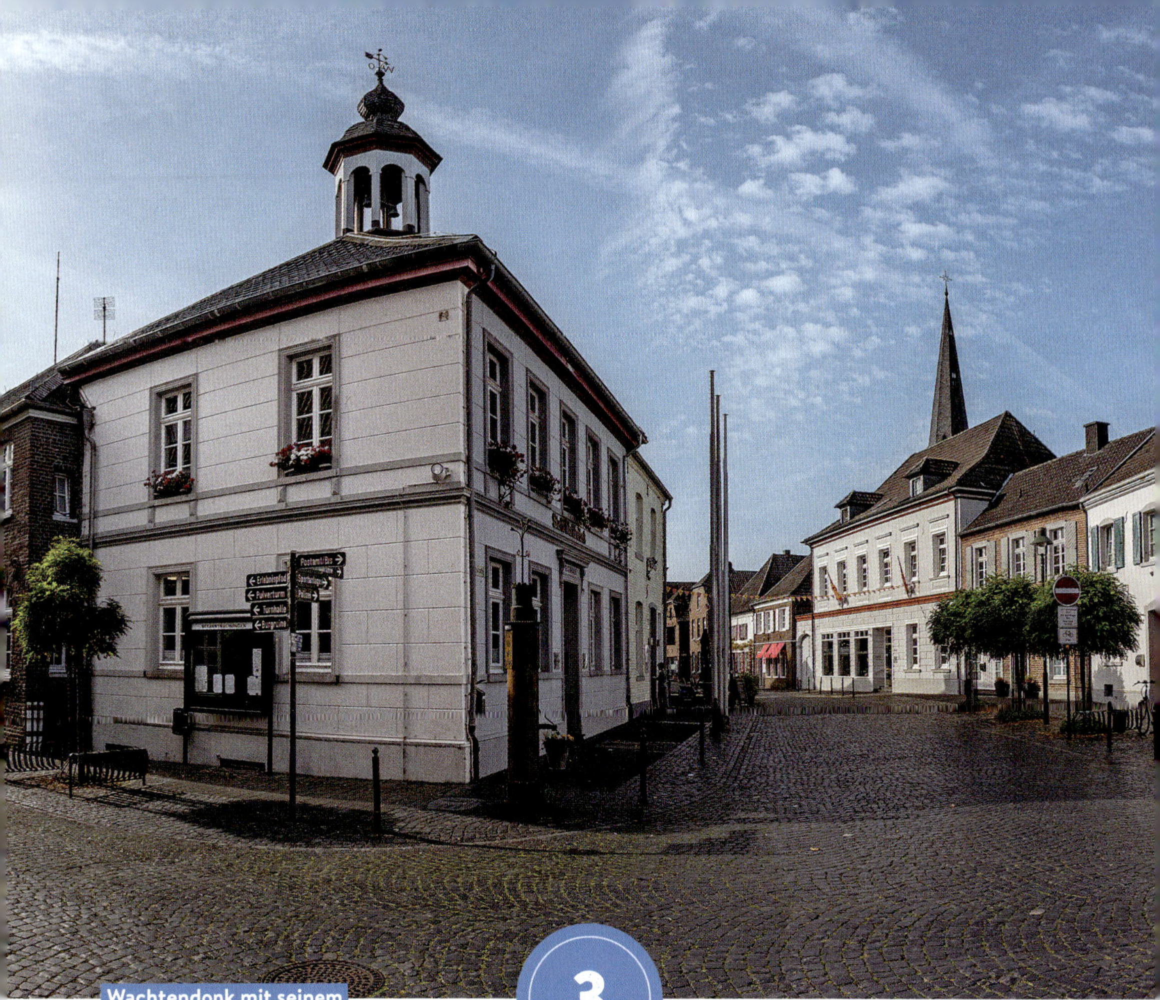

Wachtendonk mit seinem denkmalgeschützten Ortskern

3

NETTE, NIERS UND SEE NEBEN SEE

Wachtendonk – Niersaue – Niers-Radwanderweg – Radbahntrasse – Krickenbecker Seen

Vom sehenswerten Wachtendonk zum Naturschutzgebiet Krickenbecker Seen und Kleiner De Wittsee. Die kleine feine Tour führt durch außergewöhnlich schöne Landschaften und Naturräume entlang der Niederungen von Niers und Nette.

START Zu den vielen angenehmen Effekten des Gravelbikefahrens gehört das Entdecken. Man entdeckt Landschaften und Naturräume, von denen man bislang keine Ahnung hatte, dass sie sich die ganze Zeit nur wenige Kilometer von zu Hause entfernt versteckt hatten. Und man kann Orte in der Umgebung kennenlernen, von denen man mal gehört hat, die schön sein sollen, wo man wirklich mal hinmüsste und so weiter. Aber die man dann doch nie besucht, es sei denn, eine schicksalhafte Fügung verschlägt einen dorthin.
Wachtendonk ist so ein Ort – jedenfalls für mich. Ich wollte schon lange mal hin, aber irgendwie hat sich nie die Gelegenheit ergeben. Aber was ich eigentlich sagen will, ist: Ihr könnt die Touren in diesem Buch auch nutzen, um die eine oder andere Stadt zu besuchen. Bei dieser Tour machen wir es euch ganz einfach. Ausgangspunkt ist ein öffentlicher und kostenloser Parkplatz am Friedensplatz in unmittelbarer Nähe der Altstadt. So könnt ihr euch vorher oder nachher in aller Ruhe die Stadt anschauen. Übrigens fahren wir am Ende der Tour durch die Altstadt, je nach Witterung dann allerdings mit schlammbespritztem Outfit. Bei allen Bahnreisenden müssen wir uns im Namen der Deutschen Bahn entschuldigen. Leider wurde vergessen, Wachtendonk an das Schienennetz anzuschließen. Der nächste Bahnhof ist in Kempen, von dort bis zum Friedensplatz sind es knapp neun Kilometer.

NATURSCHUTZGEBIET GRASHEIDE Aber jetzt wird es Zeit, zu starten. Wir rollen auf einem feinen Kiesweg an der Niers stadtauswärts. Der Fluss ist ja schon ein guter Bekannter und Begleiter auf mehreren Touren in diesem Buch. Und immer wieder kann man ihn neu entdecken. Hier, um Wachtendonk, trifft die Niers auf die Nette und bildet mit ihr eine fantastische Auenlandschaft.

Tipp

IMBISS ZUM HOLLÄNDER

Wer es idyllischer mag, kann nach der Tour ins Pfannkuchenhaus oder ins nette Stadtcafé im alten Ortskern gehen. Menschen mit einer Leidenschaft für frittiertes Allerlei sei der Imbiss zum Holländer an der Ausfallstraße zur Autobahn empfohlen. Die Pommes sind wirklich gut, und wer mag, bekommt sie natürlich echt holländisch mit Special-Sauce. Burger, Kaassoufflé, Frikandel – auch diese Köstlichkeiten führt das Haus (Kempener Straße 45, 47669 Wachtendonk, www.imbiss-zum-holländer.de).

Dass das keine Übertreibung ist, seht ihr etwa ab Kilometer 7. Wir radeln fast auf Grundwasserhöhe, oder anders gesagt: Hier in der Niersniederung ragt das Land kaum über das Wasser, das auf den Feuchtwiesen

Alter Baum mit neuem Leben – am Krickenbecker See

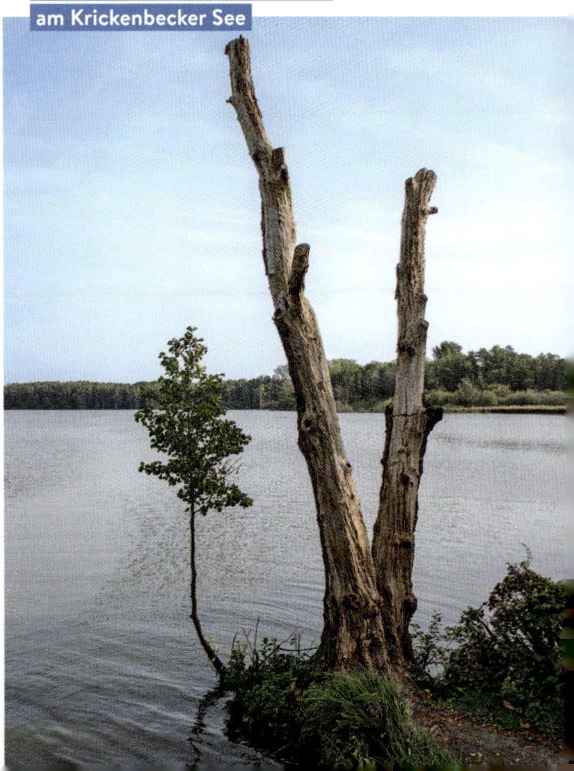

Tipp

INFOZENTRUM KRICKENBECKER SEEN

Wer wissen möchte, welche Vögel im Schutzgebiet Krickenbecker Seen leben und welche Laute sie von sich geben, wie das Gebiet geologisch entstanden ist und anderes mehr, kann einen Stopp im Infozentrum der Biologischen Station einlegen. Es gibt auch einen kleinen Shop mit lokalen Produkten (www.bsks.de).

steht und langsam den Fluss hinunterfließt. Für Vogelliebhaber gibt es eine erhöhte Plattform, von der aus sie über diese wassergetränkte Landschaft schauen können. Kinder finden sicherlich den Holleshof spannender, an dem wir vorbeikommen. Von Frühjahr bis in den Herbst wird hier was geboten: Streichelzoo, Spielplatz, Maislabyrinth, Bootsfahrten. Weiter geht es durch das Naturschutzgebiet Grasheide. Von Kilometer 10 bis 13 führt die Route direkt an der Niers entlang – einfach schön hier.

AUF DEM BAHNRADWEG Bei Kilometer 13 ändert die Tour die Richtung und hält sich ab jetzt in Richtung Westen. Auf Wirtschaftswegen fahren wir zwischen Feldern und Wiesen. Hinter Grefrath biegen wir auf eine ehemalige Bahntrasse ein, es geht schön geradeaus und nur leicht bergauf über die Süchtelner Höhen. Unser Graveltrain stampft entspannt an Lobberich vorbei – wer dringend einen Supermarkt braucht: Schaut mal links, am Ortsrand ist einer, und wir radeln direkt daran vorbei. Wir nähern uns dem nächsten Höhepunkt der Tour,

Auf dem Weg in die Maas – die Niers bei Grefrath

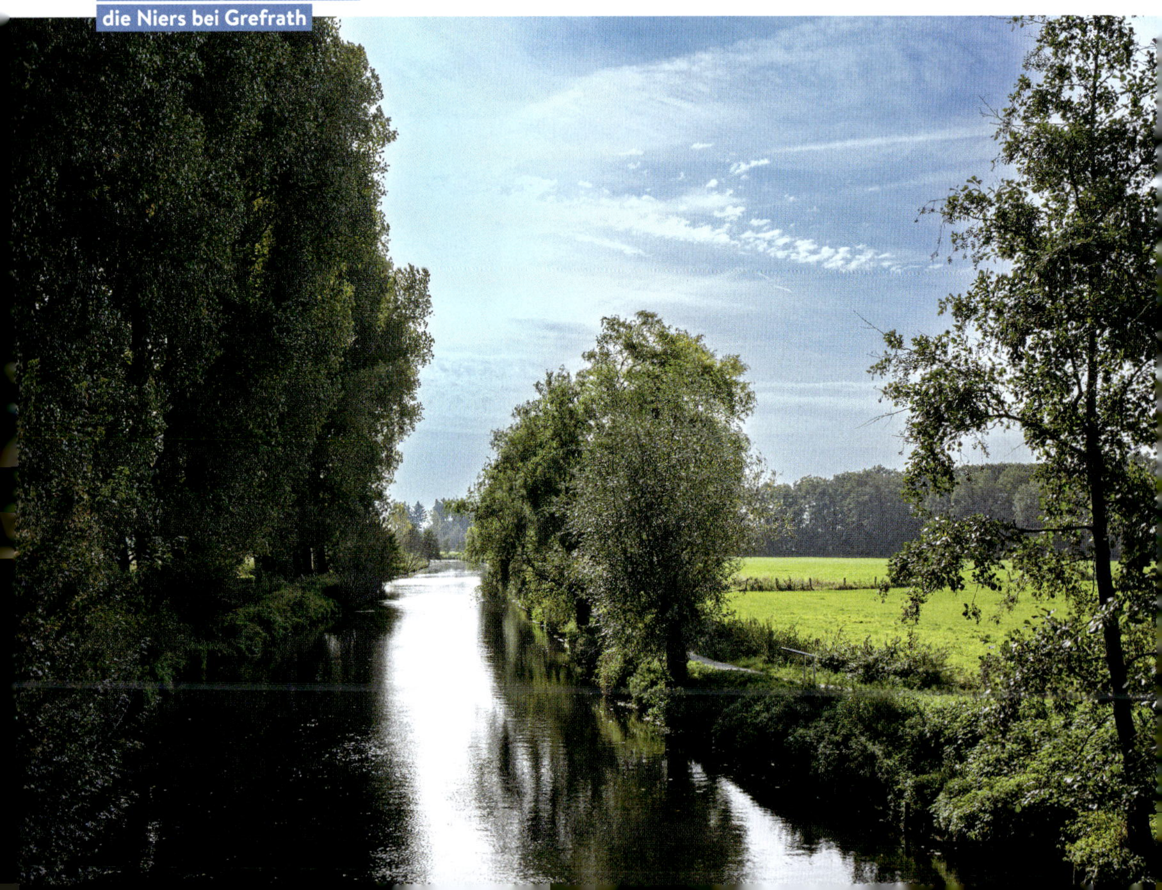

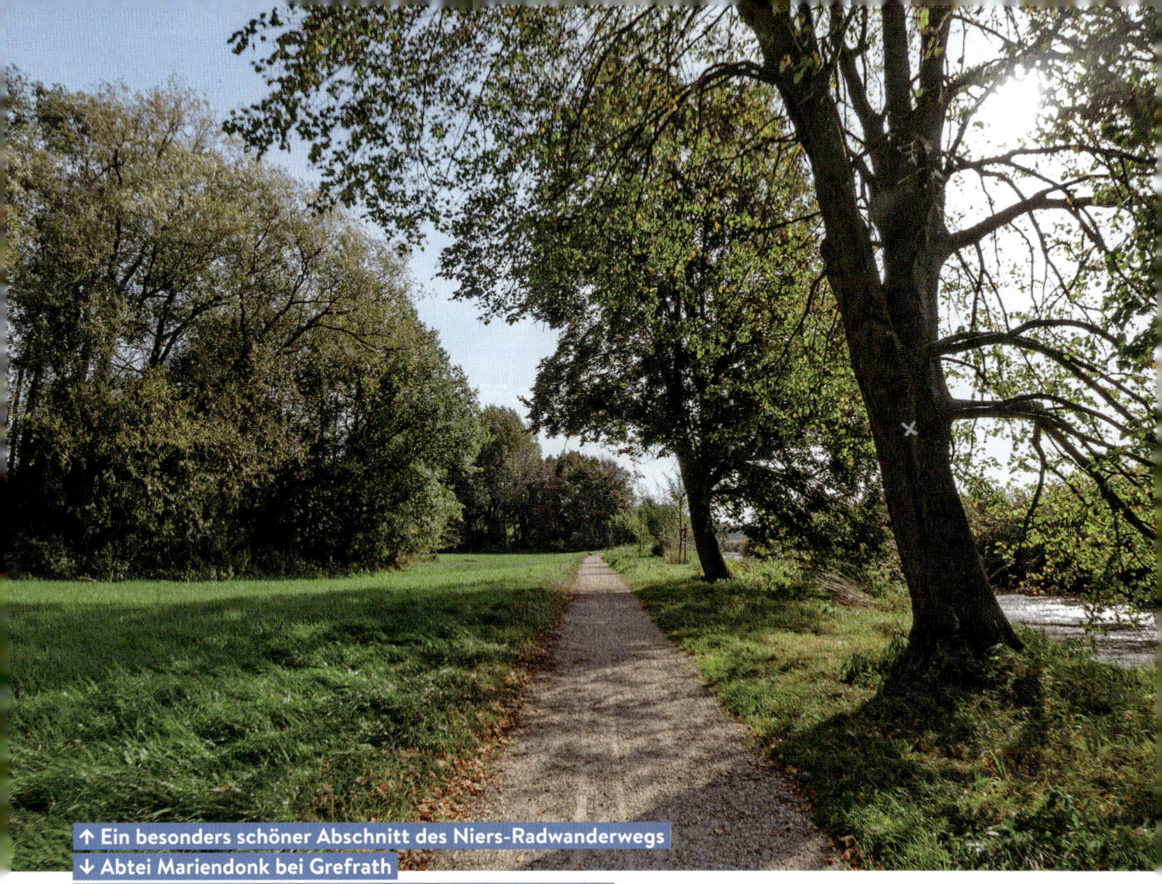

↑ Ein besonders schöner Abschnitt des Niers-Radwanderwegs
↓ Abtei Mariendonk bei Grefrath
↘ Die ersten zwölf Kilometer folgen dem Lauf der Niers.

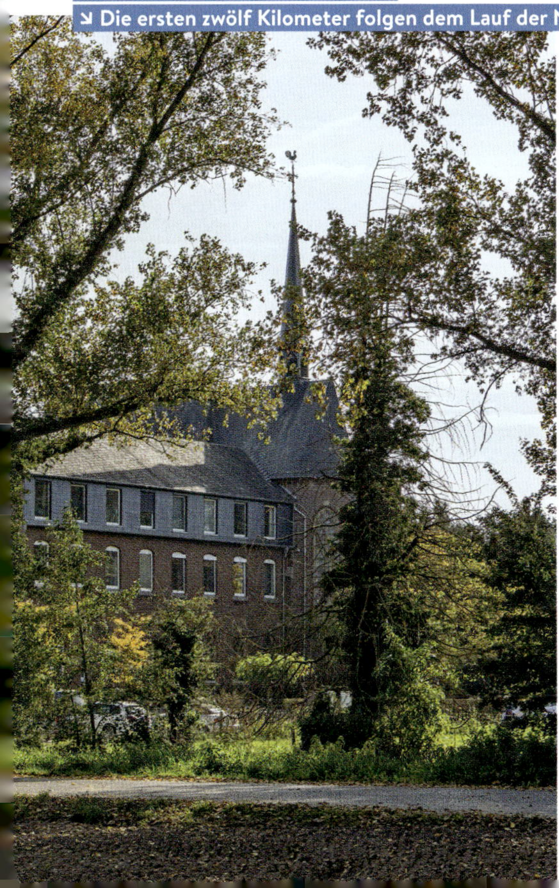

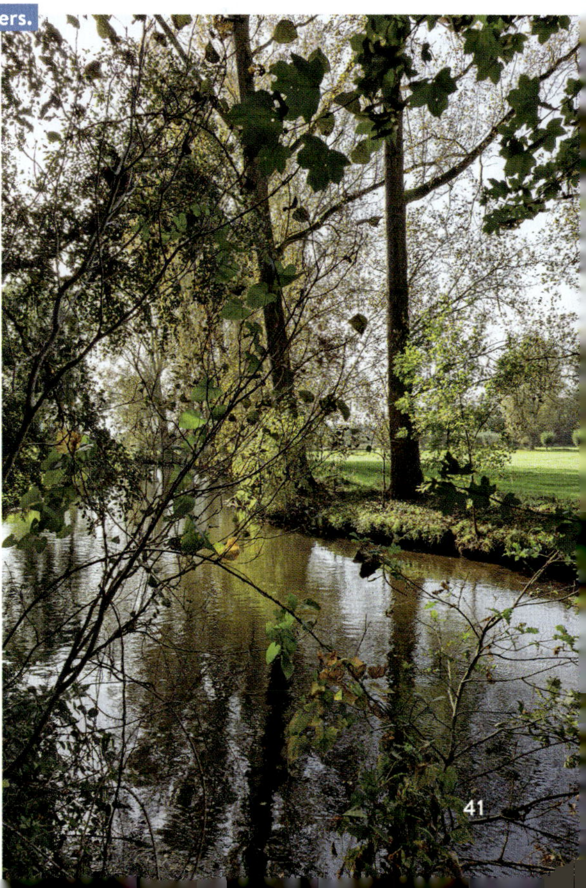

dem Naturschutzgebiet Krickenbecker Seen und Kleiner De Wittsee. Wahrscheinlich ist dieses Gebiet das oder eines der bekanntesten Ausflugsziele am Niederrhein. Jedenfalls schlängeln wir uns auf Nebenwegen ohne viel Trubel durch dieses schöne Gebiet. Deshalb verlassen wir auch die alte Bahntrasse und nutzen kleine Straßen und Wirtschaftswege, die an schönen Bauernhöfen vorbei mehr oder weniger parallel zum Wittsee verlaufen.

ZWISCHEN DEN SEEN Das mit dem Trubel muss ich etwas relativieren. Zumindest für den Abschnitt zwischen Kilometer 27 und 29. Das führt nämlich erst am gut besuchten Infozentrum Krickenbecker See vorbei und dann auf einen Damm, der zwischen den Seen Hinsbecker Bruch und Glabbacher Bruch verläuft. Klar, dass hier viel los ist, aber langsam fahren lohnt sich, es gibt ja viel zu sehen. Am Ende des Sees liegt rechts versteckt das Schloss Krickenbeck, das heute ein Tageszentrum ist.

Auf einer Asphaltstraße umrunden wir den Poelvenn See und bekommen am Ende eines Parkplatzes endlich wieder Schotter unter die Stollen. Aufgepasst, der mickrige Kanal, den wir überqueren, ist ein historisches Relikt. Es ist ein Stück des Nordkanals, den Napoleon in Auftrag gab, um den Rhein mit der Maas zu verbinden. Das Projekt wurde jedoch nie vollendet.

Die Route führt nun durch ein schönes Waldstück mit einer Birkenlichtung. Immerhin rund 30 Höhenmeter geht es im Wald bergauf. Oben angekommen, erwartet uns wieder flaches, weites Land. Wie sieht es mit eurem Schnitt aus? Die nun folgenden landwirtschaftlichen Wege sind asphaltiert und eignen sich, je nach Windverhältnissen, gut zum Tempomachen. Da lässt sich noch ein bisschen was rausholen. In Wankum schauen wir noch im alten Ortskern vorbei und sind wenige Kilometer später im Zentrum von Wachtendonk. Wirklich schön hier. Wer noch nicht da war – da müsste man mal hin.

Flaches Land und weiter Himmel – Landschaft im Kinoformat

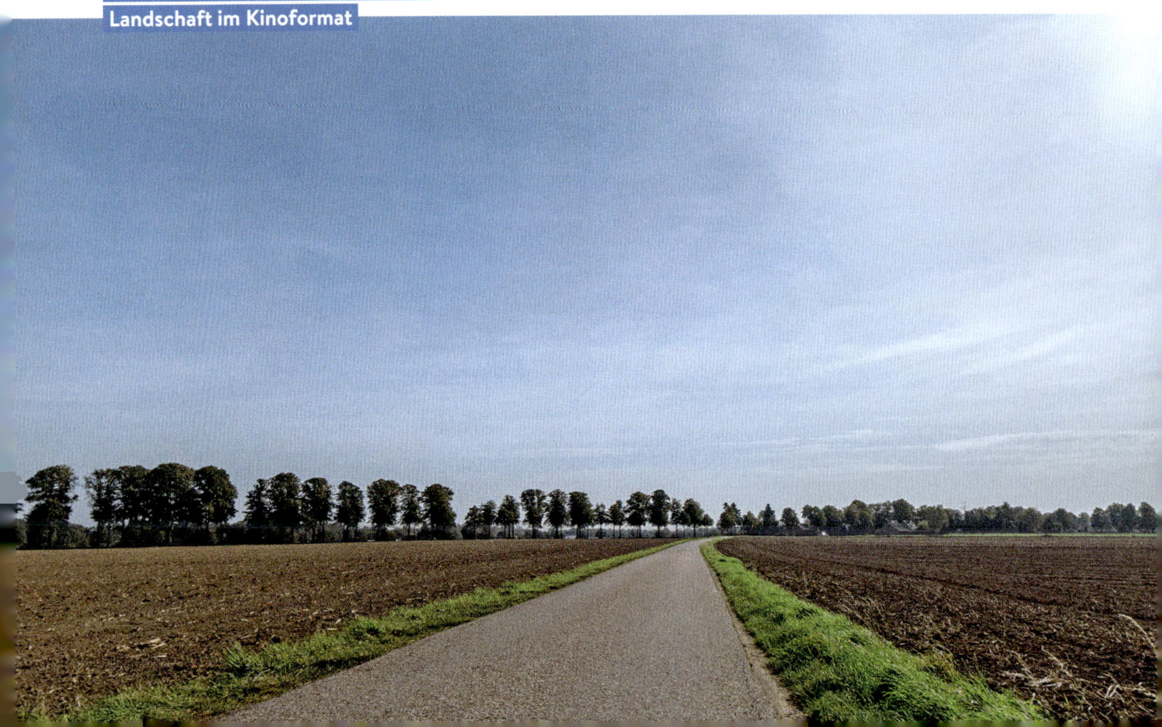

INFO

Leicht	40 km	120 Hm	2.15 Std.

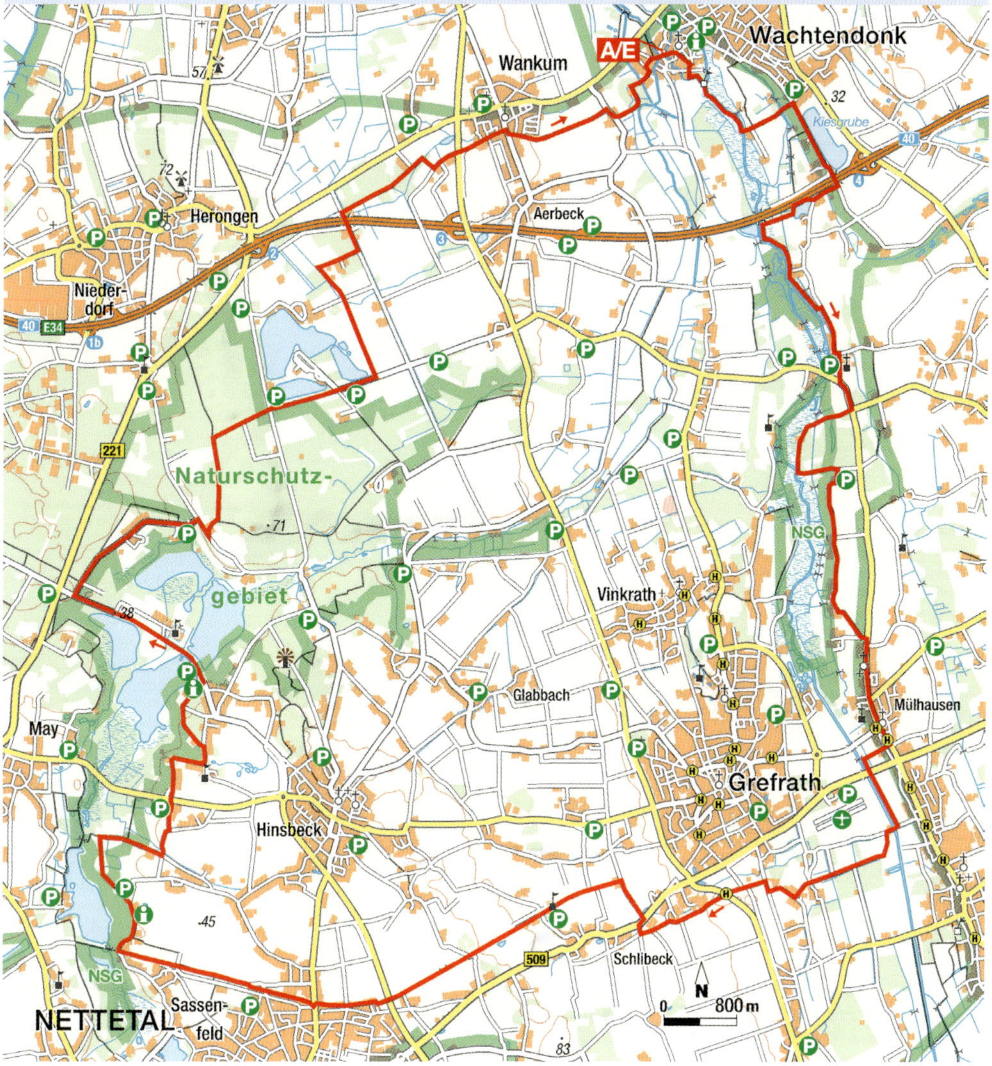

TOURENCHARAKTER

Leichte Tour mit einfach zu befahrenden Wegen. Durch den relativ hohen Asphaltanteil eignet sich die Route auch für nasse Tage.

WEGBESCHAFFENHEIT

Wald, Kies, Schotter, Singletrail: ca. 11 km

AUSGANGS-/ENDPUNKT

Pkw: Parkplatz Friedensplatz, 47669 Wachtendonk

KOMBINIERBAR MIT

Tour 19

FAHRRADWERKSTATT

Zweirad Schrader, Friedensplatz 2, 47669 Wachtendonk, Tel. 02836/435, www.zweirad-schrader.de

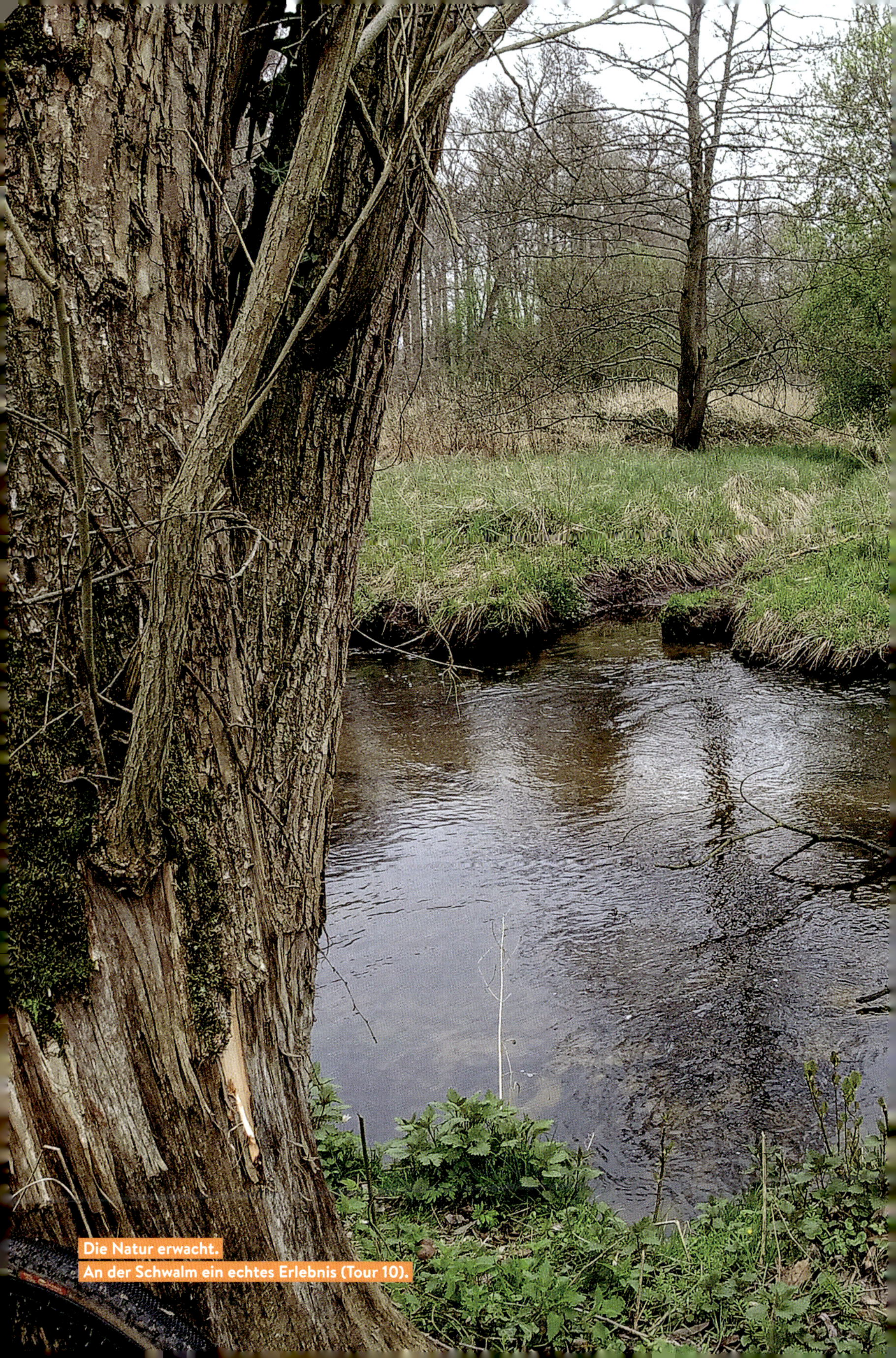

Die Natur erwacht.
An der Schwalm ein echtes Erlebnis (Tour 10).

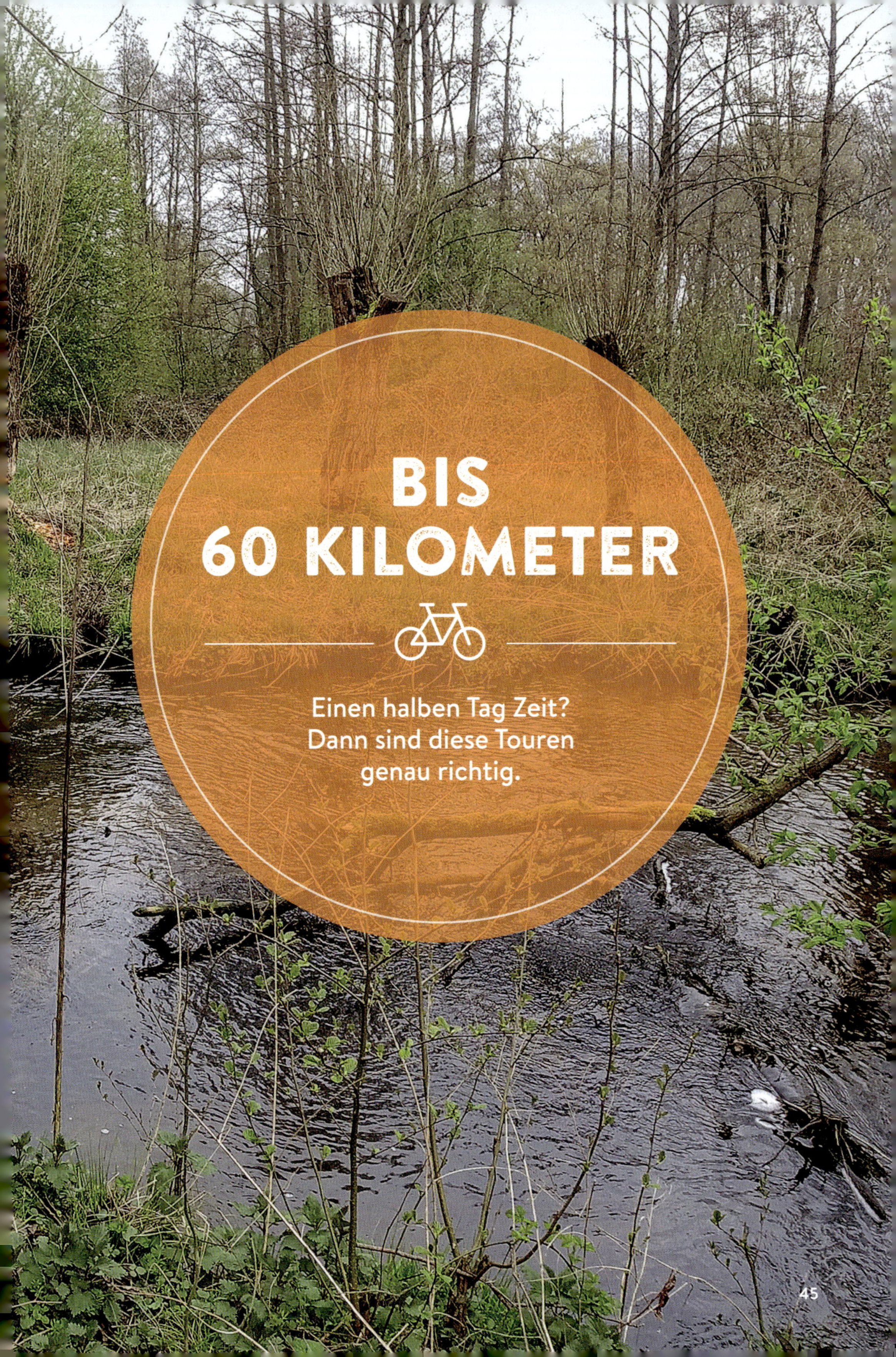

BIS 60 KILOMETER

Einen halben Tag Zeit? Dann sind diese Touren genau richtig.

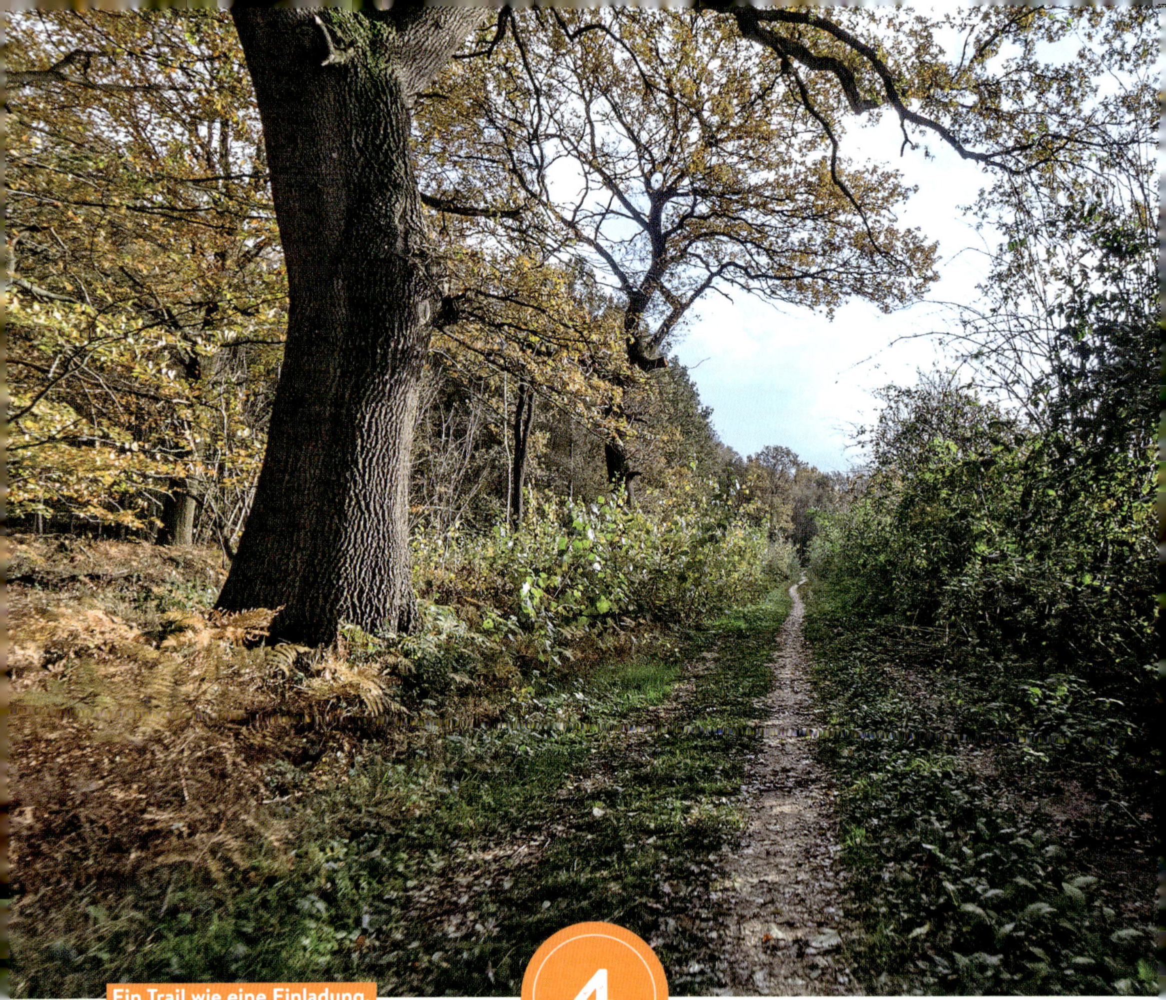

Ein Trail wie eine Einladung, aufs Rad zu steigen

4

SCHRÄG ZUR RUR

Erkelenz – Scherresbruch und Haberger Busch – Am Hintersten Berg – Ratheimer Halde – Birgeler Urwald

Obwohl die Rur nicht zu sehen ist, spielt sie bei dieser Tour doch eine entscheidende Rolle. Schließlich ist dem Fluss zu verdanken, dass er das Land an seiner Ostseite zu einem welligen und wenig besuchten Gravelspielplatz geformt hat. Die schmalen Trails und zahlreichen Auf- und Abfahrten sind die Highlights der Tour durchs Erkelenzer Land.

START Mit dem Bahnhof von Erkelenz kann man als Startpunkt nichts falsch machen. Hier gibt es viele Parkplätze und mit der RE 4 oder der RB 33 stehen immerhin zwei Bahnverbindungen zur Wahl, mit denen man samt Fahrrad zum Start kommen kann. Kritische Leserinnen und Leser könnten einwenden, dass Erkelenz gar nicht mehr zum Niederrhein gehört. Mag sein. Dann sind wir halt zwischen Niederrhein und Niedermaas, wie es bei Wikipedia heißt. Aber auch mit der Tour bei Jülich und in die Teverener Heide haben wir uns weit in den Süden vorgewagt. Aber gehört es nicht zum Vergnügen des Gravelbikefahrens, des Sportmachens und Unterwegssein, Grenzen zu erkunden und ab und zu mal einen Schritt darüber hinaus zu wagen?
Nachdem das geklärt wurde, verlassen wir die Stadt über ein älteres Gewerbegebiet.

Tipp

BLAUES WUNDER

Am hintersten Berg – schon der Name des Wäldchens zwischen Baal und Doveren klingt wie aus einem Märchenbuch. In der Zeit von Mitte April bis Mitte Mai gibt es keinen Zweifel mehr, dass dies ein ganz besonderer Ort ist. Denn dann blühen auf dem Waldboden unzählige Hasenglöckchen. Klar, dass man hier nicht abseits des Wegs herumlaufen oder -fahren soll. Am besten verzichtet man auch auf Selfies, sonst ist es mit dem Zauber bald vorbei.

Nach kurzer Strecke geht es auf einem geschotterten Weg oberhalb von Bahngleisen, dann fahren wir auf gut asphaltierten

Ein Traktor hat aus dem Wiesenweg eine Buckelpiste gemacht.

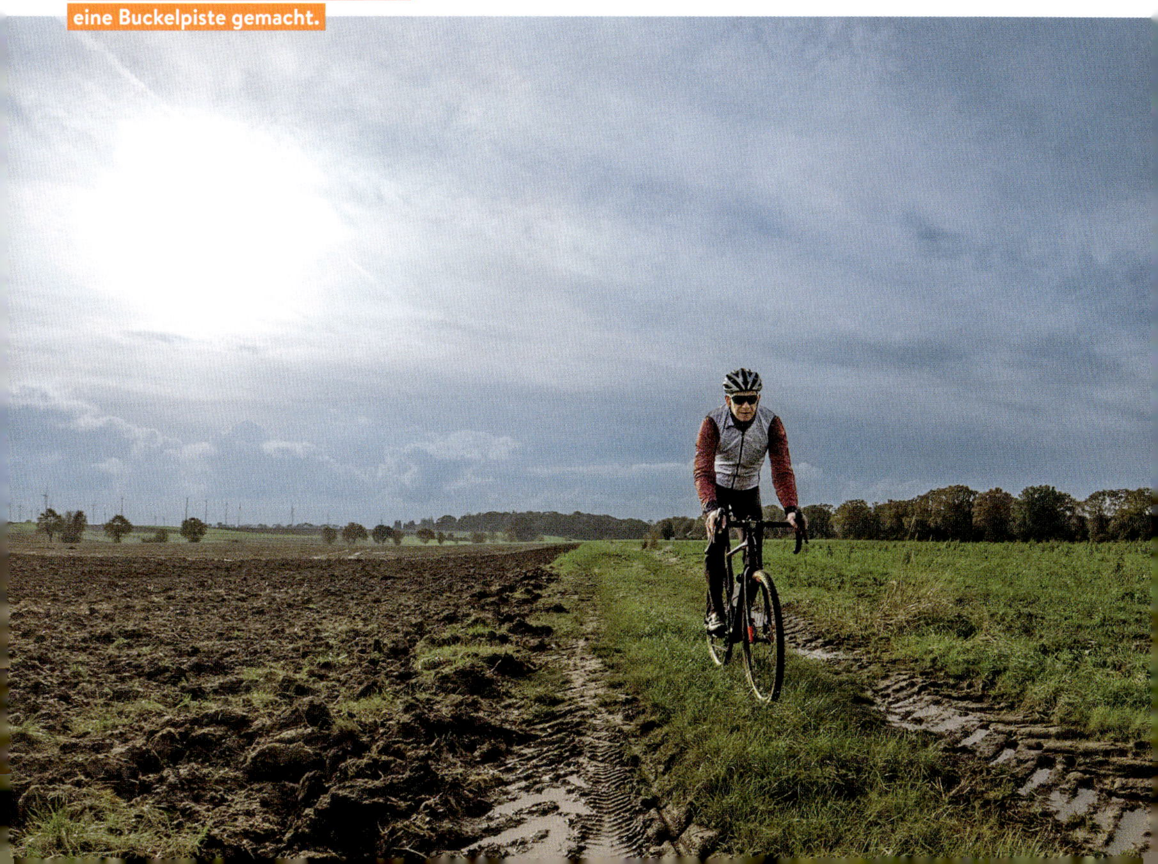

Tipp

RADTOURISTIKFAHRT AB ERKELENZ

Der Erkelenzer Radsportclub ERC lädt jedes Jahr an Fronleichnam zu einer Radtouristikfahrt ein. An der sportlichen Runde mit maximal 150 Kilometer Länge haben in den letzten Jahren jeweils rund 800 Rennradlerinnen und Rennradler teilgenommen. Wie bei RTFs üblich wird keine Zeit genommen (www.erc-ev.de).

Wirtschaftswegen in den Südwesten. Vom leicht erhöhten Erkelenzer Land lässt sich weit über die Landschaft schauen. Einige Halden sind weiter südlich auszumachen. Sie mussten zum Aachener Revier gehören, wo früher Kohle gefördert wurde.

SCHERRESBRUCH UND HABERGER BUSCH Bei Kilometer 6 rollen wir an einem schönen alten Gut vorbei in den Scherresbruch und Haberger Busch. Ein breiter Waldweg führt am Bach entlang in Richtung Ophover Mühle. Danach kommt auch schon der erste von vielen kurzen Anstiegen. Dieser führt über die Bahngleise in ein weiteres kleines Waldstück und dann über die Felder wieder in einen Wald. Mittlerweile sind wir bei Kilometer 10 und fahren auf einem entspannten Singletrail durch das Naturschutzgebiet Am Hinteren Berg. Die Spuren im feuchten Boden verraten, dass hier auch häufiger Mountainbiker unterwegs sind. Im Frühling ist der kleine Wald besonders schön, dann verwandelt er sich in ein blau blühendes Märchenland (siehe Tipp).
So selten wie die Hasenglöckchen sind, die hier blau blühen, ist auch die Landschafts-

Ein Weg mit Hindernissen kommt vor – die sind aber schnell überwunden.

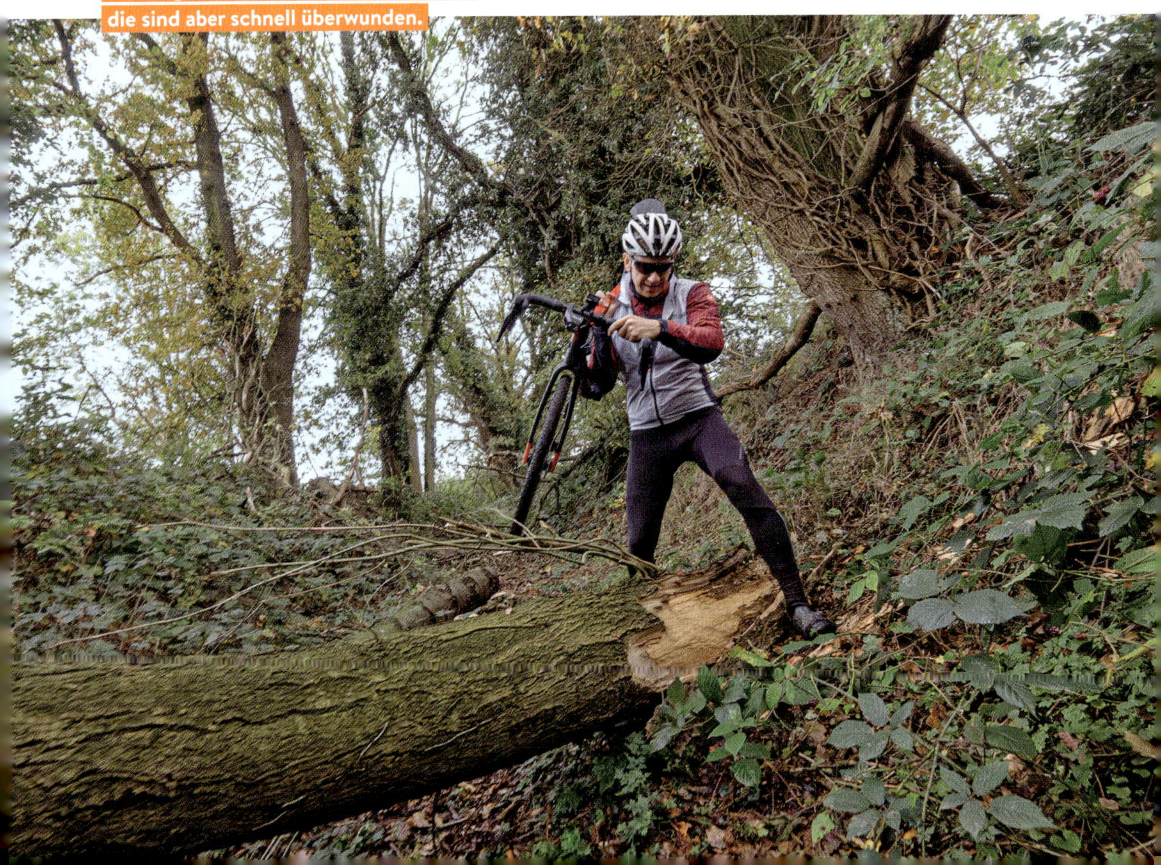

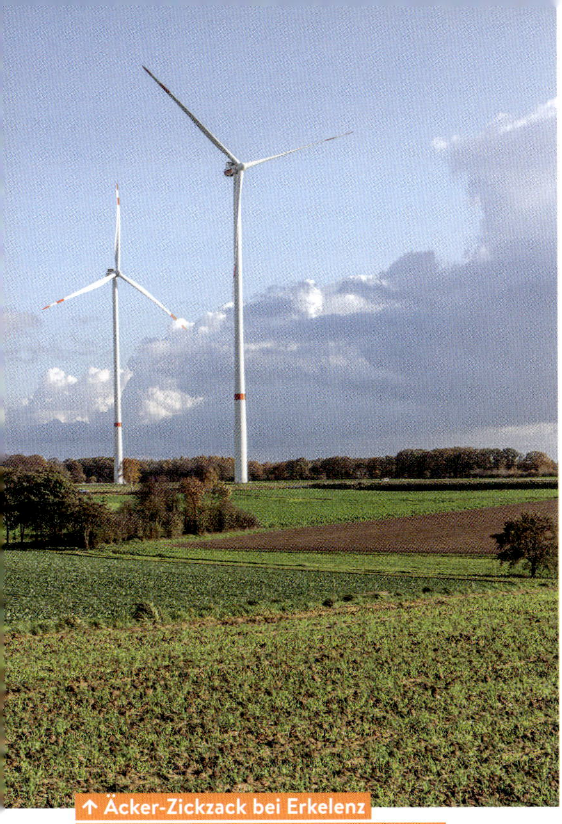

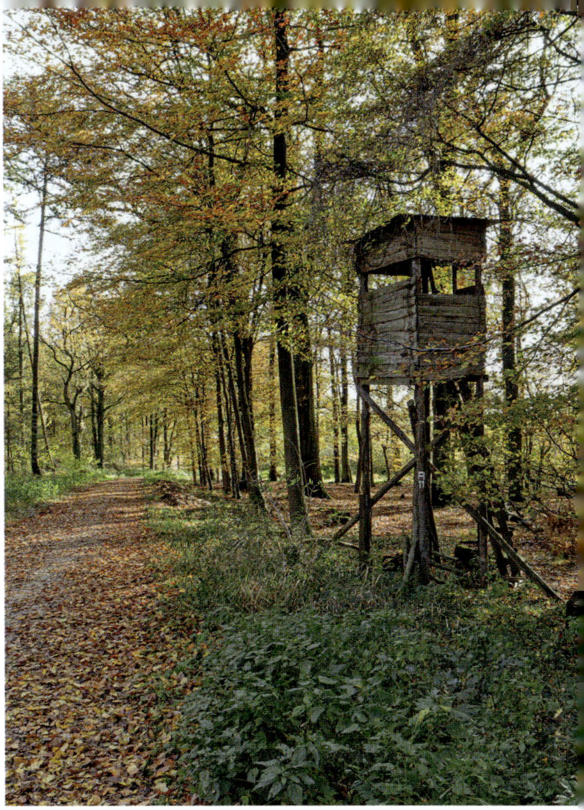

↑ Äcker-Zickzack bei Erkelenz
↗ Im Randgebiet des Birgeler Urwalds

form. Ihr fahrt auf dieser Tour durch ein sogenanntes Riedelland. In die Flussterrassen, die sich in dem Gebiet über Jahrtausende bildeten, gruben Bäche und Wasserabflüsse über die Jahrtausende Erosionstäler. Unsere Tour quert diese Einschnitte, die sich zur Rurniederung hin öffnen, was auch bedeutet, dass es ständig auf und ab geht. Bei Doveren, ab Kilometer 12 umfahren wir so einen Taleinschnitt, in dem sich ein dichtes Grün gebildet hat.

HÄNGE DER RUR Weiter geht es an den Hängen der Rur entlang. Und meist bleiben wir auf schmalen Wegen. Hückelhoven umfahren wir auf stillen Pfaden. Bei Kilometer 17 könnte der Kontrast kaum größer sein. Wenige Meter neben der Route verläuft die A 46. Wir biegen dagegen in einen Taleinschnitt ein, der mit »Im Siel« in den Karten verzeichnet ist. Der Weg ist erst kaum zu erkennen, aber auch nicht zu verfehlen, denn es geht einfach entlang der Talsohle bergab. Unten angekommen erwartet uns ein feuchtes Waldgebiet, genauer gesagt, das Naturschutzgebiet Mühlenbach Millicher Bruch. Und kurz darauf wartet schon der nächste Taleinschnitt, erst geht es bergab, dann auf einem lauschigen Trail durch den Wald steil bergauf.

RATHEIMER HALDE Oben angekommen ändert sich bei Kilometer 22 die Szenerie. Vor uns baut sich ein mächtiger Berg auf, der von ebenfalls hohen Zäunen geschützt wird. Es ist die Ratheimer Halde, die bis 1997 mit dem Abraum der Zeche Sophia-Jacoba bis auf über 140 Meter in den Himmel wuchs. Im Abraum scheint noch einiges an Kohle zu sein, jedenfalls ist der schmale Trail, der um die Halde führt, teilweise tiefschwarz. Im Wald in Richtung Wassenberg wachsen viele

Birken, an einer Stelle stehen sie fotogen dicht an dicht.

Auf der Höhe von Wassenberg bei Kilometer 28 ändert sich der Untergrund. Die Piste verwandelt sich in einen perfekt gewalzten Weg mit feinem Kiesbelag. Auch gut, hier wurde eine ehemalige Bahntrasse mal nicht asphaltiert. Die ein, zwei Kilometer kommen gerade richtig zum Entspannen, denn gleich wird es wieder etwas anspruchsvoller. Im Naturschutzgebiet Birgeler Urwald führt ein schmaler, teilweise ausgewaschener Trail bergauf.

BIRGELER URWALD Auch auf den nun folgenden Kilometern bleibt es waldig, trailig und lauschig. Ein schönes Wegstück, wenn man es eine Spur anspruchsvoller mag. Ab Kilometer 34 sind wir wieder auf dem Plateau, auf dem auch Erkelenz liegt und das wohl geologisch zur Jülich-Zülpicher Börde gehört. Ab Kilometer 36 ist Entspannung angesagt. Wir rollen meist auf Wirtschaftswegen mal asphaltiert mal nicht in Richtung Erkelenz. Je nach Jahreszeit kann sich hier und da auch mal eine größere Pfütze gebildet haben. Nach all den Singletrails ist das aber eine leichte Übung und die Räder sind sowieso schon im feucht-erdfarbenen Look.

In Erkelenz wird uns der Luxus eines neuen Radwegs geboten, der durch ein ebenfalls neues Wohngebiet führt. Hier haben sich die Stadtplaner mal an den guten Beispielen der Niederländer orientiert, die schon lange von Autostraßen unabhängige Radwege gleich mitplanen. Auf den letzten Metern zum Start- und Zielpunkt legen wir noch einen Kaffeestopp am Bahnhof ein. Tatsächlich gab

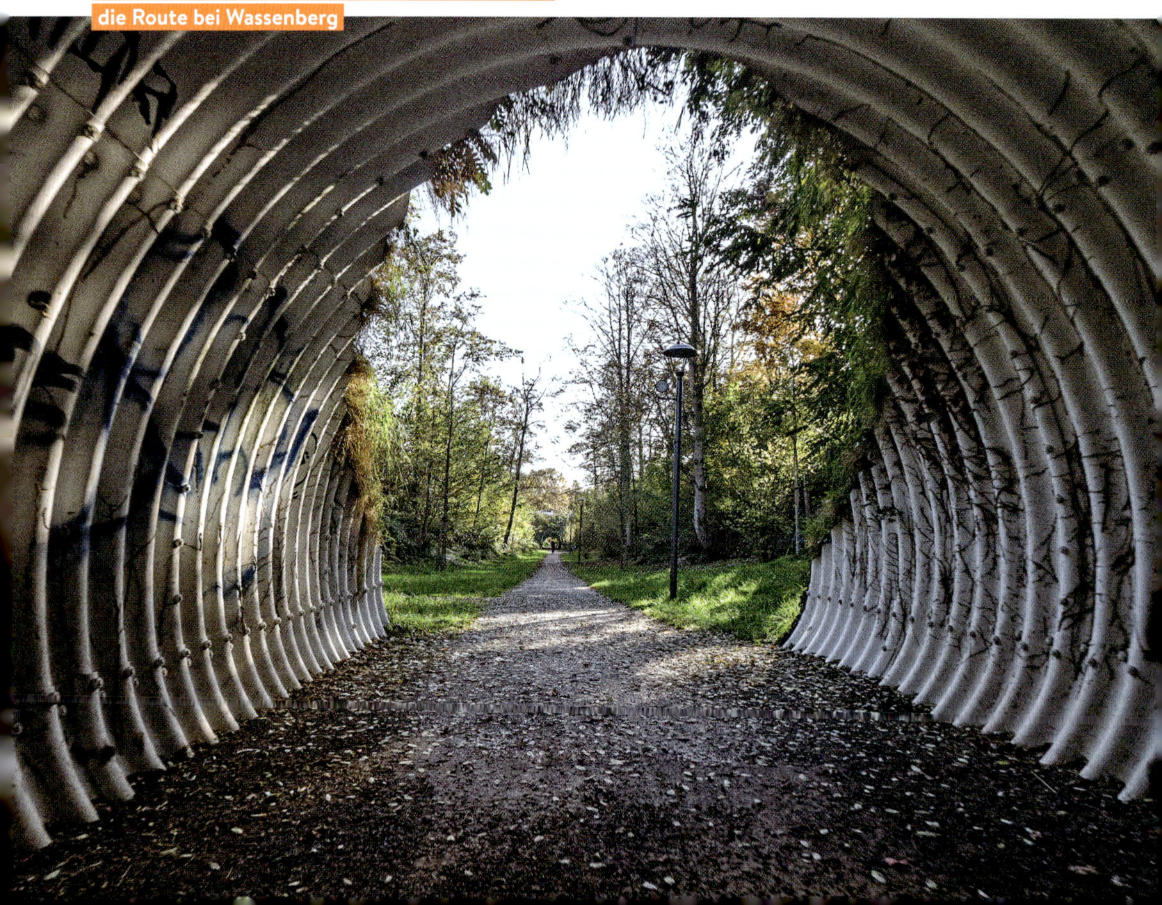

Früher eine Bahntrasse, heute ein Graveltraum – die Route bei Wassenberg

INFO

Schwer | 48 km | 330 Hm | 3.00 Std.

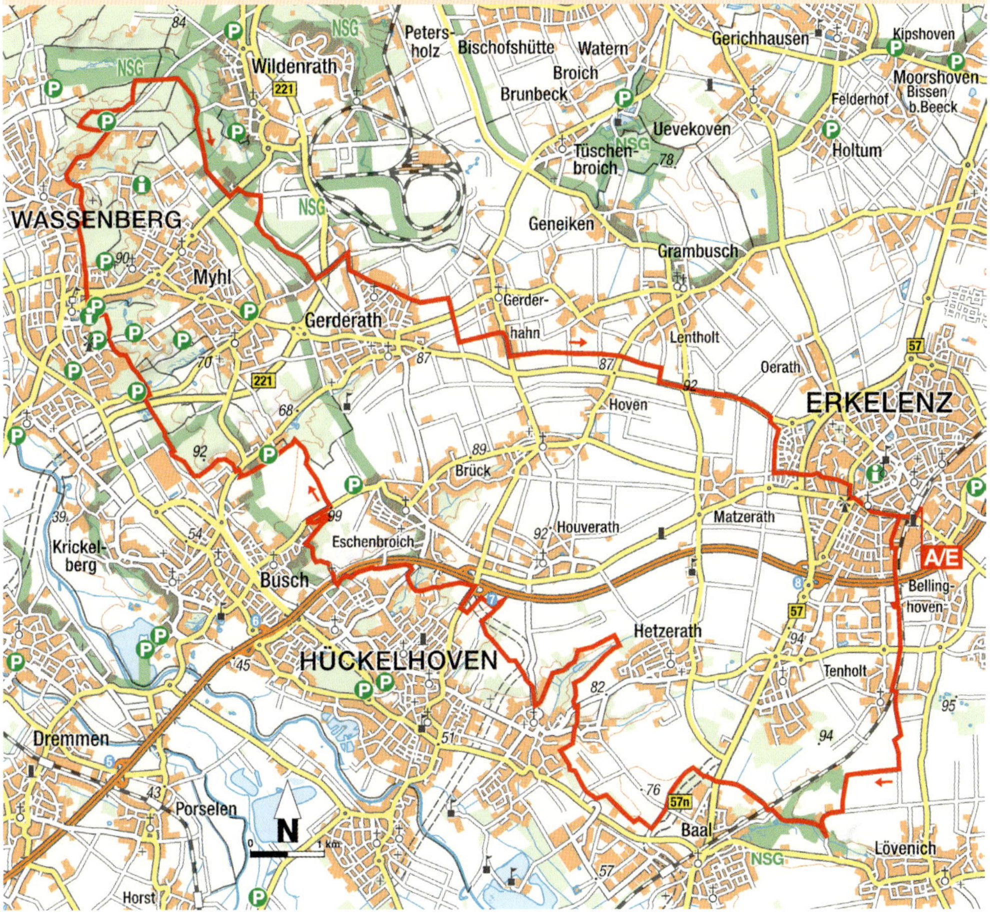

TOURENCHARAKTER

Mittelschwere Tour mit einigen kurzen, teilweise steileren Abfahrten und Steigungen. Im Vergleich zu anderen Touren im Buch ist der Singletrail-Anteil hoch. An Verpflegung denken.

WEGBESCHAFFENHEIT

Wald, Kies, Schotter: ca. 27 km

AUSGANGS-/ENDPUNKT

Pkw und Bahn: Bahnhof Erkelenz

KOMBINIERBAR MIT

Tour 16

FAHRRADWERKSTATT

Little John Bikes,
August-Horch-Straße 5,
41812 Erkelenz,
Tel. 02431/66 20,
www.littlejohnbikes.de

es auf der ganzen Tour bis Erkelenz keine geöffnete Gastronomie. Vielleicht haben wir sie auch übersehen, weil wir uns sehr auf die Trails und Pisten konzentrieren mussten.

Egal, der Kaffee in der Osteria Erkelenz direkt am Bahnhof ist richtig gut und wer möchte, kann sich noch eine Pizza dazubestellen.

VON XANTEN IN DIE SCHWEIZ

Xanten – Südsee – Nordsee – Uedemer Hochwald – Aussichtsturm Dürsberg – Hees – Bislicher Insel

Asphaltierte Straßen, die durch tiefe Rheinauen führen – so ist das Land rund um Xanten. Aber nicht nur. Im Rücken der alten römischen Stadt wellt sich das Land zur Sonsbecker Schweiz. Freut euch auf Anstiege, Ausblicke und technische Passagen.

5

Segelboote und Kirchtürme – am Hafen von Xanten startet die Tour.

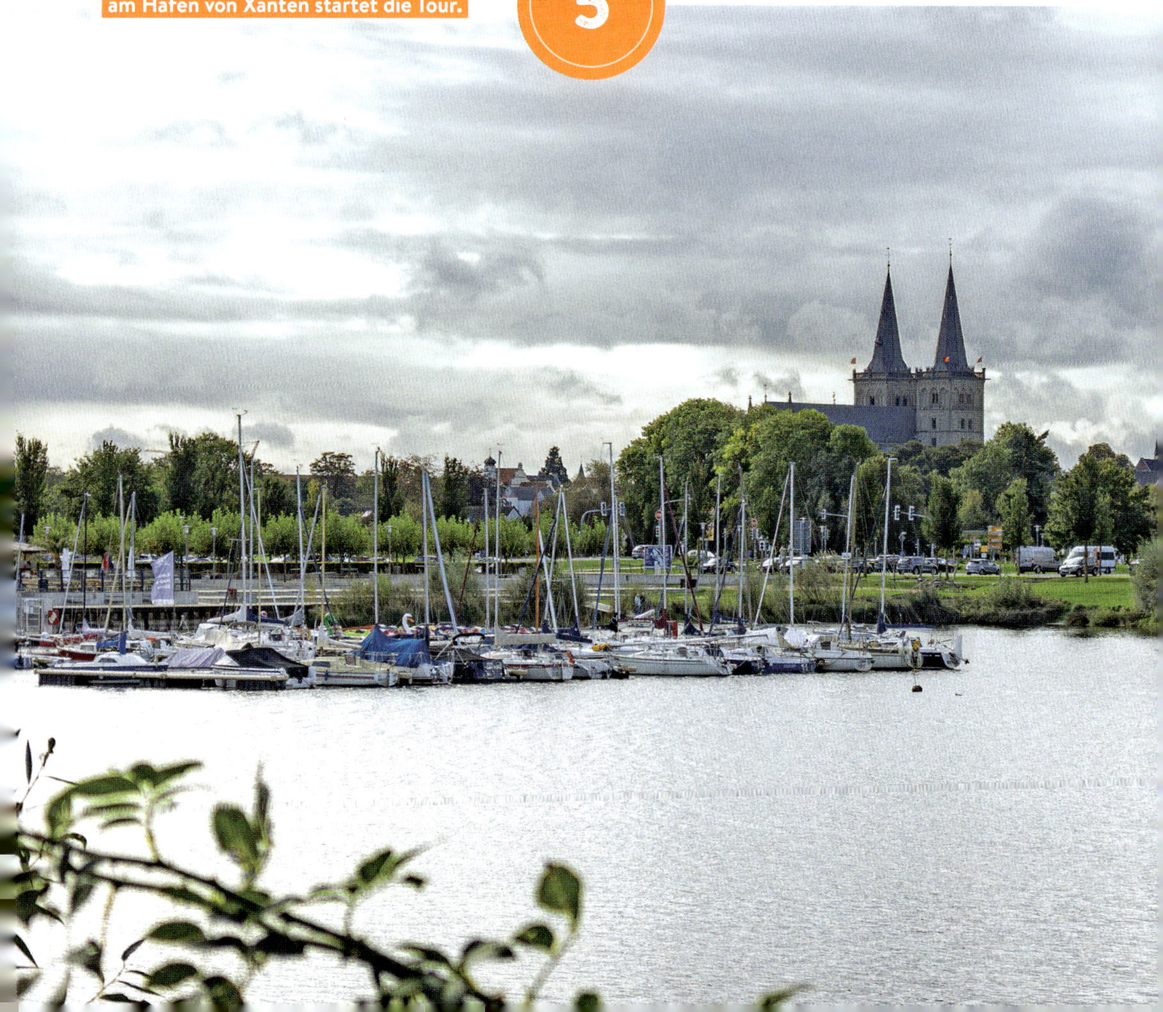

START In Xanten bekomme ich Urlaubsgefühle. Am Hafen, wo wir auf einem großen Parkplatz das Auto abstellen, hört man das Klackern von Schnüren, die an die Alumasten von Segelbooten schlagen. Fahnen flattern im Wind, und die vielen Besucherplätze lassen keinen Zweifel daran, dass das Städtchen mit der mächtigen Kirche und dem Römerpark gerne besucht wird. Statt mit dem Auto erreichst du Xanten auch mit der Bahn. Zum Beispiel mit der RB 31, die in Duisburg startet.
Das Urlaubsgefühl bleibt erst mal, denn die Route führt uns auf den ersten Kilometern um die beiden Freizeitseen, erst den Xantener Südsee und dann den Nordsee. Überzeugte Menschen aus Xanten sagen aber nicht »der Südsee«, sondern »die Südsee«. Die insgesamt 250 Hektar großen Gewässer sind auf alle Fälle gut erschlossen. Neben den Segelbooten, die wir schon gesehen haben, gibt es hier ein Strandbad, eine Wasserskianlage, diverse Spaßboote, eine Tauchstation und schwimmende Ferienhäuser.

SÜDSEE UND NORDSEE An diesem Vormittag ist es noch erstaunlich ruhig auf dem feingeschotterten Weg, der um die Seen führt. Das liegt wohl auch daran, dass die Badesaison bereits vorbei ist und die Wetterapp viel Regen vorhergesagt hat. Erfreulicherweise liegt die App mal wieder daneben. Es kommt sogar die Sonne raus, während wir das Panorama aus See und Kirchtürmen bewundern. Die beiden hohen Türme gehören zum Xantener Dom, der eigentlich gar kein echter Dom ist.
Hinter Vynen, also am nördlichen Ende der Nordsee, geht es ein Stück auf dem Deich am Rhein entlang. Es fühlt sich an, als wäre man hier kurz vorm Meer. Bei Kilometer 10 verlassen wir den breiten Strom und queren das hübsche Marienbaum. Am Ortsausgang steigt die Piste gleich an beziehungsweise

Tipp

BISLICHER INSEL

Viel zu schade, um hier einfach blind durchzurattern. Das Gebiet am Altrhein ist eine der letzten natürlichen Auenlandschaften am Niederrhein. Im Winter sind hier unter anderem Biber und Wintergänse zu sehen, im Sommer Milane und junge Störche. Sogar ein Seeadlerpärchen hat hier Quartier bezogen und alle Vogelfreunde hoffen, dass sie bleiben. Wer tiefer einsteigen will, kann das NaturForum besuchen – unsere Tour führt bei Kilometer 47 daran vorbei.

biegen wir auf eine Piste in den Wald ab. Genauer gesagt, ist es der Uedemer Hochwald. Für niederrheinische Verhältnisse ist dieser Hochwald schon fast ein Gebirge.

Riesen-Mikado? Sieht so aus, ist aber der Aussichtsturm Dürsberg.

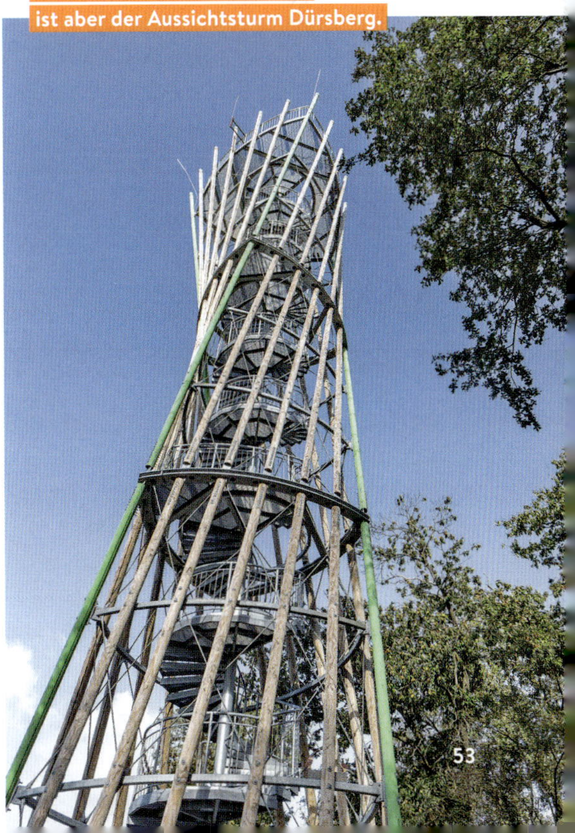

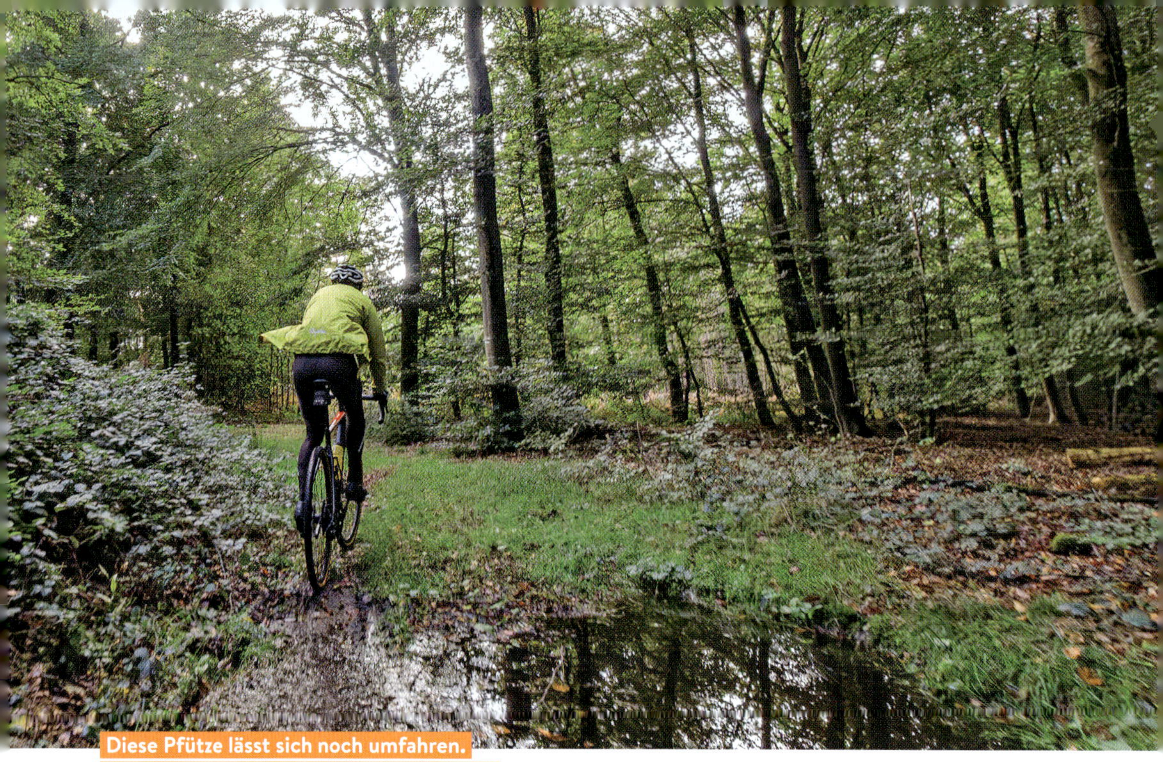

Diese Pfütze lässt sich noch umfahren.
Bei anderen geht's nur noch mittendurch.

UEDEMER HOCHWALD Auf einem gut befahrbaren Trail keuchen wir von 19 Metern auf über 70 Meter. Oben ragt eine Radarkuppel in den Himmel. Es handelt sich wohl um eine Hudge-Air-Defence-Radar-Anlage (HADR), wie das Internet verrät. Von hier aus überwacht die Bundeswehr den Luftraum in einem Umkreis von mehreren Hundert Kilometern. Wir bleiben im Schatten der Kuppel, umrunden das Ding und nehmen eine Abfahrt, deren Untergrund aus einem Mix aus Waldboden und Kies besteht. Und weil es so schön ist, geht es gleich noch mal bergauf und wieder runter.

Bei Kilometer 20 verlässt die Route erst einmal den Wald. Hier, auf der Reichswaldstraße, versteht man auch, warum das Gebiet Sonsbecker Schweiz heißt. Wir schauen über eine weite Hügellandschaft. Den Anblick könnte man vom Ausflugslokal Villa Reichswald noch vertiefen. Großartig ist auch der Blick bei Kilometer 25. Auf einem asphaltierten landwirtschaftlichen Weg rollen wir leicht bergab, der Blick fliegt weit in Richtung Sonsbeck. In der Ferne sieht man die Schlote und Industrieanlagen des westlichen Ruhrgebiets. Noch besser ist natürlich der Blick vom Aussichtsturm Dürsberg, der sich auf dem 81 Meter hohen Dürsberg weitere 26 Meter in den Himmel schraubt.

TECHNISCHER TRAIL Gleich hinter dem Turm schrauben wir uns durch ein kleines Wäldchen. Es ist ein schmaler technischer Trail mit einigen kurzen und steilen Anstiegen. Etwas, um Fahrtechnik zu üben. Nach dieser hochkonzentrierten Phase ist auf den drei Kilometern Asphalt der Grenzdycker Straße, die darauf folgen, wieder Entspannung angesagt.

Auch im Süden von Xanten haben die Gletscher der Eiszeit Erde und Geröll vor sich hergeschoben – und als die dann geschmolzen sind, einfach dort liegen gelassen. Die Hees, wie das Waldgebiet genannt wird, ist so eine eiszeitliche Endmoräne wie auch die

Sonsbecker Schweiz. Wir wählen einen schönen Waldweg, der am Fuß des Hügels entlangführt. Es ist eine herrliche Piste, perfekt fürs Gravelbike. Ein paar Höhenmeter nehmen wir noch mit, kreuzen den Wald in Richtung Osten und nehmen Kurs aufs platte Land.

BISLICHER INSEL Um zur Bislicher Insel zu gelangen, queren wir das flache und tiefe Land in Richtung Altrhein. Leider ist der Deich teilweise für Radfahrer gesperrt und die Tour muss ein Stück entlang einer Autostraße laufen. Es sind nur knapp zwei Kilometer. Vor Ginderich geht es ab auf die Bislicher Insel. Das Naturschutzgebiet mit seinen flachen Gewässern des Altrheins ist ein Rückzugsgebiet für seltene Tier- und Pflanzenarten. Wir radeln hindurch, staunend über die eindrucksvolle Natur und die Männer, die sich in Tarnanzügen und mit riesigen Teleobjektiven am Wegrand postiert haben.

Tipp

VIA ROMANA

Der Archäologische Park Xanten und das LVR-RömerMuseum gehören zu den kulturellen Highlights am Niederrhein. Den Spuren römischer Geschichte kann man auch radelnd folgen. Die Via Romana verbindet auf insgesamt 260 Kilometern Sehenswertes aus der Römerzeit zwischen Xanten und dem niederländischen Nimwegen (www.via-romana.de).

Bei der Personenfähre, die aber auch Radler mitnimmt, biegen wir ab ins Örtchen Beek. Jetzt sind wir schon wieder im Bereich von Xanten, fahren an einer renaturierten oder künstlich angelegten Teichlandschaft vorbei bis zum Hafen an der Xantener Südsee, wo uns das Geräusch klackernder Schnüre an Segelmasten begrüßt.

Altes Auenland im Süden von Xanten – geht's noch schöner?

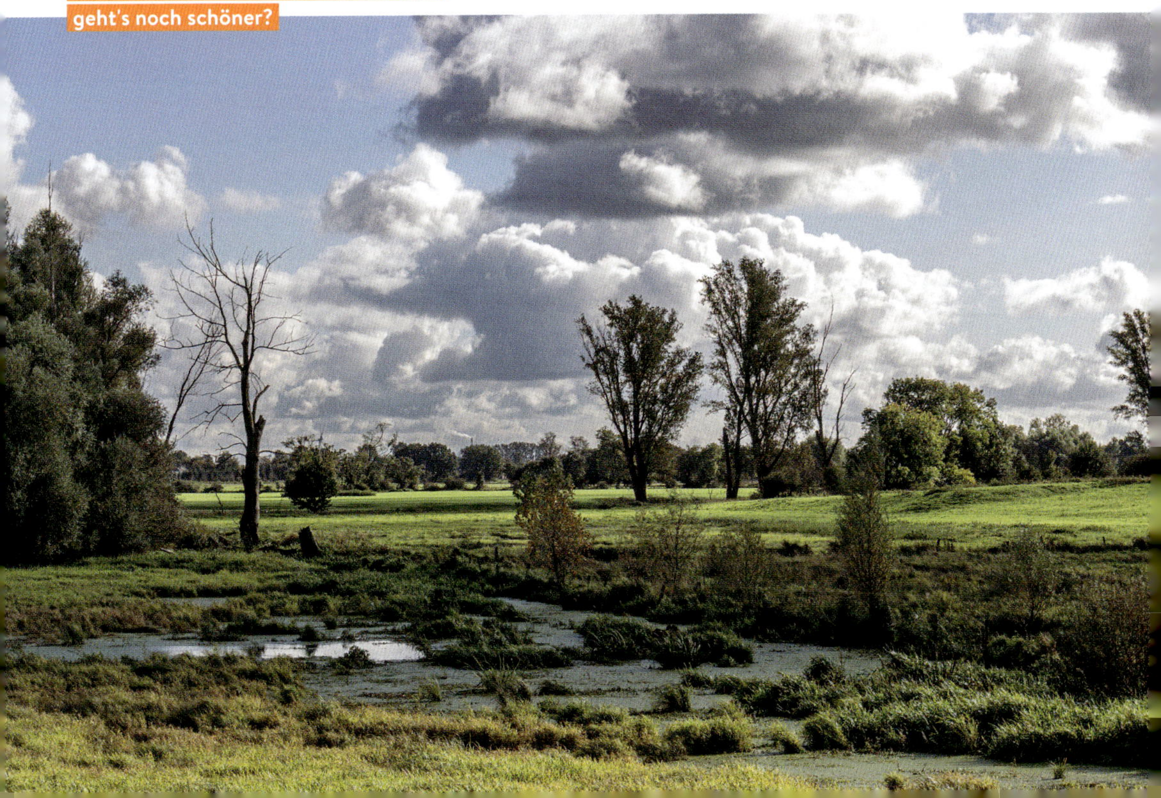

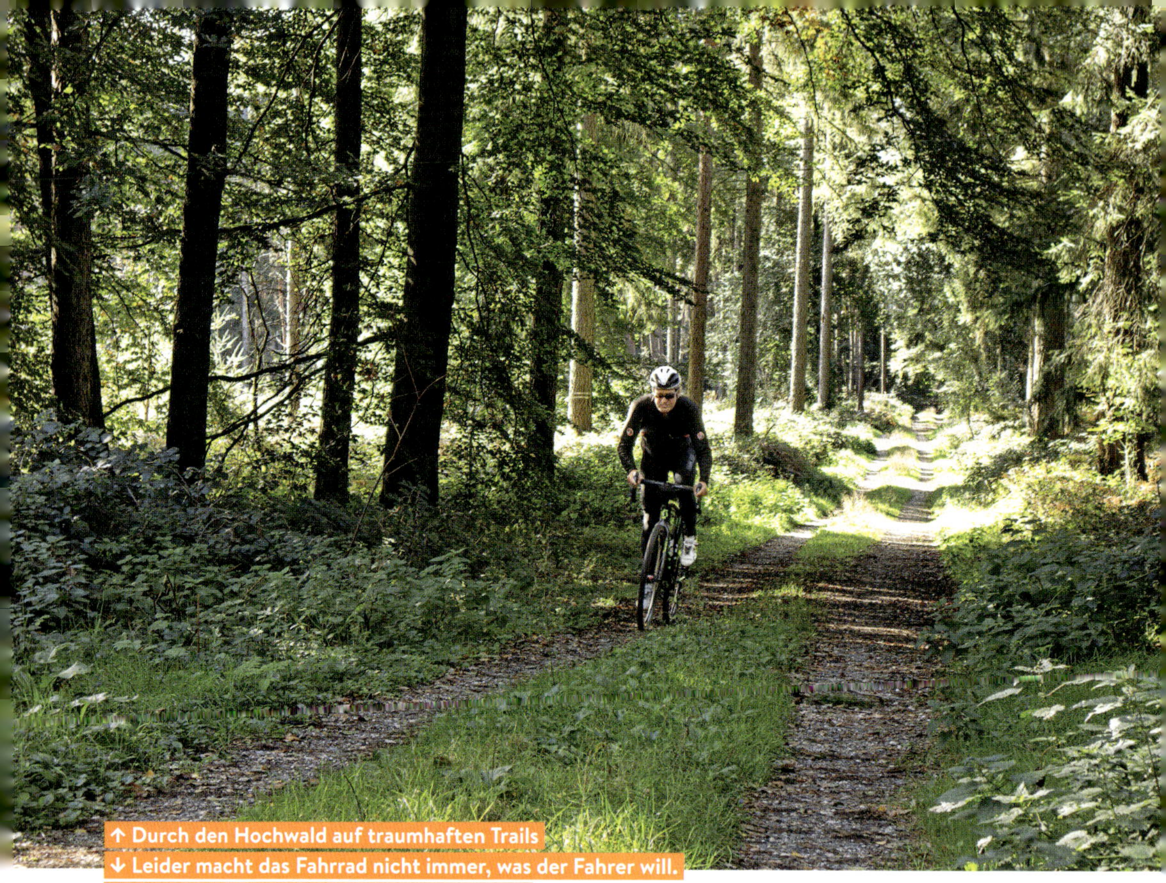

↑ Durch den Hochwald auf traumhaften Trails
↓ Leider macht das Fahrrad nicht immer, was der Fahrer will.
↘ Gibt es doch noch – Gasthäuser wie früher

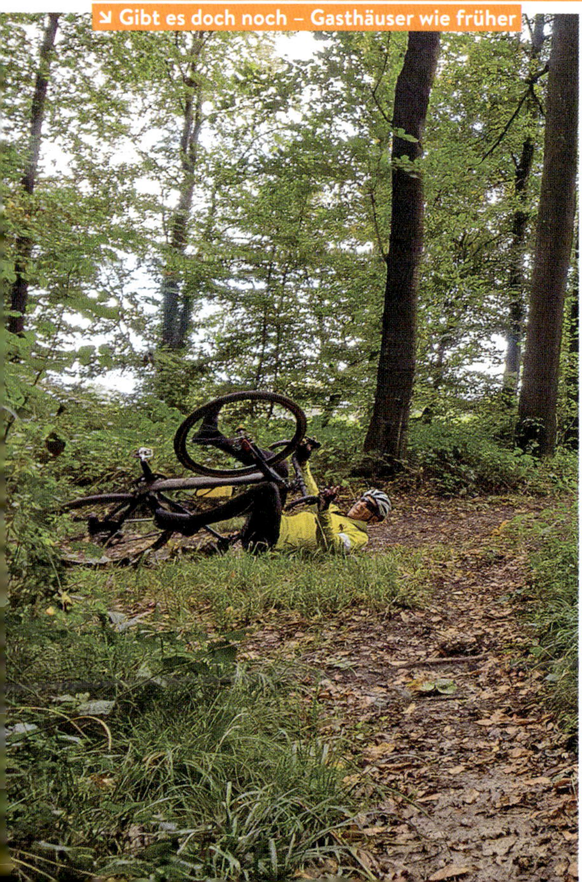

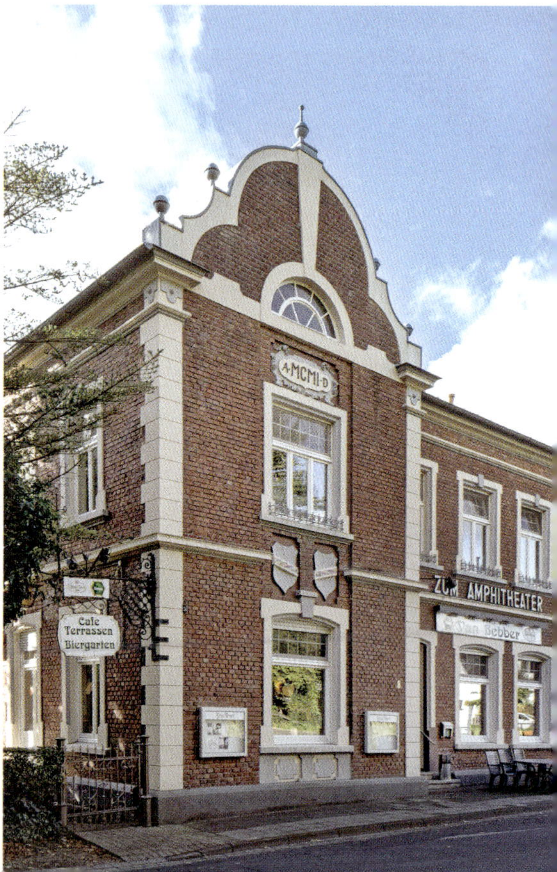

INFO

Mittel | 51 km | 360 Hm | 3.00 Std.

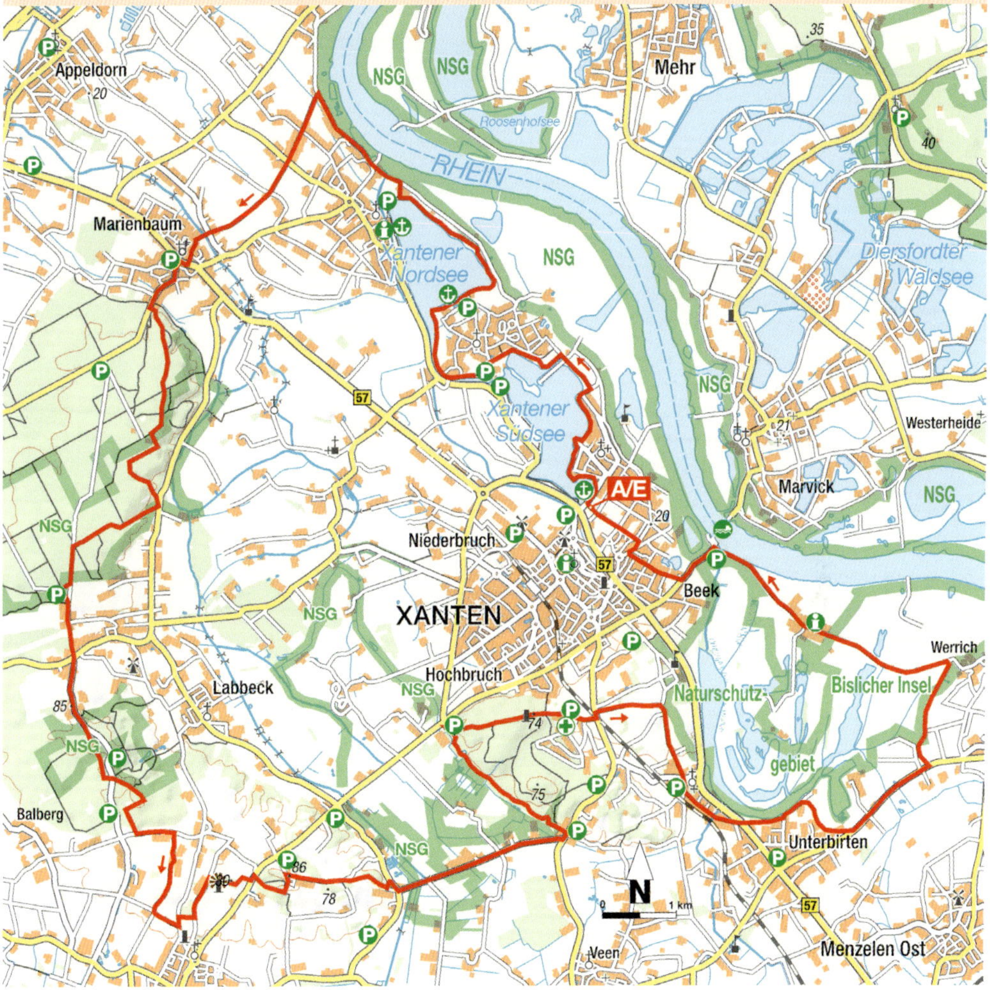

TOURENCHARAKTER

Mittelschwere Tour mit hohem Asphaltanteil. Im Gebiet der Sonsbecker Schweiz sind einige kurze steile Anstiege und kurze technische Abschnitte integriert.

WEGBESCHAFFENHEIT

Wald, Kies, Schotter, Singletrail: ca. 22 km

AUSGANGS-/ENDPUNKT

Pkw: Parkplatz Hafen, 46509 Xanten
Bahn: Bahnhof Xanten

KOMBINIERBAR MIT

Tour 8

FAHRRADWERKSTATT

Zweirad Reineke, Marsstraße 19, 46509 Xanten, Tel. 02801/1474, www.zweirad-reineke-xanten.de

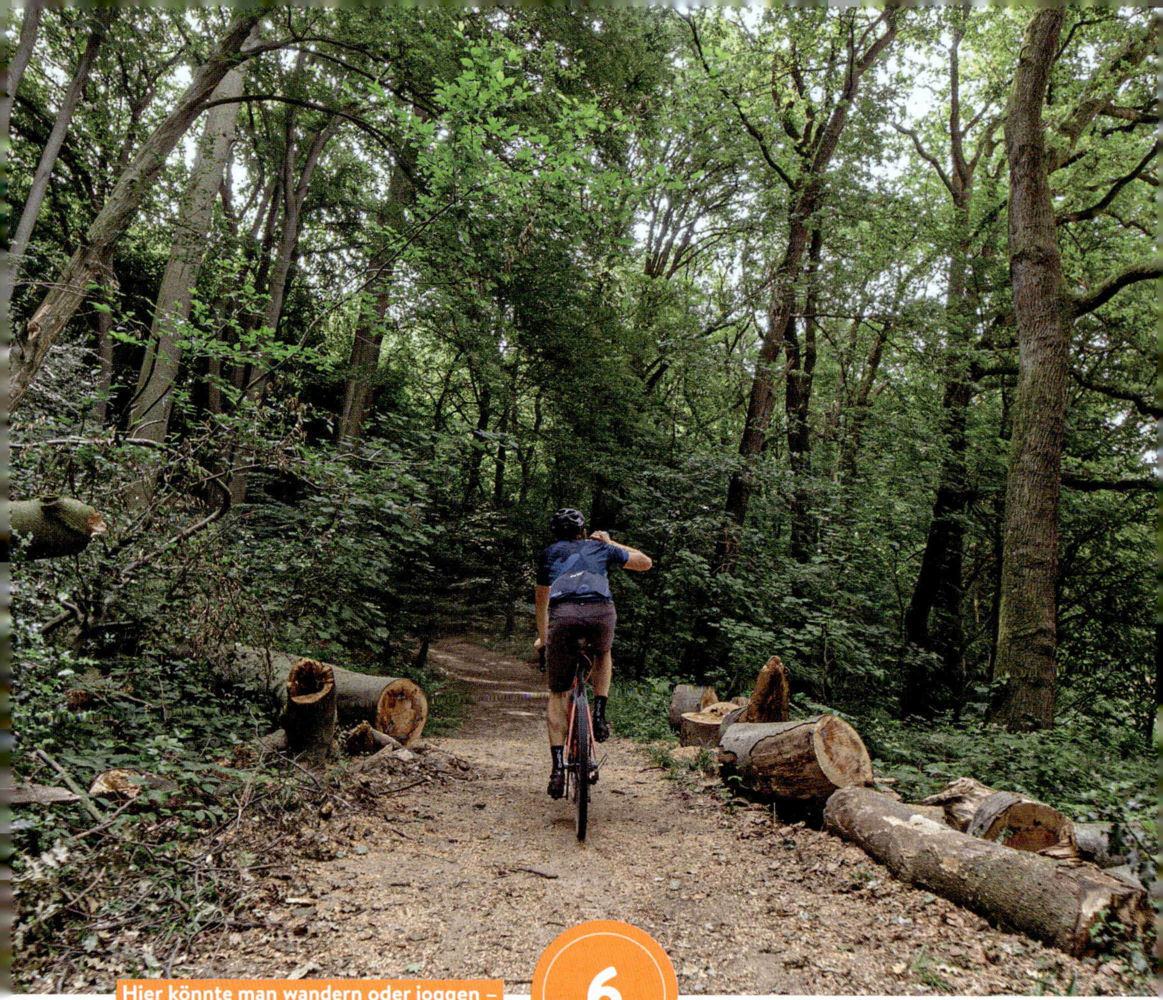

Hier könnte man wandern oder joggen – wir empfehlen graveln.

6

HEIDE-WELT

Grafenberg – Unterbacher See – Hildener Stadtwald – Ohligser Heide – Krüdersheide – Elbsee

So viel Wald und das direkt in und bei Düsseldorf. Wer die Bergische Heideterrasse noch nicht kennt, wird sie jetzt schätzen und vielleicht sogar lieben lernen. Die gut 300 Höhenmeter sind das Salz in der Suppe einer Tour, die sich immer gut fahren lässt, auch bei voller Sonne oder nach Tagen mit viel Regen.

START Wir starten am Staufenplatz in Düsseldorf. Hier lässt es sich gut parken. Wer mit der Bahn unterwegs ist, kann am S-Bahnhof Gerresheim aussteigen und dann die Tour von dort aus starten und in Richtung Staufenplatz fahren. Wer sich immer schon mal gefragt hat, wo die Tischtennisprofis von Borussia Düsseldorf trainieren – sie tun es in dem weißen Kubus neben dem Parkplatz, dem Deutschen Tischtennis-Zentrum DTTZ.

Habt ihr euch damit schon warm gefahren? Falls nicht: Gleich wird uns warm werden, denn wir starten mit einem Anstieg. Rund 60 Höhenmeter geht es im Grafenberger Wald bergauf. Hier ist immer viel los, was kein Wunder ist. Das Waldgebiet ist die schnellste Möglichkeit für die Düsseldorfer, die im Zentrum leben, wenn sie in die Natur wollen.

Hier oben ist auch die Galopprennbahn Grafenberg. Der ein oder andere kennt das Terrain vielleicht vom Cross, Gravel & MTB Festival Querfeldrhein. Johannes, Tourguide und Fotograf dieses Buchs, hat die Tour, die wir heute fahren, in ähnlicher Form für dieses Festival ausgearbeitet. Sie ist sozusagen mehrfach geprüft und für gut, nein, für sehr gut befunden worden. »Na denn man Tau«, wie die Nordländer sagen.

Tipp

QUERFELDRHEIN

Seit 2020 gibt es das Cross, Gravel & MTB Festival Querfeldrhein in Düsseldorf. Austragungsort ist die Galopprennbahn Grafenberg. An zwei Tagen werden diverse Rennen für unterschiedliche Leistungsklassen ausgetragen. Hersteller und Händler zeigen ausgewählte Produkte, es gibt Workshops, offene Trainings, gemeinsame Ausfahrten und anderes mehr. Bisher immer Mitte Oktober (www.querfeldrhein.bike).

Sehen und nicht gesehen werden – ehrlich gesagt, interessiert Birdwatching hier nur nebenher.

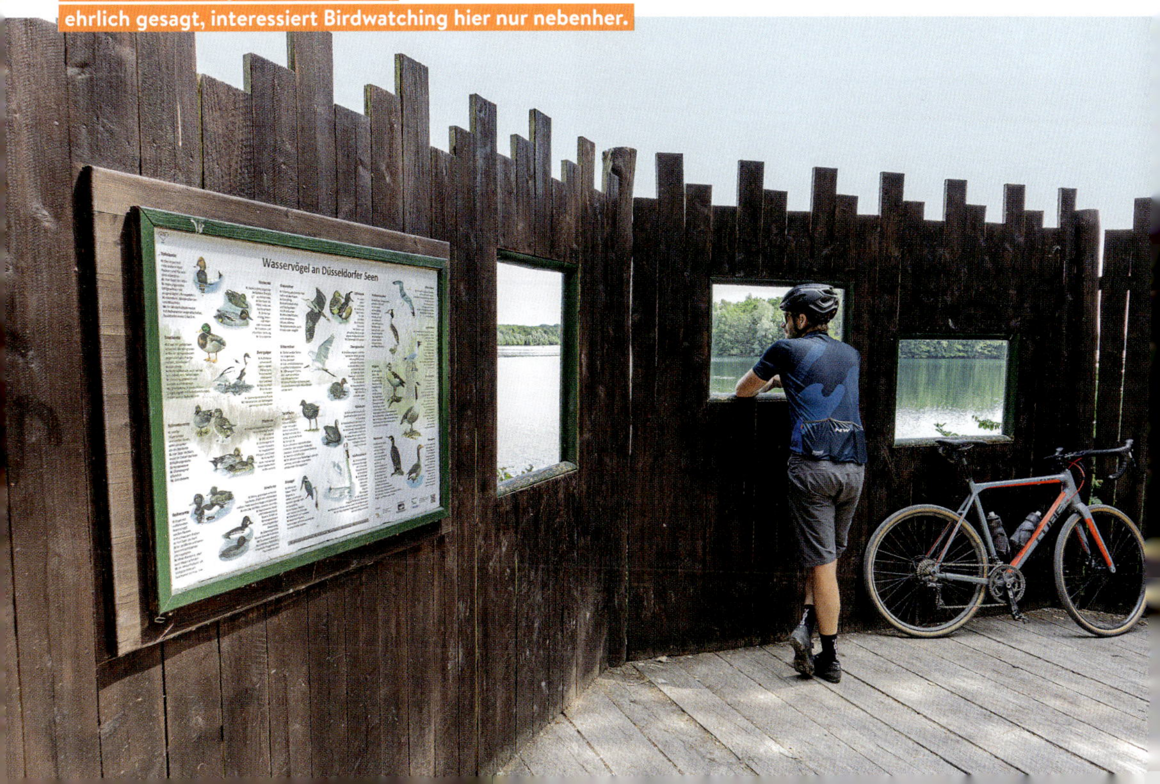

Tipp

BLÜHENDE HEIDE

Die Heideflächen zwischen Hilden, Solingen und Langenfeld sind die Reste der ehemals durchgehenden Bergischen Heideterrasse, die von Mülheim an der Ruhr im Norden bis Siegburg im Süden reichte. Auch wenn die Flächen geschrumpft sind: Die verbliebenen Naturschutzgebiete sind ein Erlebnis, erst recht in der Hauptblütezeit. Im Spätsommer leuchten Teile der Heide leuchtend lila.

GRAFENBERGER WALD Auf einer Allee mit alten knorrigen Edelkastanien erholen wir uns vom Anstieg. Immer schön langsam, denn hier oben sind viele Spaziergänger unterwegs, mit und ohne Hund. Die herrschaftliche Allee führt zu einem nicht minder herrschaftlichen Herrenhaus, dem Haus Roland. Rechts der Golfplatz Grafenberg, links der Hang unterhalb des Segelflugplatzes, wir in der Mitte auf einem grob geschotterten Weg in Richtung Knittkuhl. Es geht auf und ab, jetzt aber erst mal wieder hoch.
Oben angekommen, auf Höhe der Bergischen Kaserne, führt ein herrlicher Weg über das Hügelplateau. Der Rotthäuser Weg ist ein schmales Asphaltband, das sich an beeindruckenden Villen und TV-tauglichen Bauernhäusern vorbeischlängelt. Dazu der Blick über das Niederbergische Land und ein leicht abschüssiges Terrain; es ist einfach schön hier.

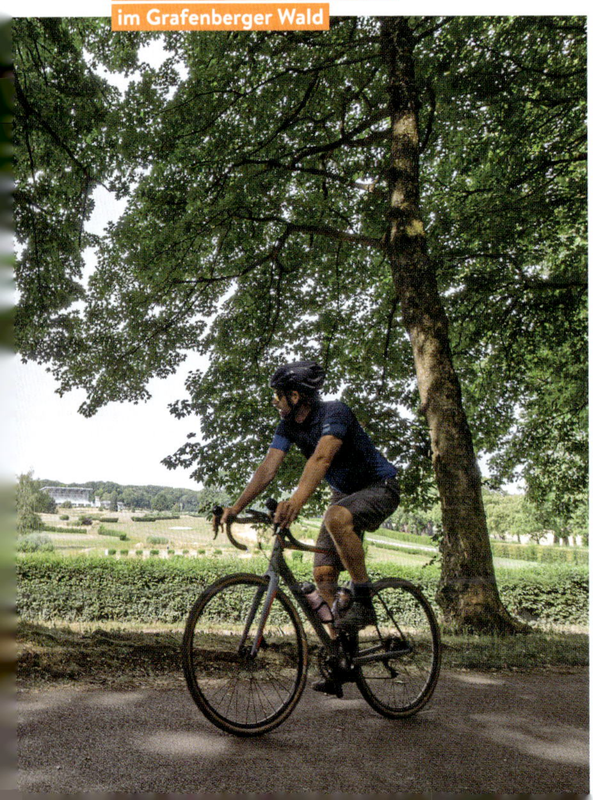
Blick auf die Galopprennbahn im Grafenberger Wald

NEANDERTAL Kurz vor dem Friedhof Gerresheim biegt ein schmaler Waldweg ab. Den nehmen wir. Es geht bergab. Besser nicht zu schnell fahren, denn die Abfahrt ist teilweise ausgewaschen und nicht ganz leicht zu befahren. Am Ausgang des Morper Bachtals kommen wir aus dem Wald, tauchen unter den Bahngleisen hindurch und queren das Neandertal und die Düsselauen. An der südlichen Hangseite des Neandertals erwartet uns der anstrengendste Teil der ganzen Tour. Auf dem Papier sieht das Ganze eher harmlos aus. Rund 60 Höhenmeter sind auf einer Distanz von etwa 1,5 Kilometern zu bewältigen. Dumm nur, dass einige Abschnitte sandig sind, ausgewaschen und extrem steil. Aber hilft ja nichts, und dass die Oberschenkel mal brennen, ist am Niederrhein ein eher seltenes Vergnügen.

UNTERBACHER SEE Stellt sich nur die Frage: Sind wir hier noch am Niederrhein? Nicht ganz. Wir bewegen uns gerade im Niederbergischen Land, also in dem Teil des Bergischen Lands, das nördlich der Wupper verläuft. Der Großteil der Tour führt aber durch die Bergische Heideterrasse, einen herrlichen Naturraum, der in der letzten Eis-

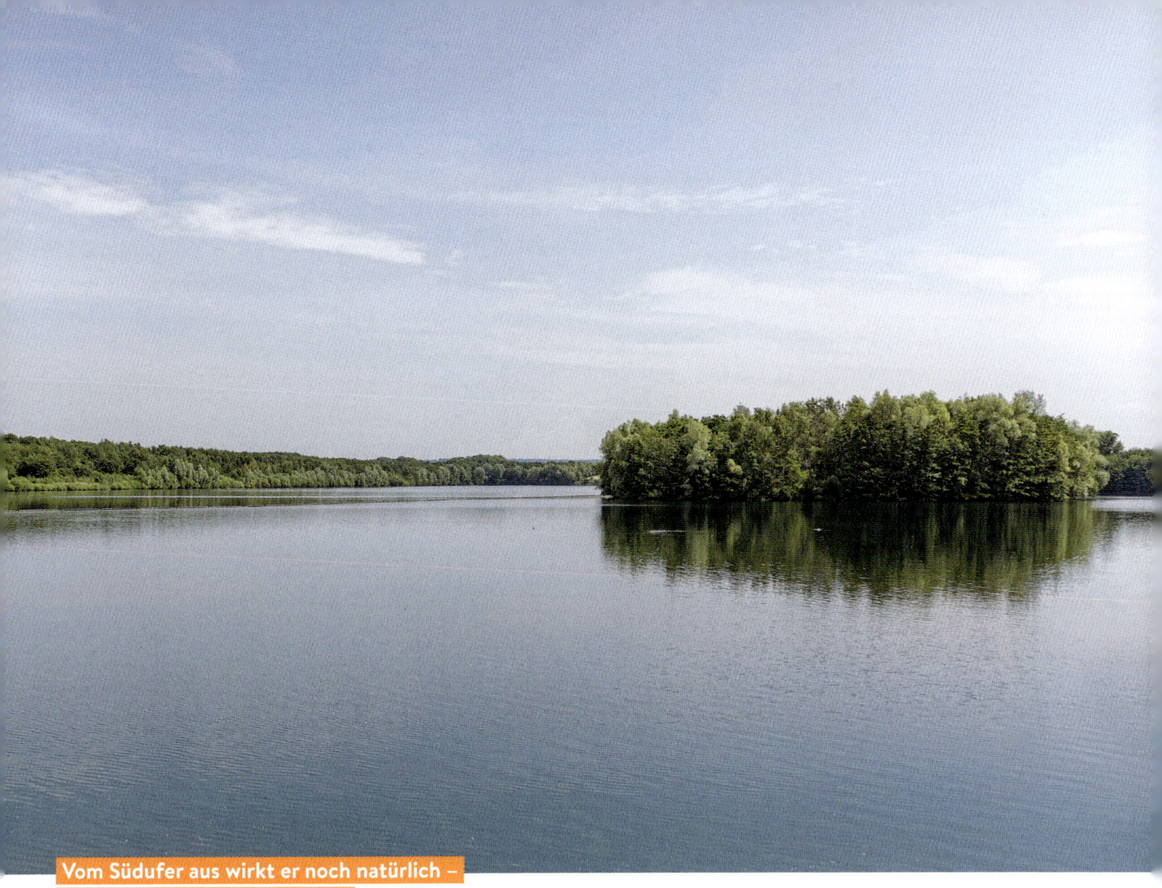

Vom Südufer aus wirkt er noch natürlich – der Unterbacher See mit Insel.

zeit entstanden ist und an der Westgrenze zwischen Niederrhein und Bergischem Land verläuft.

Wo es hoch geht, geht es auch wieder runter. Genauso ist es auch hier. Und das ziemlich flott nach Unterbach, erst durch ein Wohngebiet und dann direkt an den Unterbacher See. Dieser gar nicht so große See muss für die Düsseldorfer alles bieten, was man gerne am Wasser machen möchte, also baden, segeln, Tretboot fahren, grillen, campen, beim Essen aufs Wasser schauen und anderes mehr.

Der Weg entlang des Eselsbachs war zuletzt gesperrt, aus Vorsicht, weil der Weg durch Hochwasser beschädigt wurde. Wenn dieses Buch erscheint, soll laut Stadt Erkrath aber alles wieder picobello und sicher renoviert sein.

HILDENER STADTWALD Ein mit Sicherheit ideales Gravelterrain ist der Hildener Stadtwald, durch den wir jetzt fahren. Die Waldwege sind relativ breit, natürlich asphaltfrei und selbst nach regenreichen Tagen gut zu befahren. Es geht an kleinen Bächen entlang, an Feuchtgebieten und wild wucherndem Unterholz. Manchmal braucht man genau das.

An der Waldkaserne entlang kommen wir nach Hilden. Die Geschichte der Kaserne im Schnelldurchlauf: von der deutschen Wehrmacht in der Nazizeit erbaut, nach dem Krieg von der Britischen Rheinarmee bis 1968 benutzt, dann von der Bundeswehr. In Hilden ist man stolz auf eine mehr als 30-jährige Patenschaft mit den stationierten Truppen – das soll laut Wikipedia einmalig in Deutschland sein.

OHLIGSER HEIDE Von Hilden bekommen wir kaum etwas mit, was daran liegt, dass wir nach einer kurzen Passage durch ein Wohngebiet in die Ohligser Heide abtauchen. Richtig, die gehört auch zur Bergischen Heideterrasse und ist zu Recht ein Naturschutzgebiet

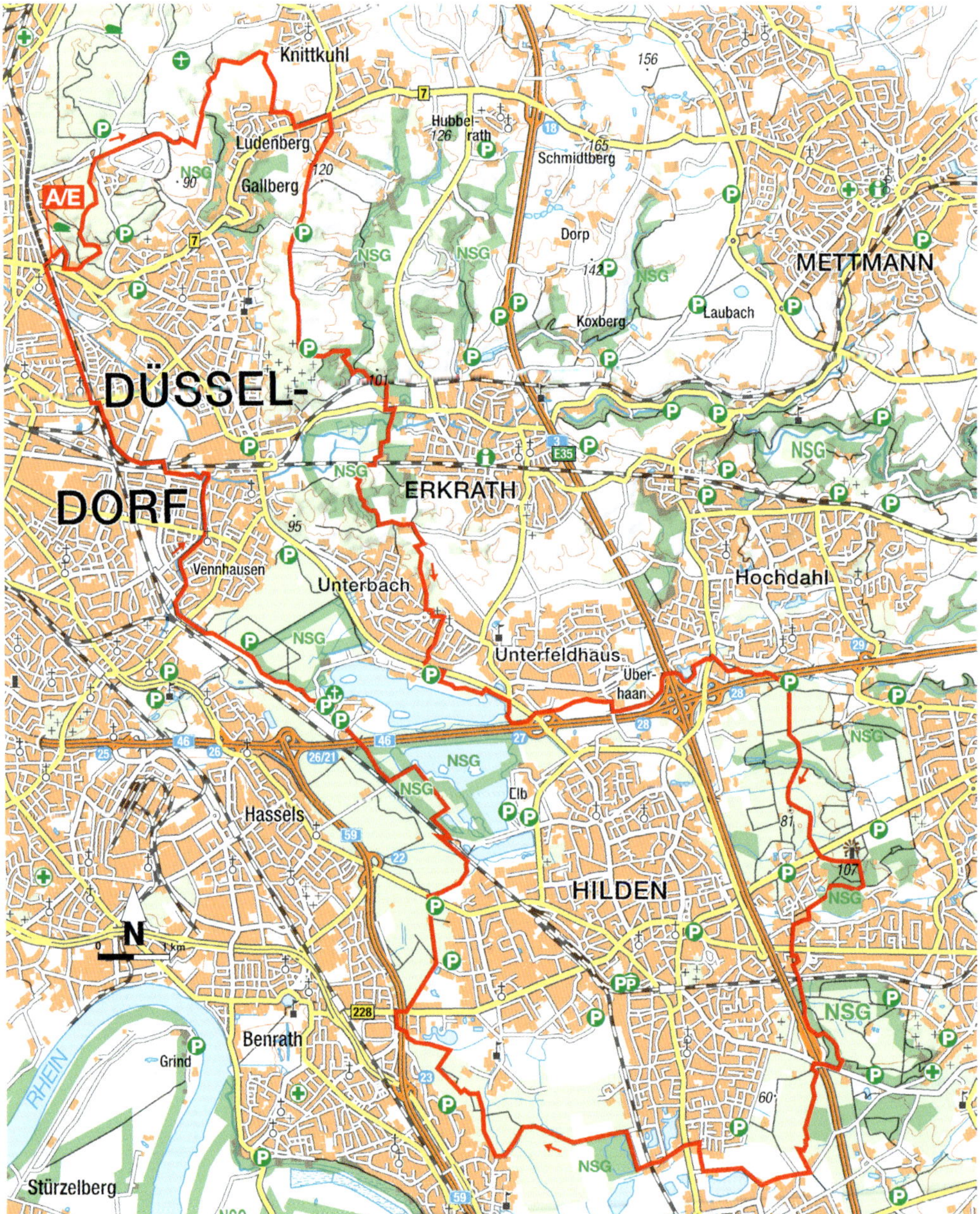

und hat tatsächlich echte Heidelandschaften mit blühender Erika zu bieten.
Wir bleiben im Wald, kurven zwischen Baggerseen auf klasse Pisten Richtung Westen, genauer gesagt in Richtung Garath. In Düsseldorf hat der südliche Stadtteil keinen guten Ruf. Zu Unrecht, wie die Polizei laut lokalen Medien betont, statistisch gesehen gibt es hier nicht mehr Kriminalität als in anderen Stadtteilen. Wenn es wild wird, dann im Garather Forst, wo frei laufende Wildschweine regelmäßig für Aufregung sorgen. Wir durchqueren ein mit Toren abgetrenntes Terrain und sehen die Tiere erst, als wir wieder das Gehege verlassen haben und am Zaun entlangfahren.

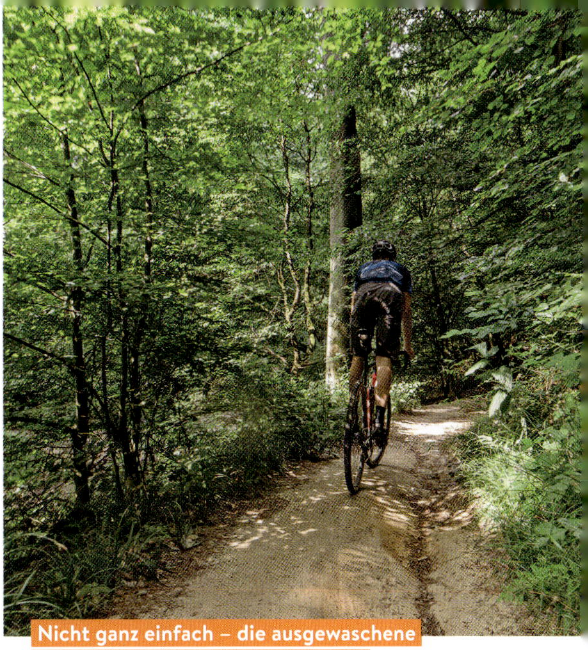

Nicht ganz einfach – die ausgewaschene Abfahrt beim Friedhof Gerresheim

ELBSEE Wir tauchen kurz in Benrath auf und nach wenigen Minuten schon wieder ein in den nächsten Wald – auch hier wieder auf eine gravelmäßig vorbildliche Piste. Der Wald ist schön, aber ich finde in der Ohligser Heide war er schöner. Vielleicht bin ich auch nur müde und kurbele etwas stumpf vor mich hin, ohne den Elbsee, den südlichen Bruder des Unterbacher Sees wirklich zu würdigen.

Zu würdigen ist allerdings die Route, die unser Guide durch die Stadtteile Vennhausen, Flingern Nord und Grafenberg ausgearbeitet hat. Trotz Stadt haben wir praktisch keinen Verkehrsstress. Bevor wir wieder auf den Staufenplatz rollen, schauen wir nach links. Das ist das Eiscafé Luna und auf der Verkehrsinsel steht ein kreisrunder Kiosk mit allem, was so ein Kiosk zu bieten hat.

INFO

Mittel	52 km	280 Hm	3.00 Std.

TOURENCHARAKTER
Mittelschwere Tour mit hohem Waldanteil. Sehr gut befahrbare Untergründe. Ein Anstieg und eine Abfahrt auf teilweise sandiger und ausgewaschener Piste sind etwas herausfordernder.

WEGBESCHAFFENHEIT
Wald, Kies, Schotter, Singletrail: ca. 31 km

AUSGANGS-/ENDPUNKT
Pkw: P+R-Parkplatz Staufenplatz, 40629 Düsseldorf
Bahn: Düsseldorf-Gerresheim S-Bahnhof

FAHRRADWERKSTATT
Ricci Sports, Grunerstraße 35, 40239 Düsseldorf, Tel. 0211/49314 54, www.ricci-sports.com

7

DURCHS WALDREICH REICHSWALD

Kranenburg – Col du St. Jean – Copa Gochana – Nierswalde – Reichswalde

Im Nordwesten bei Kleve erstreckt sich das größte zusammenhängende Waldgebiet des Niederrheins. Dass dort feinste Gravelpisten auf uns warten, kann man sich denken. Überraschend ist aber, wie viele Höhenmeter das Waldgebiet bereithält. So gesehen ist die Tour eine der anstrengendsten und waldreichsten des Buchs.

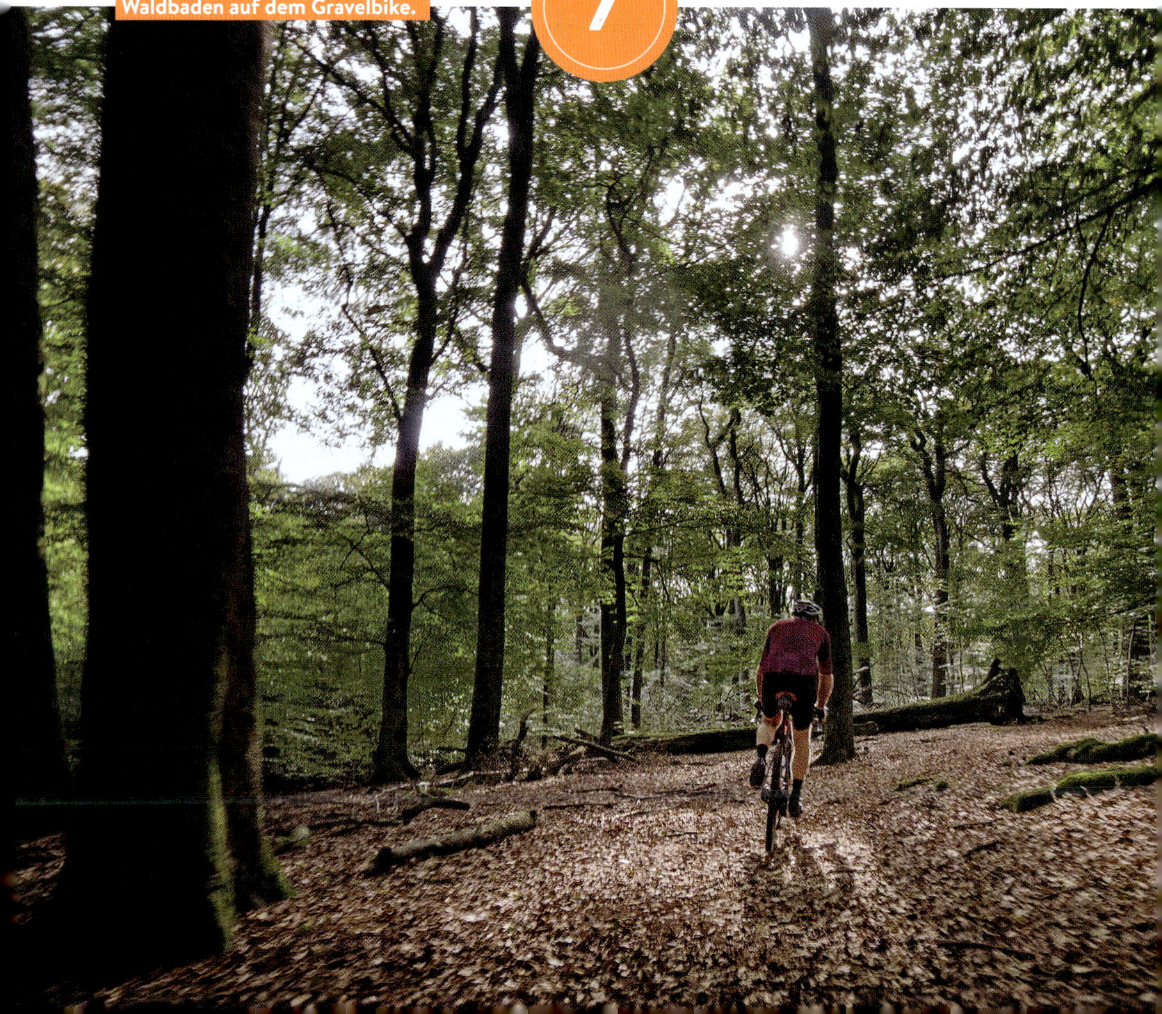

Unter den Blättern ist der Weg – Waldbaden auf dem Gravelbike.

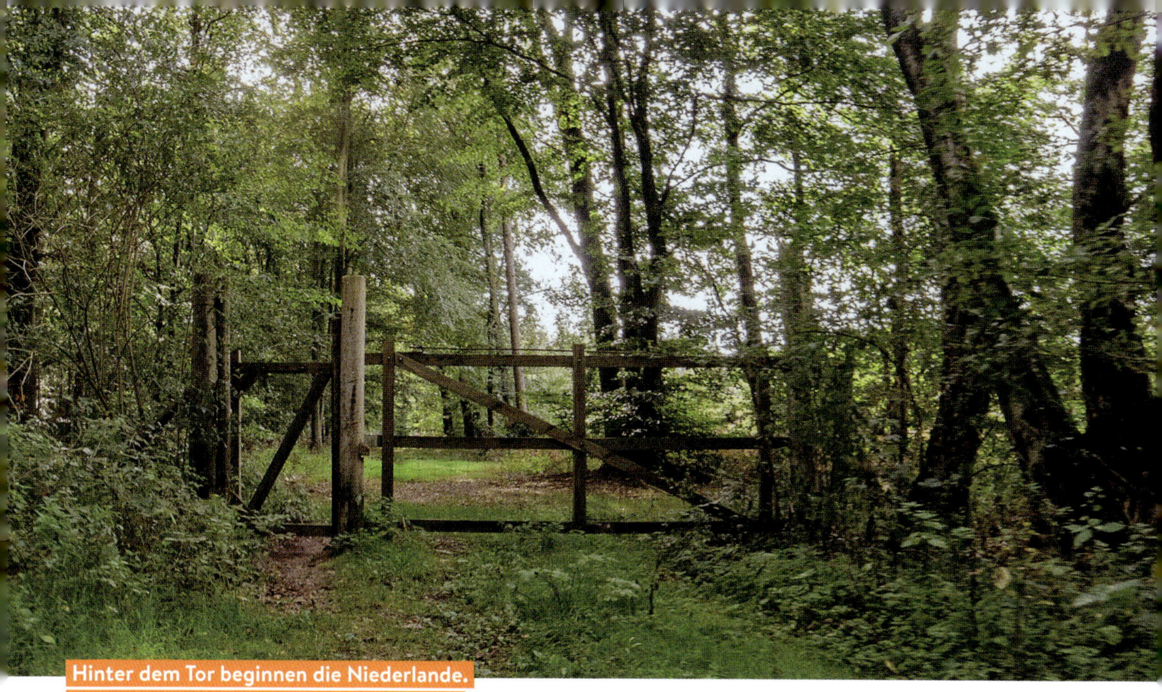

Hinter dem Tor beginnen die Niederlande. Häufige Länderwechsel gehören zur Tour.

START Wir starten in Kranenburg, einem sehenswerten Grenzstädtchen. Im alten Bahnhof ist heute die Touristeninfo untergebracht. Wer Bahn fahren will, kann dies nur noch per Handbetrieb auf einer Draisine tun. Das heißt auch: Wer mit öffentlichen Verkehrsmitteln anreist, steigt am besten am Bahnhof von Kleve aus und lässt sich über das Navi dann zur Tour führen.
Bahn- und Autofahrer treffen sich dann am Wanderparkplatz Hövelweg, wo sie in den Reichswald eintauchen. Ehrlich gesagt, musste ich erst einmal googeln, um zu erfahren, wieso der Wald diesen Namen hat. Antwort: Der Name stammt aus dem Mittelalter und besagt, dass er zu einem Reichsgut, einer Kaiserpfalz gehörte, vermutlich zur Kaiserpfalz Nimwegen, wo Karl der Große Reichstage abhielt. Das ist jetzt über 1000 Jahre her.

COL DU ST. JEAN Egal ob man entspannt oder sportlich Rad fährt, in der nahen Umgebung oder in fremden Ländern unterwegs ist, wenn so kleine Spotlights aus der Geschichte aufblitzen, verwandelt das die Wahrnehmung eines Orts. Das ist jedenfalls meine Meinung. Dass dieses 5000 Hektar große Waldgebiet zwischen Goch, Kleve und Kranenburg voller Geschichte ist, kann man sich leicht vorstellen. Wo heute zwei Typen aus Düsseldorf durch den Forst keuchen, rückten im Februar 1945 vor allem britische Soldaten vor. Es kam zur Schlacht mit den deutschen Truppen, die die Alliierten gewannen. Wie hoch der Preis war, sieht man weiter südlich im Reichswald Forest War Cemetery, dem größten britischen Soldatenfriedhof in Deutschland. Die getöteten deutschen Soldaten haben eine letzte Ruhestätte in Kleve-Donsbrüggen erhalten.
Keine Sorge, auch wenn auf den ersten Waldkilometern zum Teil viele Äste liegen und sie etwas verwachsen sind, kommen wir noch auf viele Bilderbuch-Trails. Erst mal geht es bergauf. Immerhin zwischen 50 und 70 Meter hoch sind die Hügel Freilenberg, Hertenkop und Hundsköbel, an denen wir vorbeikommen. Das verwunschene Boscafé Merljin hat noch geschlossen. Eben geht es am Café mit seinem wilden Garten vorbei,

Tipp

REICHSWALD GRAVELRIDE

Auf der niederländischen Seite des Reichswalds bei Zevenaar wird seit 2022 jeweils im Frühjahr der Reichswald Gravelride ausgetragen. Bei der Version im April 2024 werden zwei Tourprofile angeboten: 85 km/850 Hm und 125 km/500 Hm. Veranstalter ist der TC de Liemers.

und schon sind wir in den Niederlanden und schauen in eine offene hügelige Landschaft. Etliche Rennradler sind auf der bilderbuchmäßigen Asphaltstraße unterwegs. Gleich werden sie den Col du St. Jean erklimmen – Alpengefühle mit Passhöhenschild: alt. 3900 Zentimeter, steht da. Kleiner Scherz der niederländischen Kolleginnen und Kollegen.

Auf der Passhöhe – 39 Meter sind geschafft.

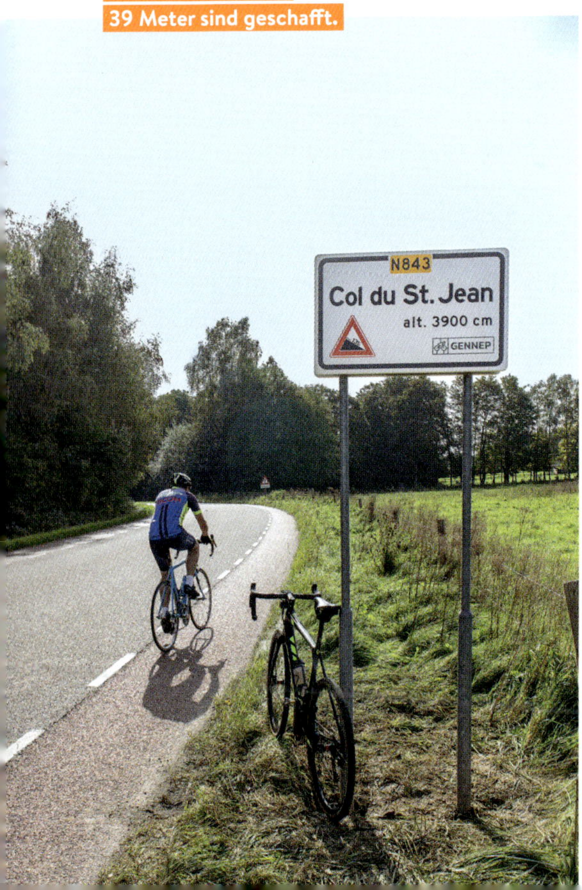

TRAUMHAFTER SINGLETRAIL Freut euch auf einen der schönsten Singletrails am Niederrhein. Hinter dem Col du St. Jean biegen wir wieder in den Wald ein und nehmen einen schmalen Trail, der am Südrand des Reichswalds entlangführt. Der Trail ist meist gerade und leicht wellig und immer wieder sieht man rechts zwischen den Bäumen und Farnen einen großen Baggersee in der Sonne glitzern. Es ist einfach herrlich, hier zu fahren. Dieser Abschnitt liegt etwa zwischen Kilometer 7 und 13.
Wir fahren parallel zur deutsch-niederländischen Grenze. Die liegt einige Meter südlich des Trails. Am Ende des zweiten Baggersees geht es noch mal einen kleinen Anstieg hoch. Die Wege im Reichswald sind fast alle im rechten Winkel angelegt. Wenn also mal eine Piste nicht euren Vorstellungen entspricht, könnt ihr es mit einem parallelen Weg probieren. Unser Weg verläuft sozusagen auf dem Gipfelgrad des Niederrheinischen Höhenzugs. Es ist ein herrlicher, von Birken gesäumter Waldweg mit zwei Fahrspuren. Gut so, dann kann jeder eine Spur nehmen und wir können uns unterhalten.

COPA GOCHANA Nach etwa zwei Kilometern sausen wir wieder bergab in Richtung niederländisches Flachland. Das Tempo können wir auf den nächsten Kilometern beibehalten, denn der feine Weg, der nun leicht kurvig am Fuß des Höhenzugs verläuft, lädt dazu ein, kräftig in die Pedale zu treten. Er ist auch breit genug, um Fußgänger rechtzeitig zu sehen und gut an ihnen vorbeizukommen. Die Baggerseen, die rechts vom Weg zu sehen sind, sind beliebte Ausflugsziele. Das Freizeitbad nennt sich GochNess und der dazugehörige Sandstrand Copa Gochana. Ach so, die Stadt Goch liegt ganz in der Nähe.

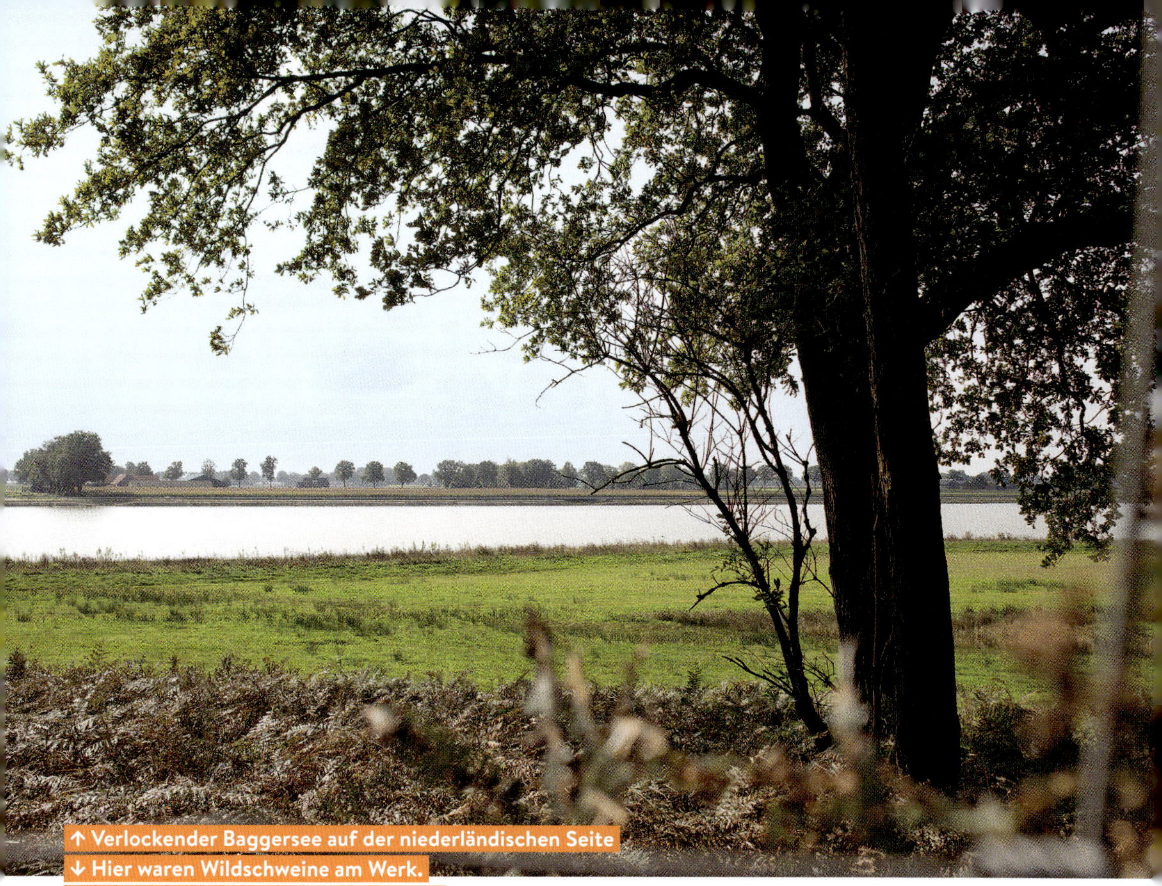

↑ Verlockender Baggersee auf der niederländischen Seite
↓ Hier waren Wildschweine am Werk.
↘ Königlicher Trail im kaiserlichen Wald

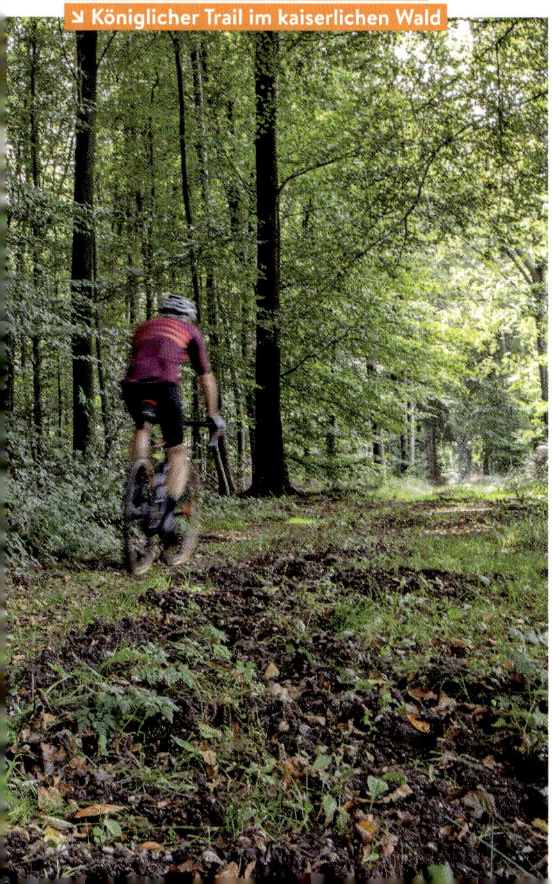

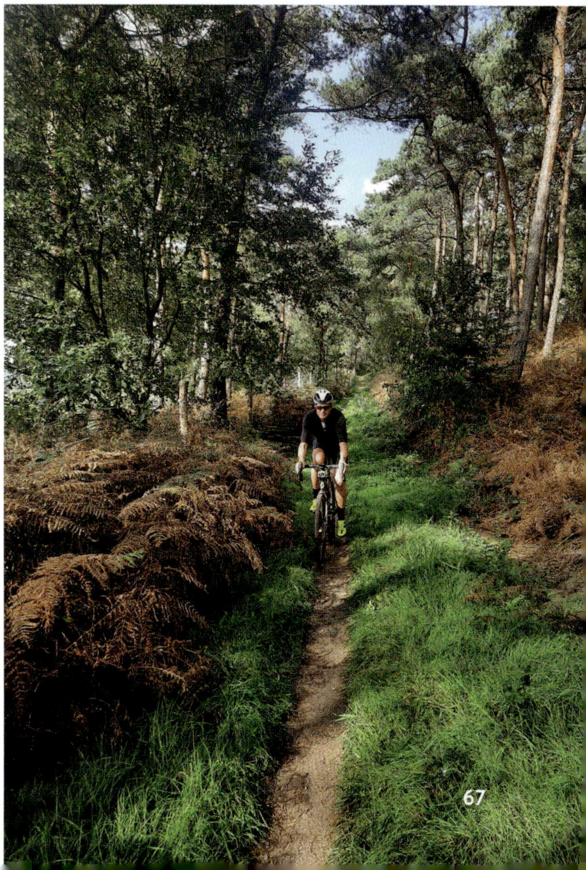

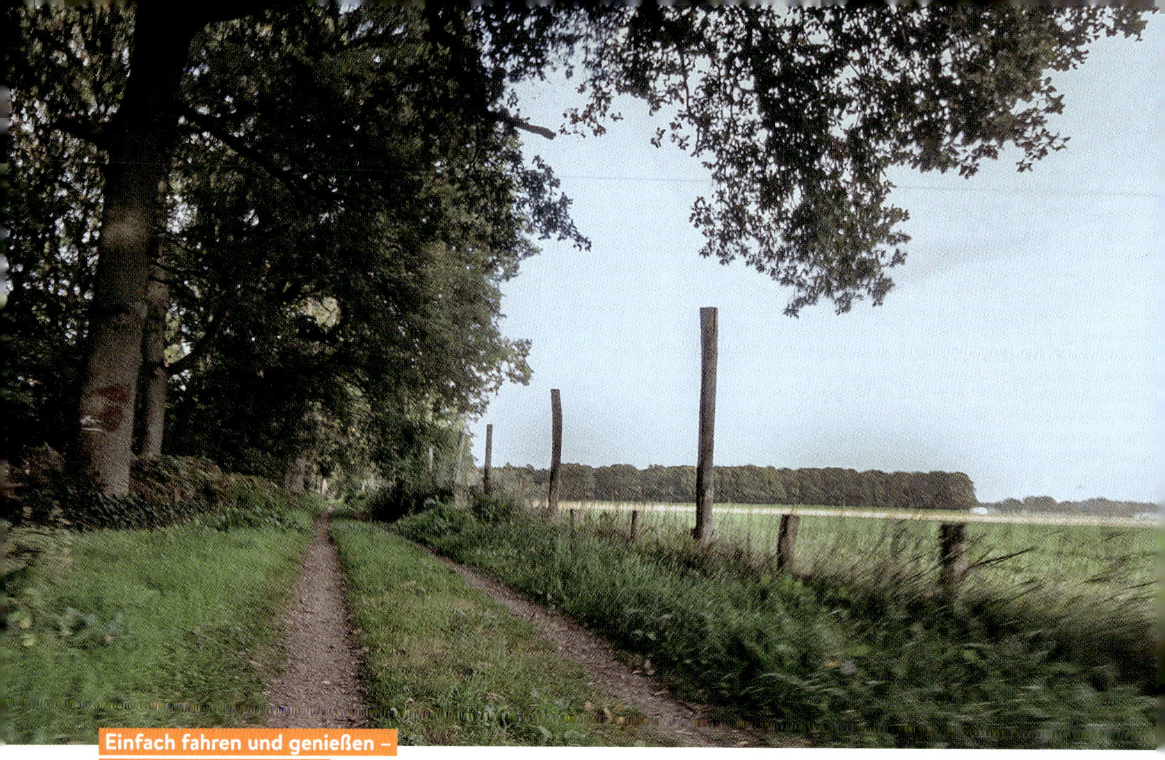

Einfach fahren und genießen – der Weg bei Nierswalde

NIERSWALDE Ausnahmsweise mal Asphalt und kein Wald. Wir nähern uns einer Siedlung, die man sich so auch in Brandenburg vorstellen könnte. Die Gebäude stehen in großem Abstand zueinander und sehen aus wie aus den 50er-Jahren, was kein Wunder ist. Nierswalde wurde auf gerodetem Reichswaldgebiet nach dem Zweiten Weltkrieg angelegt. Den speziellen Charme des Orts nehmen wir bei Kuchen und Kaffee auf. Im Ortskern gibt es ein einladendes Café-Restaurant mit großer Terrasse (siehe Tipp).
Für den Fall, dass ihr mit eurem Schnitt nicht zufrieden seid. Jetzt habt ihr die Gelegenheit, Tempo zu machen. Etwa acht Kilometer führt die Strecke nun über ruhige asphaltierte Nebenwege. Der Wind steht günstig, die feinen Stollen unserer Pneus rumpeln mit rund 30 km/h über den Asphalt. Das mit dem Tempomachen sage ich auch deshalb, weil das nächste Stück teilweise im einstelligen Geschwindigkeitsbereich zu befahren ist.
Auf unserer Tour war der Boden des Waldwegs von Wildschweinen umgepflügt worden. Um die Herausforderung perfekt zu machen, hat der Regen der vergangenen Tage etliche Pfützen hinterlassen. Irgendwann

Tipp

NIERSWALDER LANDHAUS

Auf unserer Tour liegt das Café-Restaurant perfekt etwa auf halber Strecke. Auch gut: Von der Terrasse aus hat man die Räder gut im Blick. Interessant ist das Landhaus aber auch als Übernachtungsstopp auf einer mehrtägigen Graveltour durch die Region. Im hauseigenen Hotel sind Radler willkommen. Das Haus ist Bett+Bike-zertifiziert (Dorfstraße 2, 47574 Goch-Nierswalde, Tel. 02823/928 88 33, www.nierswalder-landhaus.de).

hilft auch umfahren nicht mehr, also langsam durch die trübe Pfütze fahren und hoffen, dass man nicht absteigen muss.

REICHSWALDE Das offene Stück in Richtung Reichswalde verläuft am Rand des Walds und stetig bergauf. Kein Wunder, wir nähern uns dem 96 Meter hohen Rupenberg. Am Niederrhein ist das schon fast ein Gipfel. Zum Abschluss nehmen wir noch mal einen Anstieg zum Pölsberg. Dann noch eine kurze schöne Passage auf einem Singletrail, damit alle glücklich sind. Und dann nähern wir uns ziemlich abgekämpft dem Waldparkplatz Hövelweg – so viele Höhenmeter gibt es nicht alle Tage.

INFO

Mittel | 52 km | 370 Hm | 3.00 Std.

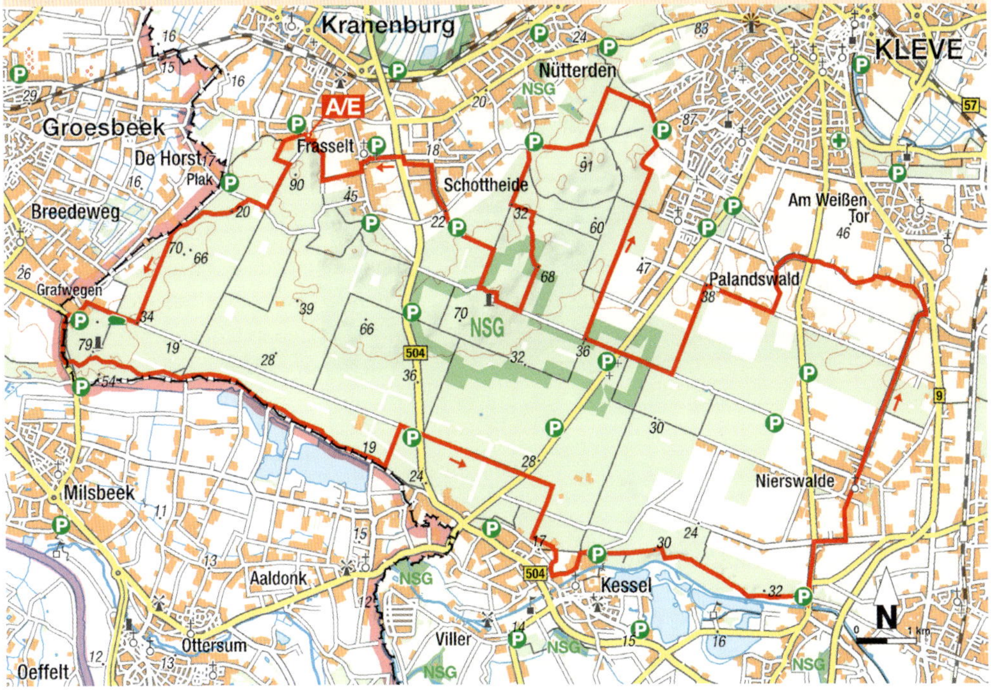

TOURENCHARAKTER

Mittelschwere Tour mit vergleichsweise vielen Höhenmetern. Die Trails und Pisten sind überwiegend einfach zu befahren. Je nach Wetterlage können einige tiefe und feuchte Stellen dabei sein. Wenig Asphalt.

WEGBESCHAFFENHEIT

Wald, Kies, Schotter, Singletrail: ca. 33 km

AUSGANGS-/ENDPUNKT

Pkw: Parkplatz Hövelweg, 47559 Kranenburg
Bahn: Nächstgelegener Bahnhof ist Kleve Hbf.

KOMBINIERBAR MIT

Tour 20

FAHRRADWERKSTATT

Zweirad Gertzen, Lindenstraße 63, 47559 Kranenburg, Tel. 02821/27453, www.zweirad-gertzen.de

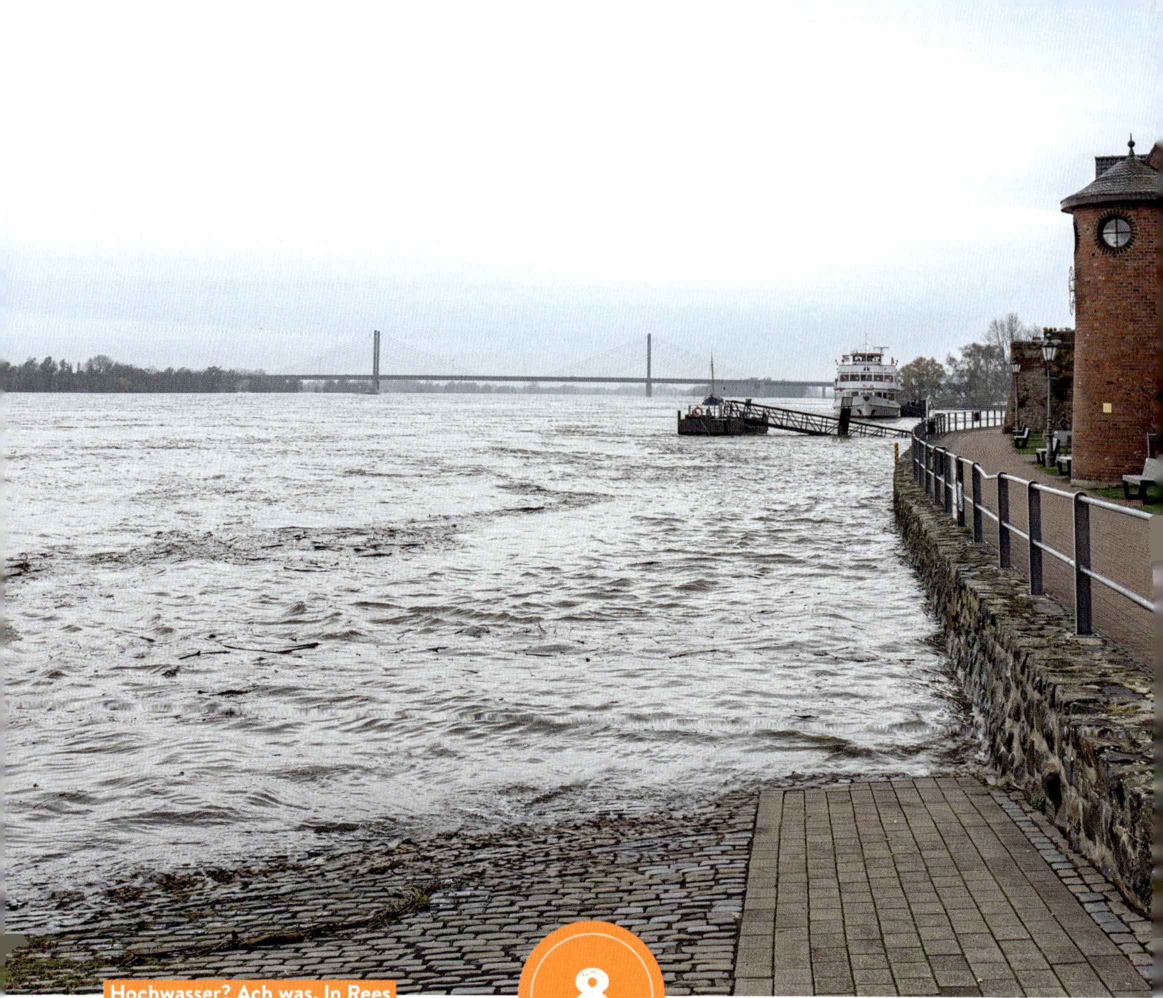

Hochwasser? Ach was. In Rees
kennt man noch ganz andere Pegelstände.

8

KURZ VORM MEER

Rees – Rhein – Altrhein – Diersfordter Wald – Schwarzes Wasser – Reeser Meer

So viel Wasser, Deiche, Vögel, Wind und Wetter. Auf dieser Tour verabschieden wir den Rhein, bevor er durch die Niederlande zum Meer fließt. Es fühlt sich an wie an der Nordsee. Die andere Hälfte der Tour erkundet den Diersfordter Forst. Aber selbst da gibt es Wasser, wenn auch schwarzes.

START Damit es dieses Mal keine Ausreden gibt von wegen wir haben es vergessen, wir hatten keine Zeit mehr oder mit welchem Argument ihr euch sonst noch herausreden möchtet. Heute kommt ihr um Sightseeing und Kultur nicht herum. Bei der nördlichsten Tour am Niederrhein starten wir am westlichen Stadtrand von Rees und fahren sowohl am Anfang als auch am Ende durch das Städtchen, dessen Rheinpromenaden eine der schönsten ganz Deutschlands sein soll. Und dazu noch eine alte Stadtmauer aus dem 13. Jahrhundert und viel Kunst entlang der Promenade, also bitte.

Hört sich ganz nach einem Touristen-Hotspot an, und für niederrheinische Verhältnisse ist es das wohl auch, allerdings nicht an diesem kühlen Samstag im November. Der Rheinpegel ist hoch, es hat viel geregnet in den letzten Wochen und der Ausflugsdampfer, der am Anlieger bereit zur Abfahrt liegt, wird an diesem Tag wohl nur wenige Fahrgäste befördern. Bedauern muss man sie nicht. Sie können sich ganz der leicht melancholischen Stimmung hingeben. Diesem Gefühl, man wäre an der winterlich leeren Nordsee.

Tipp

ROUTENKOMBI MIT FÄHRFAHRT

Für einen langen Gravelurlaubstag lassen sich auch die Touren 8 und 5 miteinander verbinden. Am besten wählt ihr dann als Startpunkt für beide den Parkplatz der Personenfähre Keer Tröch. Mit der kommt ihr samt Bike vom linken ans rechte Rheinufer und wieder zurück. An beiden Uferseiten gibt es auch Gastronomie für einen ausgedehnten Stopp zwischen den rund 50 Kilometer langen Einzeltouren.

AM BREITEN RHEIN Das Wasser steht so hoch, dass der Rad- und Fußgängerweg unterhalb der Promenade zum Teil unter Wasser

Rees ist die älteste Stadt am unteren Niederrhein. Da ist eine alte Stadtmauer Ehrensache.

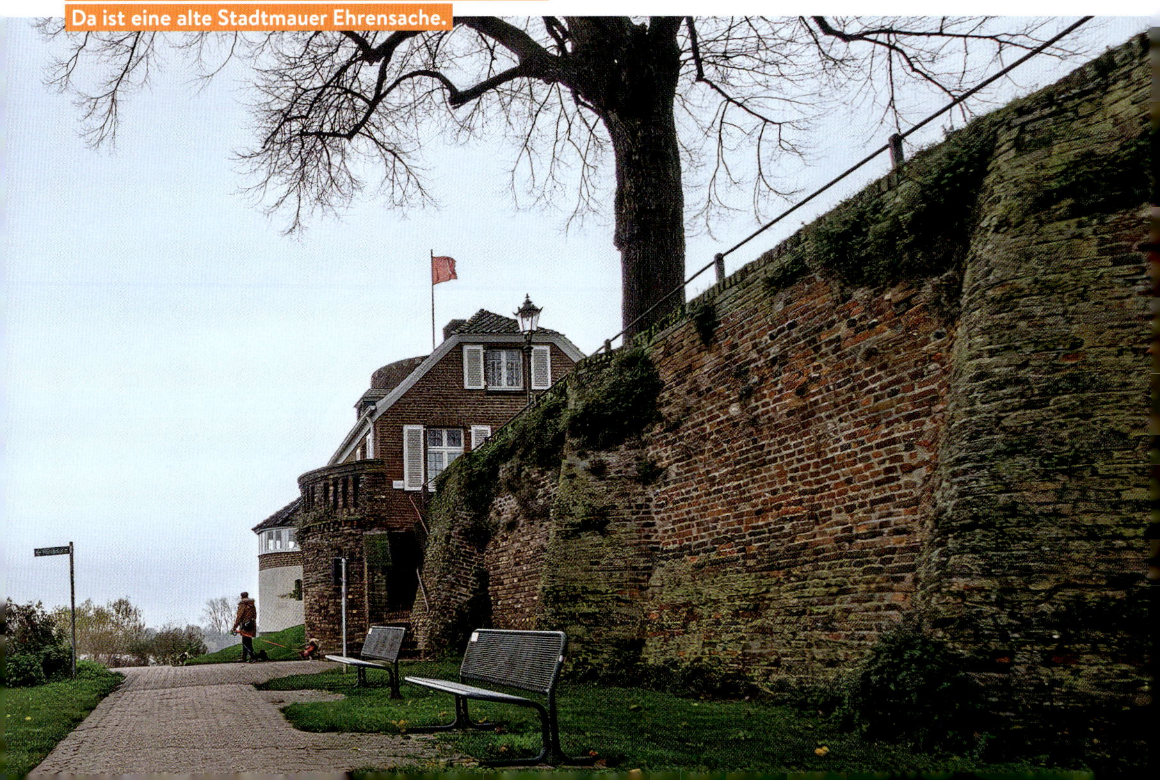

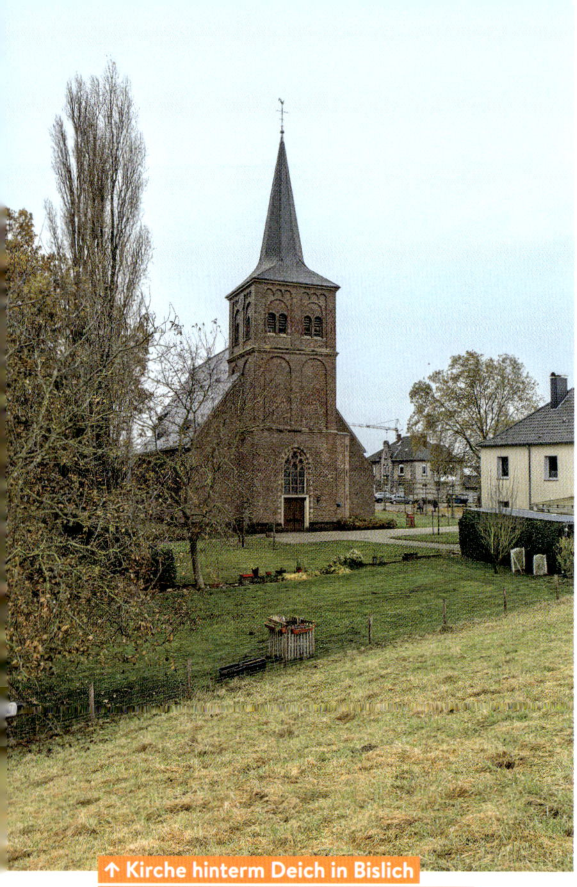

↑ Kirche hinterm Deich in Bislich
↓ Baumparade – wo ist die Kopfweide?

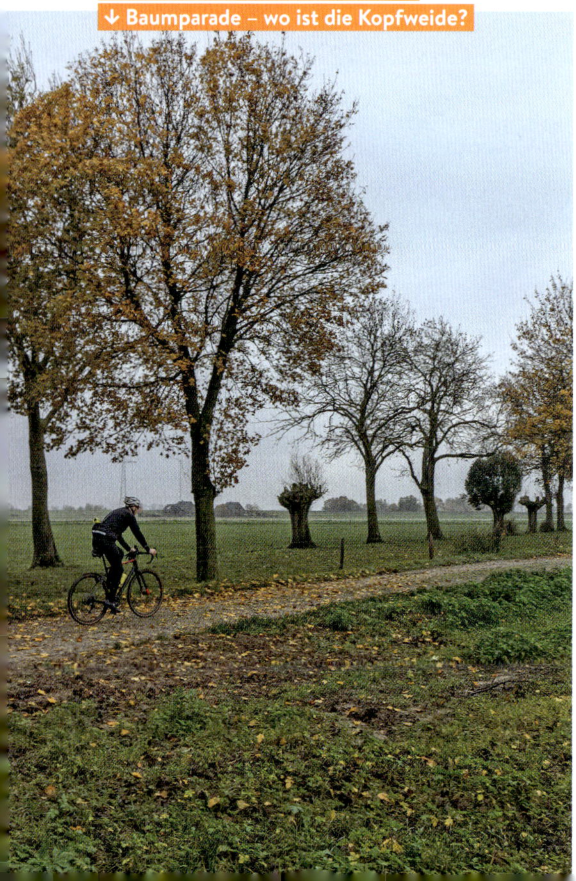

liegt. Wir wechseln auf die für Radfahrer verbotene Promenade, aber ist die auch dann verboten, wenn keine Spaziergänger unterwegs sind? Viel Zeit zum Nachdenken bleibt nicht, denn schon sind wir raus aus der Stadt und fahren auf einem Deich zwischen Wiesen, auf denen das Wasser steht, Baggerseen und dem Rhein, der mit all seinen Alt- und Nebenarmen hier ewig breit erscheint. Wildgänse haben sich an den Ufern der Wasser niedergelassen, ein Storch steht unbewegt im feuchten Grün und in der Ferne auf der anderen Flussseite kann man die Radarkuppel ausmachen, die im Uedemer Hochwald steht und die wir schon aus der Tour 5 ab Xanten kennen. Aber wir bleiben rechtsrheinisch, folgen weiter dem Weg erst unterhalb des Deichs, dann obenauf. Bis auf ein kurzes Stück, vorbei an einer Weide mit breit gestreiften Galloway-Rindern, ist der Untergrund asphaltiert. Bei Kilometer 14 stellt sich uns ein lokaler Betrieb vor: »Gestatten, Holemans-Kieswerk Ellerdonk«, steht auf einer Tafel. Und darunter interessante Details über den Abbau von Kies und Kiesmischungen. Einen Kilometer weiter grüßt uns die Dorfkirche von Bislich. Wie es sich hier wohl wohnt, so nah am Wasser und hinter dem Deich? Weiter geht es auf dem Deich, doch erstaunlicherweise jetzt landeinwärts. Das große Gewässer, das sich rechter Hand auftut, ist ein Stück vom alten Rhein, besser gesagt: der Flürener Altrhein.

DIERSFORDTER WALD Bei Kilometer 19 ist es aber vorbei mit altem und neuem Rhein, wir biegen von der Bislicher Straße ab. Von nun an wird sich der Charakter der Tour total ändern. Statt Wiesen, Weite und Wasser geht es von nun an durch den Diersfordter Wald. Das Naturschutzgebiet gehört schon zum Naturpark Hohe Mark, der sich vom nördlichen Ruhrgebiet bis ins Münsterland zieht. Die Waldwege sind in unserem Fall weitgehend unter einer Schicht Laub versteckt. So sieht man zwar nicht, ob sich darunter Äste oder anderes verbergen. Andererseits erleichtert sie die Fahrt in den tiefen, matschigen Stellen.

SCHWARZES WASSER Bei einem verwunschenen Heidesee, dem Schwarzen Wasser, wandelt sich die gerade Piste in ein kurviges Auf und Ab. Es macht Spaß, über das hügelige Terrain zu rollen und die beeindruckende Natur zu erleben. Seinen Namen hat das Schwarze Wasser von der dunklen Farbe des Gewässers, wofür der dunkle Moorboden verantwortlich ist.
Dieses Landschaftsbild aus Weihern, Sanddünen, Heideflächen und Birken haben wir auf unseren Touren schon häufiger gesehen. Sie bilden diese eiszeitlichen Terrassenlandschaften, die auch das Grenzgebiet zwischen Deutschland und den Niederlanden prägen und zum perfekten Gravelterrain machen. Wenn ihr auf der teilweise sandigen Piste Käfer entlangkrabbeln seht, bitte umfahren –

Tipp

BIKES KUCKEN BEI ROSE

Zu Bocholt fällt vielen Radlern spontan der Name Rose ein. Der bekannte Hersteller zeigt seine schicken Produkte in der Rose Biketown. Für Probefahrten braucht man keinen Termin mehr – anders als für die Werkstatt. Natürlich gibt es dort auch jede Menge Zubehör und Equipment zum Stöbern sowie eine Cafébar (ROSE Biketown, Werther Straße 44, 46395 Bocholt).

Wasser und Weite – Radeln macht den Kopf frei, auch bei grauem Wetter.

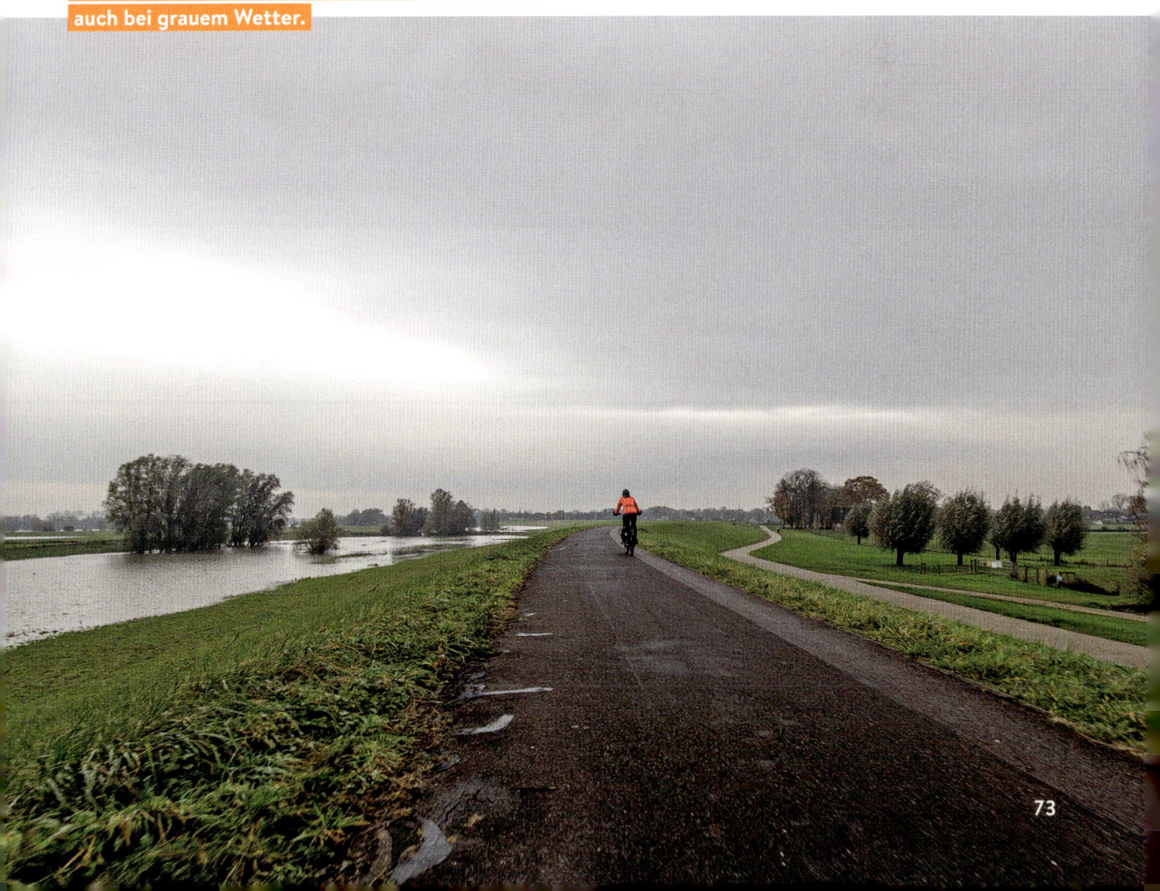

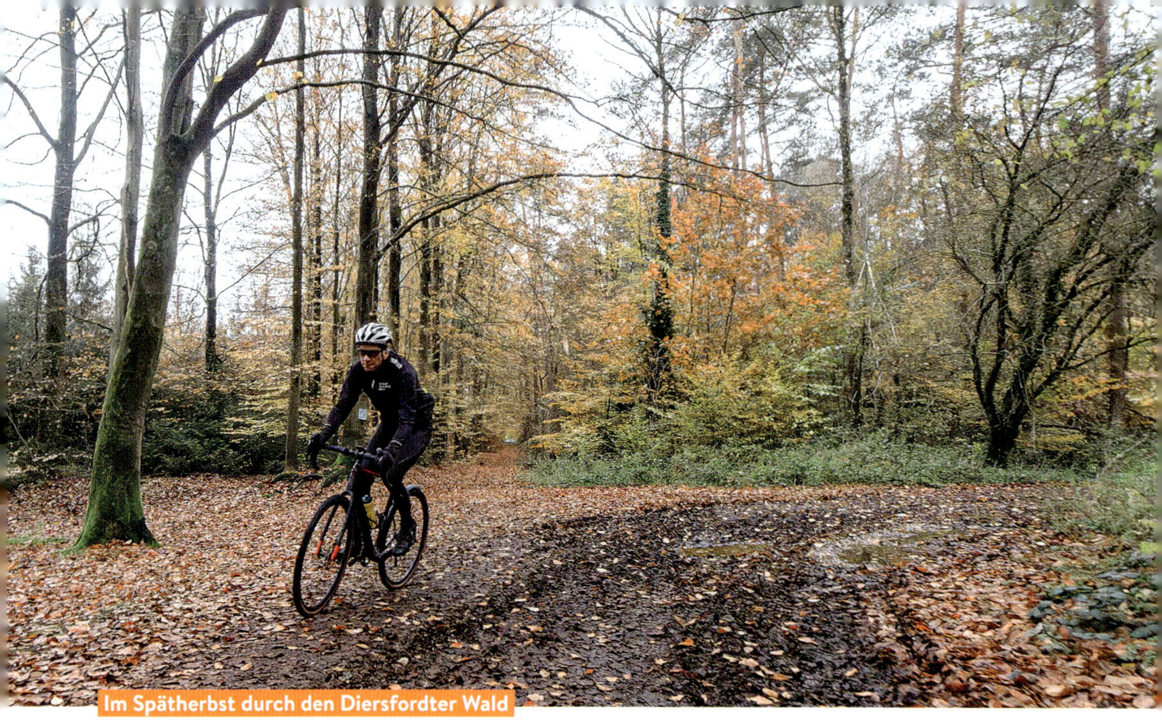

Im Spätherbst durch den Diersfordter Wald

es könnte der seltene Hirschkäfer sein, der hier noch heimisch ist. Im Frühjahr quakt der Moorfrosch.

SINGLETRAIL Bei Kilometer 33 kommt ein wenig Abwechslung ins waldige Allerlei. Wir biegen auf einen schmalen Singletrail ein. Auf Komoot hat ihn ein User mit der Mountainbike-Kategorie S2 versehen. Die beliebte Outdoor-App definiert den Schwierigkeitsgrad so: »Trails mit größeren Wurzeln und Steinen und überwiegend losem Untergrund. Einzelne Passagen mit bis zu 70 Prozent Gefälle mit Stufen oder Treppen und teilweise engen Kurven. Fortgeschrittene Fahrtechniken wie dosiertes Bremsen und Gewichtsverlagerung auf dem Bike sind nötig.« Bis auf vereinzelte Wurzeln trifft davon nichts zu. Das Einzige, was zumindest an diesem Tag herausfordernd ist, sind die tiefen, matschigen Passagen. Bei einem längeren Stück komme ich ins Straucheln und muss mich abstützen. Ich trete in den rund 20 Zentimeter tiefen Matsch und schiebe, bis der Weg wieder besser befahrbar ist. Mein Mitfahrer kommt ohne Absteigen durch – es ist also auch eine Frage der Fahrtechnik.

RISSWALD Bei Kilometer 36 fahren wir in das Naturschutzgebiet Risswald. Der viele Regen der vergangenen Tage hat auch Vorteile. Im Gebiet der Binnendünen ist der teils sandige Boden gut zu befahren. Bei Kilometer 45 quert die Route die Bahngleise. Die Strecke wird um ein weiteres Gleis erweitert. Anstelle des Bahnübergangs soll eine neue Eisenbahnüberführung gebaut werden. Wenn es so weit ist, werdet ihr auf einem neuen Radweg dorthin geleitet. Wenn ihr dann auf dem Radweg entlang der Weseler Landstraße wieder ca. 200 Meter zurückfahrt, kommt ihr wieder auf den hier angelegten GPX-Track.
Nach den Waldpisten macht es wieder Spaß übers offene Land zu cruisen. Vor allem wenn man es auf einem so feinen Wander- und Radweg tun kann wie dem, der am Reeser Meer entlangführt. Es ist ein gewalzter Boden aus feinen Kieseln, nicht zu breit, einfach perfekt. Kommt euch die Gegend bei

Kilometer 50 bekannt vor? Kein Wunder, wir sind wieder am Deich, der uns nach Rees führt. Dieses Mal fahren wir nicht am Rhein entlang, sondern durch das nette Städtchen – es wird Zeit für einen heißen Tee oder Kaffee.

INFO

Leicht | 53 km | 170 Hm | 3.00 Std.

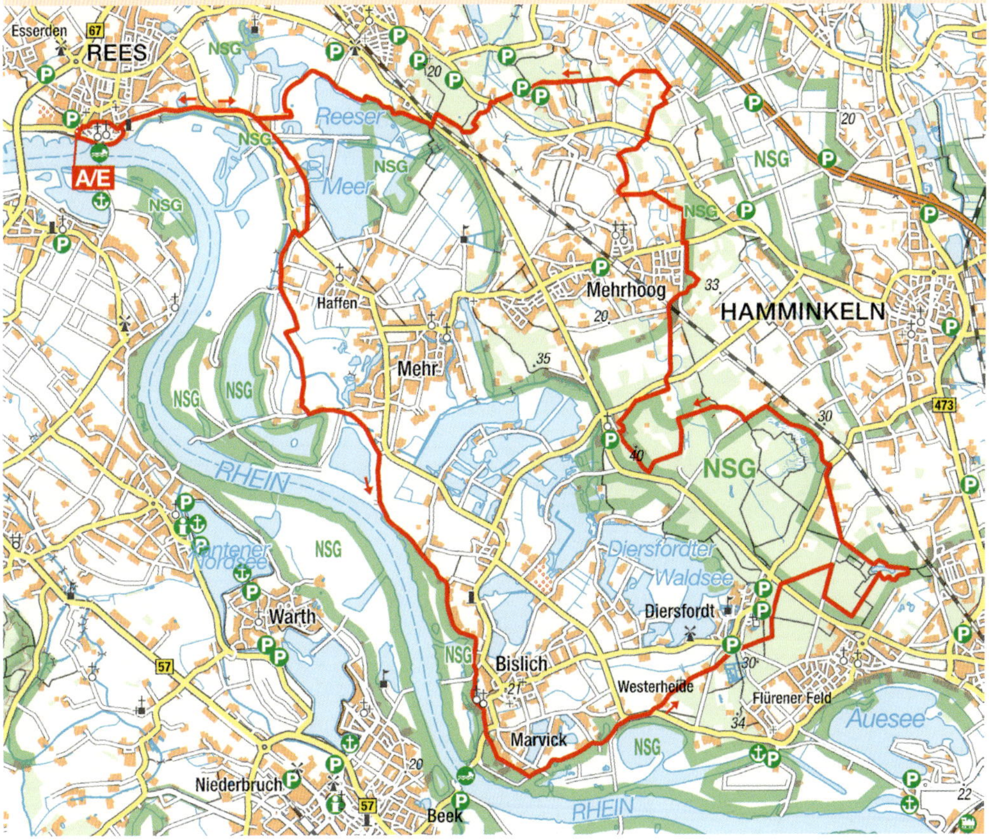

TOURENCHARAKTER

Einfache Tour fast ohne Steigungen. Auf den Deichen entlang des Rheins kann es windig werden. Die Passagen im Wald können je nach Wetterbedingungen teilweise sandig oder matschig sein.

WEGBESCHAFFENHEIT

Wald, Kies, Schotter, Singletrails: ca. 25 km

AUSGANGS-/ENDPUNKT

Pkw: Parkplatz Wardplatz / Westring in Rees
Bahn: Der nächste Bahnhof ist Rees-Haldern. Ihn erreicht man mit dem RE19. Von dort aus sind es 6 km bis zum Startpunkt.

KOMBINIERBAR MIT

Tour 6

FAHRRADWERKSTATT

Zweiräder Arentsen, Vor dem Delltor 5, 46459 Rees, Tel. 02851/14 48, www.arentsen.de

SCHOTTERTOUR ZUM KLOSTER

Erft-Radweg – Erprather Mühle – Mühlenbusch – Chorbusch – Knechtstedener Wald – Kloster Knechtsteden

Im Süden von Neuss locken die Erft und der Knechtstedener Wald. Beides sind herrliche Gravelreviere, die sowohl bei großer Hitze als auch nach Regentagen gut zu befahren sind. Die waldreiche Runde lässt sich auch in einer kurzen Variante nehmen.

9

Mit Tempo – was sonst bei so einem Waldhighway?

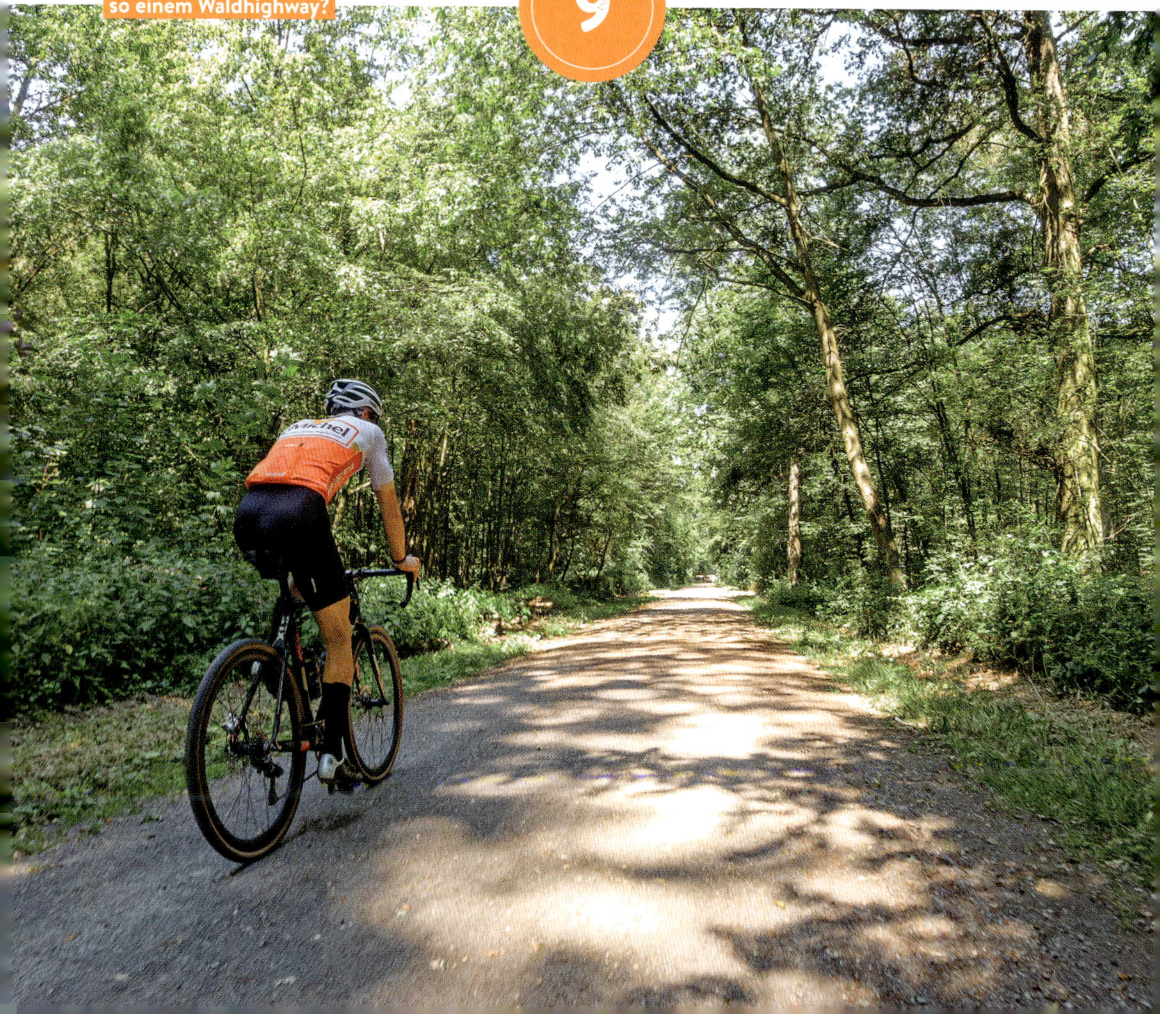

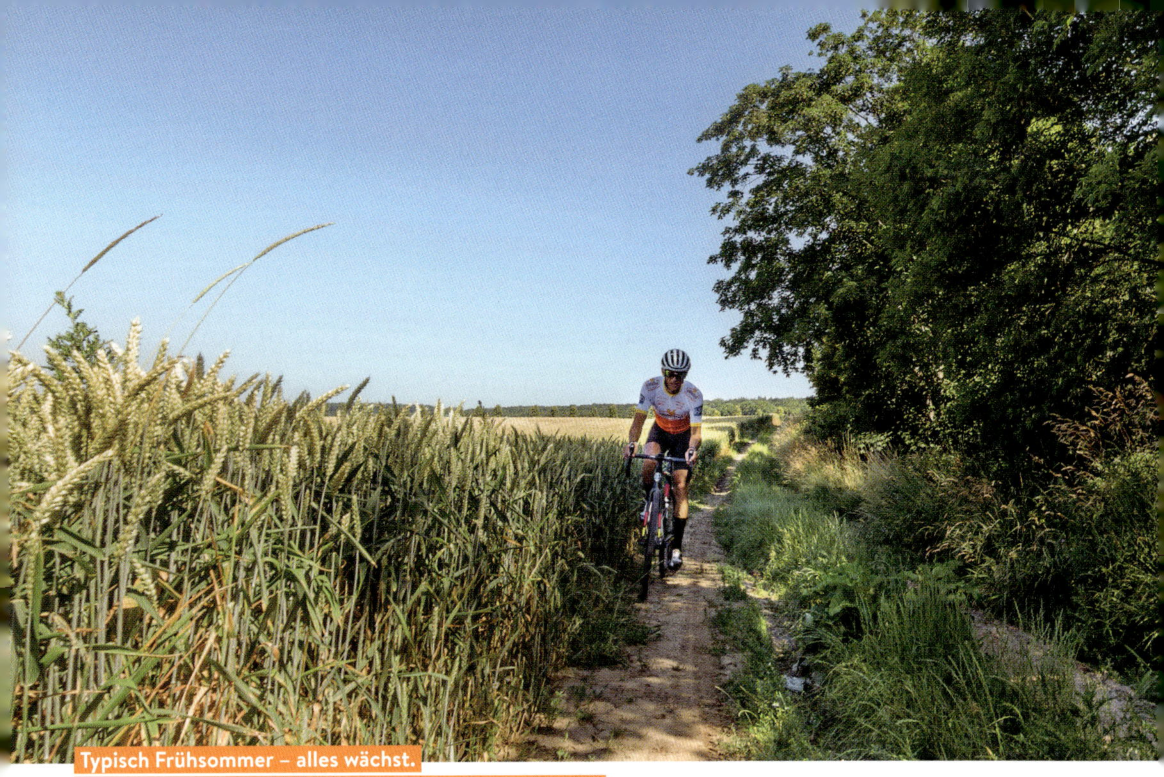

Typisch Frühsommer – alles wächst.
Aus landwirtschaftlichen Wegen werden schmale Trails.

START Der Bahnhof von Neuss-Norf ist von Köln, Düsseldorf und natürlich für alle, die aus Neuss kommen, gut zu erreichen. Autofahrer können einen der Parkplätze nutzen und sich bereit für die Fahrt machen. Obwohl wir mitten im Ort starten, sind es nur wenige Meter, und schon rollen wir durchs Grün, zwischen dem Norfbach, der dem Ort seinen Namen gegeben hat, und einer Wohnsiedlung. Der Norfbach mündet in die Erft, so wie unsere Route auf den Erft-Radweg mündet.

ERFT-RADWEG Es ist ja immer schwer mit diesen Superlativen, weil sie letztlich etwas sehr Individuelles sind und außerdem die Stimmung eine so große Rolle spielt. Wenn ich also jetzt sage, dass der Erft-Radweg ein echtes Highlight ist, muss das nicht immer und nicht für alle gelten. Trotzdem bin ich der Meinung, dass es südlich von Düsseldorf und Neuss, jedenfalls in unmittelbarer Stadtnähe, eine der schönsten Strecken ist, die man auf dem Gravelbike fahren kann. Nachdem wir die A 57 unterquert haben, beginnt der idyllische Teil des Flussradwegs. Kurz vor der Gnadentaler Mühle sieht man oft Kanuten trainieren. Der wilde Wasserab-

Tipp

KURZE RUNDE

Ein Termin, den man vergessen hat, etwas Eiliges, was noch zu erledigen ist – manchmal muss man eine Tour abbrechen, so traurig das auch ist. Bei dieser Tour gibt es eine perfekte Gelegenheit bei Kilometer 15,6. An der 90-Grad-Kreuzung fahrt ihr nicht nach rechts, sondern nach links an der L 35 entlang. Nach ca. 400 Metern seid ihr auf dem Rückweg und habt etwa 30 Kilometer abgekürzt.

Tipp

KLOSTERHOF KNECHTSTEDEN

Das ehemalige Gästehaus des Klosters ist ein ebenso schönes wie beliebtes Ausflugslokal. Innen sitzt man gemütlich in den hohen alten Gasträumen – und draußen in einem lauschigen Biergarten. Das kulinarische Aushängeschild ist der Knechtsteder Senfrostbraten, der mit Bratkartoffeln und Speckbohnen serviert wird. Für den kleinen Hunger bietet sich zum Beispiel eine Tomaten- oder Kartoffelsuppe, Ofenkartoffeln oder ein Brotzeitteller an. Eine lokale Brauspezialität ist das Knechtstedener Schwarzbier, das es nur im alten Klosterhof gibt (Klosterallee 1, 41540 Knechtsteden, Tel. 02133/80745, www.klosterhof-knechtsteden.de).

schnitt ist sogar ein Landesstützpunkt des Kanu-Verbands Nordrhein-Westfalen, was auch bedeutet, dass hier immer wieder Wettkämpfe stattfinden. Die Piste ist perfekt, leicht körniger Belag, nicht zu breit, und der Fluss fast immer im Blick. Viel zu schade, um hier auf Tempo zu fahren.

ERPRATHER MÜHLE Bei Kilometer 4 quert die Tour die Erft und dann wieder nach einem weiteren Kilometer. Bei dieser zweiten Querung liegt die Erprather Mühle. Hier gab es bereits Mitte des 12. Jahrhunderts eine Mühle, wobei der große Backsteinbau von heute aus dem 19. Jahrhundert stammt. Heute werden in der Mühle Panaden und Paniermehl hergestellt.
Kurz vor Kilometer 6 verlässt die Tour den Erft-Radweg. Auf einem schmalen Trail geht es an Weckhoven vorbei über die Felder mal auf Asphalt, dann wieder auf schmalen Pfaden. Der Bruchrandweg bei Rosellerheide Neuenbaum ist wieder so eine Piste, die wie geschaffen ist für die Rennräder mit den breiten Pneus.

MÜHLENBUSCH Auf der Karte sieht man gut, dass hier bei Rosellerheide in früheren Zeiten der Rhein entlangfloss oder zumindest einer seiner Nebenarme. Um den Ort und das südlich angrenzende Waldgebiet verläuft eine Art Grenze, die das einstige Flussbett nachzeichnet. Dieses Waldgebiet im Süden, der Mühlenbusch, ist unser nächstes Ziel. Gut befahrbare, breite Waldwege durchziehen das Grün mit seinen hohen Bäumen. Klar, hierhin lohnt es sich auch im Herbst, wenn der Wald sich verfärbt.
Bevor die Tour weiter das Waldgebiet erkundet, das sich fast bis Köln hinzieht, gibt es noch mal die Gelegenheit, über die Felder zu sprinten, vorausgesetzt, der Wind bläst nicht aus Richtung Süden. Bei Kilometer 28 taucht die Strecke dann wieder ein in den herrlichen Wald. Buchen, Eichen, Hainbuchen und Erlen wachsen im Chorbusch und Knechtstedener Wald.
Es ist ein großes Vergnügen, auf dem breiten Waldweg durch den hohen Wald zu heizen. Der Untergrund ist gnädig und trocken und gut zu befahren. Eben habe ich gesagt, dass es im Herbst schön ist. Das gilt auch für den Sommer, wenn man auf der Suche nach einer schattenreichen Tour ist.

KLOSTER KNECHTSTEDEN Bei Kilometer 39 machen wir eine Pause vom Wald. Kloster Knechtsteden liegt auf dem Weg. Es ist ein schönes und stilles Areal, in dem man sich leicht Pilger vorstellen kann, die hier in früheren Jahrhunderten entlanggewandert sind, vielleicht auf einem der vielen Jakobswege ins ferne Santiago de Compostela. Die romanische Basilika ist ein echtes Schmuckstück. Einmal reinschauen? Ja, muss sein. Das Restaurant Klosterhof Knechtsteden mit seinem Biergarten bietet sich gut für eine längere

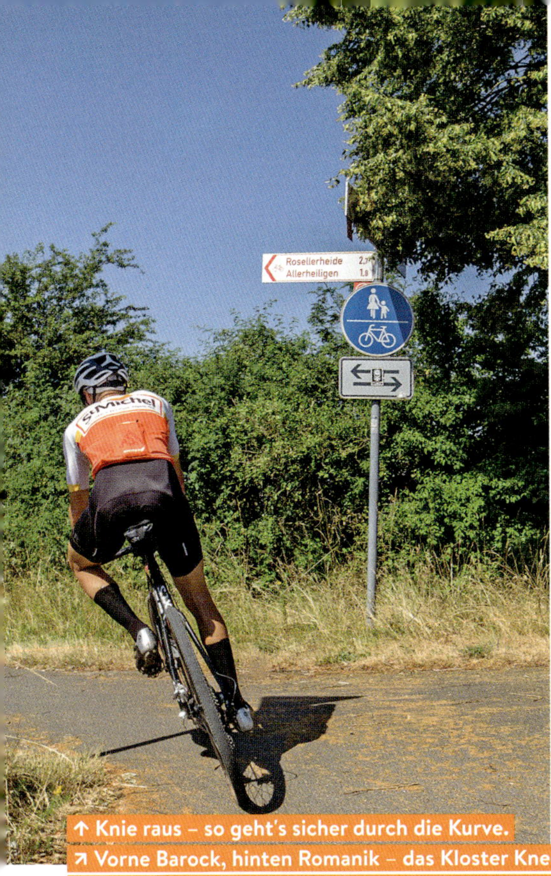

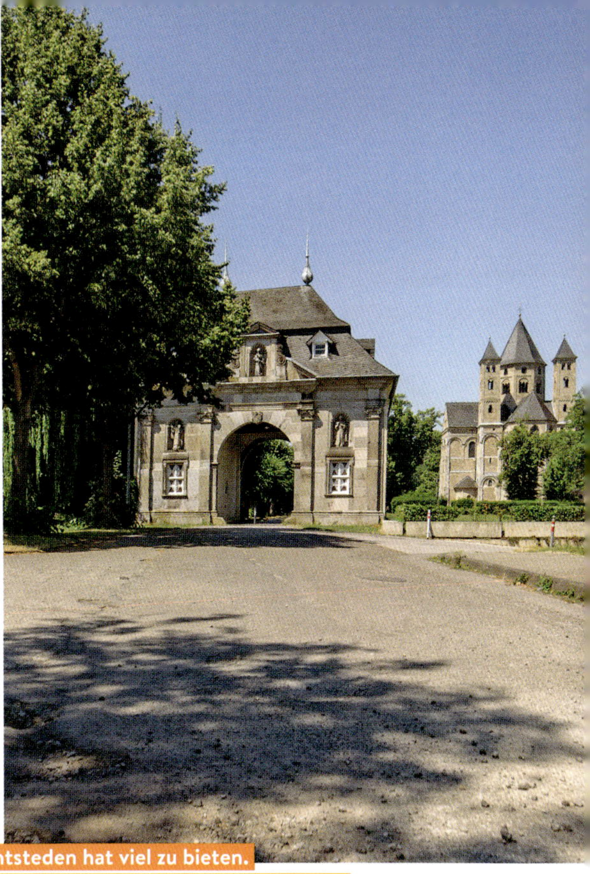

↑ Knie raus – so geht's sicher durch die Kurve.
↗ Vorne Barock, hinten Romanik – das Kloster Knechtsteden hat viel zu bieten.
↓ Fast geschafft – links am Ende des Gebäudes wartet ein Klostershop mit Kaffeestation.

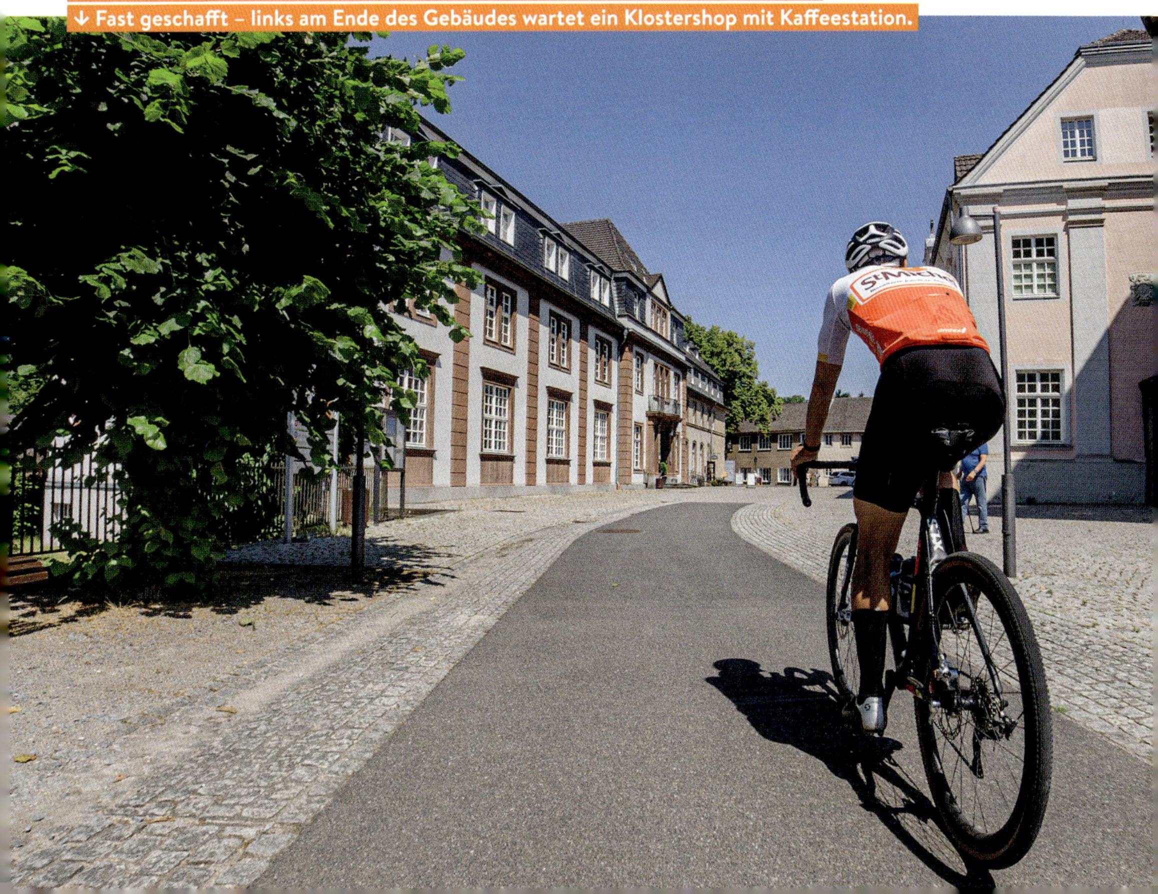

Rast an. Wer nur einen kurzen Stopp einlegen möchte: Auf dem Klostergelände gibt es auch ein kleines Geschäft, wo Getränke und Snacks verkauft werden. Nach dem Kloster verschwinden wir wieder im dichten Grün. Erst auf einem dieser breiten und komfortablen Waldpisten, dann ab Kilometer 40 auf einem schmalen und leicht zu befahrenden Single-

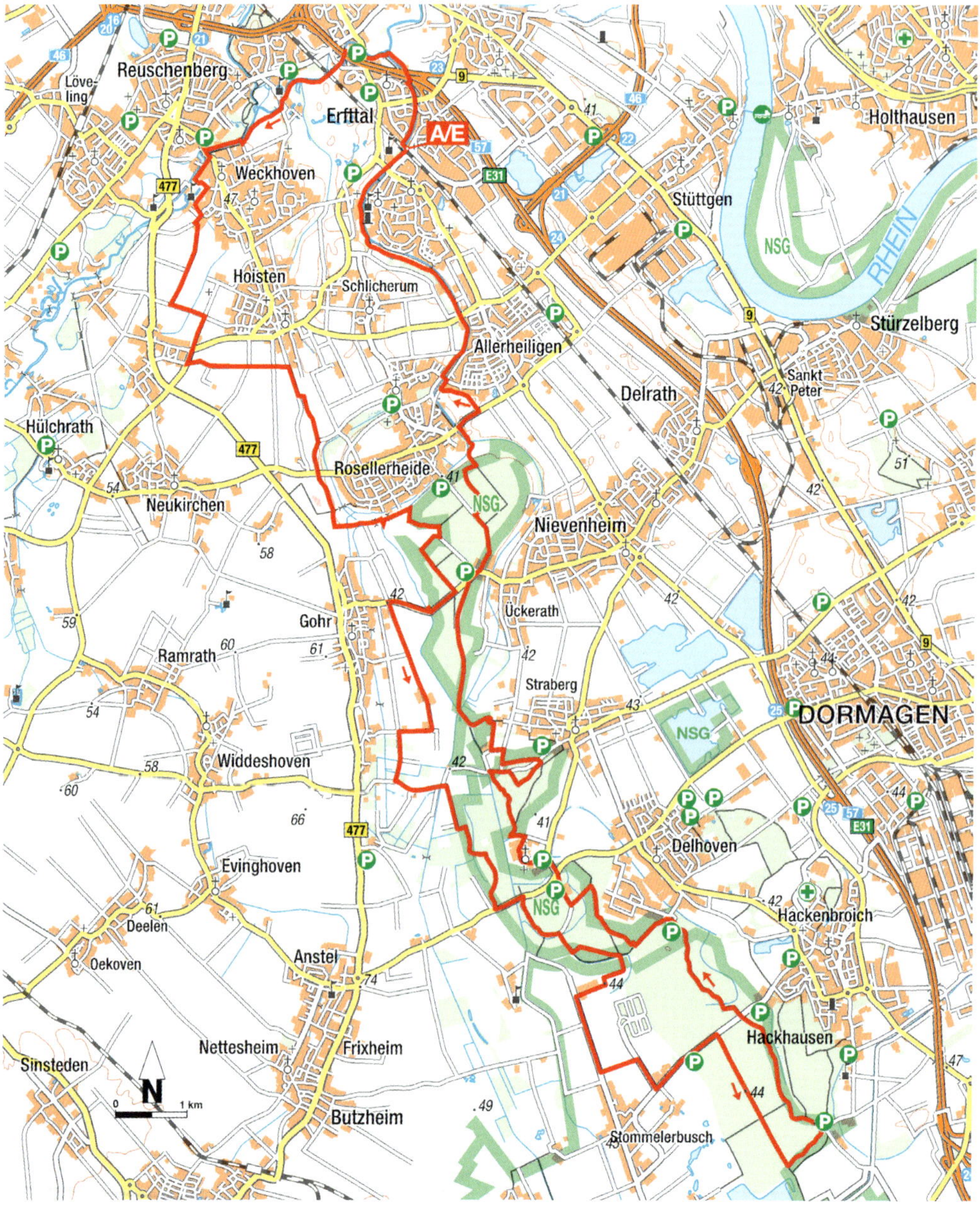

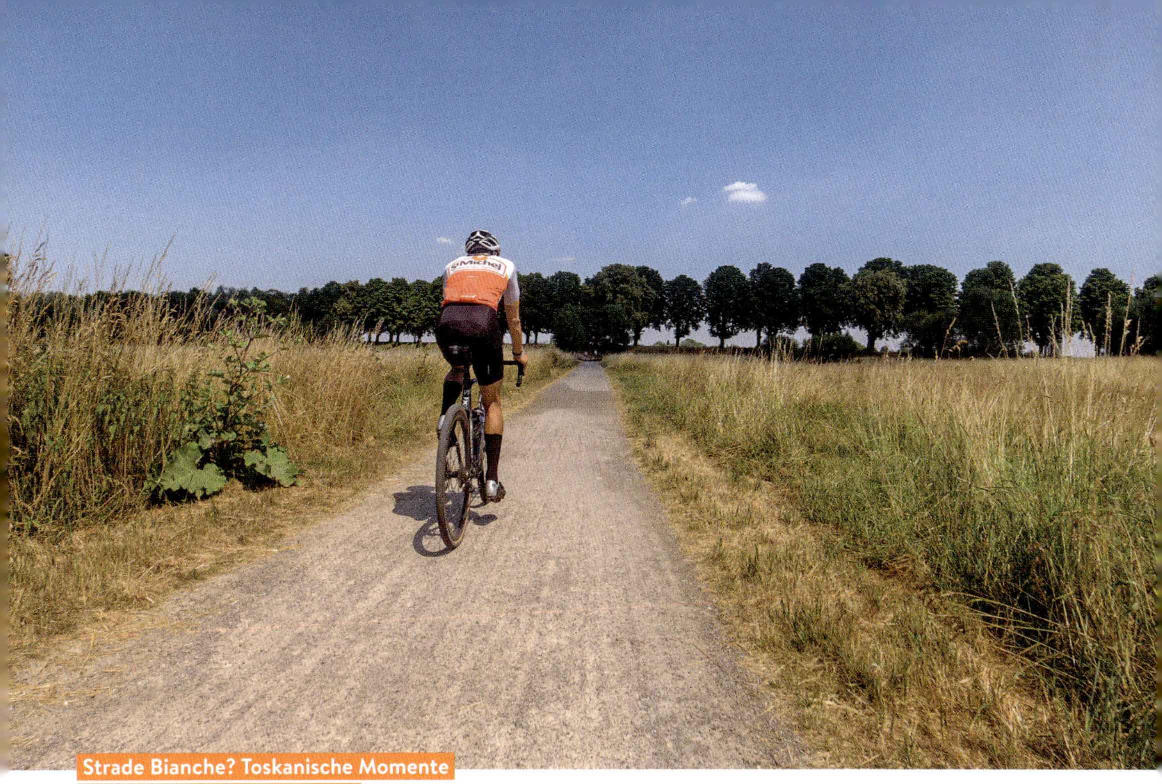

Strade Bianche? Toskanische Momente gibt es auch am Niederrhein.

trail. Bei Kilometer 45,7 geht es ein kurzes Stück an der L 35 entlang. Hier würde man auch landen, wenn man die Abkürzung bei Kilometer 15,6 nimmt (siehe Tipp).

Unser Weg führt noch einmal durch den Mühlenbusch und folgt dann in etwa den alten Mäandern des Rheins. Auch Norf lag wohl mal am Wasser, denn wir folgen dem ehemaligen Flusslauf um den Ortskern herum, bis wir zu den Bahngleisen kommen und der Bahnhof – unser Start- und Endpunkt – schon in Sichtweite liegt.

INFO

Leicht | 54 km | 180 Hm | 3.00 Std.

TOURENCHARAKTER

Mittelschwere Tour ohne Steigungen und technische Herausforderungen. Viele breite Waldwege und schattige Passagen

WEGBESCHAFFENHEIT

Wald, Kies, Schotter, Singletrails: ca. 30 km

AUSGANGS-/ENDPUNKT

Pkw: Parkplatz Bahnhof Neuss-Norf
Bahn: Bahnhof Neuss-Norf

KOMBINIERBAR MIT

Tour 16

FAHRRADWERKSTATT

Arno's Bikestore, Kölner Straße 444, 41468 Neuss, Tel. 02131/2911218, www.arnos-bikestore.de

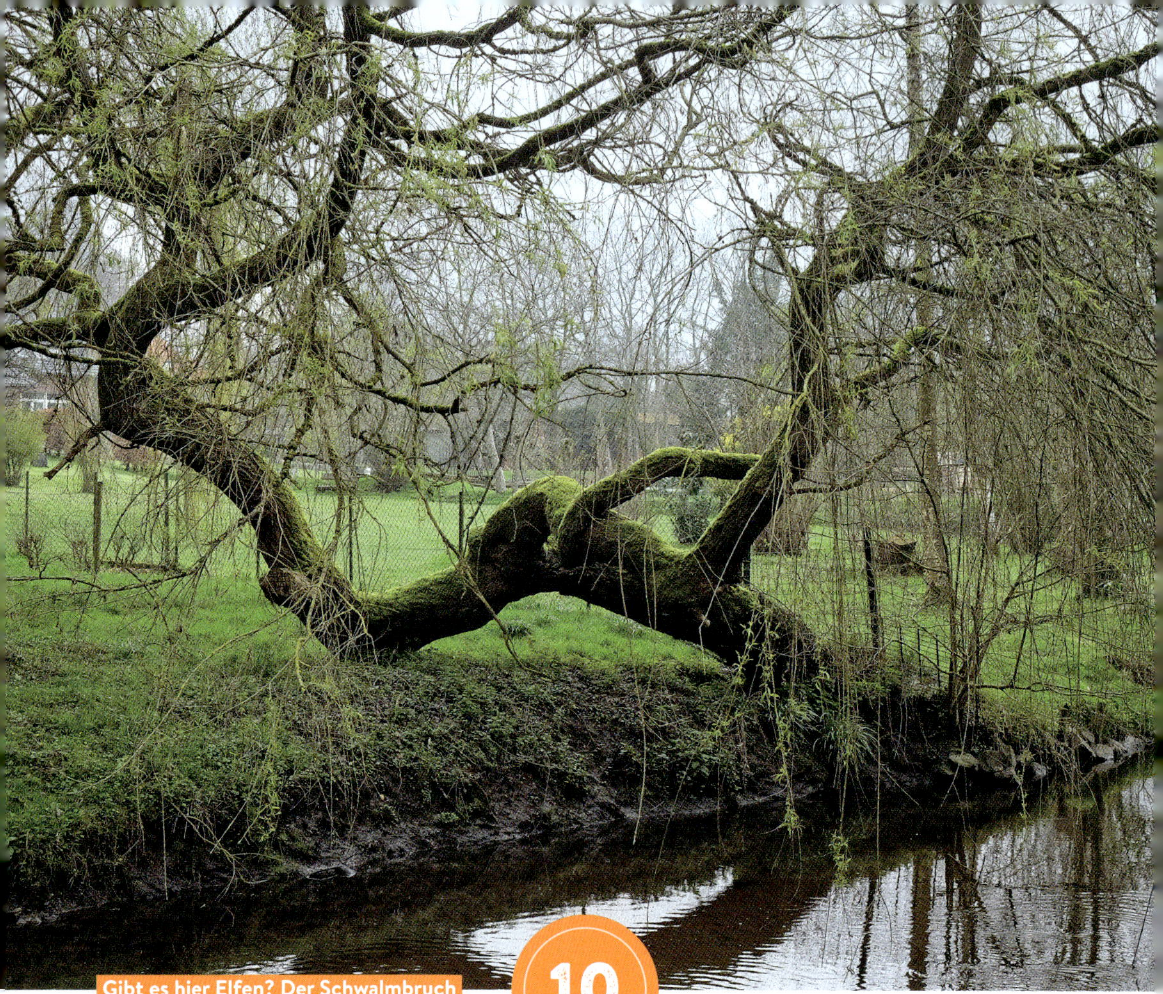

Gibt es hier Elfen? Der Schwalmbruch ist ein verwunschenes Naturidyll.

10

SCHWALM ZUM SCHWÄRMEN

Brüggen – Breyeller See – Süchtelner Höhen – Hardter Wald – Schwalmbruch – Lüttelforster Bruch – Hariksee

Westlich von Mönchengladbach und Viersen führt die Tour durch den Schwalmbruch. Entlang des Flüsschens gibt es herrliche Waldwege und Trails zu entdecken. Mit dem Hariksee und dem historischen Brüggen kommen wir an zwei touristischen Highlights der Region vorbei. Zwischendurch zeigt sich der Niederrhein von seiner bergigen Seite.

START Der Parkplatz vor den Toren der alten Burg von Brüggen weckt Wochenend- und Urlaubsgefühle. Vorher noch ein Blick in die nette Stadt oder danach? Wir fahren erst einmal los, denn an diesem erst noch grauen Vorfrühlingstag ist es ziemlich frisch. Ein perfekter Gravel-Schotter-Waldweg führt uns am Borner See entlang und dann zum Heideweiher. Wir wechseln auf Asphalt, fahren zwischen den Feldern und gegen den Wind in Richtung Lobberich.

Die Reihe der Seen reißt nicht ab. Nachdem wir am Breyeller See vorbeigekommen sind, schwenken wir auf den Kölsumer Weg ein. Der ist zwar asphaltiert und auch für Autos zugelassen, trotzdem ist das Sträßchen herrlich. Hier führt auch die NiederRheinroute vorbei, ein rund 2000 Kilometer langes Radnetz. Der Abschnitt, auf dem wir jetzt fahren, schlängelt sich an alten Bauernhäusern vorbei und lässt einen Stadtbewohner wie mich glauben, das ländliche Leben wäre noch so wie in meiner Kindheit. Dazu gehört, dass selbst im kleinsten Dorf eine Kirche steht. So wie in dieser Ansammlung von einem Dutzend Häuser, aus deren Mitte sich eine große Kirche erhebt. Der Weiler heißt Dornbusch und die Kirche St. Maria Hilfe der Christen.

Nix los an der Schwalm – auch gut.
So haben wir den Weg am Wasser für uns.

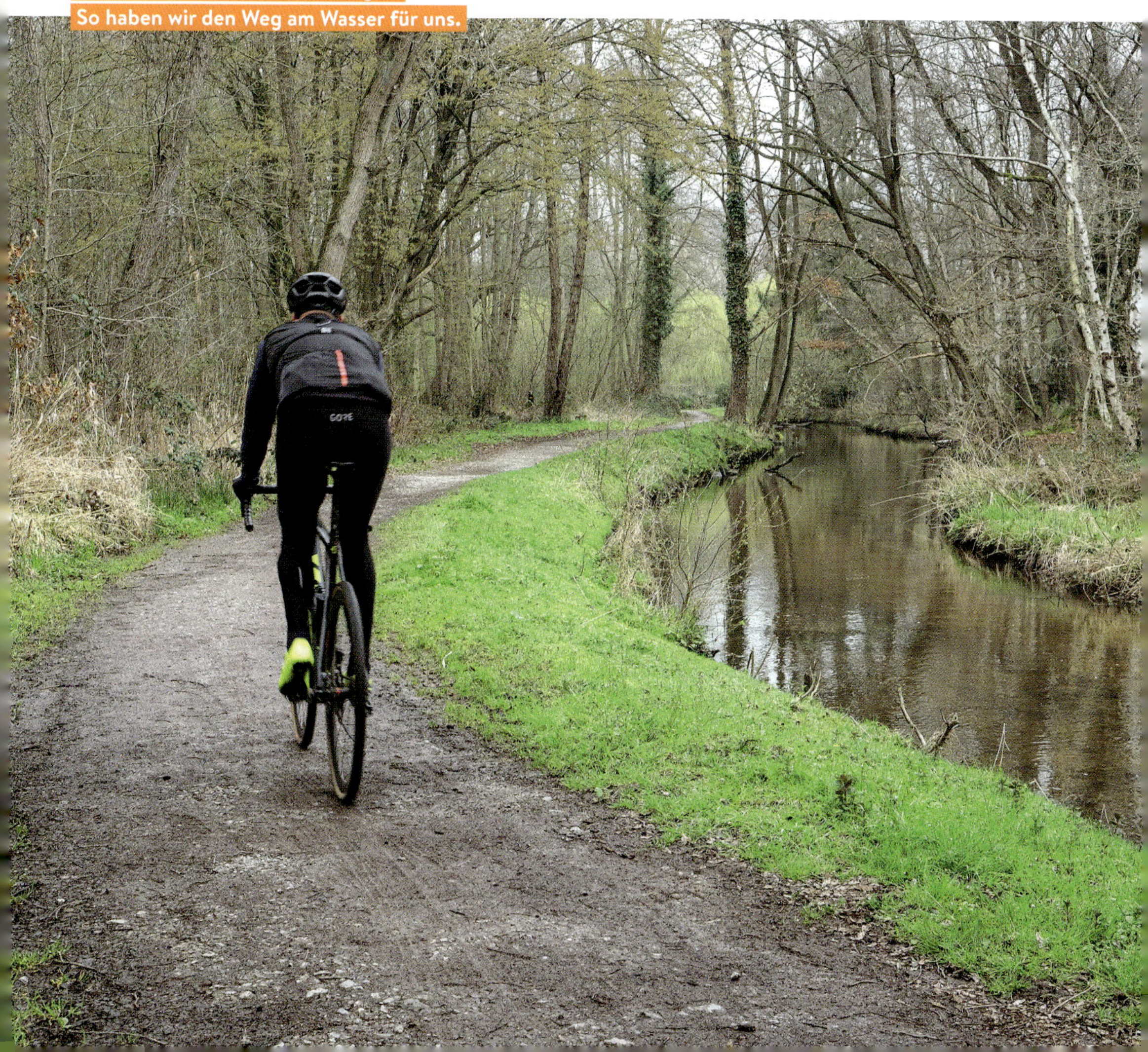

Tipp

JHQ RHEINDAHLEN

Die Joint Headquarters, das gemeinsame Hauptquartier verschiedener Verbände der britischen Streitkräfte und der NATO, war 60 Jahre lang ein Stück Großbritannien am Niederrhein. Rund 2000 Gebäude einschließlich Schulen, Kirchen, Theater, Sportanlagen und einem Einkaufszentrum verteilten sich auf einer Fläche von 4,3 Quadratkilometern. Nach der Auflösung 2013 wird die Anlage zum Teil als Flüchtlingsunterkunft genutzt. Vieles steht leer, einige Bereiche wurden wieder aufgeforstet. Freunde von Lost Places haben hier ihre Freude.

SÜCHTELNER HÖHEN Mittlerweile sind wir warm genug für die erste Herausforderung. Wer sich gefragt hat, wo die 180 Höhenmeter der Tour herkommen, bekommt jetzt die Antwort. Auf geht's auf die Süchtelner Höhen. Wir fahren hoch und wieder runter und bleiben auf großartigen Trails im Wald. Eben noch einen Filterkaffee oder alkoholfreies Bier im Büdchen von »Inges Minigolf«? Die etwas wilde Anlage ist auf jeden Fall sehenswert. Auch die rasante Abfahrt durch den Viersener Wald, beziehungsweise den Hohen Busch, macht Laune.
Danach rollen wir übers Land zunächst in einigem Abstand zur A 61. In der Bockerter Heide wird es abwechslungsreicher, denn zum Landschaftsschutzgebiet gehören auch kleinere Waldstücke – der Bockerter Busch. Dort versteckt sich auch das Ausflugslokal Waldfrieden.

HARDTER WALD Theoretisch könnten wir jetzt anhalten und uns auf die Terrasse setzen. Aber es ist immer noch so kalt, dass dazu keiner Lust hat. Würde man eine Drohne aufsteigen lassen, könnte man sehen, dass das Autobahnkreuz Mönchengladbach ganz in der Nähe ist. Auf unserer Piste ist es aber so abgeschieden ländlich, dass davon kaum etwas mitzukriegen ist.
Trotzdem ist es gut, dass wir die Autobahnen hinter uns haben, denn jetzt geht es wieder richtig in die Natur. Erst mal tauchen wir in den Hardter Wald ein, das größte zusammenhängende Waldgebiet in Mönchengladbach. Das sollen die Gladbacher übrigens Napoleon zu verdanken haben, der das Gebiet aufforsten ließ.
Wir kurbeln aus dieser älteren Geschichte auf einem entspannten Weg am Waldrand entlang einer etwas jüngeren Geschichte. Gegenüber, jenseits eines offenen Felds, stehen die ehemaligen britischen Kasernen, die Joint Headquarters, kurz JHQ (siehe Tipp). Im Zug des Angriffs Russlands auf die Ukraine war in der Presse zu lesen, dass die Briten darüber nachdenken, das verlassene Areal wieder zu nutzen – militärisch versteht sich. Teile des über 400 Hektar großen Areals wurden schon renaturiert. Man wird sehen, was passiert. Wir kommen an einer Zufahrt vorbei. »Checkpoint 200 m«, steht auf einem verwitterten Schild, die zweispurige Straße wächst von den Rändern her zu. All das sieht richtig spooky aus.

LÜTTELFORSTER BRUCH Wieder geht es am Wald entlang, vorbei an einer Kiesgrube. Wir nähern uns dem Dörfchen Lüttelforst, fahren aber nicht durch den Ortskern, sondern radeln entlang der Schwalm. So kann man in die beneidenswert schönen Gärten der alten Häuser sehen, die entlang des Flüsschens erbaut wurden. Wie unfassbar schön es am Niederrhein sein kann. Selbst jetzt, wo die Bäume noch fast kahl sind. Die hellgrün bemoosten Stämme der flussnahen Bäume wirken, als ob sie leuchten würden, es sieht geradezu magisch aus.

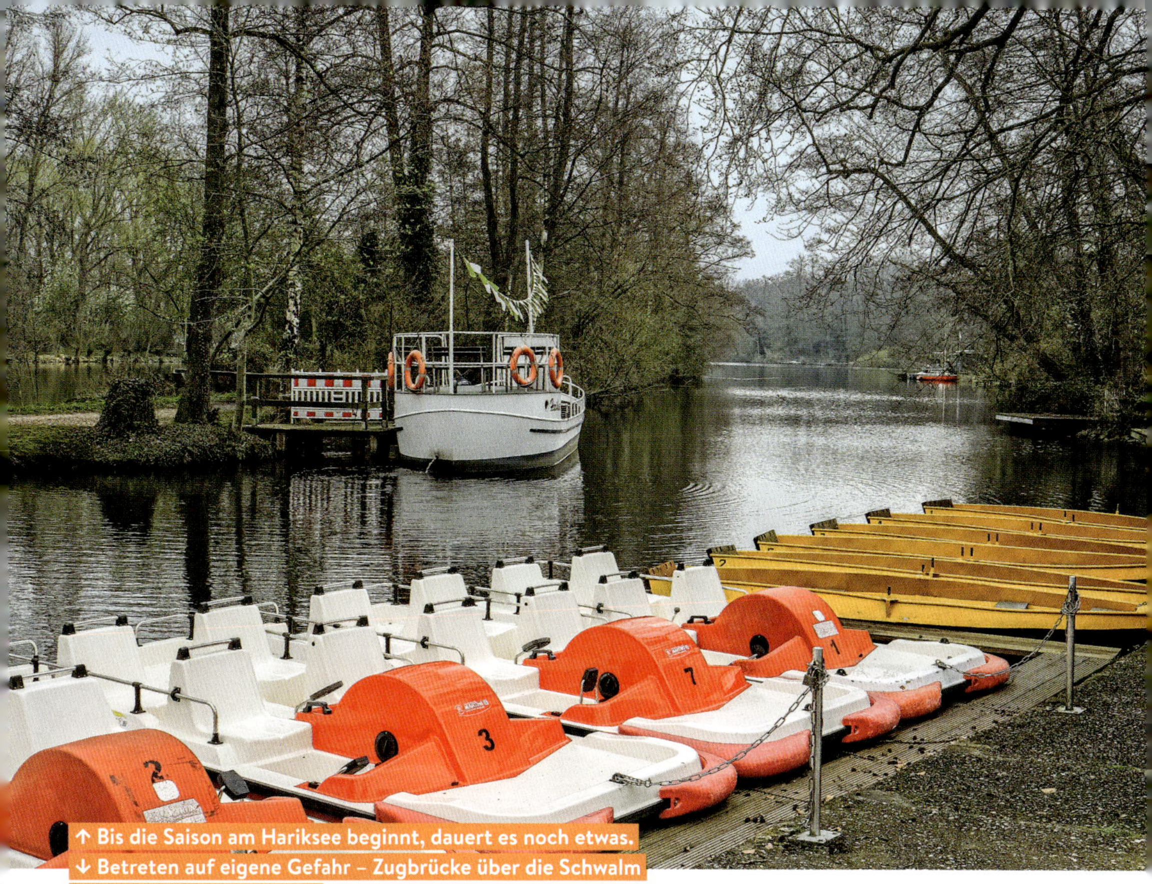

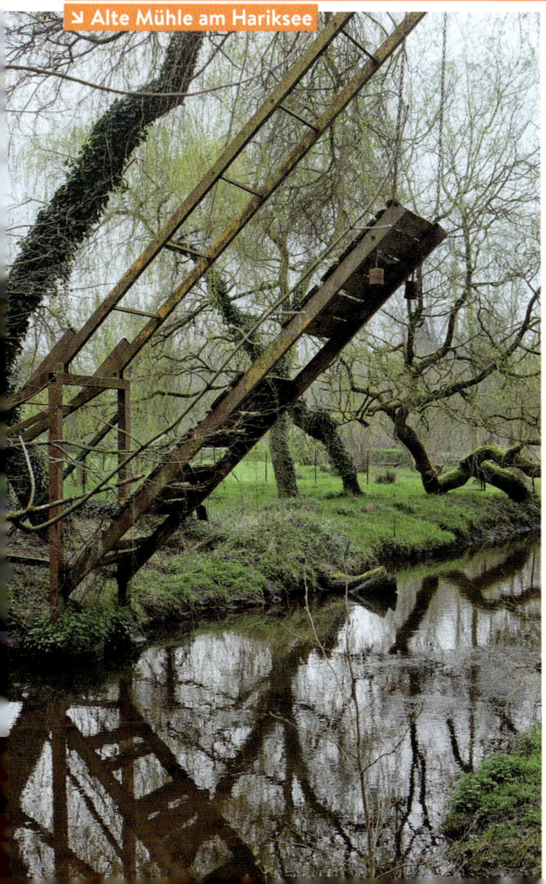

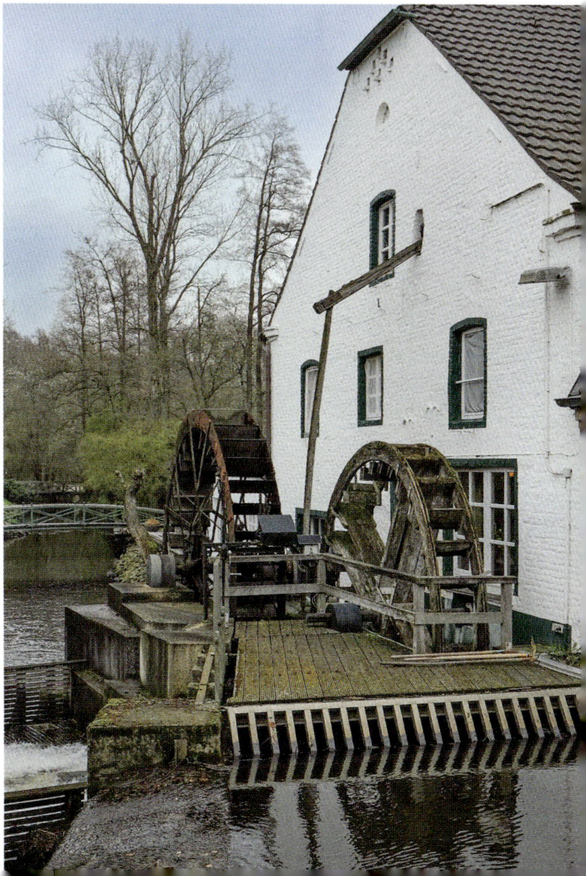

↑ Bis die Saison am Hariksee beginnt, dauert es noch etwas.

↓ Betreten auf eigene Gefahr – Zugbrücke über die Schwalm

↘ Alte Mühle am Hariksee

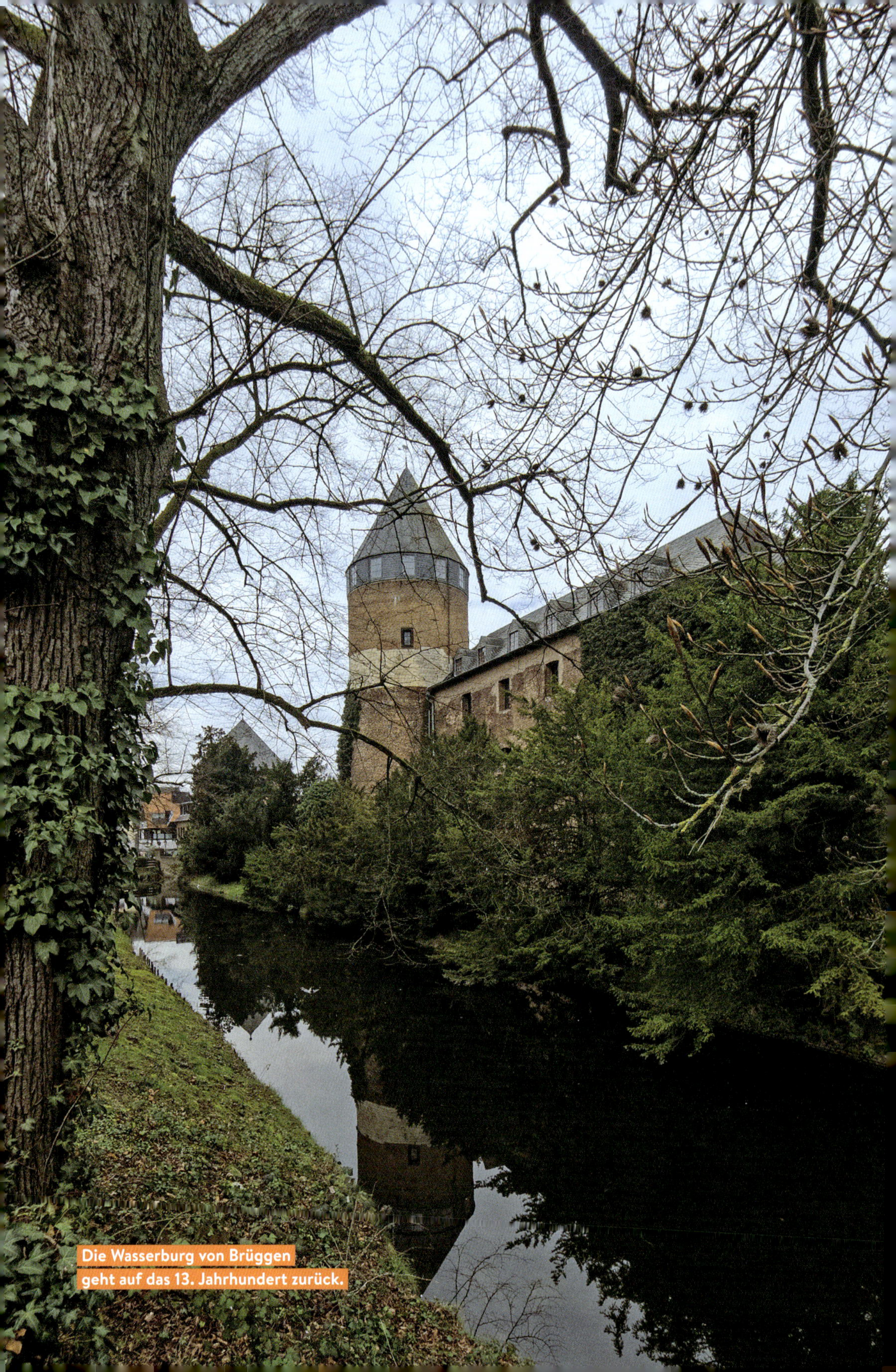

Die Wasserburg von Brüggen geht auf das 13. Jahrhundert zurück.

An der Lüttlerforster Mühle müssen wir über die Landstraße L 371. Wer eine Pause einlegen möchte: Die Mühle hat einen schönen Biergarten. Auf geht's zur nächsten Mühle und immer an der Schwalm entlang. Die Pannenmühle hat keine Gastronomie. Dafür gibt es einen Campingplatz, der hier aber nicht wirklich interessiert. Spannender ist da schon der nächste Abschnitt der Tour. Auf einem schmalen Trail geht es nun oberhalb des Lüttelforster Bruchs durch den Wald. Ein, zwei etwas anspruchsvollere Passagen sind dabei, jedenfalls für einen Gravelbiker wie mich, der sein früheres Leben nicht auf dem MTB verbracht hat. Der Boden ist tief. Als uns nach einer kurzen steilen Abfahrt ein matschiges Stück erwartet, kann ich mich noch gerade so auf

Tipp

DOPPELTOUR AB BRÜGGEN

Wie wär's mit einem Gravelwochenende in Brüggen? Von dem romantischen Städtchen lässt sich an einem Tag die hier beschriebe Tour aus unternehmen – Start ist dann in Brüggen und nicht bei Viersen. Und am nächsten Tag dann die Tour 13 durchs Grenzgebiet mit den Naturparadiesen Brachter Wald und De Meinweg – wieder mit Start in Brüggen. Mit dem Womo oder dem Zelt ist man auf dem Camping Forst am Laarer See gut aufgehoben. Luxuriöser logiert man im The Briddge Hotel (www.campingforst-laarersee.com, www.thebridgge.de).

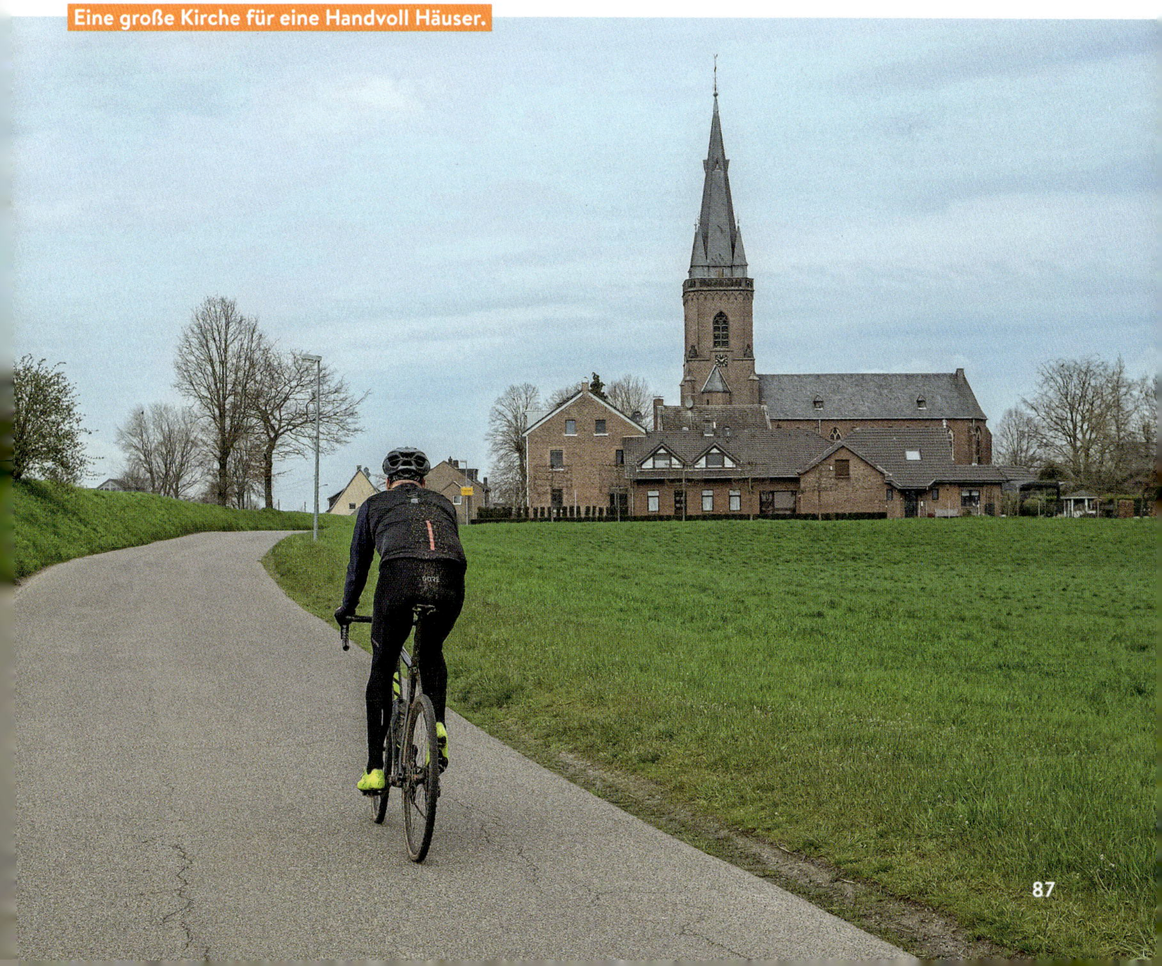

Eine große Kirche für eine Handvoll Häuser.

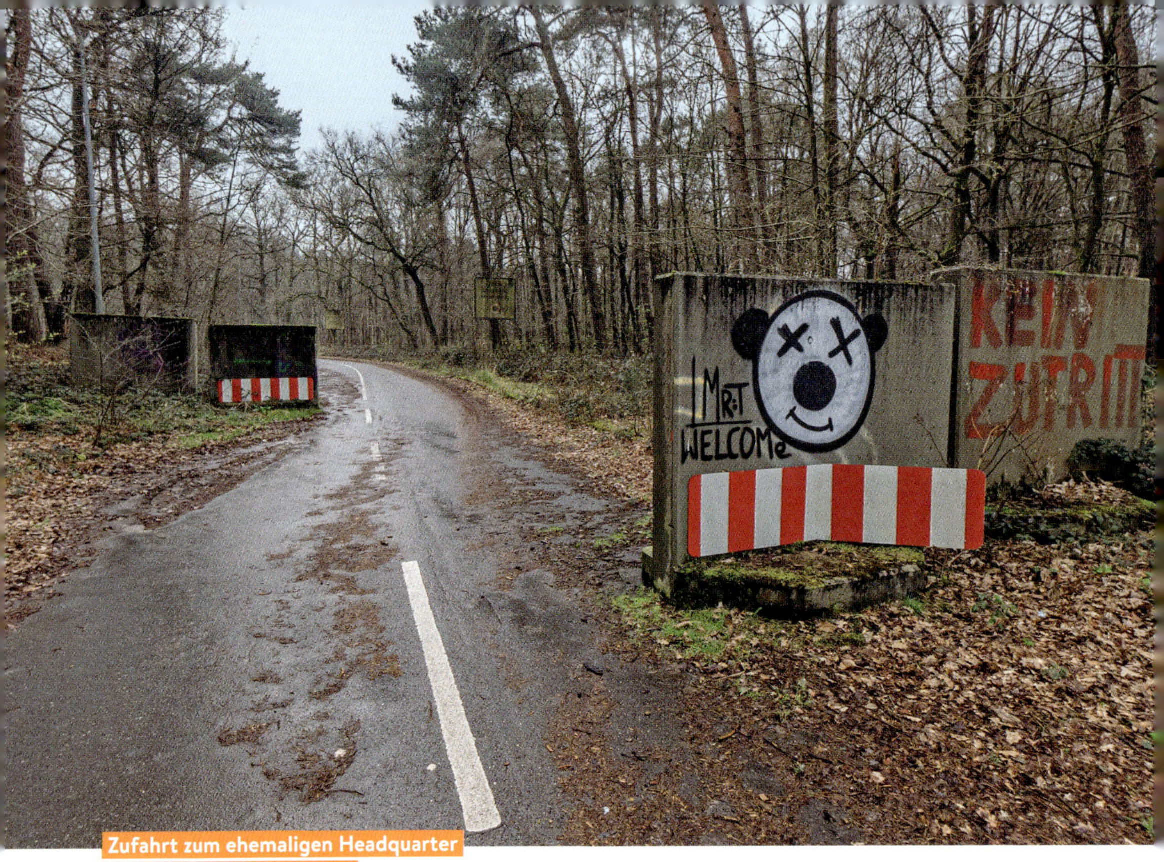

Zufahrt zum ehemaligen Headquarter der britischen Streitkräfte

dem Bike halten. Entweder kommen die Allroundreifen mit ihrem feinen Noppenprofil hier an ihre Grenzen oder meine Fahrkünste. Oder beides. Aber egal, wenn man mal ein paar Meter schieben muss, ist es auch kein Drama.

HARIKSEE Anhalten sollte man sowieso mal zwischendurch und einen Blick hinunterwerfen. Dort mäandert die Schwalm durch ein Feuchtgebiet, das so unberührt und wild aussieht, als befände man sich in den mythischen Landschaften aus *Der Herr der Ringe*.
Die Schwalm bleibt unser Kompass, auch wenn wir sie immer wieder aus den Augen verlieren. Dann plötzlich ist der Fluss ganz breit und weit. Nach mehreren Weihern öffnet sich das Gewässer zum Hariksee. Vor etwa 100 Jahren kamen hier die ersten Touristen her. Das spürt man noch am nördlichen Ende, wo der Bootsverleih und das dort liegende Ausflugsboot nostalgische Gefühle wecken. Jetzt, wo es noch kühl und relativ leer ist, kommt eine Prise Melancholie dazu, die das Ganze noch schöner macht. Interessant zu sehen: Bei der alten Mühlrather Mühle wurde eine Treppe für Fische angelegt.
Wir haben Bock zu heizen. Nein, es ist der gut befestigte, leicht wellige und meist gerade Waldweg, der sagt: »Tritt in die Pedale.« Das tun wir und landen nach etwa drei Kilometern auf dem »Radrundwanderweg Schwalmtal« in einem Wohngebiet mit perfekt gepflegten Vorgärten. Sie gehören zur Burggemeinde Brüggen, unserem Start- und Zielort. Die stolze Wasserburg würdigen wir zum Abschluss der Tour von der Terrasse von Het Frietje aus – mit Kaffee und holländischen Fritten.

INFO

Mittel | 54 km | 180 Hm | 3.00 Std.

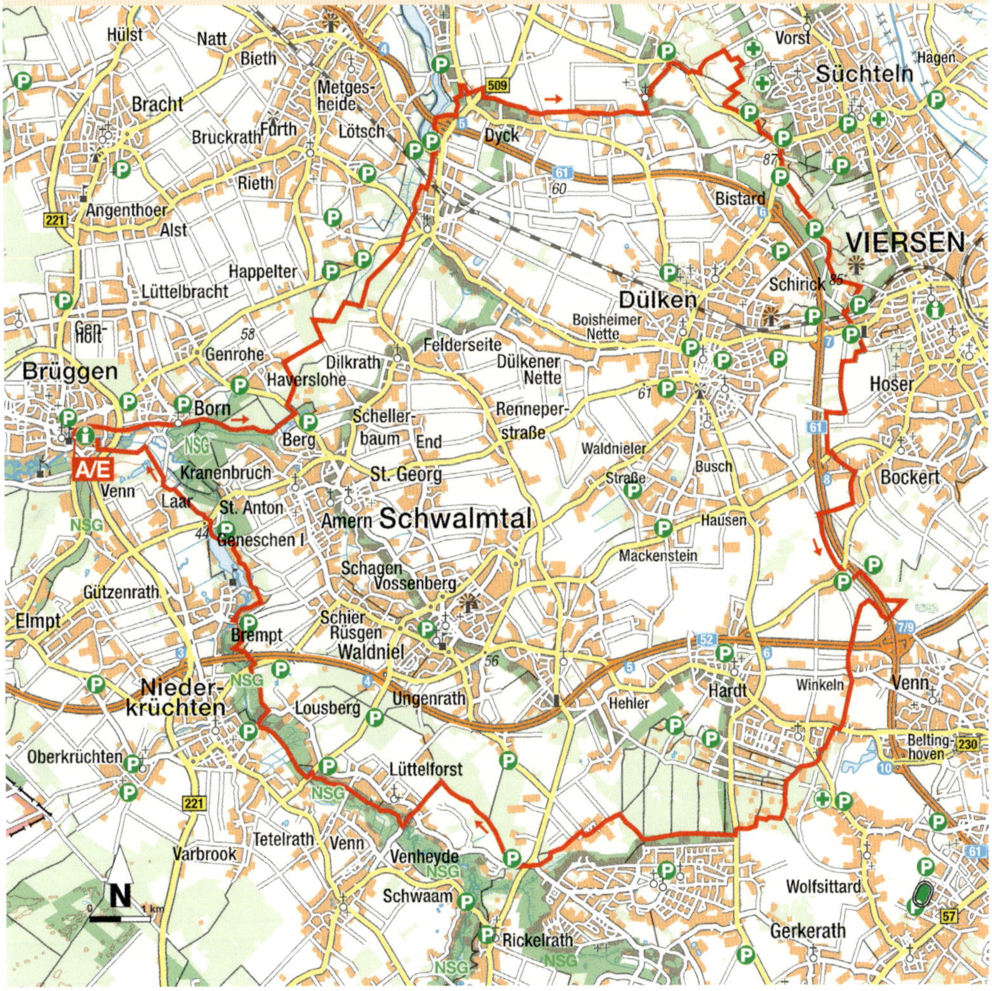

TOURENCHARAKTER

Mittelschwere Tour mit einigen Höhenmetern. Im Bereich der Schwalm ist je nach Jahreszeit und Wetterbedingungen mit tiefen Passagen zu rechnen. Vereinzelt kurze technische Passagen.

WEGBESCHAFFENHEIT

Wald, Kies, Schotter, Singletrails: ca. 34 km

AUSGANGS-/ENDPUNKT

Parkplatz Burgwall, 41379 Brüggen

KOMBINIERBAR MIT

Tour 13, 15, 19 und 22

FAHRRADWERKSTATT

BIKE & SPORT Amhausend, Borner Straße 22, 41379 Brüggen, Tel. 02163/5716714, www.amhausend.de/brueggen

AUF DEN MONT VENTOUX DES NIEDERRHEINS

Jülich – Schloss Hambach – Keltischer Baumkreis Kleine Lausitz – Speedway :terra Nova

Am Rand von Niederrhein und Nordeifel erhebt sich eine mächtige Abraumhalde, die Sophienhöhe auf rund 200 Meter Höhe. Einige der rund 100 Kilometer, die über den begrünten Hügel führen, sind Teil der höhen- und aussichtsreichen Tour. Nehmt euch Verpflegung mit – unterwegs gibt es nichts.

11

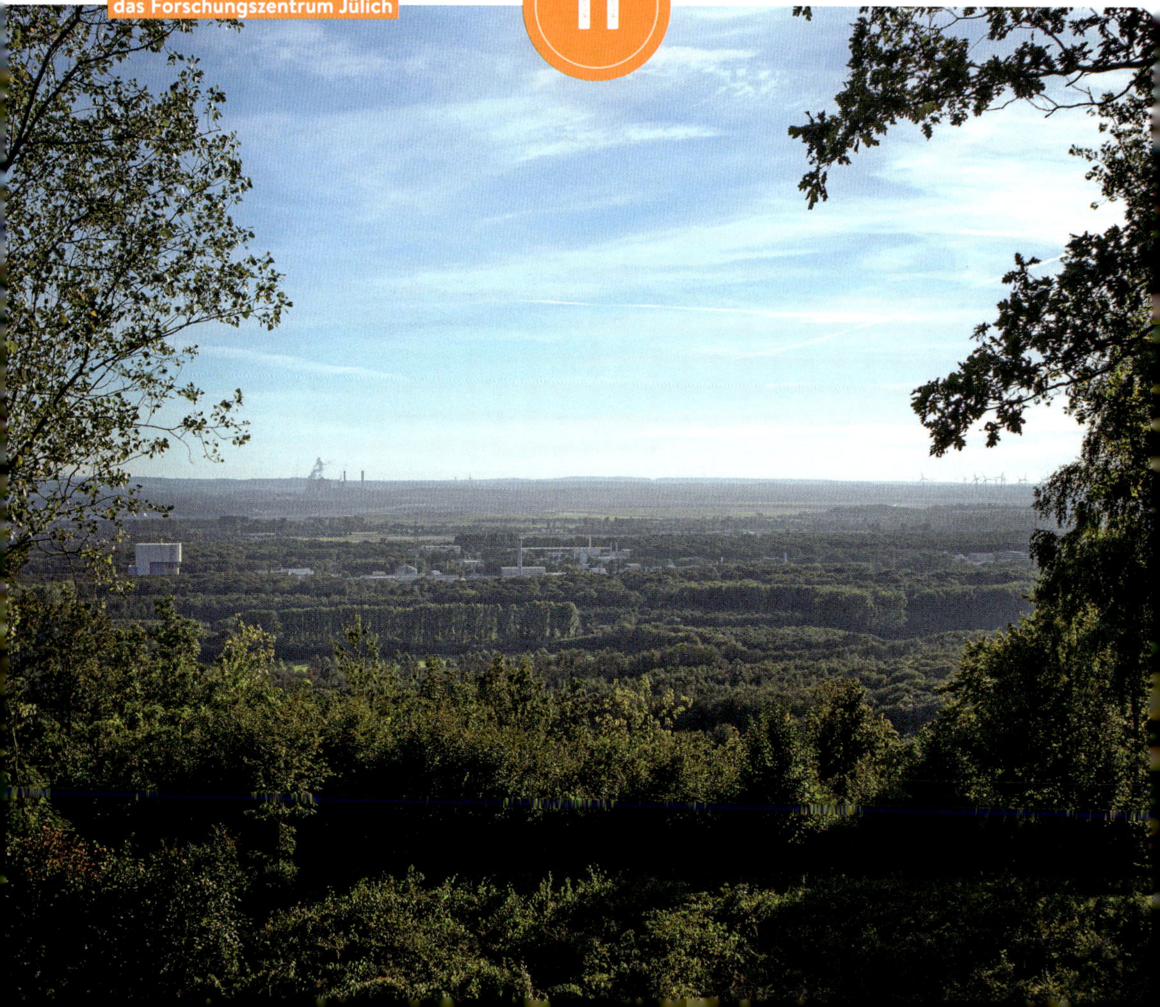

Blick nach Westen über das Forschungszentrum Jülich

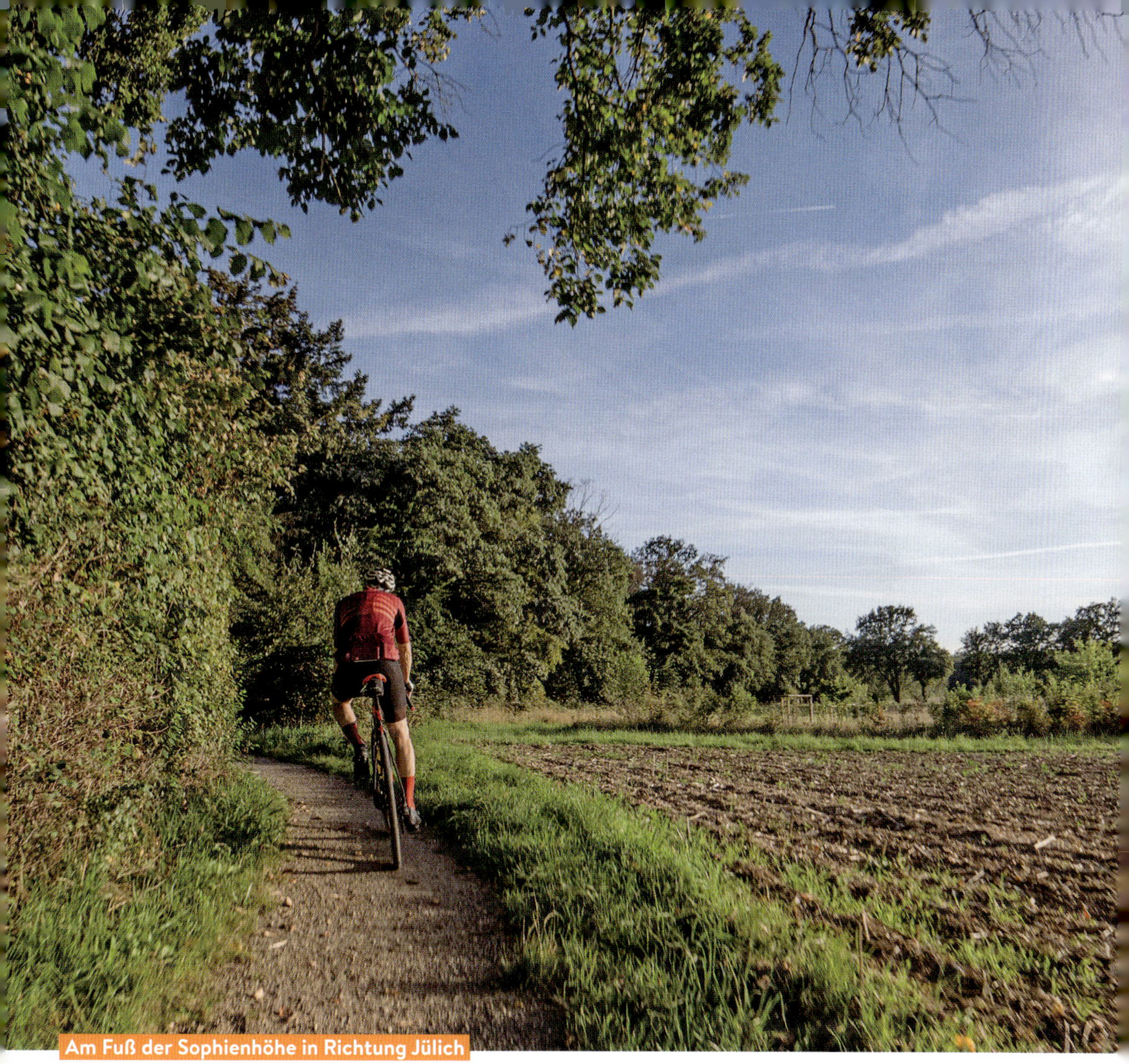

Am Fuß der Sophienhöhe in Richtung Jülich

START Auf geht's in den Südwesten, in den Kreis Düren. Wer hier nicht zu Hause ist, kommt gut über die A 4 oder A 44 zum Startpunkt in Jülich. Das Städtchen, das durch sein Forschungszentrum landesweit bekannt ist, hat auch einen Bahnhof, der von der Rurtalbahn angesteuert wird. Man kann sich bei dieser Tour darüber streiten, ob wir uns noch auf dem Boden des Niederrheins bewegen oder nicht. Scharfe Abgrenzungen der Region gibt es ja nicht, also nutzen wir unsere Chance, spannende Anstiege im ansonsten eher flachen Land vor die Reifen zu bekommen.

FORSCHUNGSZENTRUM JÜLICH Schon gewusst, dass Jülich im 16. Jahrhundert als Idealstadt sozusagen am Reißbrett entworfen und aufgebaut wurde? Ich nicht. Auch spannend ist natürlich das Forschungszentrum Jülich, das in den 1960er-Jahren als Kernforschungszentrum begonnen hat, in dem mittlerweile aber auch andere Fachgebiete zu Hause sind, wie Energie, Information, Bioökonomie und Infrastruktur.
Wir rollen über eine raue, einsam wirkende Betonpiste, bis wir von einem geschlossenen Schlagbaum gestoppt werden. Dahinter beginnt der Forschungscampus. Aber ehrlich

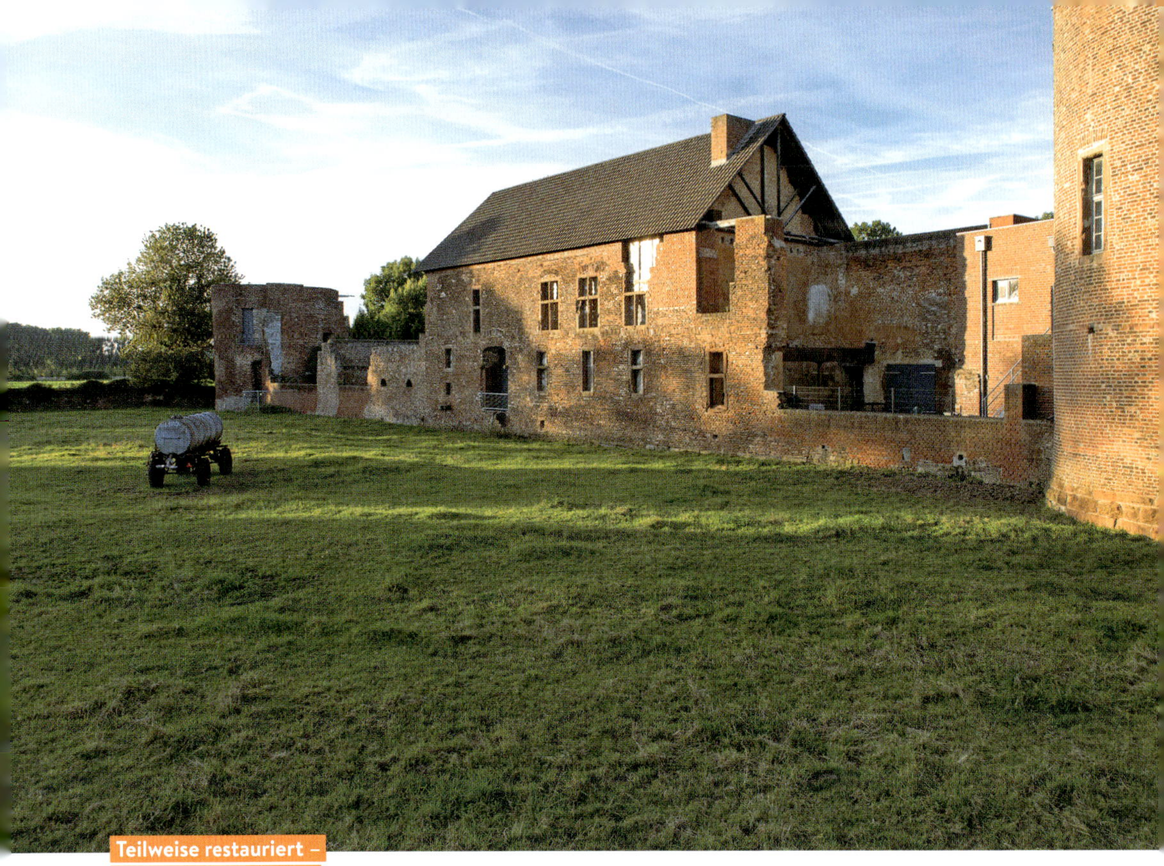

Teilweise restauriert – das Schloss Hambach

gesagt, wollen wir da gar nicht rein, sondern auf den schmalen Trail, der rechts vor dem Zaun des Campus abbiegt. Kurz vorher kommen wir noch an seltsamen Blöcken vorbei, die wie dicke Badezimmerfliesen auf einem Feld liegen. Ein verwittertes Schild erklärt, dass es sich um ein Radioteleskop handelt, das Aufschluss über die Entstehung von Sternen geben soll.

SCHLOSS HAMBACH Wir radeln ein Stück um den Campus und kommen an den Resten eines alten Schlosses vorbei, das anscheinend ohne Auflagen vom Denkmalschutz teilrestauriert wurde. Dafür ist es aber bewohnt, denn wir sehen eine Frau, die jenseits des ehemaligen Burggrabens, in dem eine Kuh träge Gras frisst, die Wäsche aufhängt. Es ist das Schloss Hambach – nicht zu verwechseln mit dem Hambacher Schloss in der Pfalz, wo die Demokratie in Deutschland ihre Anfänge nahm. Aber auch das Hambach am Niederrhein hat etwas mit deutscher Geschichte und Demokratie zu tun. Der Hambacher Forst ist ein Symbol für den Widerstand von Klimaaktivistinnen und -aktivisten gegen den Braunkohletagebau.

Keine zwei Kilometer weiter erleben wir hautnah, was es mit dem Tagebau auf sich hat. Am Parkplatz Niederzierer See – übrigens auch ein möglicher und guter Startpunkt – fahren wir auf einem breiten Schotterweg auf einen Berg, der seit 1978 kontinuierlich wächst. Bis heute sollen es 1,1 Milliarden Kubikmeter Sand, Tonerde, Löss und Kies sein, die aus dem Tagebau Hambach hier aufgeschüttet wurden, also die Menge eines 1100 Meter langen, breiten und hohen Würfels.

SOPHIENHÖHE Aber die Sophienhöhe ist kein Würfel, sondern ein Berg, der sich rund 200 Meter über die Umgebung erhebt. Über Meeresniveau erreicht der höchste Punkt 301,8 Meter. Ich vertraue hier mal wieder dem Internet, denn ich habe es nicht nachgemessen. Aber ich verfolge die selbst gefahrenen Höhenmeter und stelle fest, dass die Komoot-App mehr Höhenmeter für die Tour berechnet hat, als ich über mein Wahoo sammle.
Die Piste ist leicht sandig mit Kies darin. Insgesamt lässt sie sich gut befahren, wobei ich keine Garantie abgeben möchte, ob das immer so ist. Schon bald tauchen am Weg seltsame Figuren auf und es dauert einen Moment, bis mir klar wird, dass es sich um die Stationen eines christlichen Kreuzwegs handelt.

Tipp

SRM – DIE PIONIERE DES POWERMETERS

Radsportler denken beim Ortsnamen Jülich vermutlich nicht an das Forschungszentrum oder die Sophienhöhe, sondern an die Schobener Rad Meßtechnik, kurz SRM. 1986 hat der Gründer Ulrich Schoberer die Fahrradkurbel mit integriertem Leistungsmesser entwickelt. Die wurde schnell zum Standard vieler Radprofis und Triathleten wie Greg LeMond, Mario Cipollini, Erik Zabel, Nicole Cooke, Kristin Armstrong, Sabine Spitz, Mark Cavendish und andere. Wer Profiambitionen hat, kann sich hier mit hochwertigem Material ausrüsten (www.srm.de).

↓ Breite Pisten aus Kies und Sand führen über die Halde.
↘ Fotostopp am Inselsee

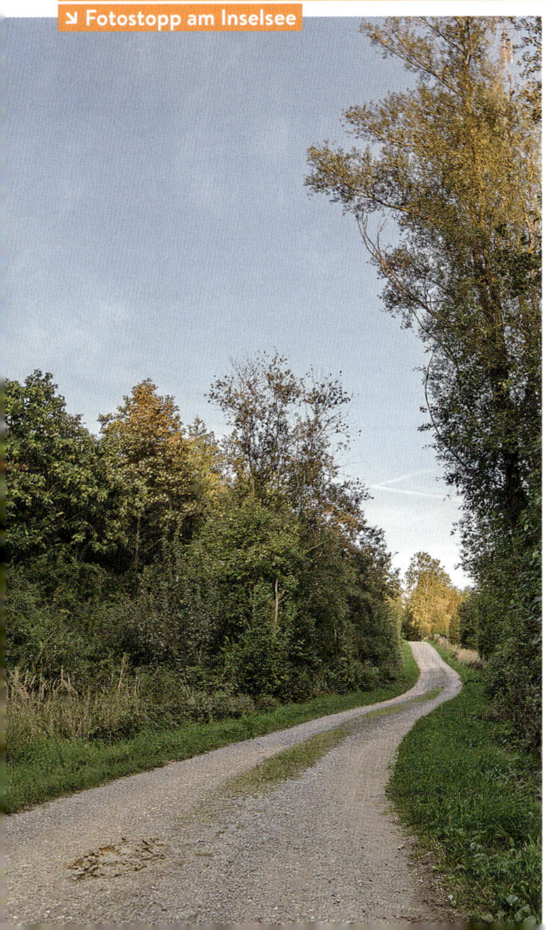

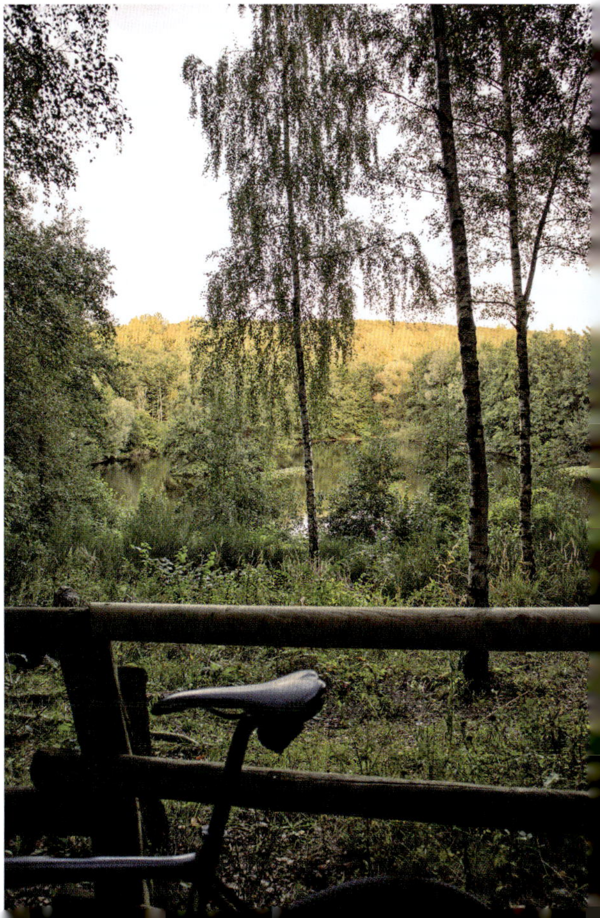

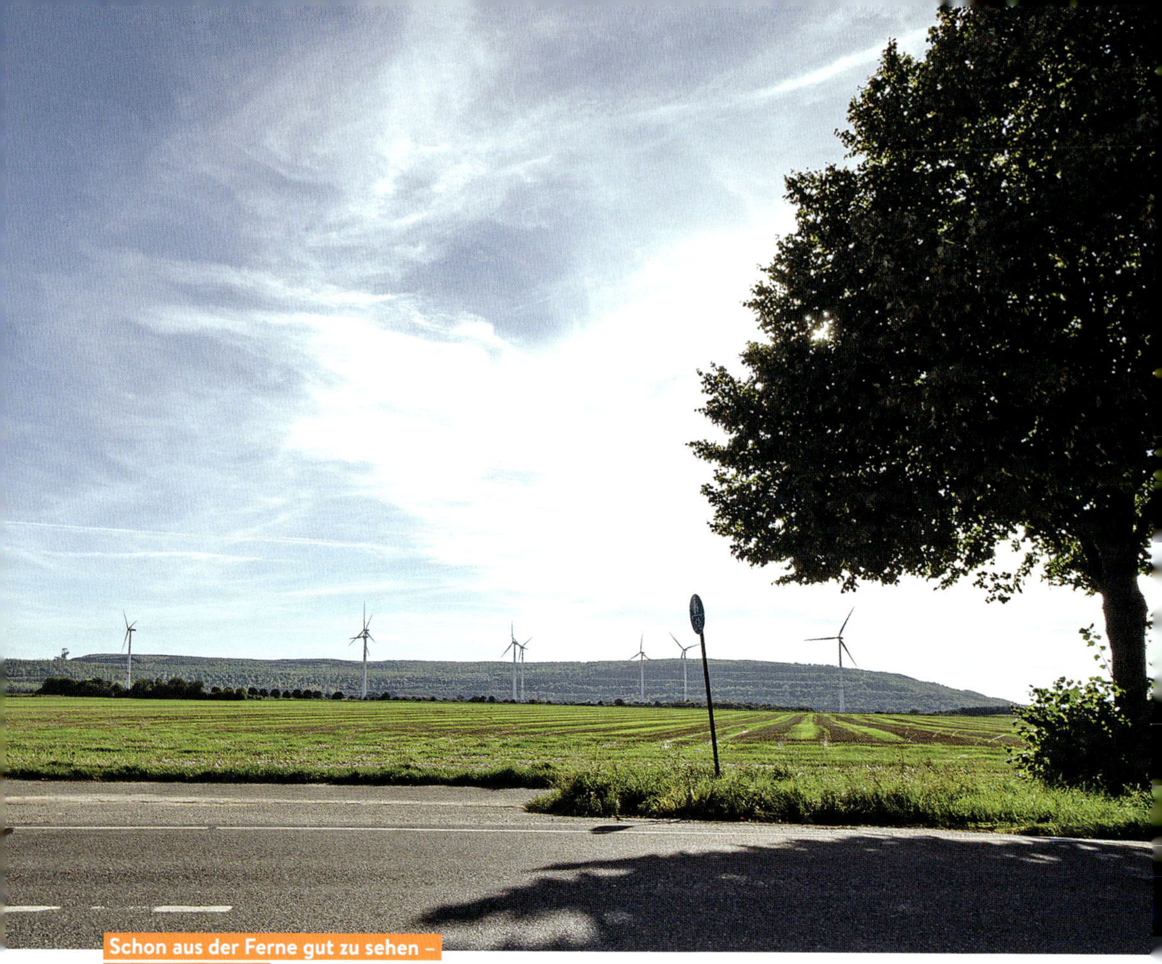

Schon aus der Ferne gut zu sehen – die Sophienhöhe

AUF DEM KREUZWEG ZUM GIPFEL Nach Station drei oder vier warte ich schon auf die nächste und denke, dass niemand besser das Leiden eines Kreuzwegs verstehen kann als ein Radsportler. Heißt nicht die Netflix-Serie über die Tour de France 2022 *Tour der Leiden*? Klar, die Helden der Tour de France können über diesen Anstieg nur müde lächeln, mir verlangt er einiges ab, zumal uns jenseits der Kreuzwegkapelle ein frisch eingesandetes Wegstück erwartet. Ich gebe es zu, dass ich etwa 50 Meter schieben muss. Aber verdammt, wie schafft es Johannes, da hochzukommen?

Zum Glück war es das mit dem tiefen Sand und ich freue mich fast über die ehrliche Arbeit am Berg. Neben dem Kreuzweg und dem romantisch angelegten Inselsee ist die nächste Sehenswürdigkeit des Bergs ein großer Steinkompass. Jedenfalls auf unserem Streckenverlauf. Dieser Kompass ist ein großes steinernes

Tipp

WEITERE ROUTEN

Der Radsportclub SV Malefinkbach 1983 e.V. hat einige Geländetouren auf und um die Sophienhöhe als CTF-Permanente ausgearbeitet. Weitere Infos zur Nutzung finden sich auf der Website des Vereins (www.svmalefinkbach.de/permanente).

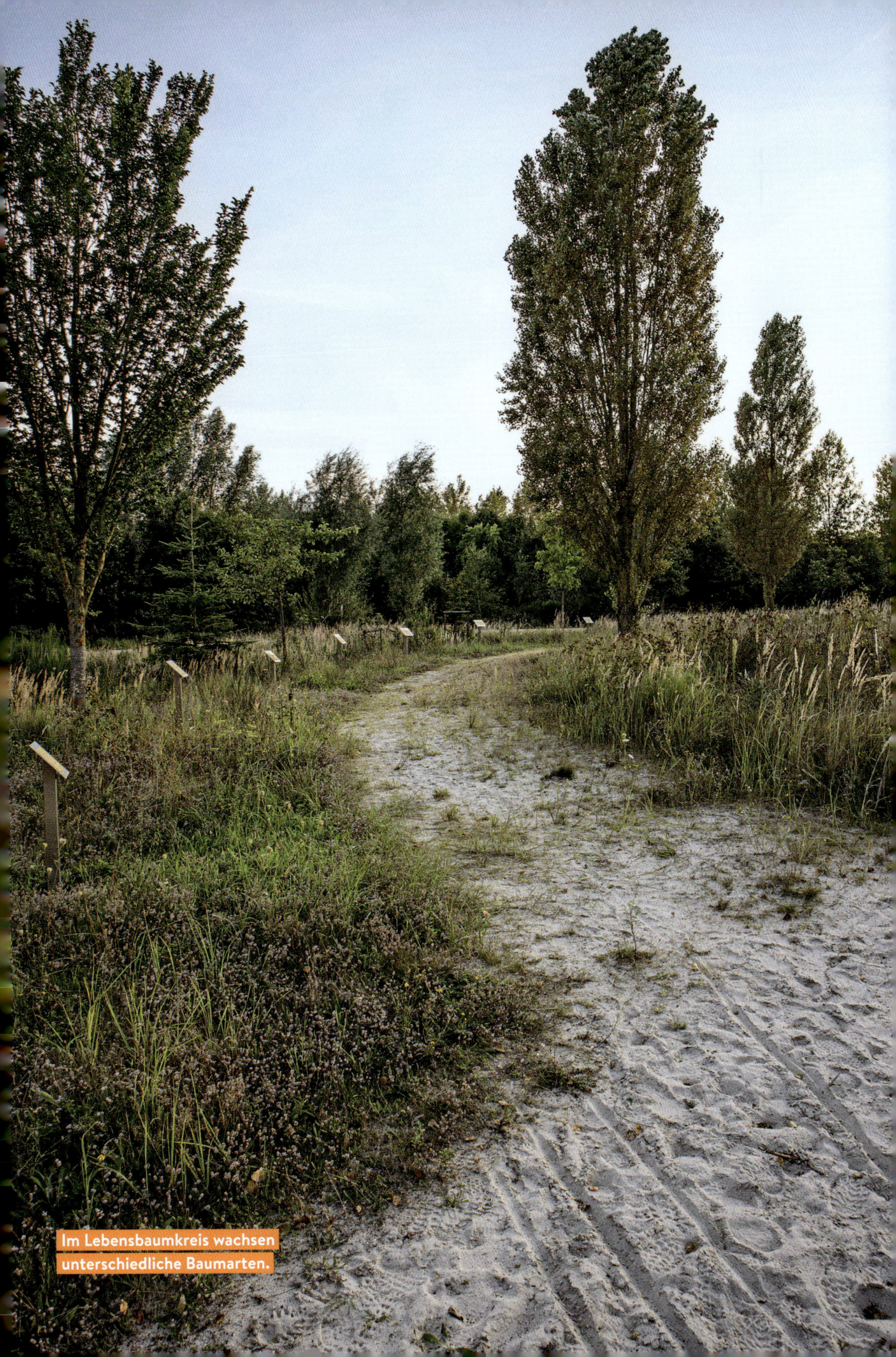

Im Lebensbaumkreis wachsen unterschiedliche Baumarten.

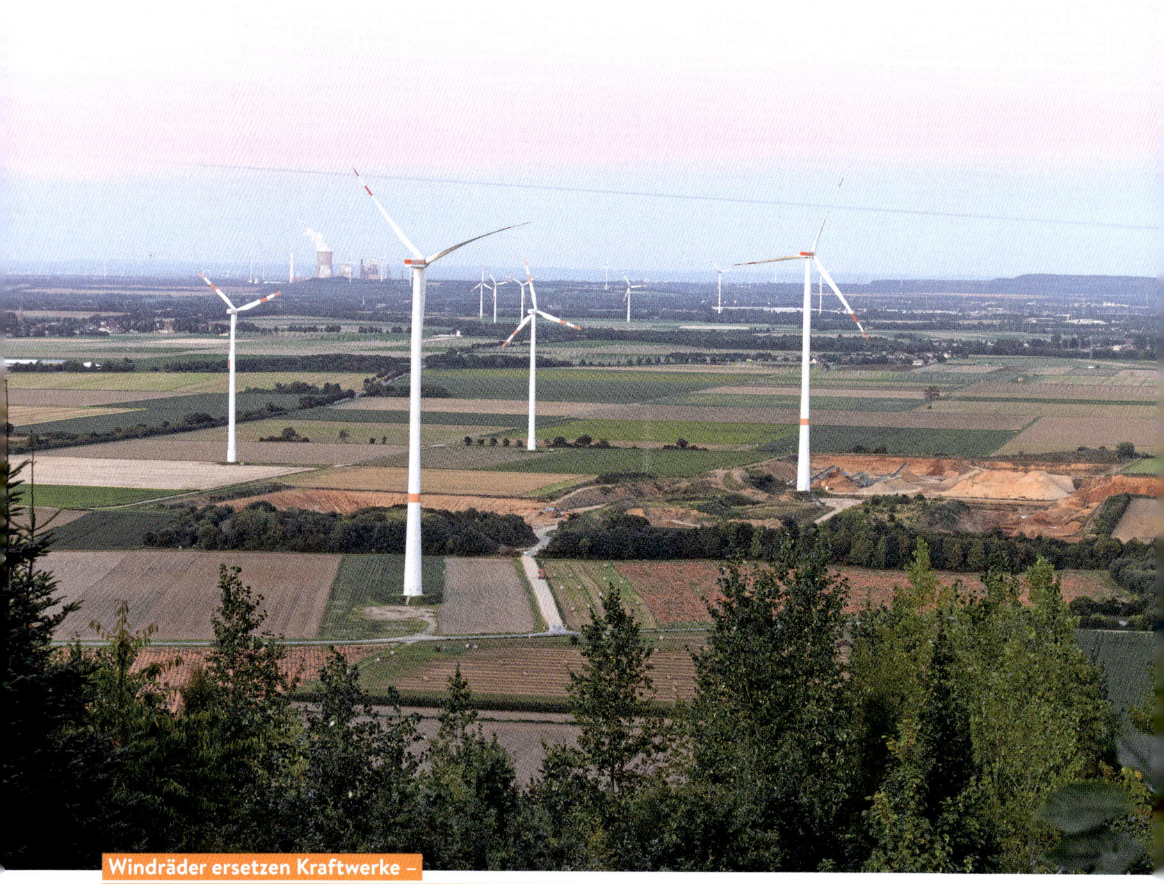

Windräder ersetzen Kraftwerke – das Ende der Braunkohleverstromung ist in Sicht.

Feld mit einer Hütte im Zentrum. Wir sind mittlerweile auf dem Bergplateau und radeln an einem Wetterradarturm vorbei über die gewalzten Kies-Sand-Pisten weiter zum Lebensbaumkreis – einem großen Rondell mit unterschiedlichen Baumarten.

KLEINE LAUSITZ beim nächsten Rondell müssen wir einen Stopp einlegen. Im Abendlicht dieses Spätsommertags wirkt die sogenannte Kleine Lausitz wie nicht von dieser Welt. Auf einer künstlichen Sanddüne ragen große Findlinge in den Abendhimmel. Sie sind ein Geschenk aus dem Lausitzer Tagebau.
Die Abfahrt ist reines Vergnügen. Nicht nur wegen der Aussicht, die sich immer wieder über das weite Land bietet, sondern, weil der Boden auch schön fest ist. Nur in den Kurven muss man vorsichtig sein. Ein Komoot-Nutzer hat davon abgeraten, mit dem Gravelbike die Sophienhöhe zu befahren – sie sei wegen des Sands zu gefährlich. Vielleicht haben wir Glück gehabt, aber die Route, die wir hier vorstellen, war bis auf ein etwa 100 Meter langes sehr sandiges Stück beim Anstieg problemlos. Aber klar, man sollte besser nicht tollkühn die Pisten runterbrettern und muss immer mit einem Sandbunker rechnen.

SPEEDWAY :TERRA NOVA Wir kommen auf einer autofreien Landstraße raus, die am Fuß der Halde entlangläuft. Der Wind steht gut, wir fliegen förmlich und landen auf einer Piste, bei der die Menschen auf Rennrädern Herzklopfen bekommen, dem Speedway :terra Nova. Diese 14 Kilometer lange und 5 Meter breite Asphaltbahn verläuft schnurgerade und mit einem leichten Gefälle. Früher verlief hier eine Abraumbandtrasse zwischen dem ehemaligen Tagebau Bergheim und dem Tagebau Hambach. Klar macht das mit dem Gravelbike Spaß, auch wenn es um einiges träger ist als ein Straßenrenner.

Die Route bleibt aber nur ein kurzes Stück auf der Fahrradautobahn, dann geht es über die Felder wieder zurück zu diesem großen grünen Hügel. Jetzt kommt Auffahrt zwei. Sie ist etwas kürzer und knackiger, die Wege sind schmaler. Bei den meisten Touren ist es kein Problem, sie in umgekehrter Richtung zu fahren. Hier auf der Sophienhöhe würde ich es nicht tun. Denn dann kämt ihr auch nicht in den Genuss der schmalen technischen Abfahrt. Unten angekommen führt die Tour auf einem angenehm flachen Weg durch den Lindenberger Wald und wieder zurück zum Startpunkt in Jülich.

INFO

Schwer | **55 km** | **520 Hm** | **3.30 Std.**

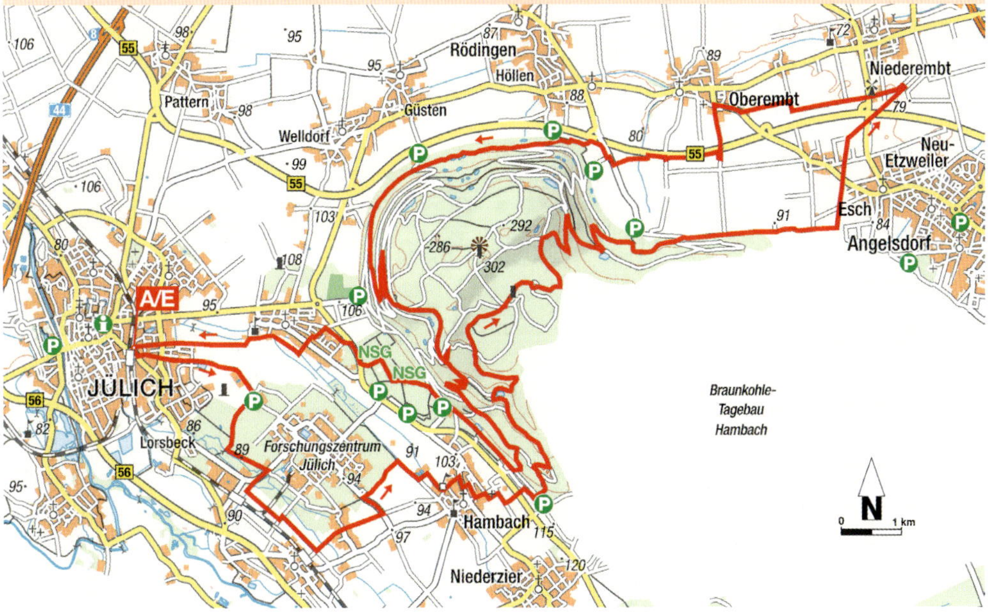

TOURENCHARAKTER

Schwere Tour mit vergleichsweise vielen Höhenmetern und hohem Waldanteil. Auf den teilweise sandigen Pisten der Sophienhöhe ist vor allem bergab Vorsicht geboten. Proviant nicht vergessen.

WEGBESCHAFFENHEIT

Wald, Kies, Schotter, Singletrails: ca. 37 km

AUSGANGS-/ENDPUNKT

Pkw und Bahn: Bahnhof Jülich

FAHRRADWERKSTATT

K&K Zweirad,
Große Rurstraße 53,
52428 Jülich,
Tel. 02461/502 49

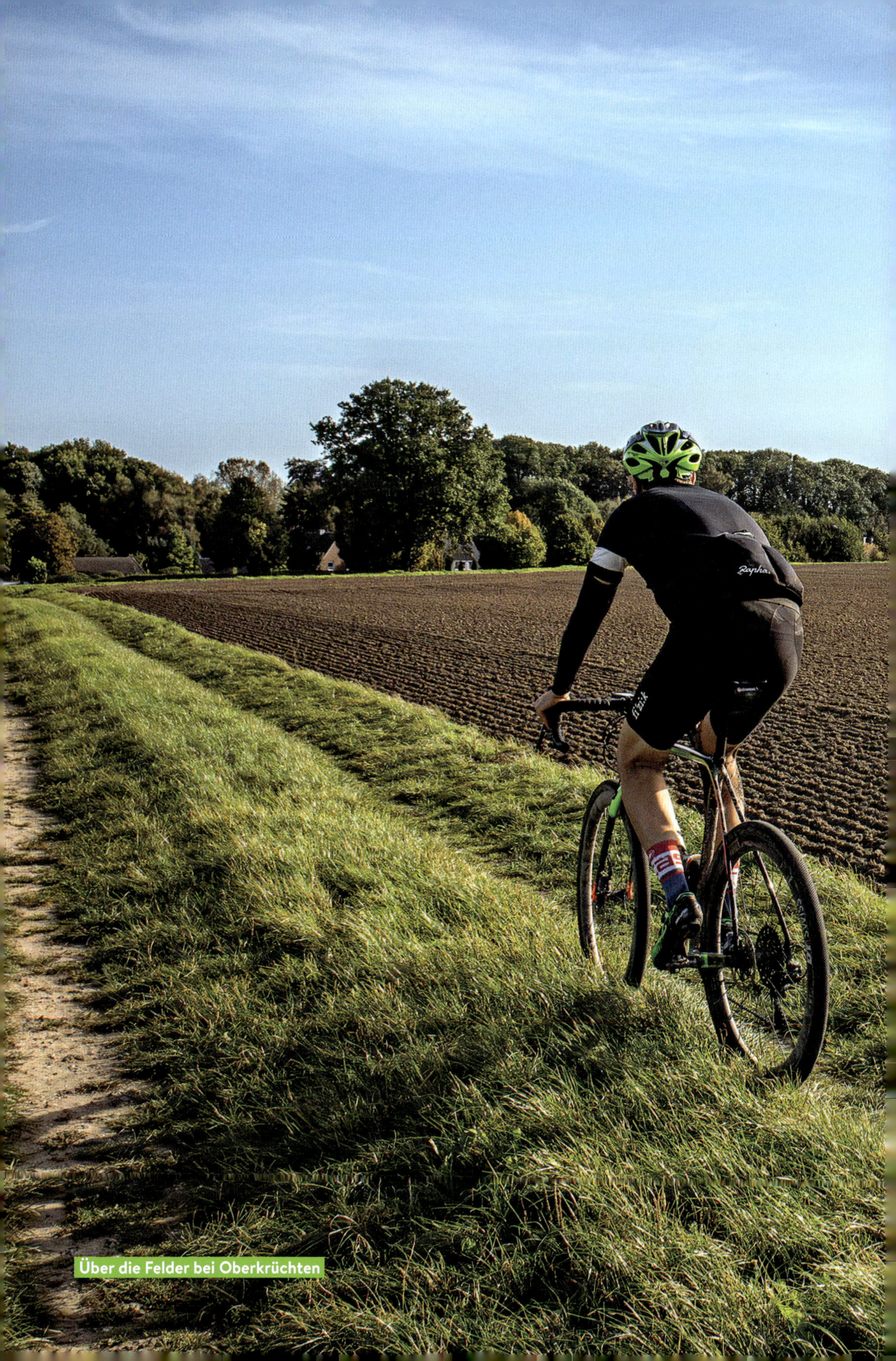

Über die Felder bei Oberkrüchten

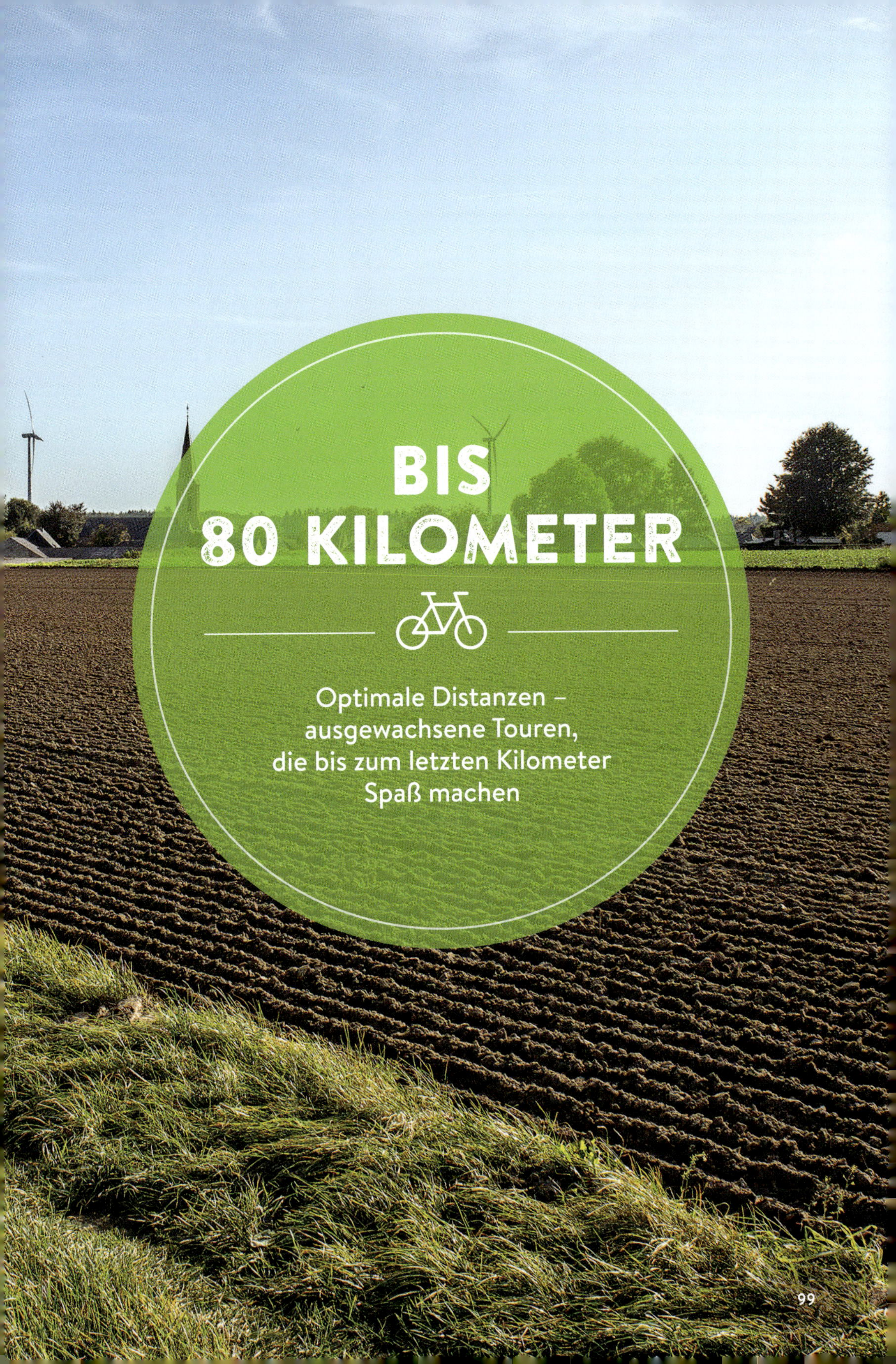

BIS 80 KILOMETER

Optimale Distanzen – ausgewachsene Touren, die bis zum letzten Kilometer Spaß machen

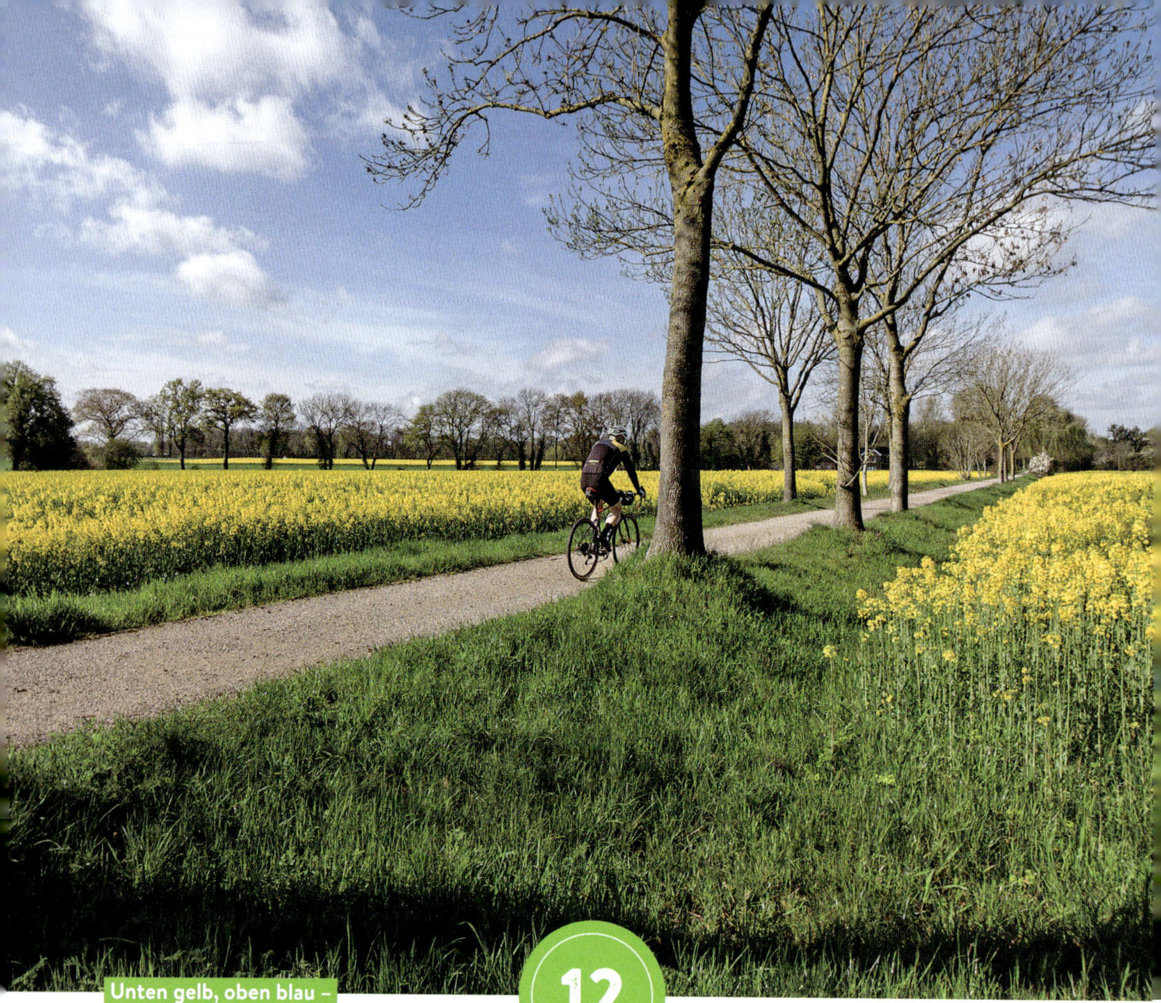

Unten gelb, oben blau – Frühlingsgefühle im Norden von Krefeld

12

KREFELDER ALLERLEI

Krefeld Stadtwald – Schaephuysener Höhen – Hülser Berg

Vom nördlichen Stadtrand von Krefeld geht es abwechslungsreich ins ländliche Hinterland. Die Tour folgt den Windungen, die der Rhein einst genommen hat, erklimmt mehrmals den Niederrheinischen Höhenzug und quert verwunschene Feuchtgebiete. Bis aufs ruhige Aldekerk bleibt ihr immer schon abseits der zivilisierten Welt.

START Für Radler aus der Region Düsseldorf ist der Norden von Krefeld oft unbekanntes Terrain. Klar, auf der A 57 hat man schon mal im Stau gestanden oder ist in Richtung Niederlande gefahren. Aber was links und rechts zwischen den Abfahrten Krefeld Gartenstadt und dem Kreuz Moers so liegt – keine Ahnung, jedenfalls ging es mir so. Die Gründe für diese Bildungslücke heißen Krefeld und Uerdingen. Die Stadtgebiete liegen immer im Weg, wenn man von Düsseldorf aus in den Nordwesten will. Natürlich darf diese Ecke in diesem Buch kein weißer Fleck bleiben. Also hat Fotograf und Tourguide Johannes eine Route kreiert,

Tipp

KURZSCHLUSS

Keine Zeit für eine ganze Runde? Ein Blick auf die Karte verrät: Beim Hülser Berg lässt sich die Route gut abkürzen. Entweder man macht eine Minirunde am Altrhein entlang – das sind dann etwa 25 Kilometer. Oder ihr macht die etwas längere Tour über die Schaephuysener Höhen und lasst den Stadtwald Krefeld und den Altrhein, die »Verberger Kull«, aus. Diese Strecke ist rund 45 Kilometer lang. Für beide Kurztouren eignet sich der Parkplatz am Hülser Berg gut als Start- und Zielpunkt.

Man könnte meinen, dass der Krefelder Stadtwald speziell für Gravelbikes angelegt wurde.

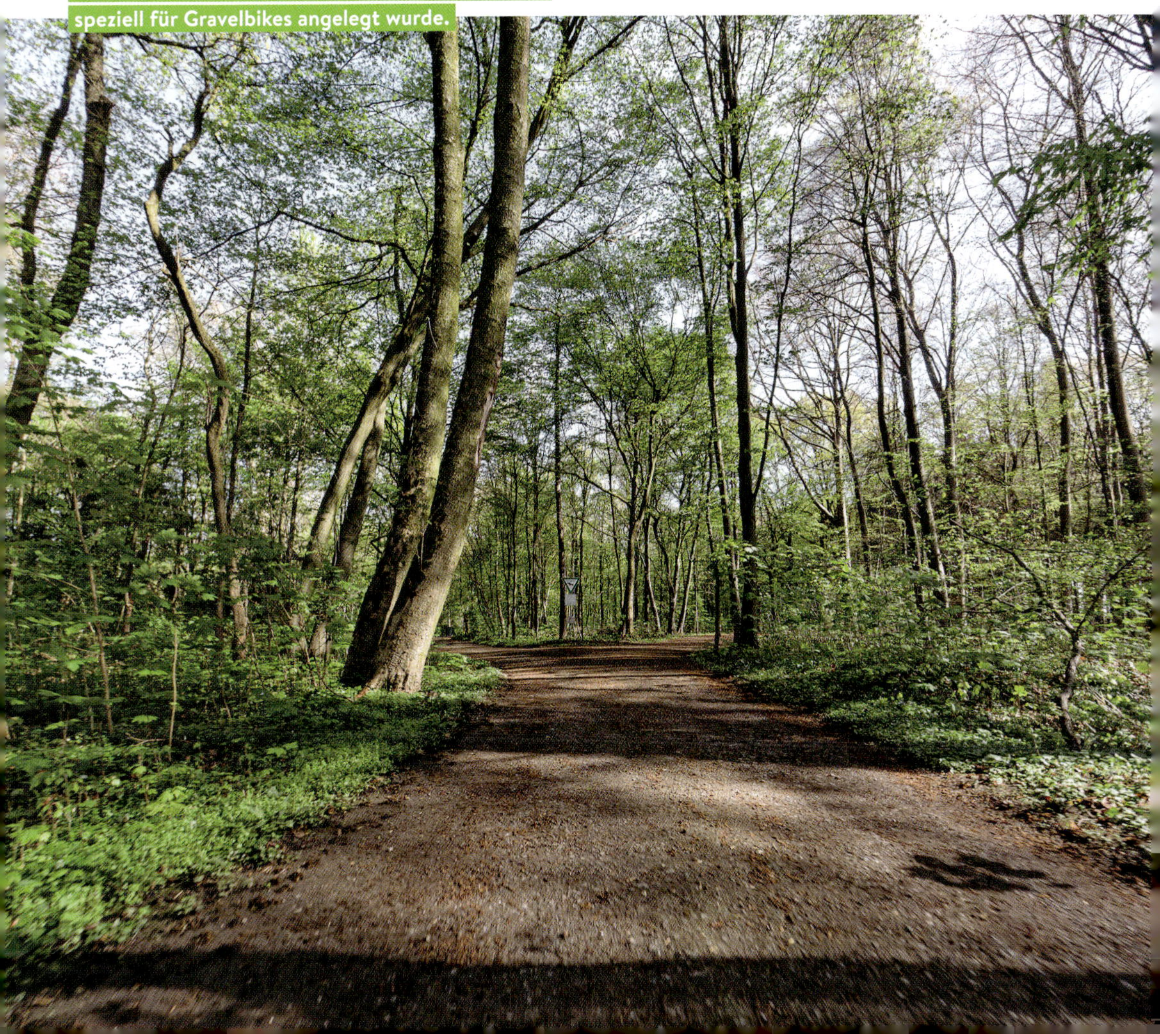

die wie immer einen perfekten Mix aus Waldwegen, Trails und asphaltierten Wirtschafswegen bereithält. Der Blick von oben, also auf eine Karte, verrät erst einmal wenig. Zwischen Krefeld, Moers, Kamp-Lintfort und Kempen schlängelt sich die Strecke durch einige Flächen mit dunklerem Grün – Wälder oder Auen und ansonsten Felder. Sieht unspektakulär aus. Ist es aber nicht, lasst euch überraschen.

KREFELD STADTWALD Wir nehmen als Startpunkt den Waldparkplatz des Krefelder Stadtwalds. Wenn neben euch Leute mit seltsam geformten Sporttaschen aus dem Auto steigen, seid ihr richtig. Hier ist auch der Platz des Crefelder Hockey- und Tennis-Clubs. Wer mit der Bahn anfährt, kann am Krefelder Hauptbahnhof aussteigen und ist nach fünf Kilometern ebenfalls im Stadtwald. Gut für Bahnfahrer: Auf dem Weg zum Stadtwald kommt ihr an den Bauhausvillen Haus Lange und Haus Esters vorbei. Architekturfans wissen das natürlich.
Das erste Stück führt also durch den Stadtwald. Das Navi muss Höchstleistungen vollbringen, um im Wirrwarr der Wege den richtigen zu finden. Das Ziel der Planer scheint es gewesen zu sein, möglichst viele Wege auf möglichst wenig Raum unterzubringen – es ist ihnen gelungen. Wir queren den Europaring über eine Brücke und kommen an einem Gewässer entlang, an dem glückliche Krefelder eine Datsche stehen haben. Es sieht ein wenig nach Mecklenburger Seenplatte aus, ist aber schmaler und auch kein See, sondern ein Altarm des Rheins, der hier für Wochenendstimmung sorgt. Auf

Immer wieder eindrucksvoll – Stillgewässer in ehemaligen Torfstichen und Auen

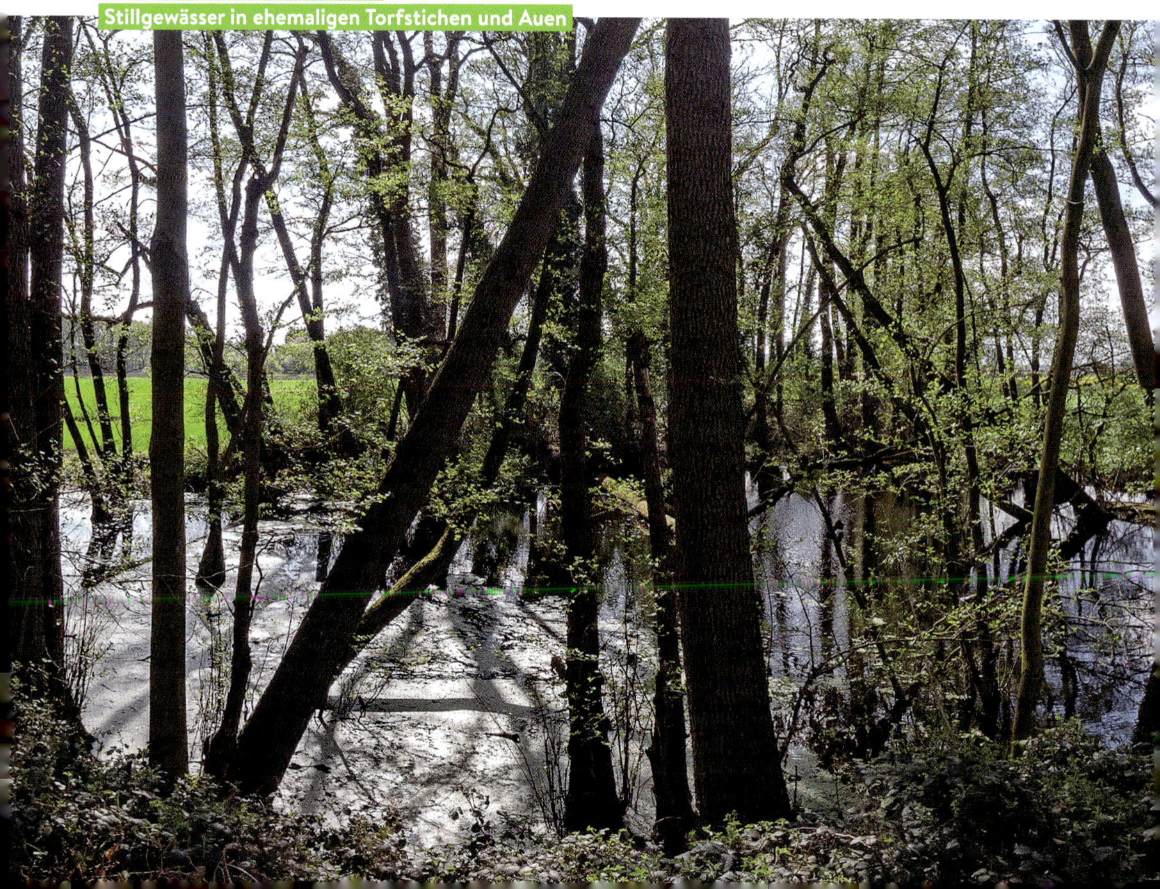

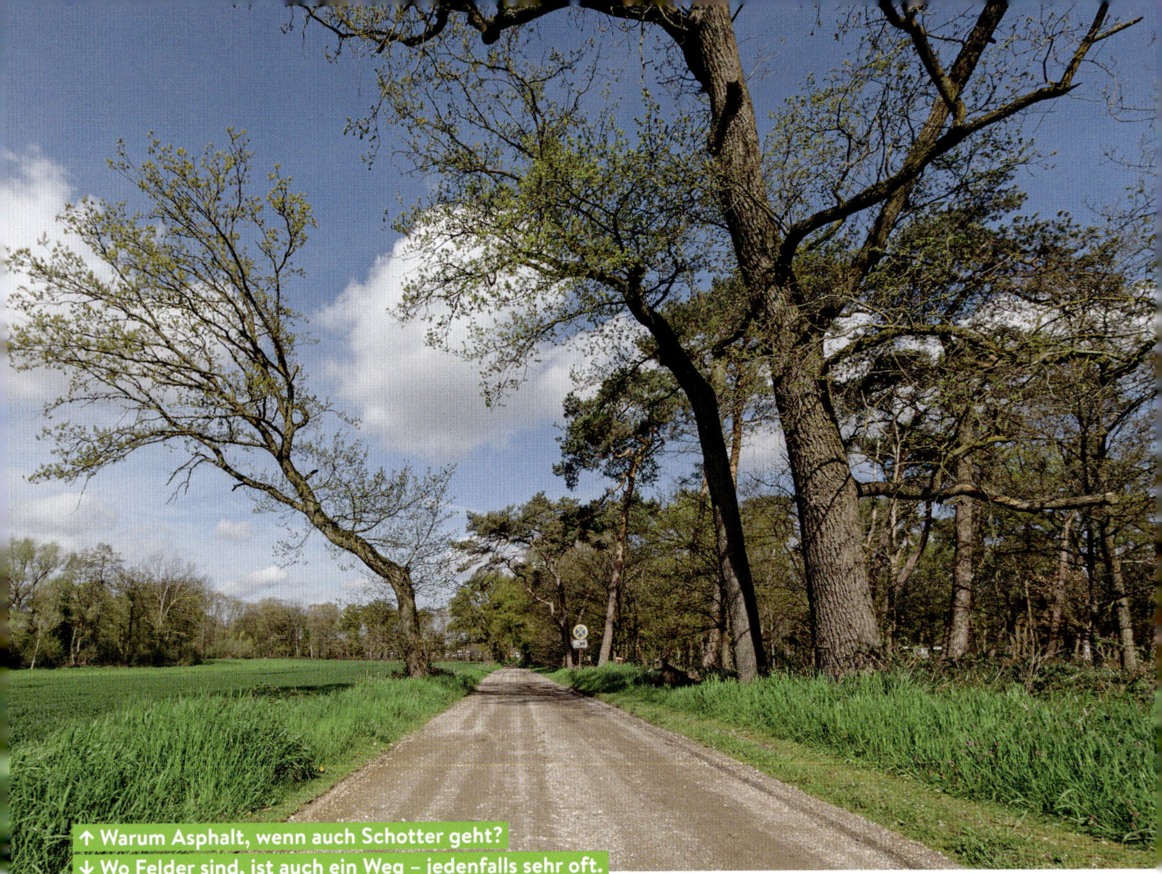

↑ Warum Asphalt, wenn auch Schotter geht?
↓ Wo Felder sind, ist auch ein Weg – jedenfalls sehr oft.
↘ Die Eier sind noch da, das Geld ist weg – zerstörter Automat bei den Schaephuysener Höhen.

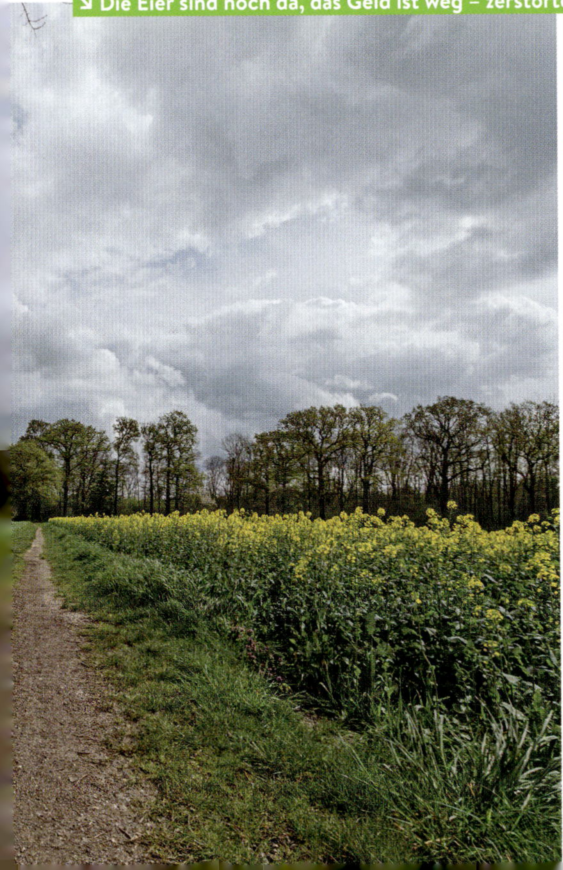

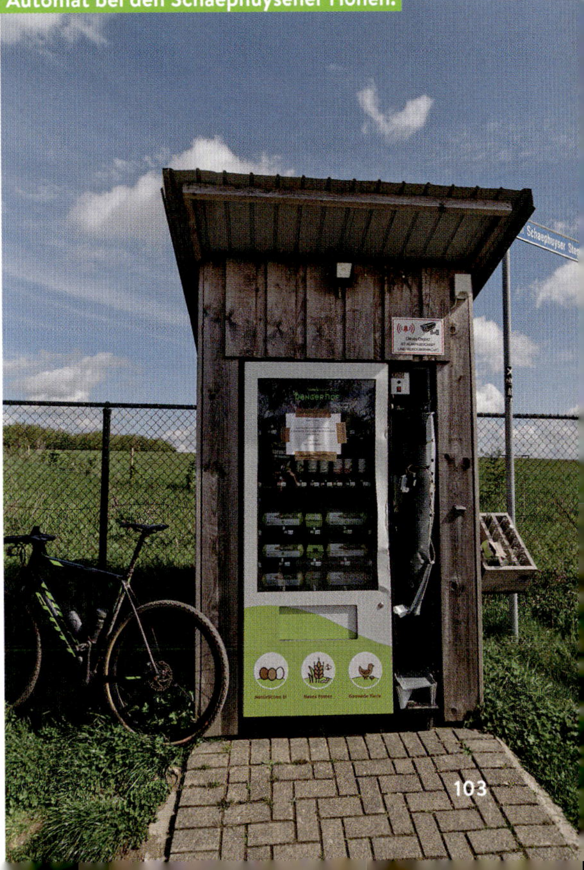

Tipp

HÜLSER BERGSCHÄNKE

Nach rund 50 Kilometern knurrt der Magen, da kommt die urige Bergschänke gerade richtig. Die große Außenterrasse ist perfekt bei gutem Wetter, auch bleiben hier die Räder im Blick. Suppen und Salate, Schnitzel, Pizza und andere Klassiker in üppigen Portionen und zu moderaten Preisen, was will man mehr? An kühlen Tagen lodert drinnen ein Kaminfeuer (Rennstieg 1, 47802 Krefeld, www.huelser-bergschaenke.de).

dem ersten Drittel der Route begegnen wir dem alten Verlauf des großen Stroms immer wieder – mal als ruhigem Gewässer, dann als verwunschenem Auenland.
Erst mal fahren wir auf einer breiten Piste durch einen lockeren Wald. Vom Flugplatz Krefeld-Egelsberg steigt gerade ein kleines Motorflugzeug auf – ein Segelflugzeug im

Einfach mal gucken – Felder bis zum Horizont

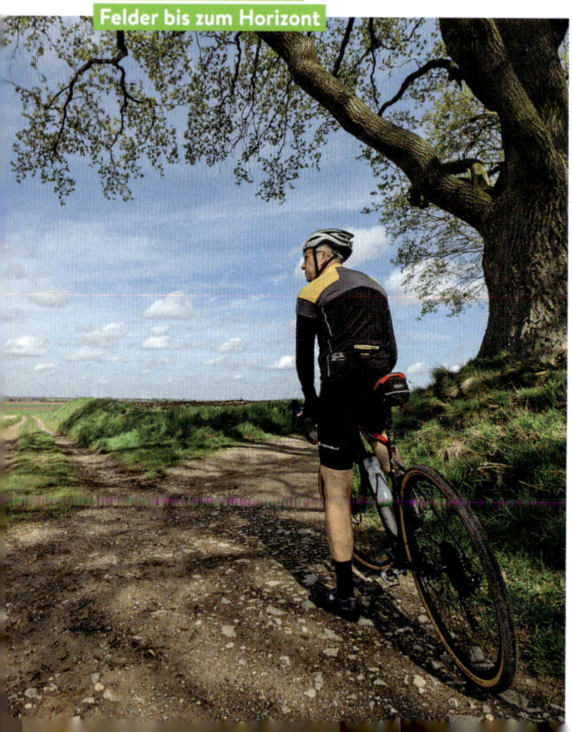

Schlepptau. Mal Asphalt, mal gewalzter Boden und immer wieder gelb blühende Rapsfelder. Es sind die ersten Frühlingstage in diesem Jahr – und ja, es macht einen riesigen Spaß, auf den schmalen Wegen durch die stille flache Natur zu radeln. Ein Rennrad-Peloton aus einem Dutzend reifer Männer kommt uns auf einem Asphaltstück entgegen – auch für sie ist die Gegend mit den schmalen Sträßchen und landwirtschaftlichen Wegen ein Traum. Aber natürlich passt unsere Strecke nicht für ihre Räder.

NIEPER ALTRHEINRINNE Bei Niep biegen wir auf eine ehemalige Bahntrasse ab. Es ist ein Teilstück des Grafschafter Rad- und Wanderwegs, der Moers mit dem Hülser Berg verbindet. Wir bleiben auf der feingeschotterten Piste, bis es an einem Prellbock nicht mehr weitergeht und die Route rechts in den Wald abbiegt. Übrigens gehört der Prellbock zur Strecke der Museumsbahn Schluff, einer alten Dampflokomotive, die zwischen St. Tönis und dem Hülser Berg verkehrt. Wer, warum auch immer, ganz dringend die Tour abbrechen muss: Jetzt ist die beste Gelegenheit dazu (siehe Tipp).
Aber wir wollen nicht abkürzen und fahren weiter durch die Felder zwischen Tönisberg und Neukirchen-Vluyn. Bald darauf werden wir daran erinnert, dass wir uns doch noch im dicht besiedelten und voll erschlossenen Rheinland bewegen. Die A 40 liegt mitten auf unserem Weg. Also tauchen wir drunter durch und umfahren einmal fast komplett den Rastplatz Neufelder Heide. Ein kurzer Trail durch den Wald gefällig? Bitte sehr, gleich nach dem Rastplatz gibt es die Gelegenheit dazu.

SCHAEPHUYSENER HÖHEN Noch ein Stück auf einem asphaltierten Landweg und unser erster Anstieg erwartet uns. Die Schaephuysener Höhen erheben sich über

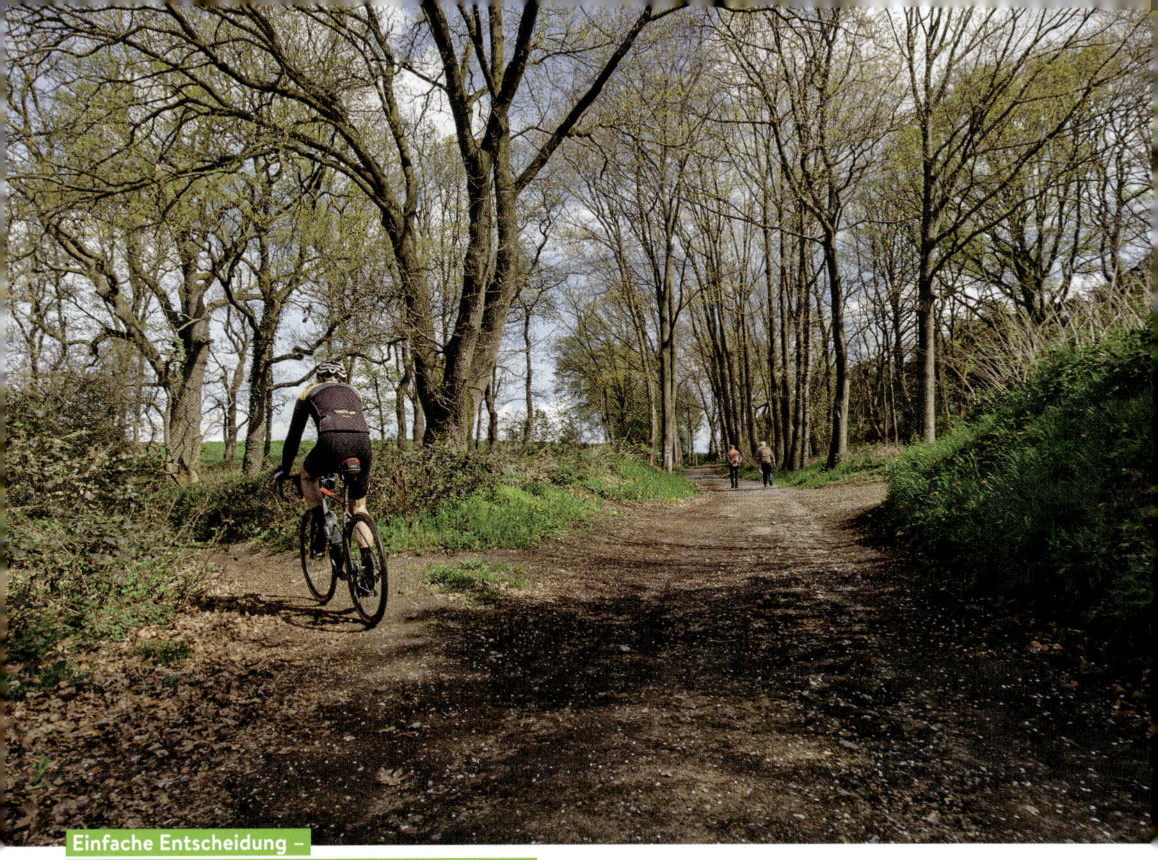

Einfache Entscheidung –
im Zweifel ist der schmale Weg der spannendere.

der Ebene auf 60 bis 80 Meter. Ja, ist schon klar. Darüber können Radler aus dem Sauerland, der Eifel oder anderen bergigen Regionen nur lachen. Hier jedoch ist so ein Hügel ein echtes Ereignis. Nicht nur, weil es mal bergauf und hoffentlich auch flott bergab geht, sondern auch, weil sich die Natur verändert. Der Niederrheinische Höhenzug ist übrigens eine Hinterlassenschaft der Eiszeit. Wie Wikipedia weiß, war es in der Saale-Kaltzeit, die von etwa 300 000 bis 130 000 v. Chr. dauerte, als ein riesiger Gletscher genau hier Gesteinsmaterial vor sich herschob und dann einfach liegen ließ.

Der Höhenzug, wenn man ihn denn so nennen will, reicht von Krefeld bis Nijmegen. Während wir mal am Fuß des Bergrückens und dann wieder auf ihm fahren, kann man versuchen, sich vorzustellen, wie das Land wohl damals aussah, also vor mehr als 130 000 Jahren. Wir kommen an einem Eierautomaten vorbei, den Menschen mit eiszeitlichem Intellekt zerstört haben, um ein paar Euro zu erbeuten. Immerhin, die Eier haben sie nicht mitgenommen. Kurz darauf erreichen wir den höchsten Punkt, den Saelhuyser Berg mit seinen stattlichen 79 Metern. An einer Sitzbank biegen wir in den Wald ein. Es wartet ein kurzes steiles Stück, das Mountainbiker freuen wird. Allzu anspruchsvoll ist es nicht, und falls doch, schiebt man eben die 200 Meter bis zu einem herrlichen Trail, der an der Westflanke des Höhenzugs entlangläuft.

ALDEKERK Auch wenn der Höhenzug nicht hoch ist, die Aussicht ist großartig. So viel Himmel. Man schaut über das flache Land mit den Feldern in Richtung Aldekerk und Stenden und weiter bis Kempen und

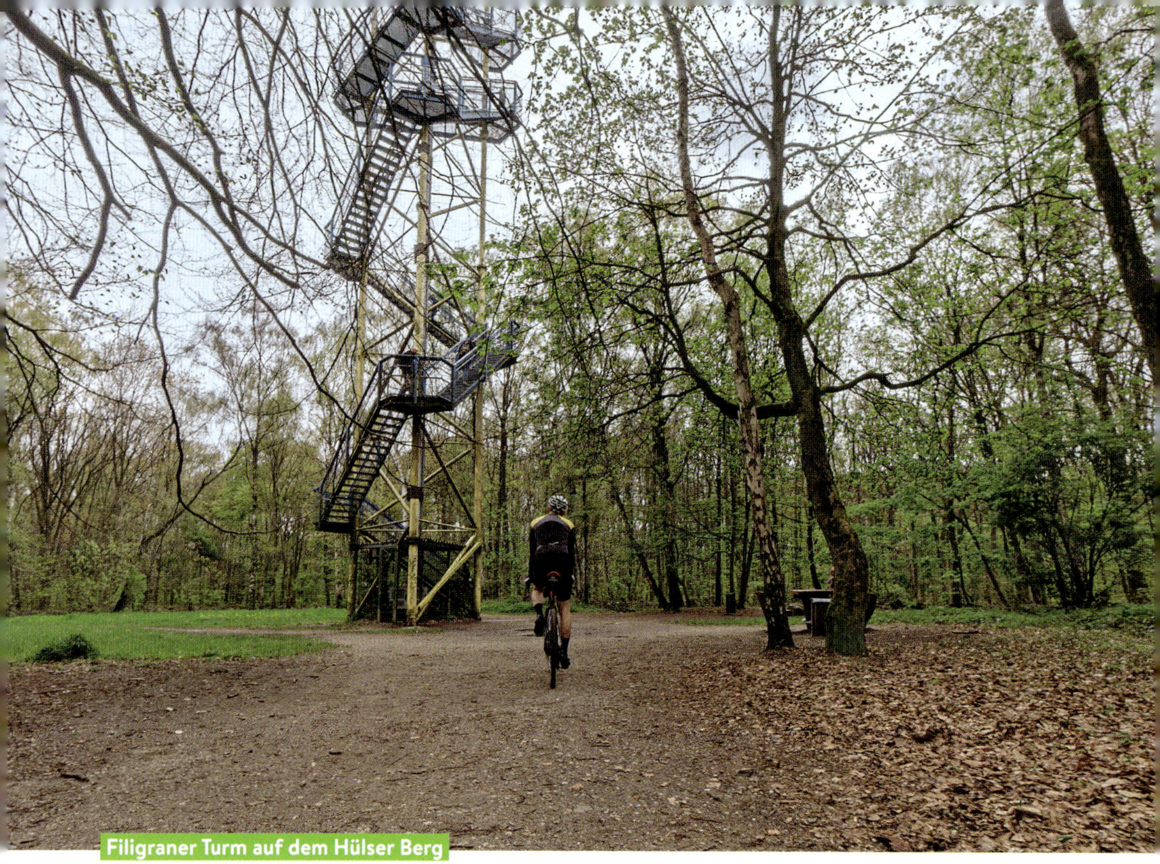

Filigraner Turm auf dem Hülser Berg

Grefrath. Da, wo eben der Blick hingeflogen ist, müsste es eigentlich flott bergab gehen. Nix da, der Wind bläst uns entgegen und wir strampeln mit anstrengenden 20 km/h gegen den Wind. Es wird Zeit für eine kurze Rast. Aldekerk liegt auf dem Weg und hat nicht nur einen Bäcker im Edeka zu bieten, sondern auch die Eismanufaktur »Kleine Eiszeit« – die liegt in der Marktstraße 18, nur wenige Meter von der Kirche des Orts entfernt.

Nach Aldekerk wird das Land noch flacher. Oder besser gesagt, noch tiefer. Das Grundwasser steht hoch und auf einigen Abschnitten kann man sich schön Rad, Reifen und Beine versauen. Egal, die Landschaft ist ein Traum, mal geht es ein Stück durch einen stillen Wald, dann an Kopfweiden entlang, die an einem Entwässerungsgraben wachsen.

HÜLSER BERG Ja, den Hülser Berg hatten wir schon. Dort sind wir vor gut zwei Stunden an der anderen Seite vorbeigefahren. Jetzt fahren wir hinauf. Ein kurzer knackiger Anstieg auf 60 Meter Höhe. Oben ist ein nettes Lokal (siehe Tipp), wo man gut und günstig essen kann. Auch dieser Hügel gehört zum Niederrheinischen Höhenzug. Wer mag, steigt den Johannesturm hinauf, was noch mal 30 Meter Höhe bringt und einen 360-Grad-Blick gratis dazu. Machen wir aber nicht. Wir nehmen eine schöne Abfahrt auf einem Waldweg und rollen dann durch die Naturschutzgebiete Hülser Bruch und Flöthbach, bevor wir wieder am Altarm des Rheins herauskommen. Das Wegelabyrinth des Krefelder Stadtwalds schockt uns nicht mehr, die Räder finden wie von selbst den Parkplatz, wo junge Leute seltsam geformte Sporttaschen aus dem Kofferraum holen.

INFO

Mittel | 66 km | 250 Hm | 3.30 Std.

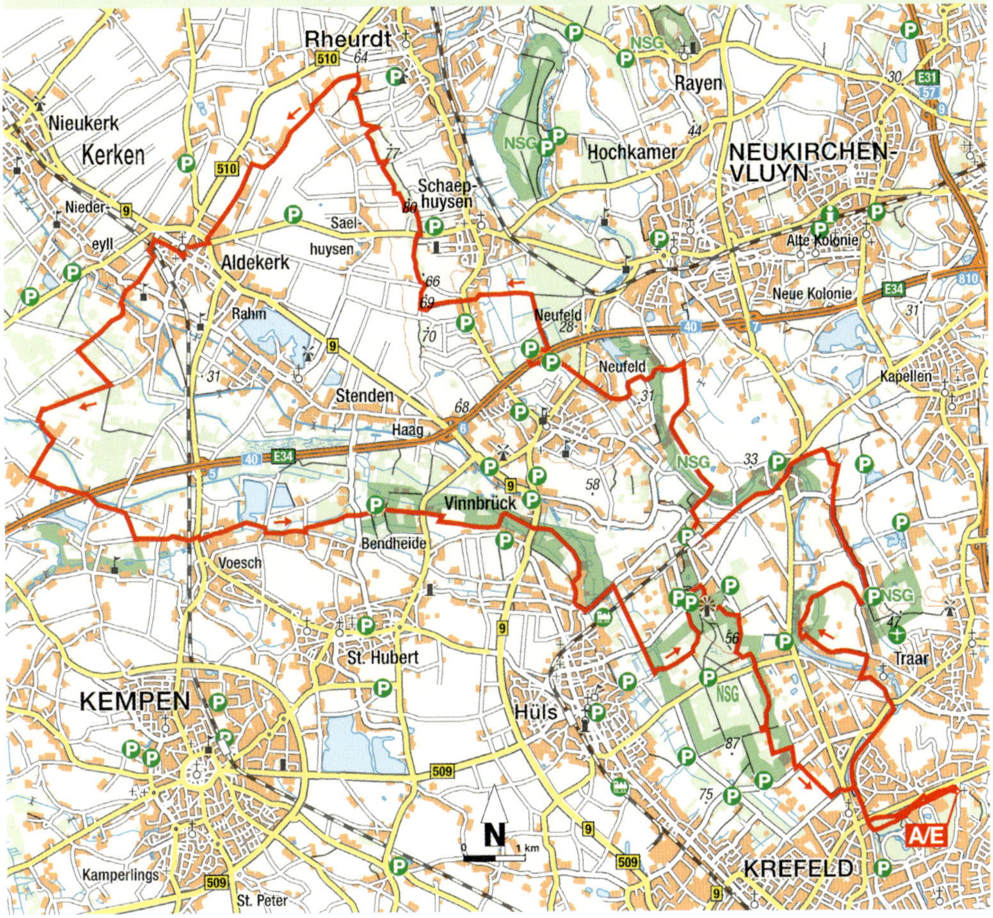

TOURENCHARAKTER

Mittelschwere Tour mit einigen kurzen Anstiegen und insgesamt hohem Asphaltanteil. Die Trails und unbefestigten Wege sollten einfach zu befahren sein.

WEGBESCHAFFENHEIT

Wald, Kies, Schotter, Singletrails: ca. 29 km

AUSGANGS-/ENDPUNKT

Pkw: Parkplatz Krefeld, Hüttenallee, 47800 Krefeld
Bahn: Krefeld Hbf

KOMBINIERBAR MIT

Tour 18 und evtl. 15

FAHRRADWERKSTATT

2-Rad Häfner,
Am Wiesenhof 1, 47802 Krefeld,
Tel. 02151/56 22 91,
www.2rad-haefner.de,
Schlauchautomat beim Geschäft

HIN UND WEG VOM DE MEINWEG

Kaldenkirchen –Brachter Wald – Brüggen – De Meinweg – Elmpter Schwalmbruch

Der Hauptdarsteller dieser famosen Tour ist der herrliche Nationalpark De Meinweg. Wir durchfahren ihn meist auf der niederländischen Seite. Auf der deutschen begeistern Brüggen und der Brachter Wald.

Unterwegs im Grenzgebiet auf Gravelpisten der Extraklasse

13

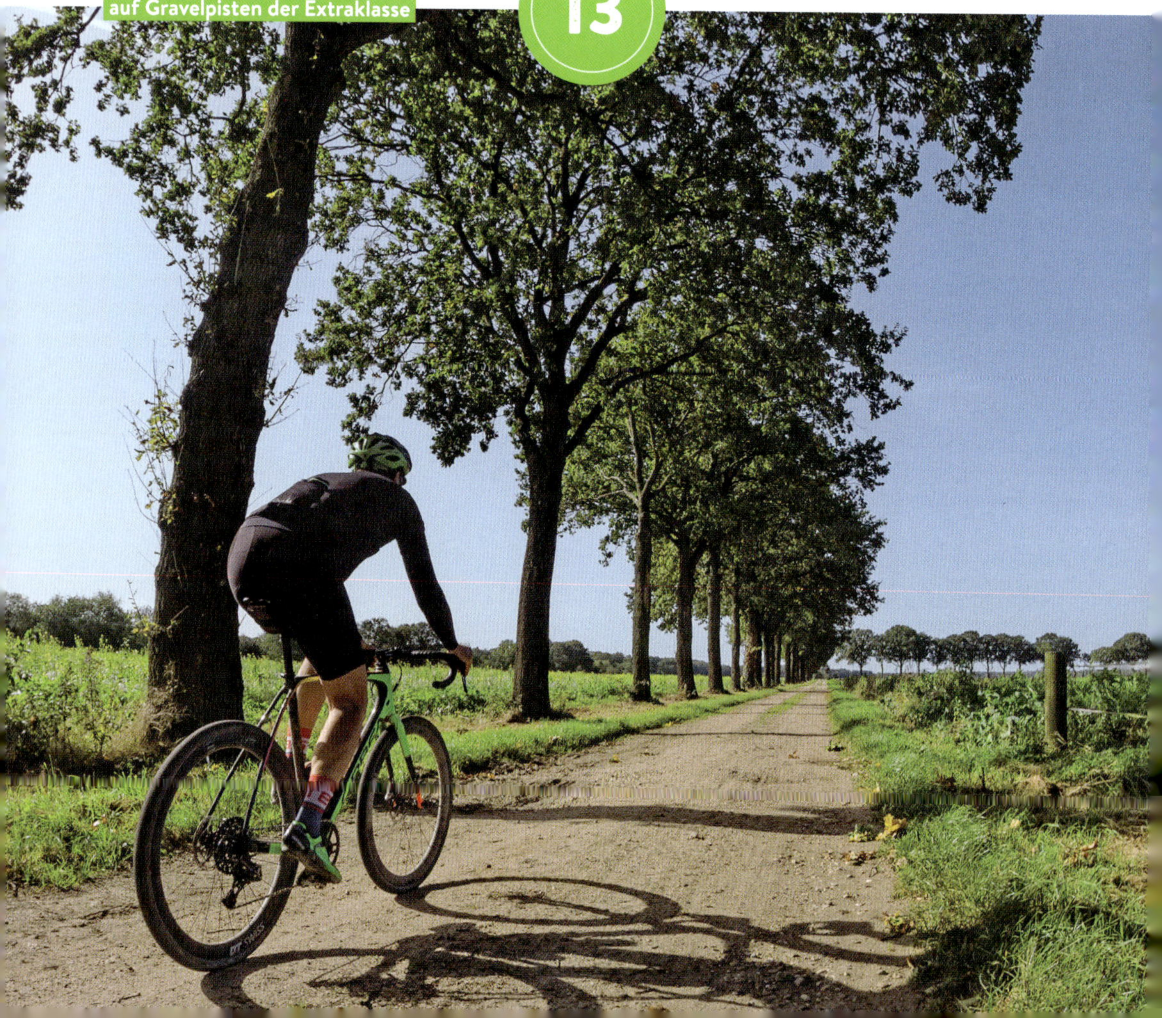

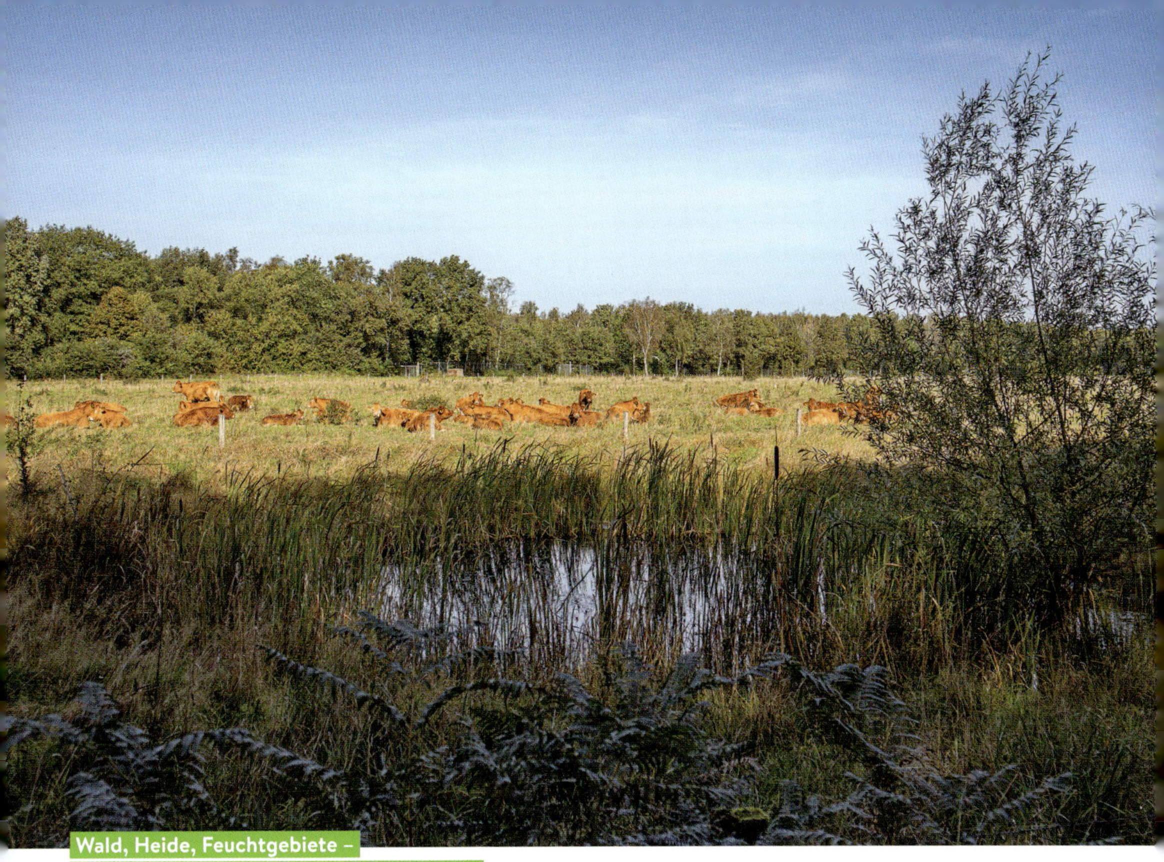

Wald, Heide, Feuchtgebiete – diesen Rindern muss es einfach gut gehen.

START Diese Tour beginnt in Kaldenkirchen. Ein Vorteil der deutsch-niederländischen Grenzstadt ist, dass Bahn- und Autofahrer gemeinsam starten können.
Außerdem lässt sich von hier aus gut die waldreiche Grenzregion erkunden. Eins vorweg, manchmal ist es schwer, überhaupt ein geöffnetes Lokal unterwegs zu finden. Nicht so bei dieser Runde: Die Auswahl an einladenden Cafés ist extrem hoch. Die Schwierigkeit ist eher, sich zu entscheiden.
Und noch etwas, damit die Tour zum Vergnügen wird: Wenn es sehr viel geregnet hat, müsst ihr mit Passagen rechnen, bei denen ihr durch aufgeweichten Boden und Pfützen fahren müsst. Und wenn es längere Zeit sehr trocken war, werdet ihr auf sandigen Untergründen fahren. In beiden Fällen lohnt sich ein niedriger Luftdruck und ein Gravelpneu, der etwas mehr Grip hat. Am besten ist es also, wenn es nicht zu trocken und nicht zu nass ist. Aber eigentlich gilt das ja für jede Graveltour.

GRENZWALD Wir rollen aus der Stadt mit der mächtigen St.-Clemens-Kirche raus über die Felder. Bei Kilometer 3 tauchen wir in den Grenzwald ein. Hier verläuft auch der Premiumwanderweg Galgenvenn, der 2016 Platz zwei der schönsten Wanderwege Deutschlands erreicht hat. Damals wurde auch vielen außerhalb der Region erstmals klar, was für einmalige Naturräume es am Niederrhein gibt. Vor allem im Bereich der Heidemoore kann es sein, dass man nach regenreichen Tagen einige größere Pfützen um- oder durchfahren muss.
Schön und gut zu befahren ist der Weg, der ab Kilometer 5 an einem Zaun entlangführt. Keine Sorge, wir werden gleich sehen, was

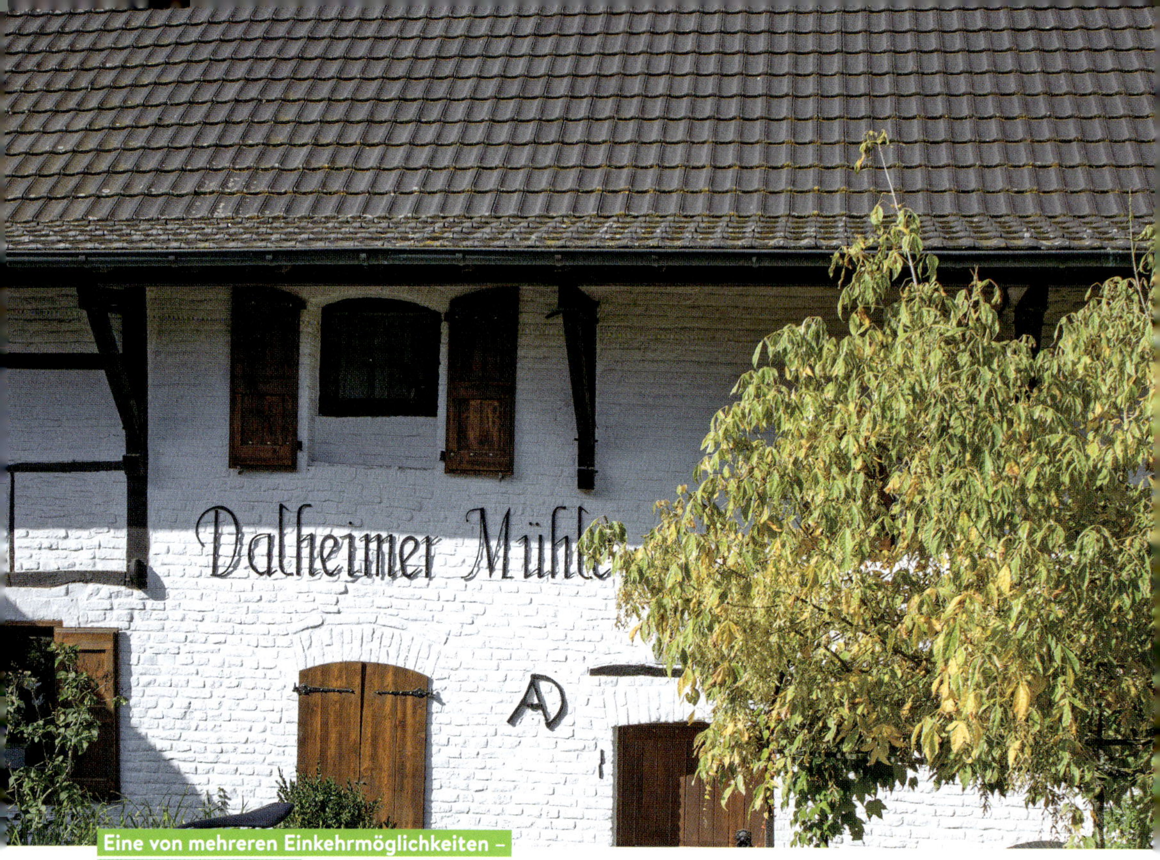

Eine von mehreren Einkehrmöglichkeiten – die Dalheimer Mühle

dahinter liegt. Bei Kilometer 8 ist es so weit. Wir stehen vor einer großen Gitterdrehtür, durch die wir die Räder schieben. Dahinter wartet eine breite autofreie Asphaltpiste. Sie führt schnurgerade durch das ehemalige Militär- und heutige Naturschutzgebiet Brachter Wald.

BRACHTER WALD Bis 1996 waren hier noch Militärfahrzeuge der britischen Rheinarmee unterwegs. Das zwölf Quadratkilometer große Gebiet war das größte Munitionsdepot der Briten in Westdeutschland. Wir kommen an einer ehemaligen Verladestation vorbei und an ehemaligen Depots, die wie Maulwurfshügel im sandigen Boden lagern. Kurz vor Brüggen bei Kilometer 12 verlassen wir das Areal wieder durch ein Drehtor und rollen in das schöne Brüggen, direkt an der alten Wasserburg vorbei.

Wasser gibt es rund um Brüggen reichlich. Vor allem im Dilborner Benden, das ist ein verwunschenes Auengebiet, das die Schwalm geschaffen hat und das wir auf einem kurzen Stück Singletrail durchqueren.

DE MEINWEG Auf den nächsten rund fünf Kilometern bleibt der Wald unser Begleiter. Und wir bleiben weiterhin in geschützter Natur, woran sich auf der gesamten Tour wenig ändern wird. Jetzt ist es das Naturschutzgebiet Elmpter Wald. Nachdem wir die A 52 unterquert haben, nähern wir uns dem nächsten Schutzgebiet, dem De Meinweg. Auf der niederländischen Seite ist die weitläufige Wald- und Heidelandschaft sogar ein Nationalpark. Bei Kilometer 23 fahren wir über die unsichtbare Grenze. Nur an dem Fahrradwegeschild erkennt man, dass wir jetzt auf dem Gebiet der Region

Limburg rollen. Und es rollt sich bekanntlich gut in den Niederlanden: Auf etwa zwei Kilometern führt ein fein geschotterter Weg zwischen Wald und einer offenen Heide entlang.
Es ist schön hier, aber es wird noch viel schöner. Die Tour wird auf den nun folgenden rund 20 Kilometern durch dieses großartige Schutzgebiet führen. Und da wir auf der niederländischen Seite bleiben, dürfen wir uns auch über meist vorbildliche Pisten freuen. Typisch für die wenigen Autostraßen, die durch den Nationalpark führen, ist ein roter Asphaltbelag. Auf so einem geht es bei Kilometer 25 leicht bergab. Rechts und links öffnet sich der Wald zu offenen Landschaften mit Tümpeln, Schilf, Birken und anderen typischen Heidezutaten.

Tipp

BRACHTER WALD

Ob auf dem Fahrrad oder zu Fuß – wer im Brachter Wald unterwegs ist, erlebt nicht nur eine einmalige Naturvielfalt, sondern auch ein Stück deutscher Nachkriegsgeschichte und Ost-West-Konfrontation. Die Anlagen des größten Munitionsdepots der britischen Rheinarmee in Westdeutschland sind zum Teil noch erhalten. Hier unterwegs zu sein, lässt einen erahnen, wie schmal die Grenze ist zwischen harmlosem Wochenendvergnügen und der traurigen Realität des Kriegs, der wieder ganz nah an Europa herangerückt ist (www.npsn.de/index/lang/de/artikel/71).

Schöne Wege, herrliche Natur – im Nationalpark de Meinweg ist Graveln ein Traum.

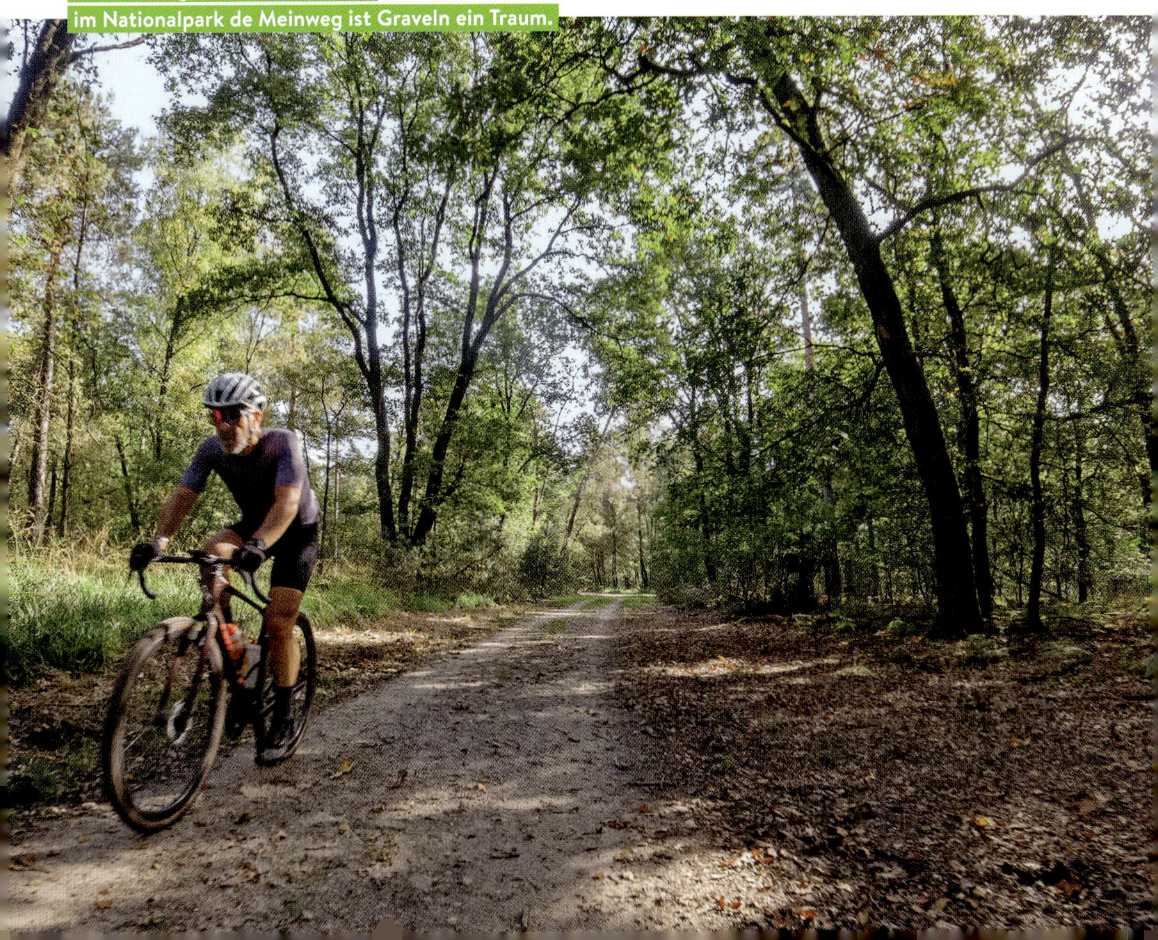

DALHEIMER MÜHLE Für ein kurzes Stück wechselt die Tour die Seiten und führt rund 500 Meter durch deutsches Gebiet. Dort liegt bei Kilometer 30 die Dalheimer Mühle mit dazugehörigem Lokal und Gartenterrasse. Wer keine Pause einlegen möchte, biegt rechts kurz vor der alten Mühle auf einen schmalen Waldweg ein, der auf einem kurzen Stück auf einem Steg über das Feuchtgebiet führt.

TRAUMPFADE Leicht hügelig geht es auf und ab. Bei Kilometer 30 beginnt eine traumhafte Passage. Ein fest gewalzter, etwa zwei Meter breiter Weg mäandert durch den Wald. Was für eine Strecke – einfach nur genießen! Bei Kilometer 37 kommen wir am Camping Huttopia De Meinweg vorbei. Dort kann man sich in schicke Baumhäuser und Chalets einmieten. Kurz darauf kommen wir am Pferdegehöft Venhof vorbei. Mehr als die Hälfte der Strecke ist geschafft – Lust auf Kaffee und Kuchen? Gibt es hier, auch Herzhaftes, wer möchte.
Geologisch gesehen ist De Meinweg eine Terrassenlandschaft, die in der Eiszeit entstand. Das Profil ist erstaunlich hügelig. Davon könnt ihr euch gleich überzeugen. Bei einem Moorsee mit idyllischer Rastmöglichkeit biegt die Route im rechten Winkel ab und einen ordentlichen Anstieg hinauf.

HEIDE UND AUENLAND Nach einem kurzen Stück auf einem Singletrail bei Kilometer 45 ändert sich die Szenerie. Wir sind zwar immer noch im Gebiet des Meinwegs, aber da hier die A 52 durch den Wald schneidet, wirkt die Natur ganz anders. Das wirkt sich auch auf unsere Piste aus. Sie ist eine fein geschotterte breite Spur, die genauso aussieht, wie man sich eine Gravelpiste in den USA vorstellt. Gut, die Autobahn nebenan müsste nicht sein. Aber was solls, für diese Piste nimmt man auch mal etwas Lärm in Kauf. Bei Kilometer 48 lichtet sich der Wald zu einer weiten, offenen Heidelandschaft. Vereinzelt stehen Birken fotogen in der Leere und wieder einmal denke ich, dass es in diesem Grenzgebiet noch unglaublich viel zu entdecken gibt. Kaum gedacht, zeigt sich die Natur auch wieder in einer neuen Facette. Wir nehmen einen schmalen Waldweg, der quasi auf Wasserhöhe durch einen Bruchwald führt, der zu weiten Teilen unter Wasser steht.

ELMPTER SCHWALMBRUCH Menschen mit Stativen und Fernrohren kommen uns entgegen, was so viel bedeutet wie: Hier gibt es seltene Vögel zu sehen. Den scheuen Ziegenmelker, der in den abgeschiedenen Wäldern der Gegend noch heimisch ist, werden sie wohl nicht suchen. Die seltene Art ist in der Nacht aktiv und versteckt sich am Tag am liebsten im Geäst einer Kiefer. Am Tag lassen sich dagegen die Flugkünste der Bienenfresser bewundern, jedenfalls wenn man Glück hat.
Der Zaun, der uns durch den Wald begleitet, gehört zu dem ehemaligen britischen Militärgebiet, das wir zu Beginn der Tour schon

Tipp

HUTTOPIA DE MEINWEG

Urlaub im Nationalpark – dafür muss man nicht in die USA oder nach Afrika. Die möblierten Zelte und Hütten des Camping Huttopia geben einem das Gefühl, man wäre in der wilden Natur. In gewisser Weise stimmt das ja auch. Für eine kurze oder längere Auszeit kann man sich das mal anschauen. Was die Kinder freuen wird: Es gibt auch zwei beheizte kleinere Schwimmbecken (www.europe.huttopia.com/de/site/de-meinweg/).

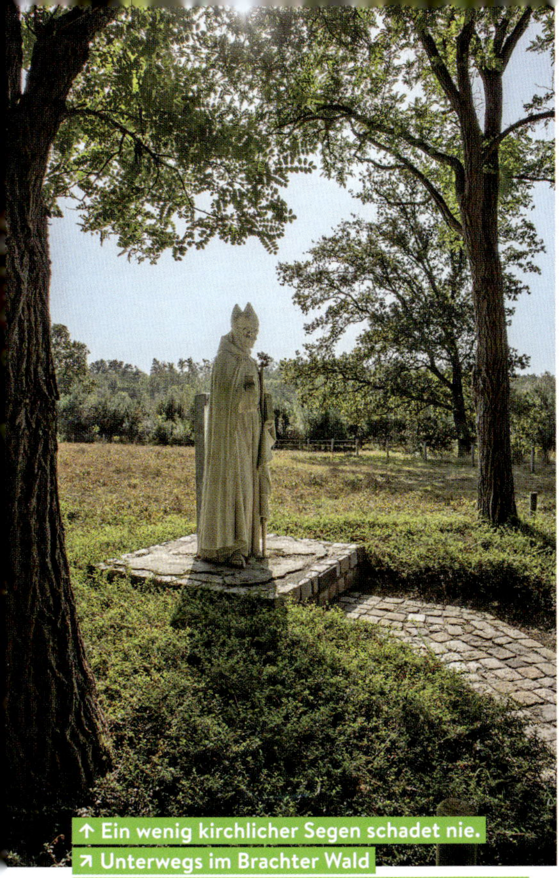

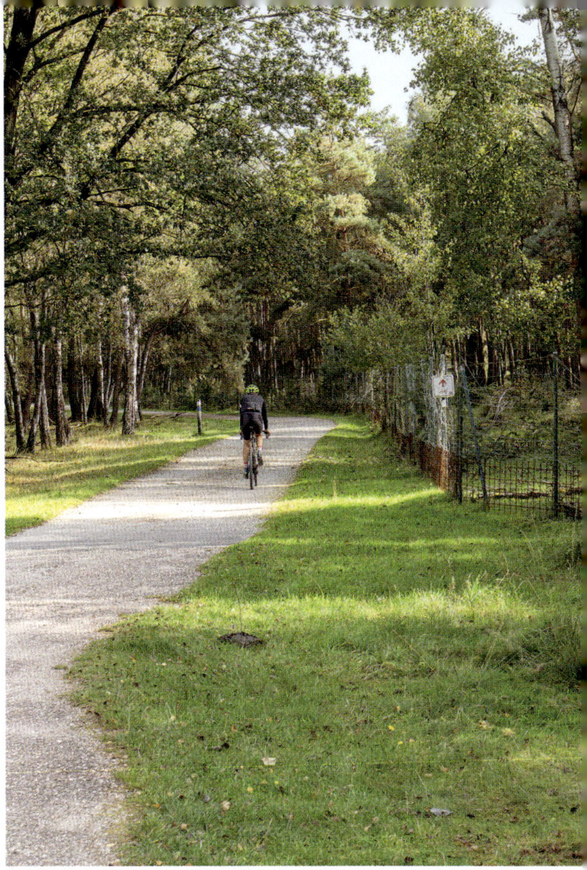

↑ Ein wenig kirchlicher Segen schadet nie.

↗ Unterwegs im Brachter Wald

↓ Ehemaliges Munitionslager im Brachter Wald

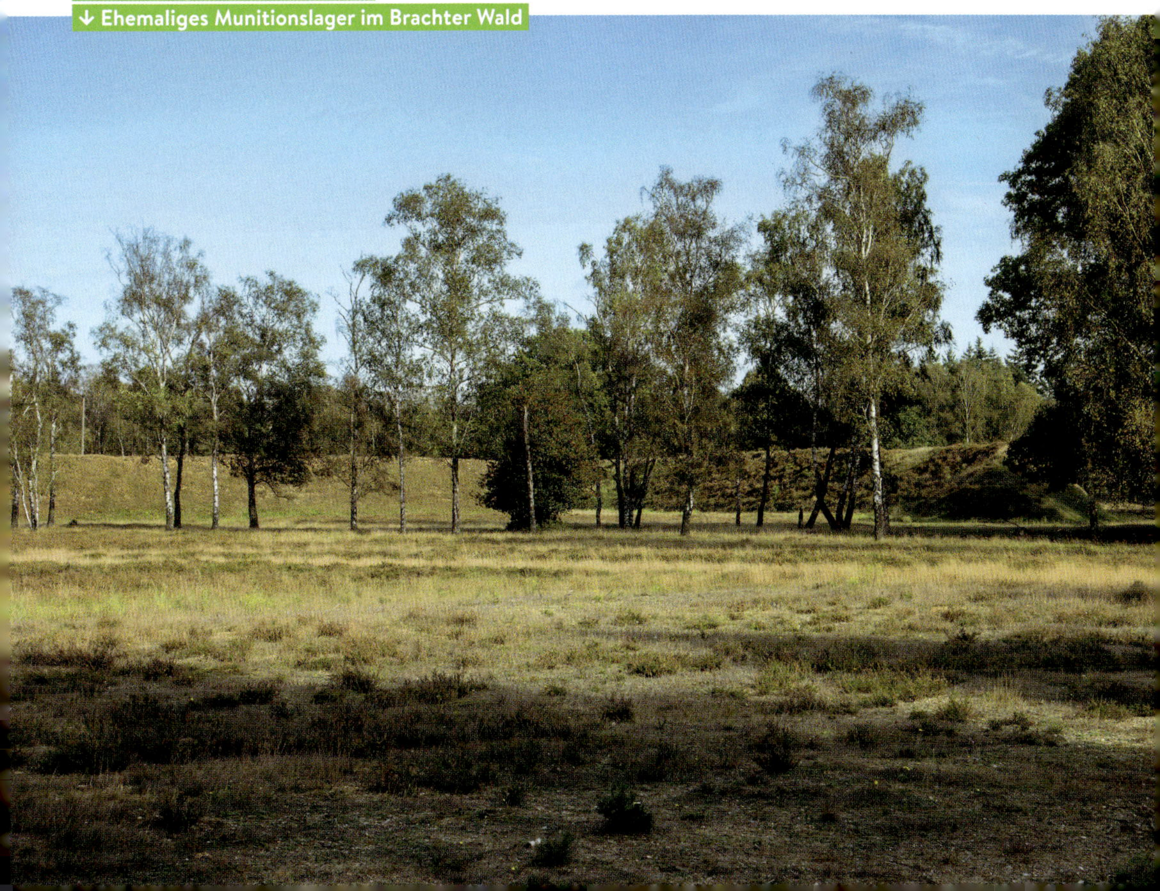

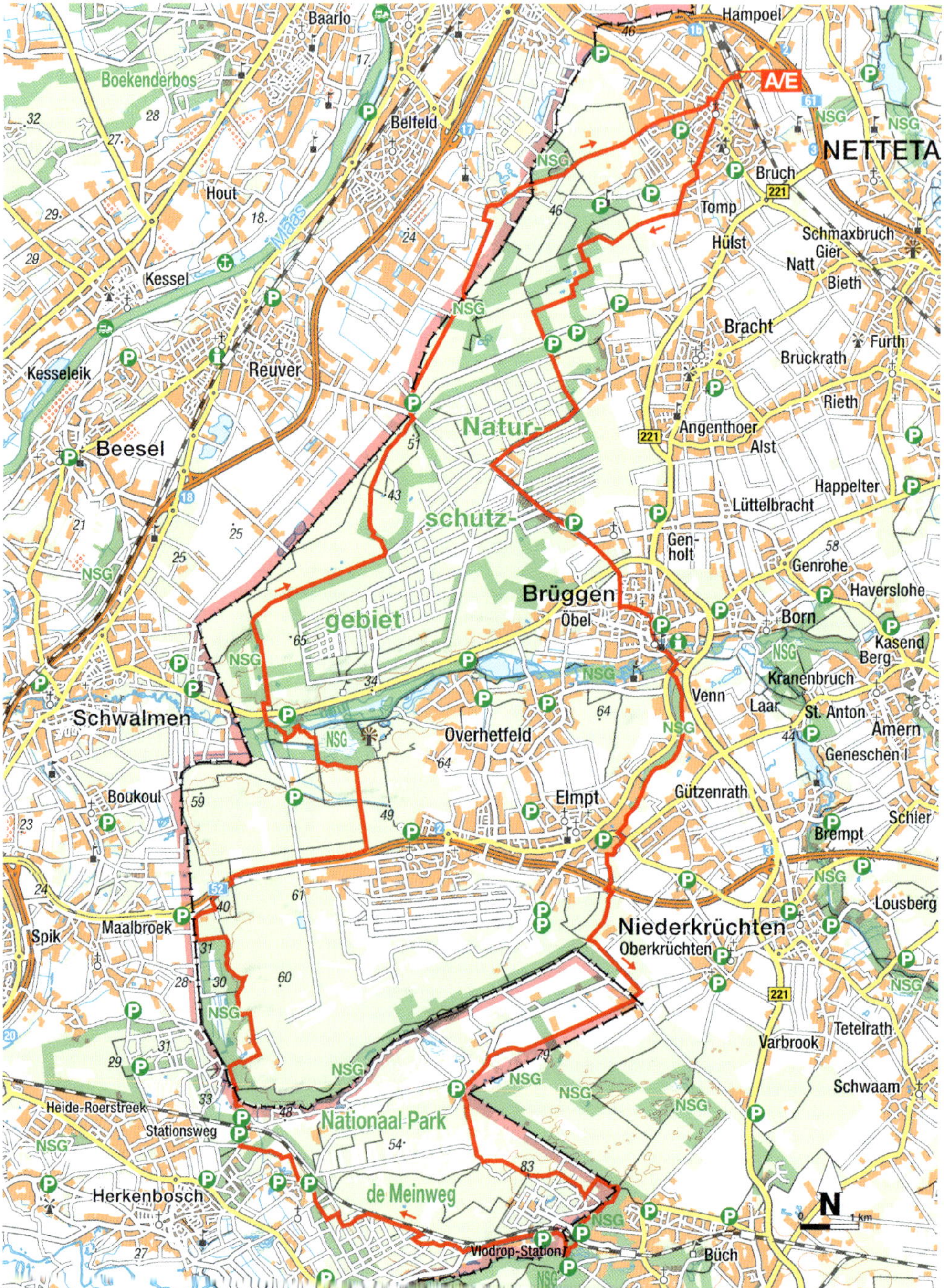

Hampoel
Baarlo
A/E
NETTETA
Boekenderbos
Belfeld
Bruch
Tomp
Hülst
Schmaxbruch
Gier
Natt
Bieth
Hout
Maas
Kessel
Bracht
Furth
Bruckrath
Kesseleik
Reuver
Rieth
Natur-
schutz-
gebiet
Beesel
Angenthoer
Alst
Happelter
Lüttelbracht
Gen-
holt
Genrohe
Haverslohe
Brüggen
Öbel
Born
Kasend
Berg
Kranenbruch
Venn
Laar
St. Anton
Amern
Schwalmen
Overhetfeld
Geneschen
Boukoul
Elmpt
Gützenrath
Schier
Brempt
Lousberg
Spik
Maalbroek
Niederkrüchten
Oberkrüchten
Tetelrath
Varbrook
Schwaam
Heide-Roerstreek
Stationsweg
Nationaal Park
de Meinweg
Herkenbosch
Vlodrop-Station
Büch
NSG
N
1 km

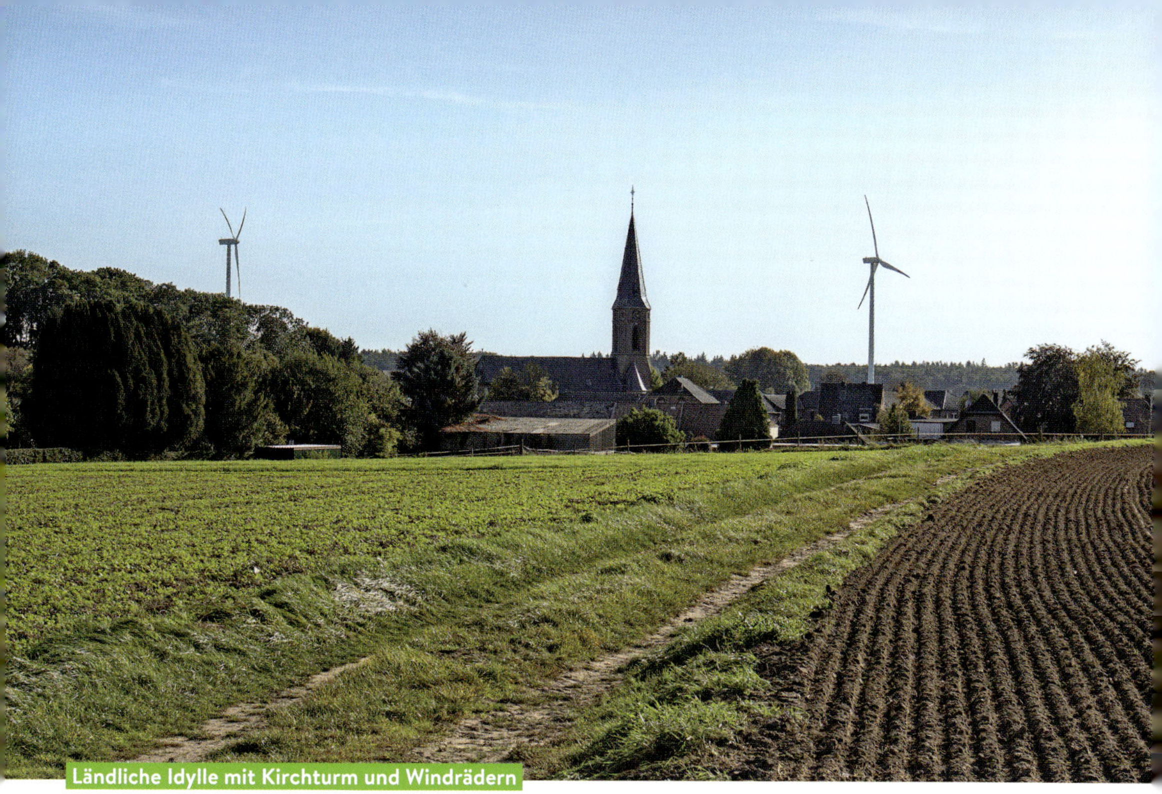

Ländliche Idylle mit Kirchturm und Windrädern

durchfahren haben. Am Rand des Brachter Walds, beziehungsweise auf der niederländischen Westseite ist unsere Piste teilweise eine sandige breite Waldschneise. Eine kurze Espressopause wäre gut. Da kommt sie auch schon. Bei Kilometer 59, direkt auf der Grenze zwischen den Gemeinden Beesel und Brüggen, liegt ein Campingplatz mit einem einladenden Café. Vier Kilometer weiter begegnen wir bei der Malbeekerhöhe dem nächsten Campingplatz; sicherlich gibt es dort auch Gastronomie, was uns aber egal ist, denn bis zu unserem Start- und Endpunkt in Kaldenkirchen sind es nur noch vier Kilometer.

INFO

Mittel	68 km	280 Hm	3.45 Std.

TOURENCHARAKTER

Mittelschwere Tour mit geringen Steigungen und hohem Waldanteil. Je nach Witterung ist mit tiefen oder sandigen Passagen zu rechnen.

WEGBESCHAFFENHEIT

Wald, Kies, Schotter, Singletrail: ca. 49 km

AUSGANGS-/ENDPUNKT

Pkw und Bahn: Bahnhof Kaldenkirchen

KOMBINIERBAR MIT

Tour 10, 15, 19 und 22

FAHRRADWERKSTATT

BIKE & SPORT Amhausend, Borner Straße 22, 41379 Brüggen, Tel. 02163/5716714, www.amhausend.de/brueggen

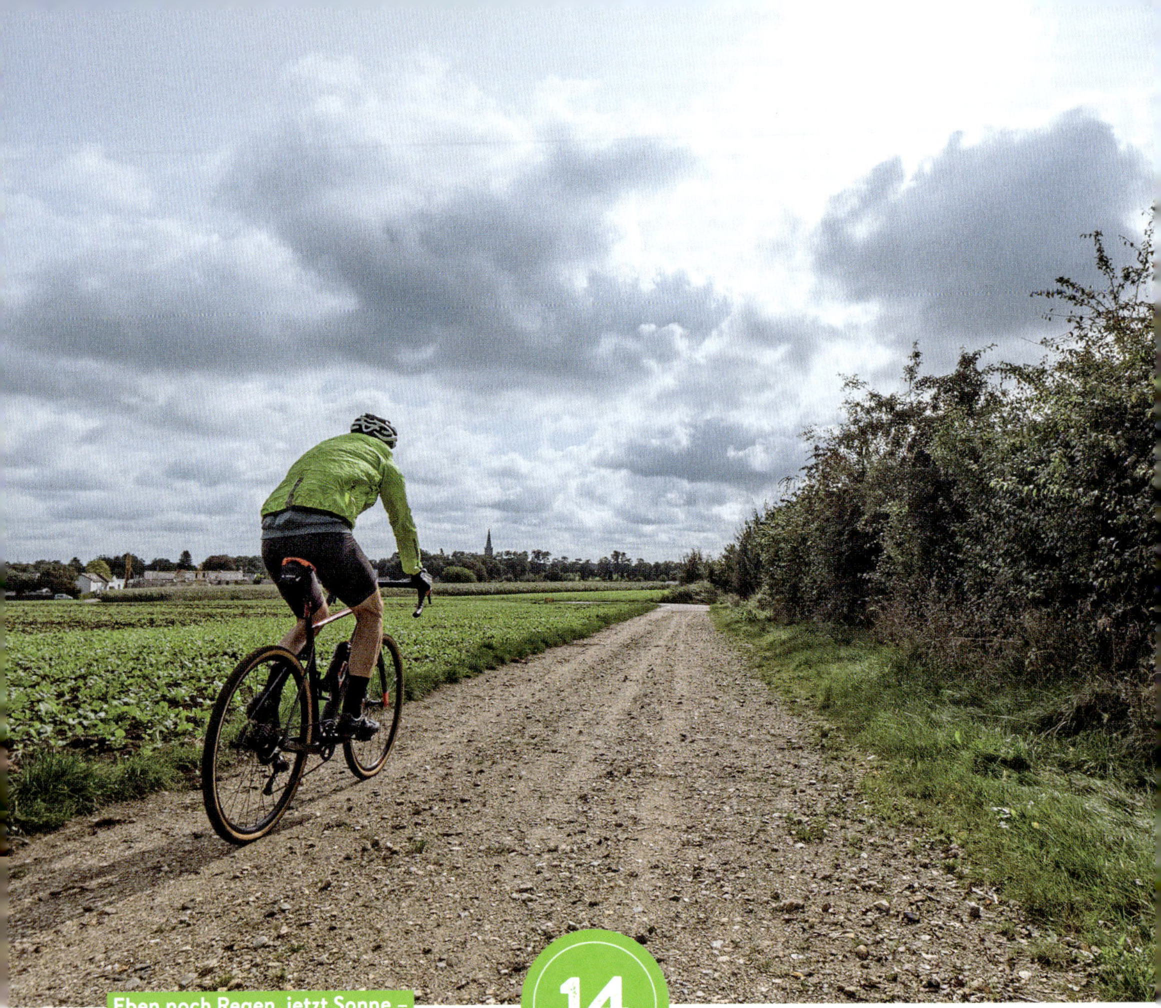

Eben noch Regen, jetzt Sonne – und dazu viel Wind

14

AB IN DEN ZIPFEL

Heinsberg – Teverener Heide – NATO Air Base – Rodebach – Tüdderner Fenn – Höngener und Saeffeler Bruch

Die Tour vereint ganz unterschiedliche Landschaften. Ein Teil der Strecke führt über offenes und weites Land, mehr als die Hälfte aber durch die waldreiche Teverener Heide und andere außergewöhnlich schöne Naturschutzgebiete im Grenzgebiet von Deutschland und den Niederlanden.

START Über Herbert Grönemeyers *Tief im Westen* können die Heinsberger nur lächeln. Denn in Deutschland gibt es keine Kreisstadt, die tiefer im Westen liegt. Und dort starten wir jetzt. Schon bei der Anfahrt können wir uns gut am sehr hohen Kirchturm des sogenannten Selfkantdoms orientieren. Nicht weit davon entfernt ist ein größerer, gebührenfreier Parkplatz. Wer mit der Bahn kommt, muss ohnehin in Heinsberg aussteigen, hier ist Endstation der RB 33, die in Aachen startet.

Normalerweise fühle ich mich auf den ersten Kilometern immer euphorisch. Ich freue mich dann, wieder auf dem Rad zu sitzen und spüre eine positive, kindliche Unruhe, als würde es auf Abenteuertour gehen.

Heute sind die Beine schwer und bald merke ich, dass es der kräftige Gegenwind ist, der die Stimmung trübt, und die Wege zwischen den Feldern, die nach den üppigen Regenfällen der letzten Tage einfach anstrengend zu fahren sind.

Dazu ein ewig weiter Himmel mit schnell vorbeiziehenden grauen Lappen. Aber das hat was. Am besten einfach erst mal fahren, ohne viel zu reden. Nach wenigen Kilometern kommen wir aber nicht weiter. Eine heruntergelassene Schranke und eine rote Ampel versperren den Weg. »Vorsicht Einflugschneise«, steht da und tatsächlich setzt gerade ein sehr kleines Flugzeug zur Landung auf einer gut gemähten Wiese an.

Wer sich das länger anschauen möchte: Zum Ultraleichtflugplatz Selfkant gehört auch ein Café mit Aussichtsterrasse. Nicht für uns – die Schranke geht auf und wir können weiter.

MUSEUMSBAHN SELFKANT Es ist wie in einer dieser Fernsehreisereportagen, wo immer alles ganz wunderbar klappt und die Kamera immer dann vor Ort ist, wenn es etwas Besonderes zu sehen gibt. Hier ist es auch so, aber reiner Zufall. Als wir am Bahnhof der Museumsbahn Selfkant, dem Bahnhof Schierwaldenrath, ankommen, fährt eine alte Dampflok ins Bild. Sie hält an, Familien steigen aus den Waggons auf den historischen Bahnsteig und wir stehen staunend in unseren bunten Kunstfasertextilien da und glotzen in die Vergangenheit.

Meine schlechte Laune ist weg und die Landschaft wird noch schöner. Beim Dorf Stahe senkt sich das Land. Das Rodebachtal liegt vor uns mit allen Zutaten, die das idyllische Flachland braucht, also Koppeln, Wiesen, Kopfweiden und einem Bach. Rechts der Straße liegen jetzt die Niederlande. Wir machen einen Schlenker durch ein herrliches Waldgebiet – nur kurz, sozusagen zum Warmwerden.

NATO AIR BASE GEILENKIRCHEN Dann wird es richtig waldig und trailig. Wir folgen weiter der sichtbaren und unsichtbaren Grenze. Bei Kilometer 9 biegen wir auf einen

Einsteigen in die Vergangenheit – die Museumsbahn Selfkant

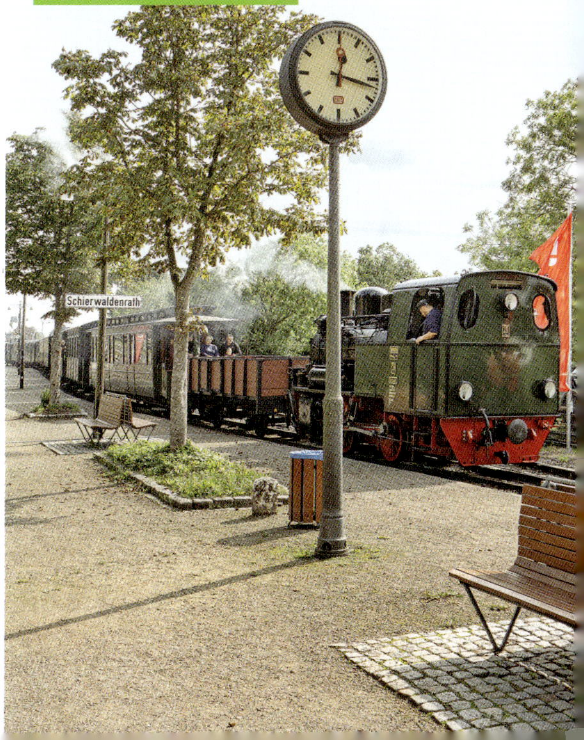

Tipp

ETZENRATHER MÜHLE

Die ehemalige Getreidemühle liegt romantisch am Rodebach bei Gangelt im deutsch-niederländischen Grenzgebiet. Nach knapp 40 Kilometern Strecke passt das Lokal perfekt für einen Stopp. Das liegt nicht nur an der Gartenterrasse, wo man die Räder im Blick behalten kann, sondern auch an Kaffee und Kuchen, Bitterballen, Hamburger oder Flammkuchen und was das familiengeführte Lokal sonst noch zu bieten hat (www.femilieatetzenrathermuehle.com).

---

schmalen, sandigen, aber leicht zu befahrenden Trail ein, der am äußeren Zaun der NATO Air Base entlangführt. Bald wird der Trail zur typischen Gravelpiste und wir haben Sicht auf die Startbahn. Es geht weiter am Heidestadion vorbei, wo der FC Germania 1910 Teveren e.V. seine Heimat hat und gerade ein Fußballturnier stattfindet.

TEVERENER HEIDE Freut euch auf das vielleicht schönste Stück der Tour ab Kilometer 24. Die Teverener Heide gehört für mich zu den großartigsten Landschaften in diesem Buch. Den Beginn markiert eine etwas eigenartige Kapelle. Sie sieht aus wie ein Fertigprodukt aus dem Baumarkt, was auch am Material liegt. Sie ist auf Wunsch der Stifter komplett aus Stahlblech gefertigt, damit es all jene schwerer haben, die, warum auch immer, ihre Wut an Kapellen auslassen müssen.
Ein wenig sieht man der Teverener Heide noch an, dass sie mal ein Übungsterrain fürs Militär war. Seit 1993 ist sie ein Naturschutzgebiet. Die bilderbuchmäßige Gravelpiste führt durch eine abwechslungsreiche, leicht hügelige Landschaft, vorbei an Mooren, Seen und durch Waldgebiete. Beeindruckend sind die offenen Flächen, auf denen hier und da einige Birken stehen oder Schafe grasen.

NATUURGEBIED RODE BEEK-HERINGSBOSCH Die Route taucht kurz am östlichen Ende der Landebahn der Air Base aus dem Wald und dann wieder rein ins Grün. Jetzt allerdings auf der niederländischen Seite, ins Natuurgebied Rode Beek-Heringsbosch. Mitten im Wald liegt ein Museumsbauernhof mit Café, das an Wochenenden öffnet. Ein weiterer Flugplatz grenzt an unsere Tour, jetzt ist es der Segelflugplatz Schinveld.
Das grenzüberschreitende Naturschutzgebiet Rodebach-Gangelt ist ein renaturiertes Flussbett. Im Moment steht das Wasser hoch und wir fahren zum Teil über hölzerne Stege. An der Etzenrather Mühle (siehe Tipp) führt die Strecke über den Rodenbach, und schon

Schöner Singletrail entlang der NATO Air Base

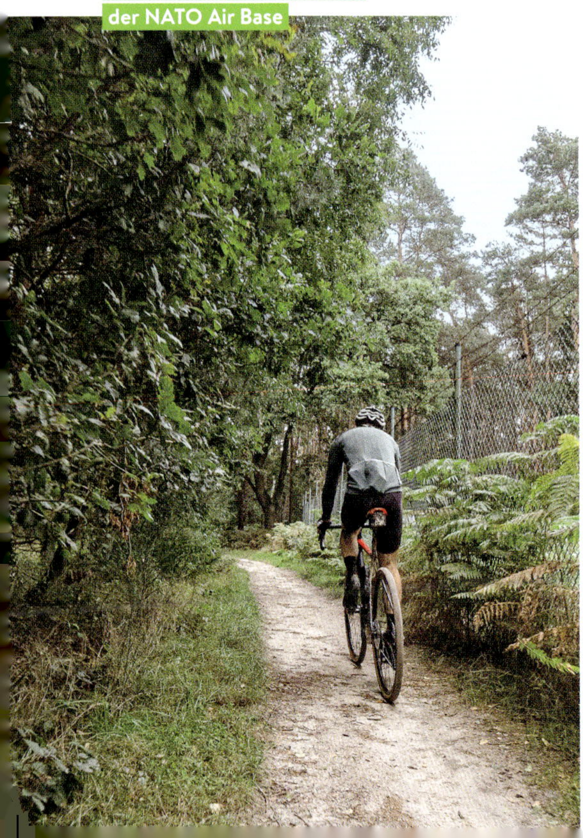

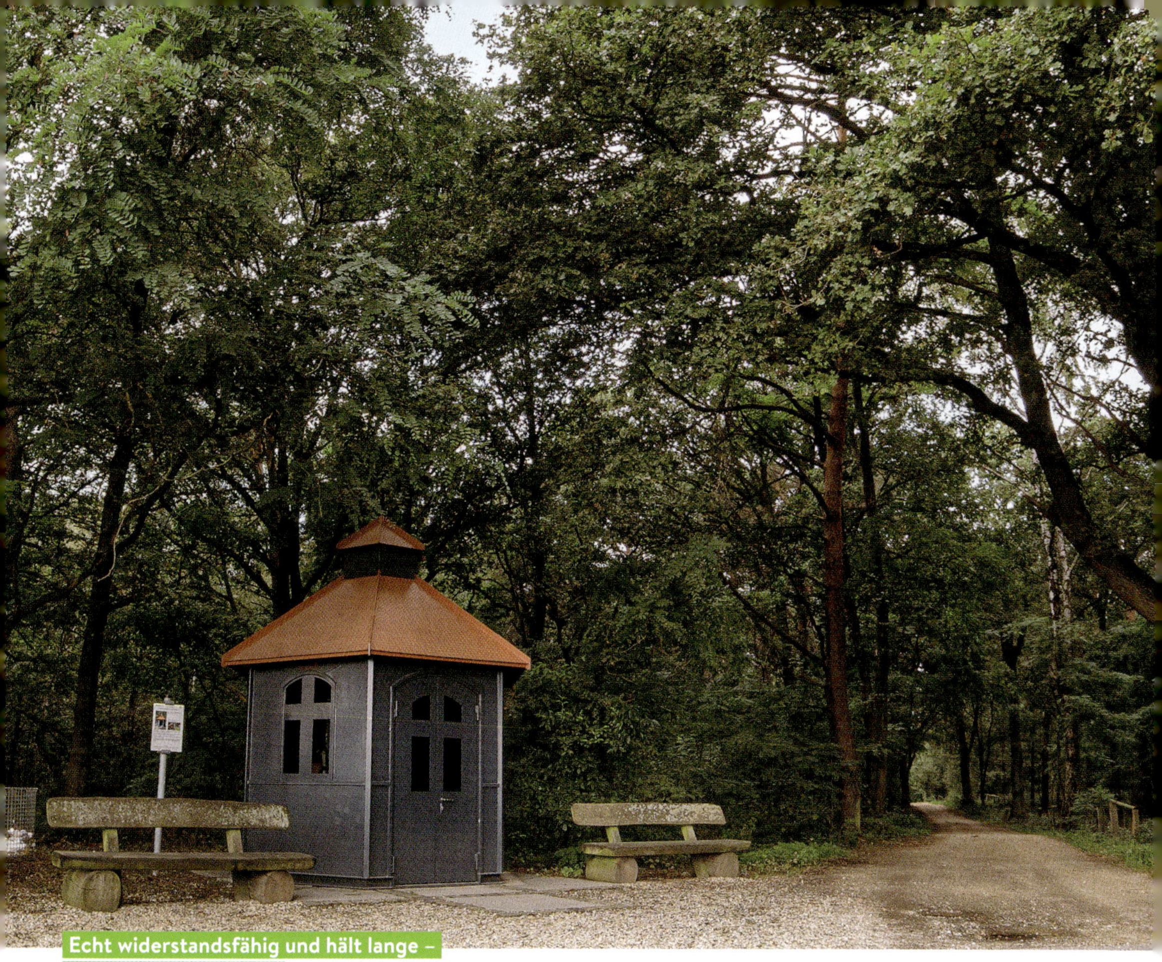

Echt widerstandsfähig und hält lange – Kapelle aus Stahlblech

sind wir in den Niederlanden. Genauer gesagt ist es die Region Süd-Limburg, die für ihre Radsportbegeisterung bekannt ist und für das alljährlich im Frühjahr stattfindende Amstel Gold Race.

TÜDDERNER VENN im Waldgebiet Tüdderner Venn etwa bei Kilometer 45 sind wir am westlichsten Punkt auf deutscher Seite in dieser Tour. Wir sind in der Kommune Selfkant, die sich mit List auf Sylt im Norden, Oberstdorf im Süden und Görlitz im Osten zu den sogenannten Zipfelgemeinden Deutschlands zählen darf.
Die perfekten Gravelpisten werden an diesem Tag auch von bosselnden Zipfeldörflern bespielt – jede Gruppe hat einen Bollerwagen dabei mit Musikbox und ausreichendem Biervorrat. Noch einmal führt die Tour auf einer schönen Waldpiste an einem Bach entlang – im Naturschutzgebiet Höngener und

Tipp

WIELERSPORT MATH SALDEN

Auf der niederländischen Seite in Limbricht bei Sittard versorgt das Fachgeschäft seit 60 Jahren Radsportler aus nah und fern mit dem passenden Gerät. Von Bahnrad, über Cyclocross, Rennrad bis Gravel reicht die Palette (www.saldenbikes.com).

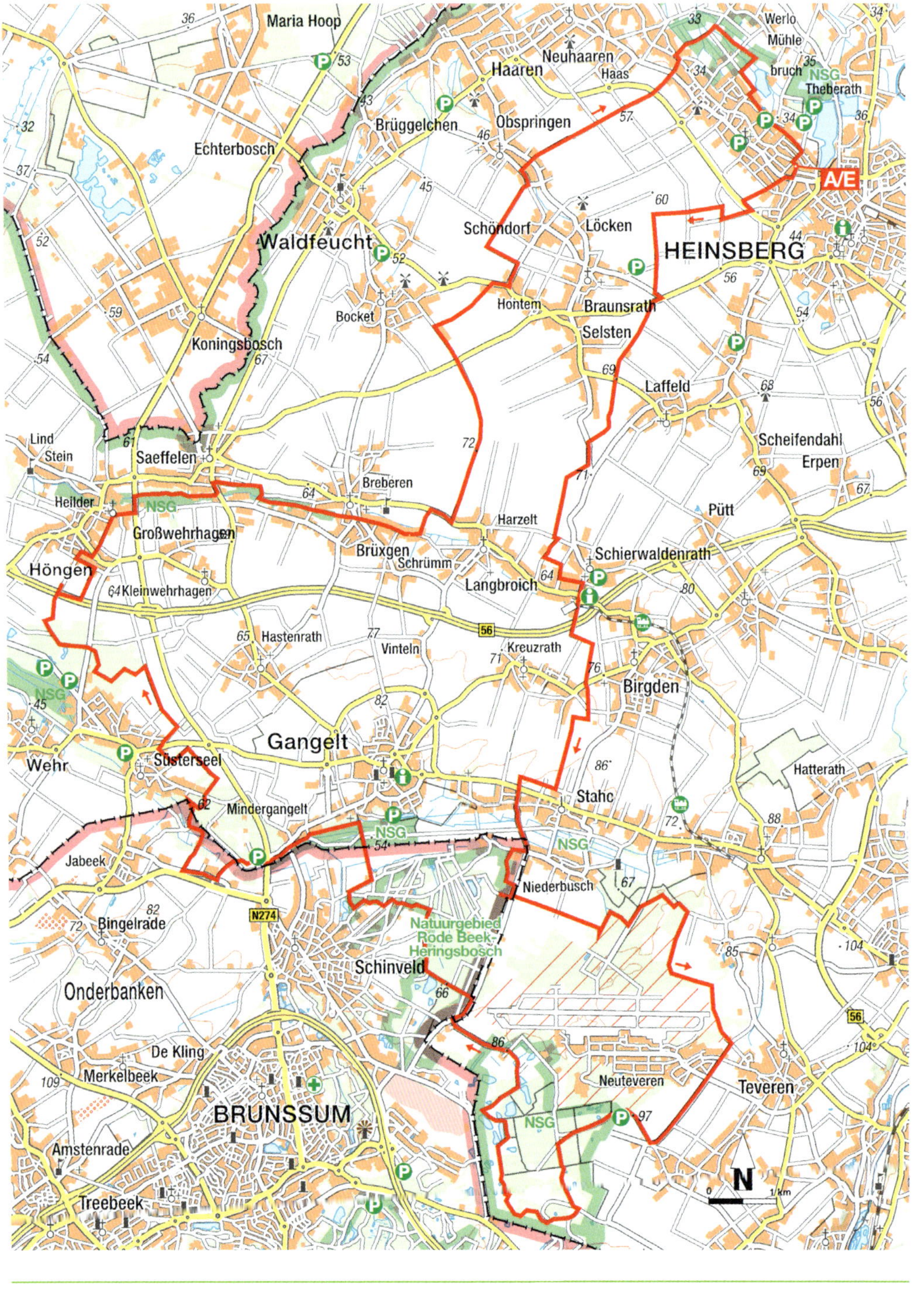

Maria Hoop
Haaren
Neuhaaren
Haas
Werlo
Mühle
bruch
NSG
Theberath
Brüggelchen
Obspringen
Echterbosch
A/E
Waldfeucht
Schöndorf
Löcken
HEINSBERG
Bocket
Hontem
Braunsrath
Selsten
Koningsbosch
Laffeld
Scheifendahl
Erpen
Lind
Stein
Saeffelen
Breberen
Heilder
NSG
Großwehrhagen
Harzelt
Pütt
Höngen
Brüxgen
Schrümm
Langbroich
Schierwaldenrath
Kleinwehrhagen
56
Hastenrath
Vinteln
Kreuzrath
Birgden
NSG
Gangelt
Wehr
Süsterseel
Hatterath
Mindergangelt
Stahe
NSG
Jabeek
NSG
Niederbusch
N274
Bingelrade
Natuurgebied Rode Beek-Heringsbosch
Schinveld
Onderbanken
56
De Kling
Merkelbeek
Neuteveren
Teveren
BRUNSSUM
NSG
Amstenrade
Treebeek
N
0
1 km

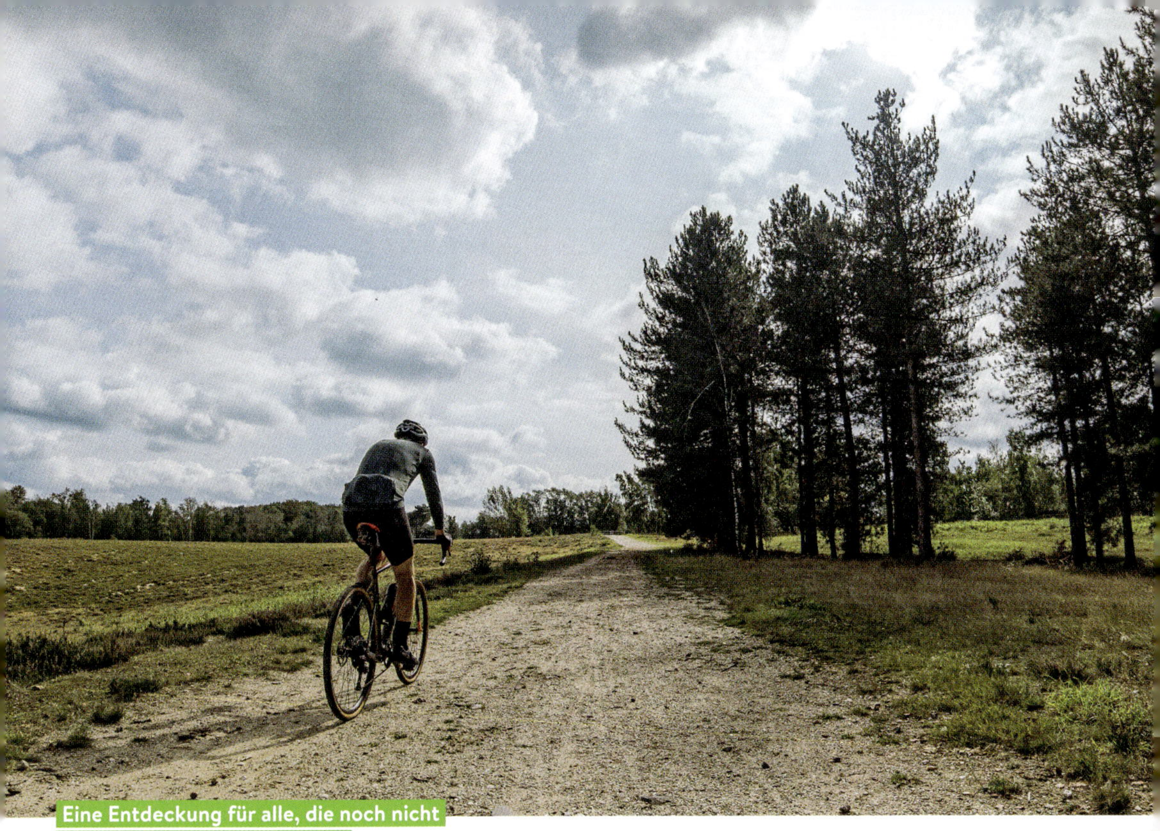

Eine Entdeckung für alle, die noch nicht da waren – die Teverner Heide

Saeffeler Bruch bei Kilometer 52, dann war es das mit Wald.

ÜBER DIE FELDER Bei Langbroich rattern wir wieder zwischen den Feldern übers platte Land. Dieses Mal haben wir deutlich mehr Asphaltabschnitte eingebaut, gut zum Streckemachen. Der Rückenwind hilft auch, um nach knapp 70 Kilometern entspannt und gut gelaunt wieder in Heinsberg einzurollen.

INFO

Mittel	70 km	280 Hm	4.00 Std.

TOURENCHARAKTER
Mittelschwere Tour.
Meist flache und leicht zu befahrende Pisten mit geringem Asphaltanteil. Witterungsbedingt ist mit tiefen oder sandigen Abschnitten zu rechnen.

WEGBESCHAFFENHEIT
Wald, Kies, Schotter, Singletrail: ca. 42 km

AUSGANGS-/ENDPUNKT
Pkw: Parkplatz Seeweg, Lindenstraße, 52525 Heinsberg
Bahn: Bahnhof Heinsberg

FAHRRADWERKSTATT
MS Zweirad,
Industrieparkstraße 2,
52525 Heinsberg,
Tel. 02452/9965270,
www.mszweirad.de

AN DER RUR IN DE MEINWEG

Holtmühle – Schloss Tüschenbroich – Rurufer-Radweg – De Meinweg – Schwalmbruch – Hardter Wald

Im großen Bogen geht es von Mönchengladbach aus in den deutsch-niederländischen De Meinweg. Feinste Gravelpisten, herrliche Flusslandschaften sowie Wälder und Weite machen die Tour im Westen zu einem einmaligen Erlebnis.

15

Urlaubsstimmung am Effelder Waldsee

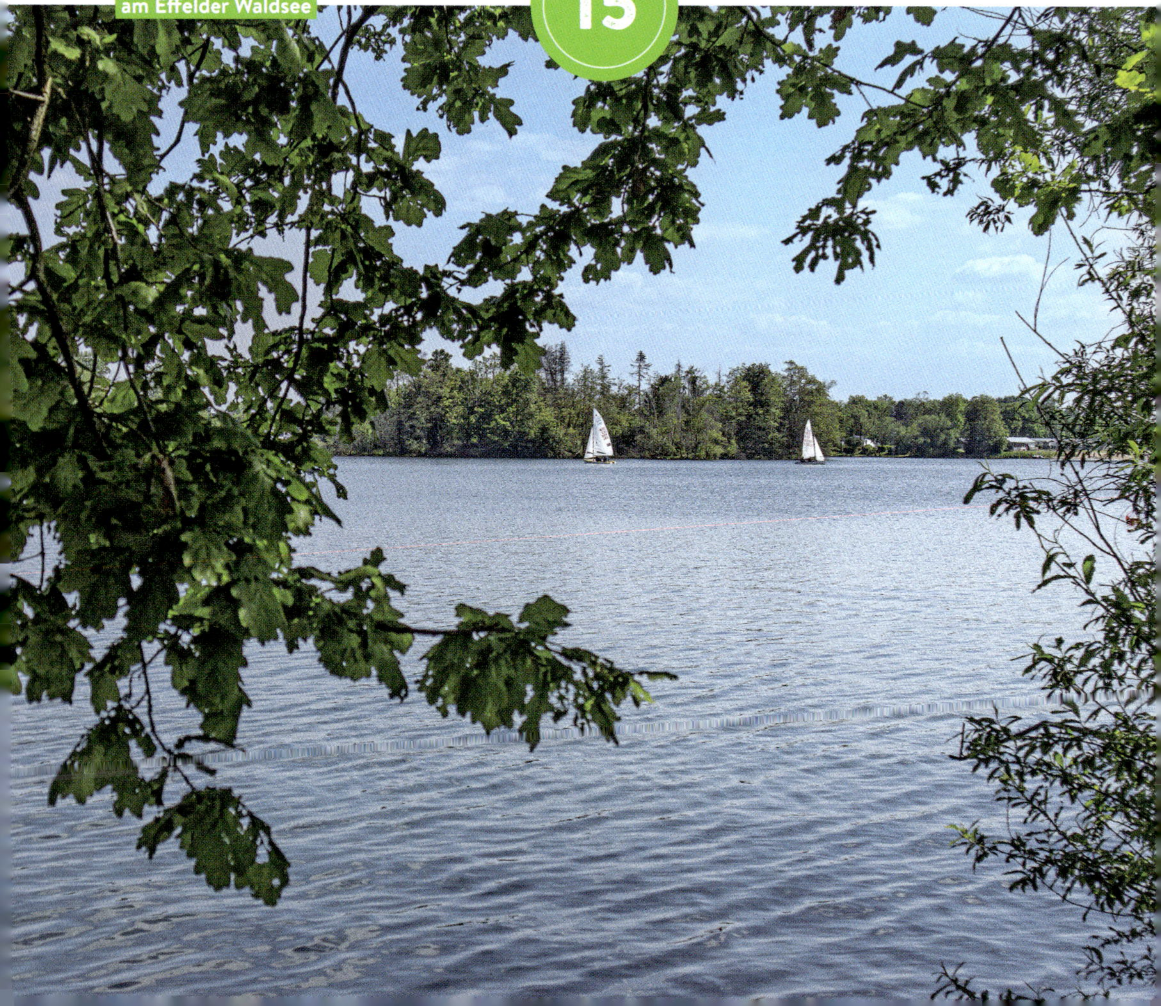

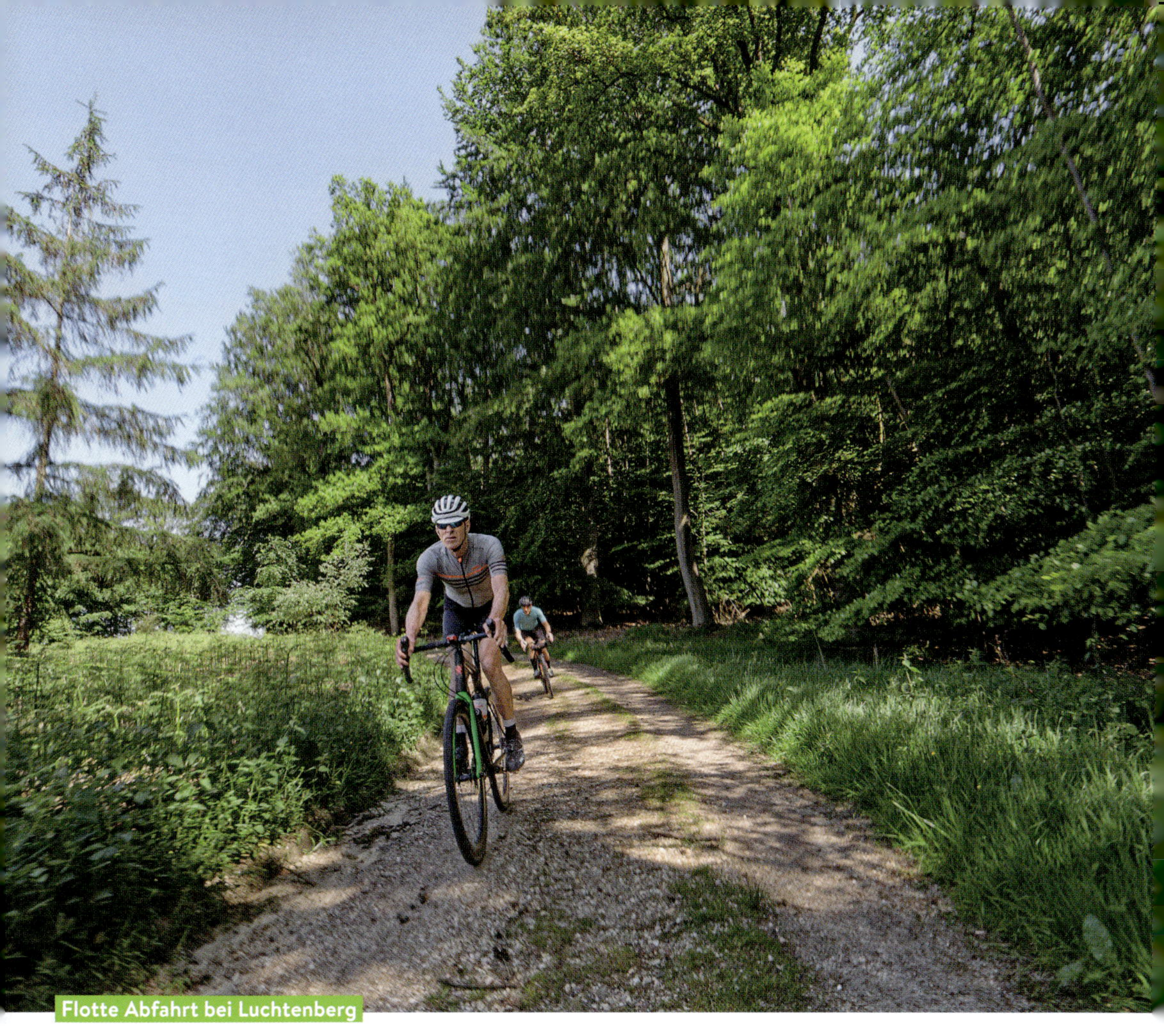

Flotte Abfahrt bei Luchtenberg

START Mal wieder Mönchengladbach, weil's so schön ist. Aber wo wir von dort aus hinfahren, ist es noch schöner, ganz sicher. Wir starten im Westen im Stadtteil Hardt am Parkplatz des Tennisclubs Hardt e.V. und SC Hardt 19/31. Der Hardter Wald liegt zwar gleich nebenan, aber den heben wir uns für den Schluss auf und fahren erst mal übers offene Land. Schmale landwirtschaftliche Straßen, meistens asphaltiert, so ist es gut zum Wach- und Warmwerden.
So ab Kilometer 8 stellt sich dieses herrliche Ausflugsgefühl ein. Das liegt nicht unwesentlich am schönen Mühlenbachsee und der alten Mühle, in der sich das Café Holtmühle befindet. Im Speiseraum sitzen an

Tipp

RURUFER-RADWEG

Vom Hohen Venn in Belgien bis zur Mündung in Roermond – der Flussradweg verbindet auf insgesamt 170 Kilometern Belgien, Deutschland und die Niederlande. Neben dem Heinsberger Land, das wir auf dieser Tour passieren, führt die Rur auch durch die Jülicher Börde, den Nationalpark Eifel und natürlich nach Roermond. Der Radweg eignet sich auch gut für einen Familien-Wochenendtrip auf den Rädern (www.rurufer-radweg.de).

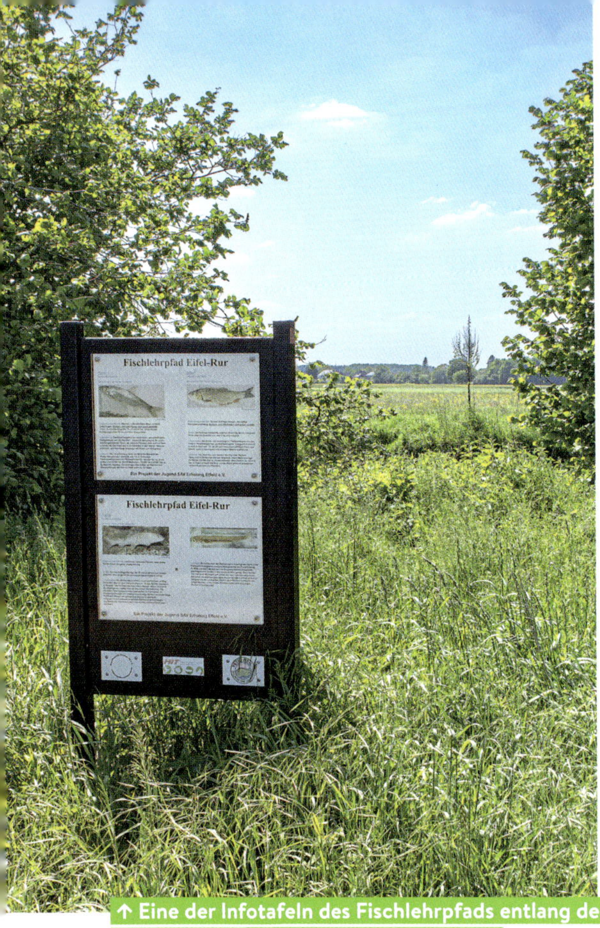

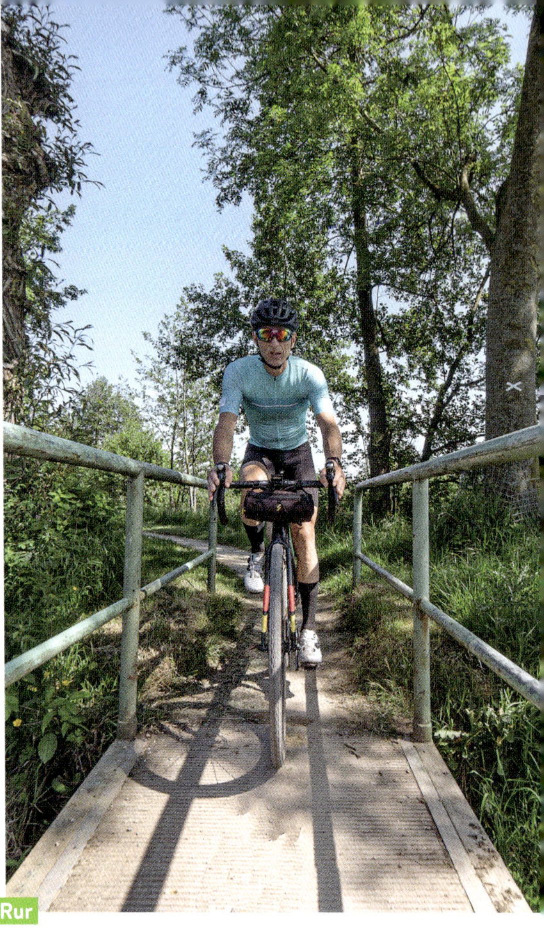

↑ Eine der Infotafeln des Fischlehrpfads entlang der Rur

↗ Auf dem Rurufer-Radweg über die Rur

diesem Feiertagsmorgen einige Familien und freuen sich über ein ausgiebiges Frühstück. Kurz darauf führt die Piste an einer weiteren Mühle vorbei und dann in einem weiten Bogen um Wegberg.

SCHLOSS TÜSCHENBROICH Es ist zwar nur ein kurzes Stück, aber der schmale Weg, der bei Kilometer 15 auf und ab durch den Wald führt, macht richtig Spaß. Und um noch eins draufzusetzen, landet die Piste an einem großen Teich, in dem sich ein altes Schloss spiegelt. Schloss Tüschenbroich ist zum Teil eine Ruine, was das Bild noch etwas romantischer macht.
Nach dem Stück durch den Tüschenbroicher Wald erwartet uns wieder offenes Land. Die Ratheimer Halde mit ihren stolzen 143 Metern erhebt sich südlich von uns. Ungewöhnlich für den Niederrhein – sie ist mal kein Ergebnis des Tagebaus, sondern ist der Abraum, den die Kumpels der Zeche Sophia-Jacoba untertage hinaufbefördert haben. Heute ist die Steinkohlegrube aber stillgelegt.
Wir lassen den Berg links liegen und sausen bei Kilometer 27 lieber einen geschotterten Waldweg bergab, rollen durch das beschauliche Dorf Luchtenbeck direkt auf eine schöne Flusslandschaft zu.

RURUFER-RADWEG Flussradwege zählen unbedingt zu den Highlights am Niederrhein. Neben Rhein, Niers und Erft geht es nun an der Rur entlang. Und wie auf Knopfdruck stellt sich auch wieder dieses Urlaubsgefühl ein, dem es völlig egal ist, ob man

500 Kilometer von seinem Zuhause entfernt ist oder 50. Der Weg ist perfekt fürs Graveln. Ein leicht körniger Untergrund, links der Fluss, rechts flache Flusslandschaft mit Wiesen, Pappeln, Weiden und grasenden Rindern.

Etwa sieben Kilometer führt unsere Route am Fluss entlang. Wer möchte, kann alle paar Hundert Meter einen Stopp einlegen und auf den Tafeln des Fischlehrpfads Eifel-Rur erfahren, wer denn so im Fluss lebt. Machen wir nicht, wir gehen auch nicht im Effelder Waldsee baden, obwohl es dort einen echten Sandstrand gibt, der auf den Namen Amici Beach getauft wurde. Wir fahren

Tipp

VENHOF

Mitten im Nationalpark De Meinweg bei Kilometer 46 liegt der große Reithof. Das Café und Restaurant ist, warum auch immer, im Stil einer Skihütte gestaltet und sehr gemütlich. Draußen fühlt man sich als Mensch mit Gravelbike und schmutziger Hose aber besser platziert. Eine leckere Spezialität sind die belgischen Waffeln. Wer nicht mehr weiterkann: Hier gibt es auch Zimmer oder ganze Blockhütten zum Übernachten (www.venhof.nl).

Reiner Genuss und erlaubt – mit dem Gravelbike durch den Nationalpark De Meinweg

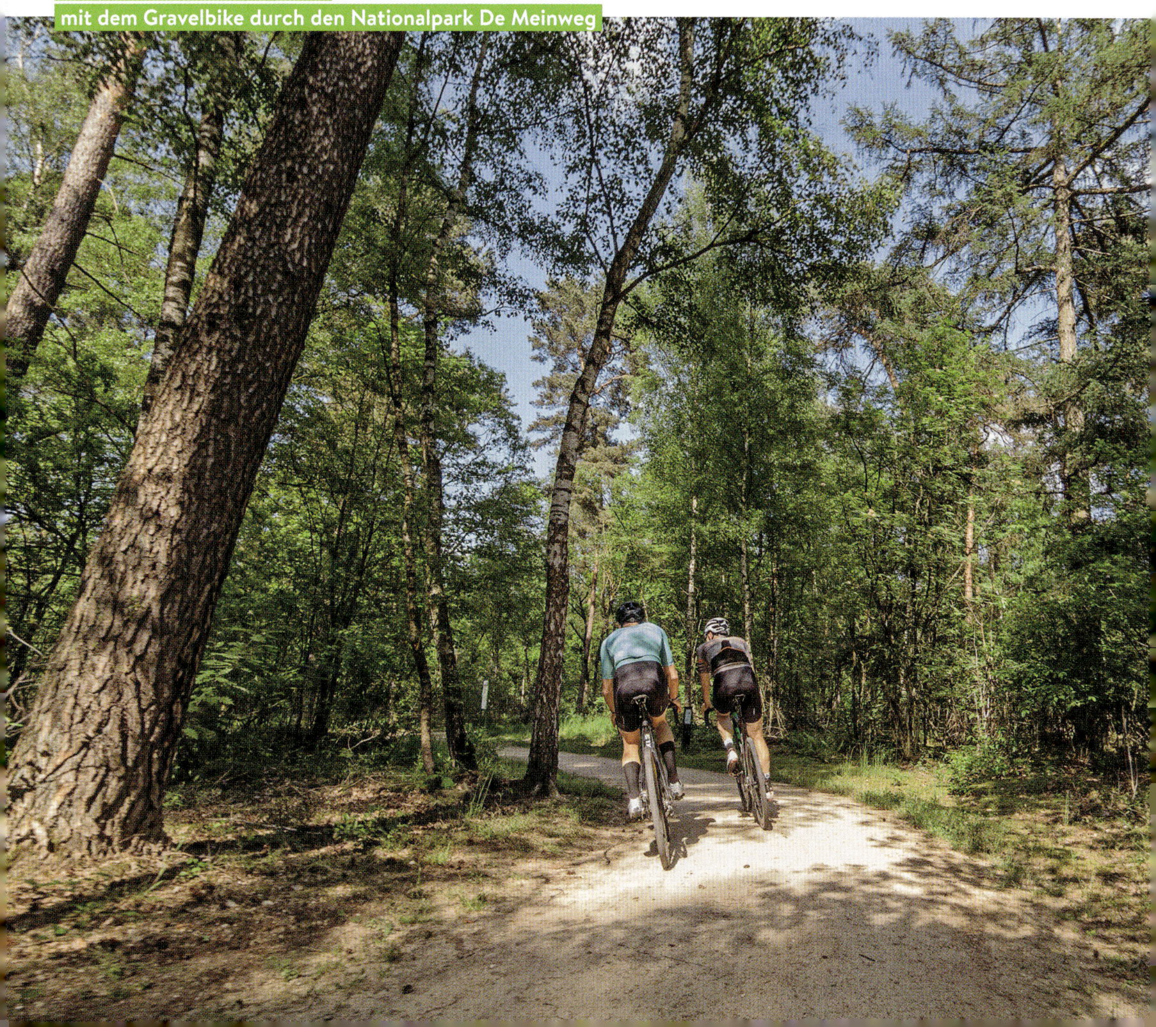

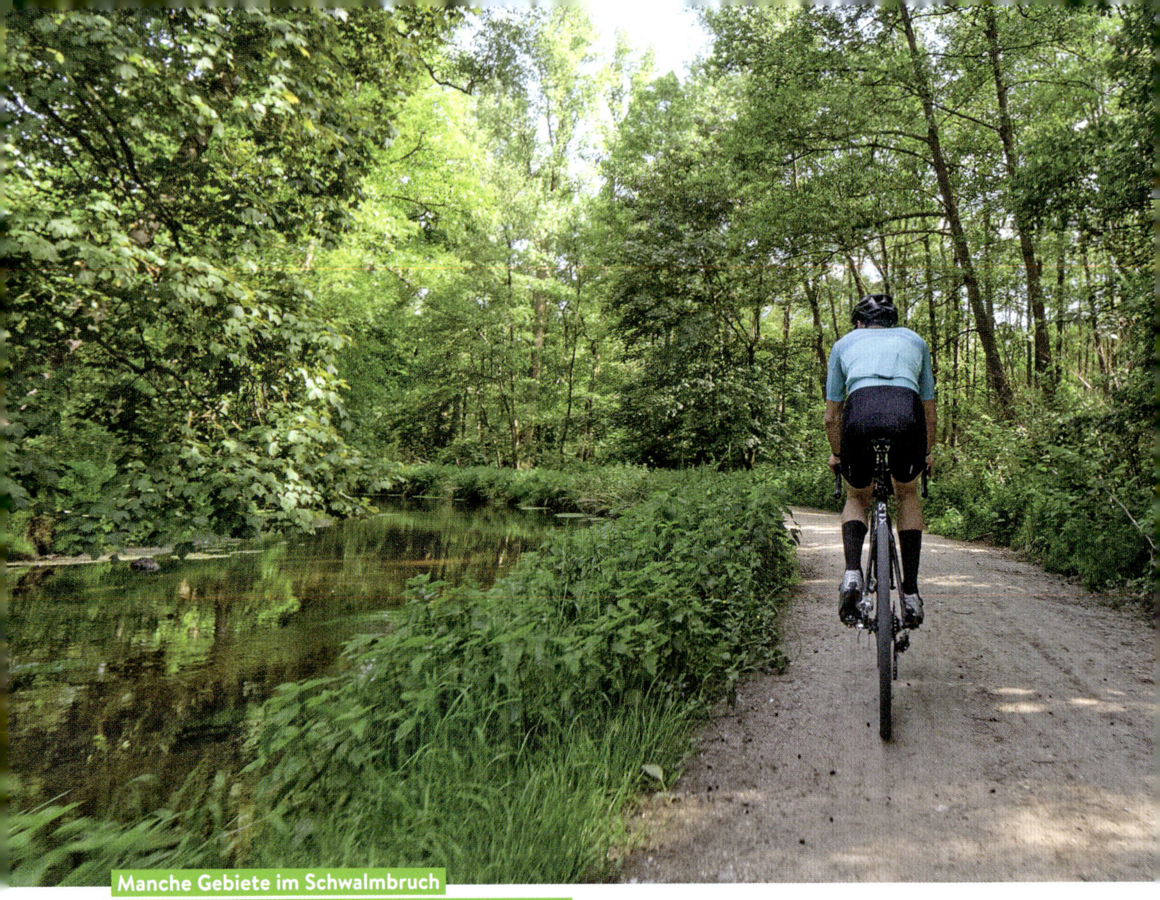

Manche Gebiete im Schwalmbruch sind auch heute noch wild und kaum zugänglich.

lieber auf einem schmalen Trail um den See herum und sind kurz darauf auf niederländischem Gebiet.

DE MEINWEG Genauer gesagt pedalieren wir auf feinsten Gravelpisten durch den Nationalpark De Meinweg. Der erstreckt sich sowohl auf niederländisches Gebiet als auch auf deutsches und das nicht erst, seit es das Schengen-Abkommen gibt. Die Wälder, Moore und Heideflächen wurden jahrhundertelang von den angrenzenden Gemeinden gemeinschaftlich genutzt, daher kommt wohl auch der Name Meinweg. Auf fast 20 Kilometern erkunden wird diesen fantastischen Naturraum. Und was die Wege und Untergründe auf der niederländischen Seite betrifft: Die sind eine Klasse für sich. Zwei Drittel der Fläche der Nationalparkregion bestehen aus Wald. Aber auch weite Heideflächen gibt es zu bestaunen und sogar einige leichte Anstiege liegen auf der Route.
Bei Kilometer 46 lockt das Café Rijstal im Venhof mit Kaffee und Kuchen. Die Piste verläuft eine Zeit lang schnurgerade und rund fünf Kilometer leicht bergauf – links ist Deutschland, rechts die Niederlande. Wir nähern uns Ober- und Niederkrüchten, bleiben aber im Wald beziehungsweise zwischen Äckern und Wiesen.

SCHWALMBRUCH Die verwunschene Schwalm kennt ihr vielleicht schon von der Tour 10. Hier fahren wir aber in entgegengesetzter Richtung durch das Naturschutzgebiet Schwalmbruch. Einfach unglaublich, was es hier, fast vor der Haustür, noch für wilde Natur gibt. Die Waldpiste ist an manchen Stellen etwas tief und etwas rutschig. Aber jetzt noch den Reifendruck senken lohnt sich auch nicht mehr, wir sind ja fast wieder zurück.

Vorher erwartet uns noch wie versprochen der Hardter Wald. Wir fahren auf einer relativ breiten Piste durch den Mischwald, vorbei am ehemaligen NATO-Stützpunkt JHQ Rheindahlen. Kurz darauf landen wir sicher auf dem jetzt vollen Parkplatz des SC Hardt 19/31. Auf dem Fußballfeld findet gerade ein Spiel statt.

INFO

Mittel | **74 km** | **260 Hm** | **4.00 Std.**

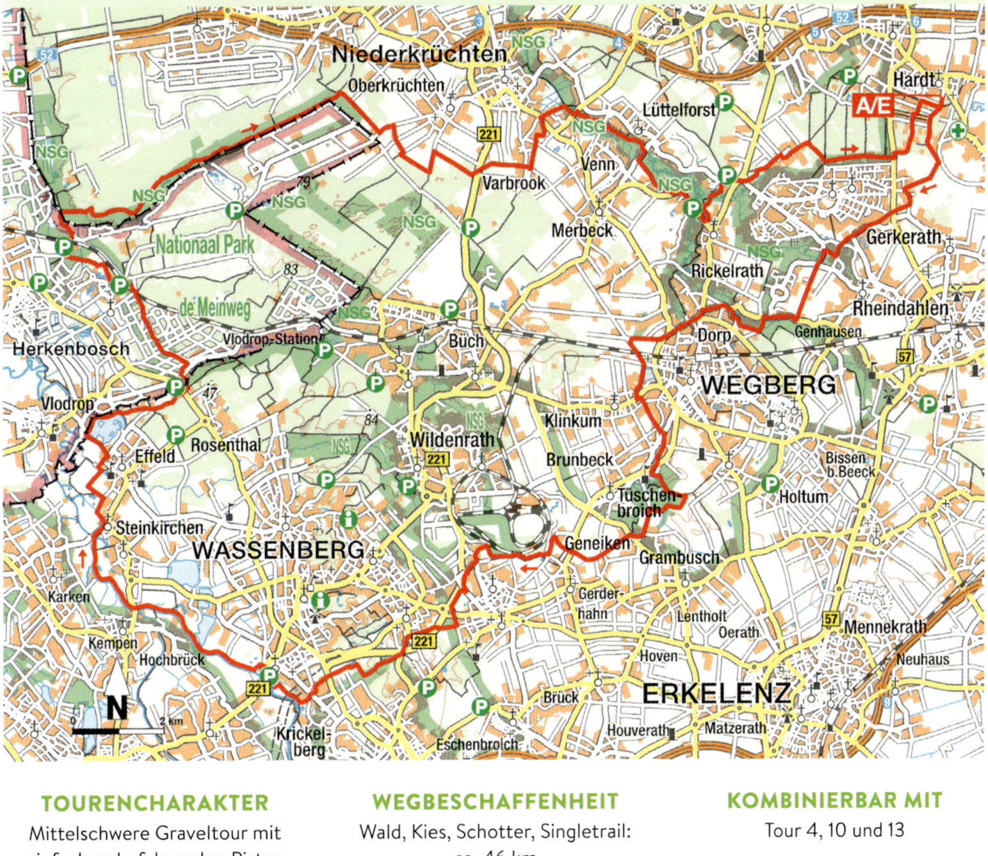

TOURENCHARAKTER

Mittelschwere Graveltour mit einfach zu befahrenden Pisten und einem hohen Waldanteil. Witterungsbedingt kann es im Gebiet des Schwalmbruchs tiefe und im De Meinweg sandige Abschnitte geben.

WEGBESCHAFFENHEIT

Wald, Kies, Schotter, Singletrail: ca. 46 km

AUSGANGS-/ENDPUNKT

Pkw: Parkplatz SC Hardt 19/31, Birkmannsweg 6, 41169 Mönchengladbach

KOMBINIERBAR MIT

Tour 4, 10 und 13

FAHRRADWERKSTATT

SP – Zweiradservice Stephan Pfennings, Besenbinderstraße 17, 41844 Wegberg, Tel. 02426/3825169, www.sp-zweirad.de

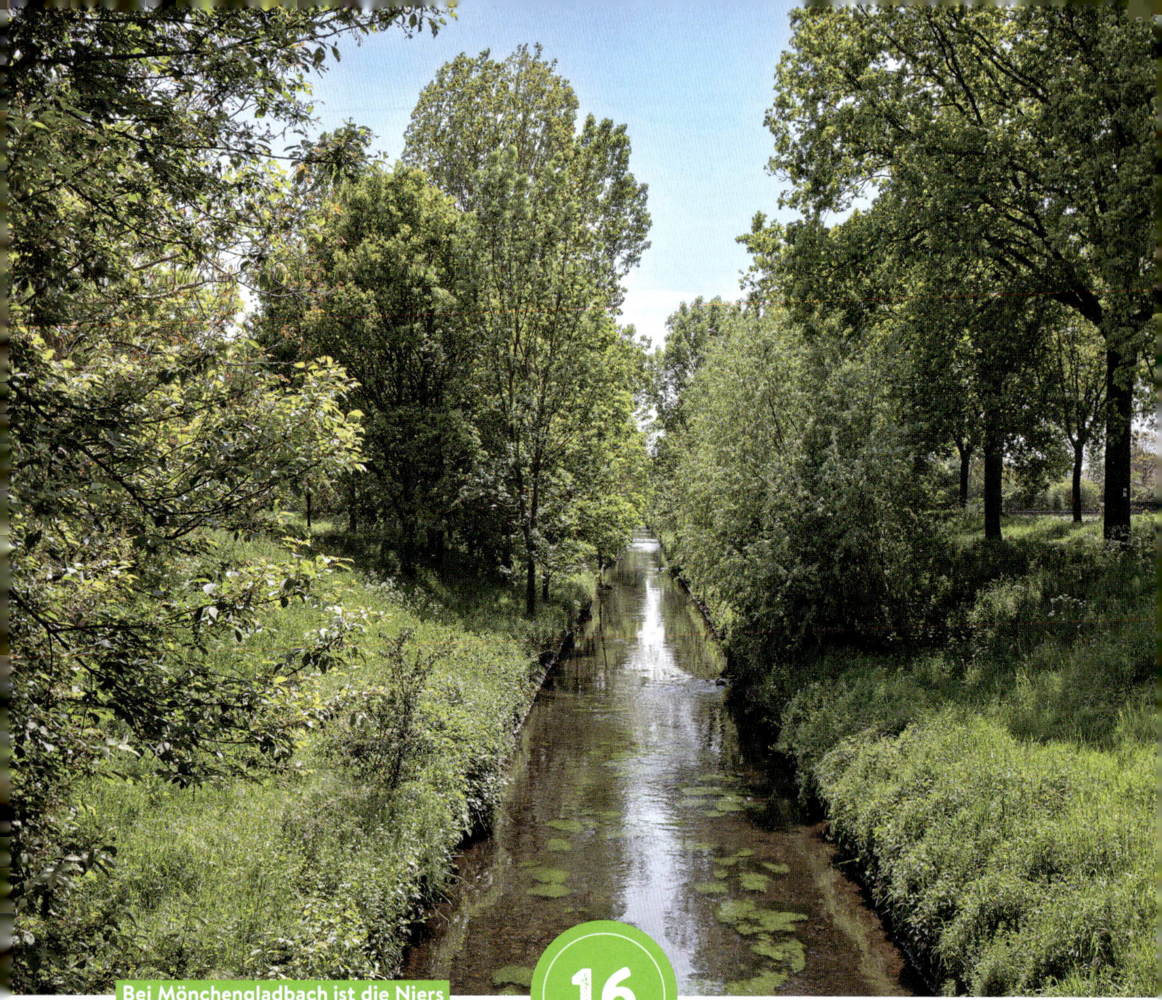

Bei Mönchengladbach ist die Niers noch ein schmales Band.

16

ALLES IM FLUSS

Rhein – Ilvericher Altrheinschlinge – Niers – Liedberg – Raketenstation – Erft – Düsseldorf

Im weiten Bogen geht es rund um Neuss. Dabei führt die Route durch großartige Naturräume an einem ehemaligen Rheinarm und entlang der Flüsse Niers und Erft. Alle Abschnitte lassen sich leicht und oft auch schnell befahren. Zum Finale rollt ihr an Düsseldorfs Sahneseite entlang.

START Die Theodor-Heuss-Brücke ist ein beliebter Treffpunkt für Radlerinnen und Radler in Düsseldorf. Unterhalb der Brücke am Rhein gibt es einige Parkplätze. Sollten die belegt sein, gibt es weiter in Richtung Innenstadt einen großen Parkplatz am Rhein und in die andere Richtung bei der Messe ebenfalls. Mit der Bahn könnt ihr gut die S-Bahn-Station Düsseldorf-Hamm als Startpunkt nehmen, dann beginnt ihr sozusagen mit dem Schluss dieser Routenbeschreibung. An der S-Bahn-Station hält zum Beispiel die S11, die linksrheinisch bis Köln fährt. Zurück zur Theodor-Heuss-Brücke. Der breite asphaltierte Weg unter den Bäumen führt oberhalb des Rheins entlang. Das hat zwar nichts mit Graveln zu tun, macht aber trotzdem Spaß. Die Aussicht auf den großen Fluss, die Strände auf der anderen Seite, das ist einfach schön. Nebenbei wird noch Düsseldorf-Sightseeing geboten: erst die weiße Siedlung – eine exklusive Wohnsiedlung aus den 1930er-Jahren –, dann der Nordpark, die Messe, das Fortuna-Stadion. Hier folgt ein Spot auf den nächsten. Auch gut: Wer noch seine Wasserflaschen auffüllen möchte – am Wasserwerk Am Staad sprudelt aus einem Brunnen frisches Trinkwasser.

ZUR ILVERICHER ALTRHEINSCHLINGE

Richtung Flughafenbrücke könnten wir auch den Treidelweg direkt am Fluss nehmen. Allerdings sind dort immer so viele Spaziergänger unterwegs, also bleiben wir die zwei Kilometer auf dem asphaltierten Deichweg. Der Blick von der Flughafenbrücke, die über die A 44 führt, ist immer wieder ein Erlebnis. Unten fließt der breite Strom, auf dem fast immer einige Schiffe zu sehen sind, und wenn einem der Wind um die Nase pfeift,

Liegt an der Strecke – Schloss Rheydt mit schönem Vorhof und Schlosscafé

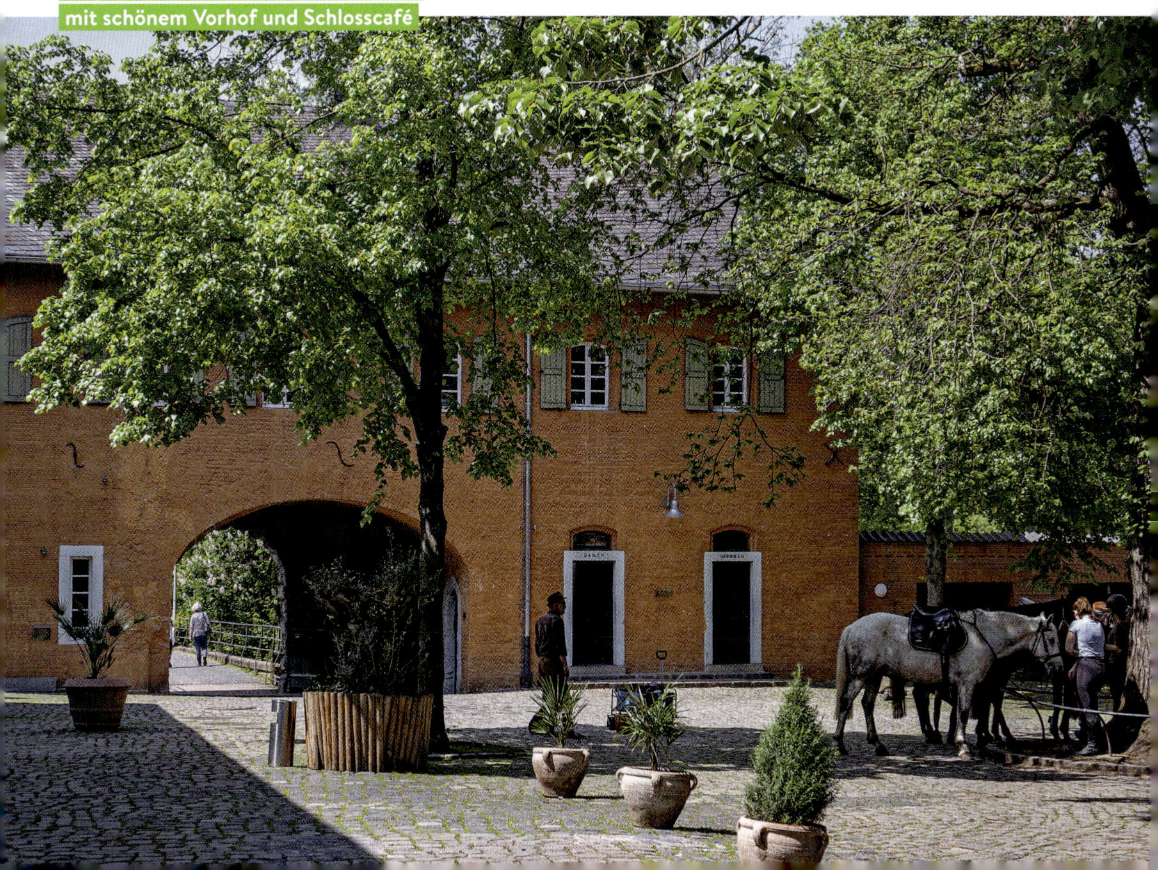

Tipp

INSEL HOMBROICH

Der Kulturraum Hombroich ist ein einzigartiges Areal. »Kunst parallel zur Natur« ist das Motto des Projekts, das seit Mitte der 1990er-Jahre wächst und weiterentwickelt wird. Auf der ehemaligen NATO-Basis, wo früher Sprengköpfe für Cruise-Missile- und Pershing-Raketen gelagert wurden, sind spannende Kunsträume zu entdecken, die von herausragenden Architekten und Bildhauern wie Tadao Andō, Álvaro Siza Vieira, Raimund Abraham, Erwin Heerich und Dietmar Hofmann entworfen wurden (www.insel-hombroich.de).

fühlt man sich schon fast wie in Holland am Meer.
Auf der anderen Seite bekommen wir endlich Schotter unter die Stollen. Einmal quer durch die Ilvericher Altrheinschlinge führt die Route. Im ehemaligen Flussbett des Rheins hat sich ein dichter Auenwald gehalten, den wir jetzt ein kleines Stück durchqueren. Wir kommen am Haus Meer raus. Das Vorderhaus des ehemaligen Klosters und Herrenhauses ist noch gut erhalten.

Jetzt nach links und es geht auf den Niers-Radwanderweg.

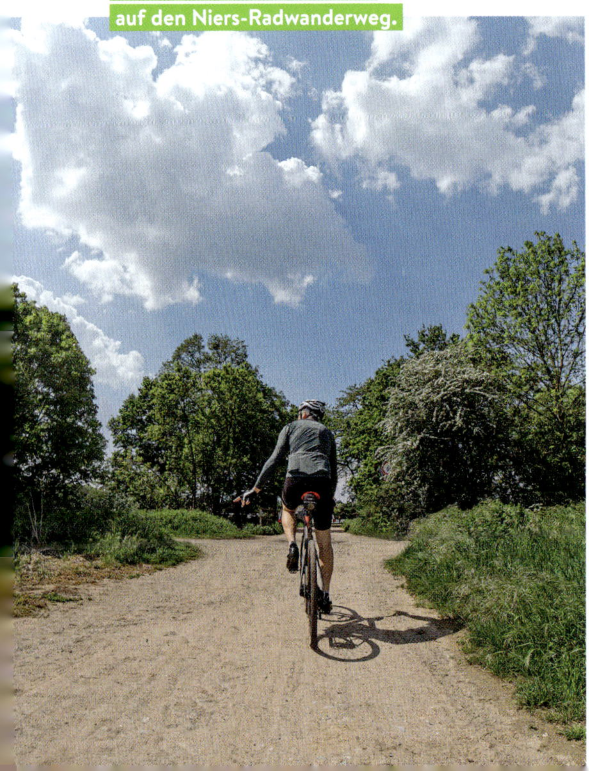

DURCH DEN MEERBUSCHER WALD Eine breite Schotterpiste führt durch den Meerbusch – der Wald heißt so wie die Stadt oder umgekehrt. Wer sich schon mal gefragt hat, wieso der Ort »Meer« heißt, dem kann ich dank Wikipedia sagen, dass Meer ein niederdeutscher Name für ein Feuchtgebiet ist; in anderen Gegenden werden diese Gebiete, Moor, Marsch und Maar genannt. Übrigens heißt es »die Maar« und nicht »das Maar«, im Unterschied zu den Kraterseen in der Eifel.
Wo wir gerade bei Seen sind: Wir kurven jetzt an mehreren Baggerseen vorbei. In einigen wird nicht mehr gebaggert, so wie im Kaarster See. Der liegt an diesem sonnigen Frühlingstag noch so ruhig und einladend da, dass man gleich hineinspringen möchte.

ÜBER DEN NIERS-RADWANDERWEG Wir arbeiten uns über die Felder weiter nach Westen vor. Nach rund 30 Kilometern passieren wir eine kleine Brücke, die über einen Fluss führt. Wir biegen in einem 90-Grad-Turn auf einen einladenden Radweg mit feinem Schotter ein – willkommen auf dem Niers-Radwanderweg. Theoretisch könnten wir auf dem insgesamt 100 Kilometer langen Radweg an der Niers entlang bis ins niederländische Gennep radeln.
Es ist ein wirklich schöner Radweg, der nicht nur an Wiesen und Feldern, an Pappeln und Kopfweiden entlangführt – also der typisch niederrheinischen Landschaft –, sondern auch an einigen Schlössern. Schon nach etwa 500 Metern liegt links der Piste das

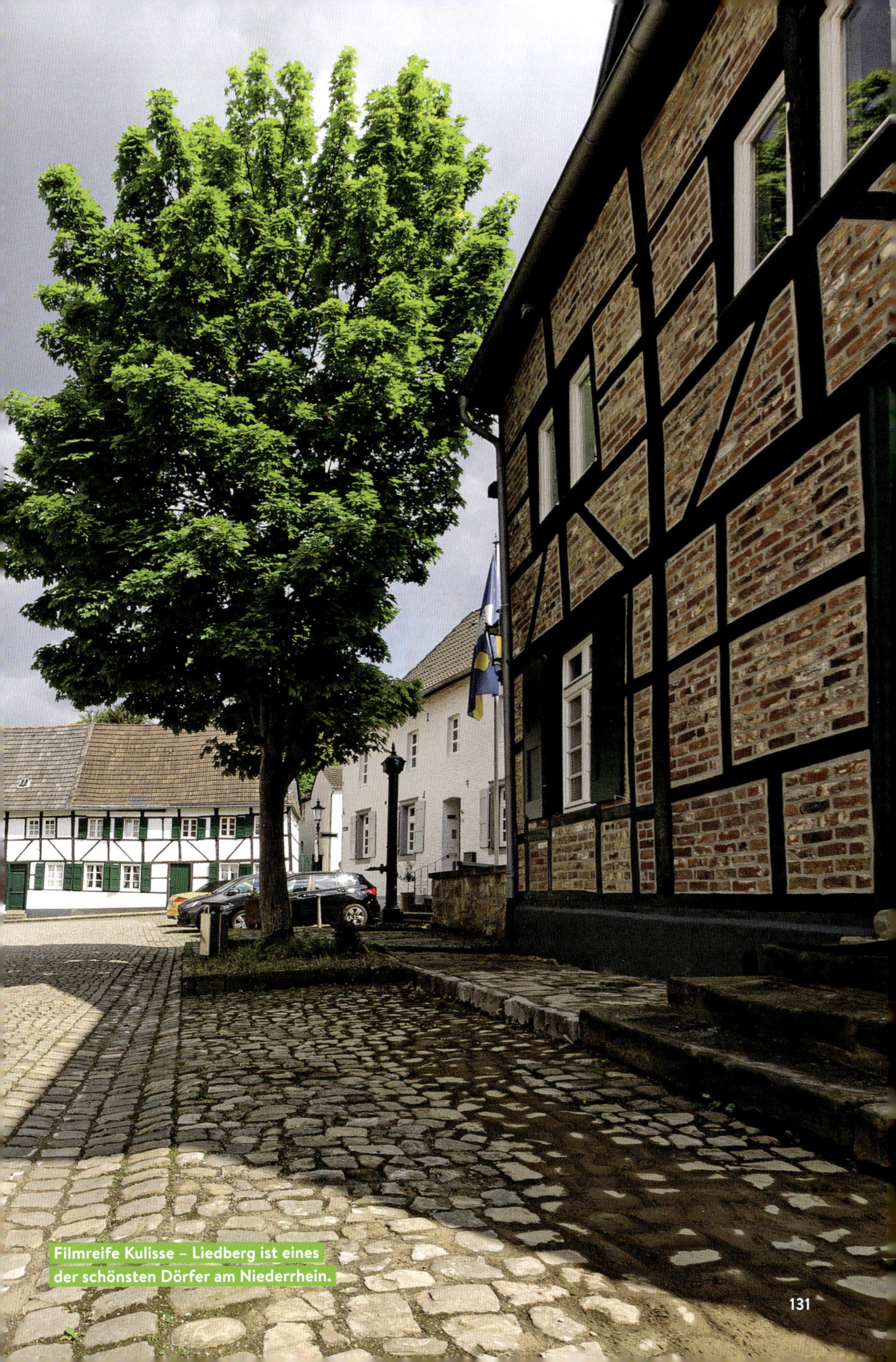

Filmreife Kulisse – Liedberg ist eines der schönsten Dörfer am Niederrhein.

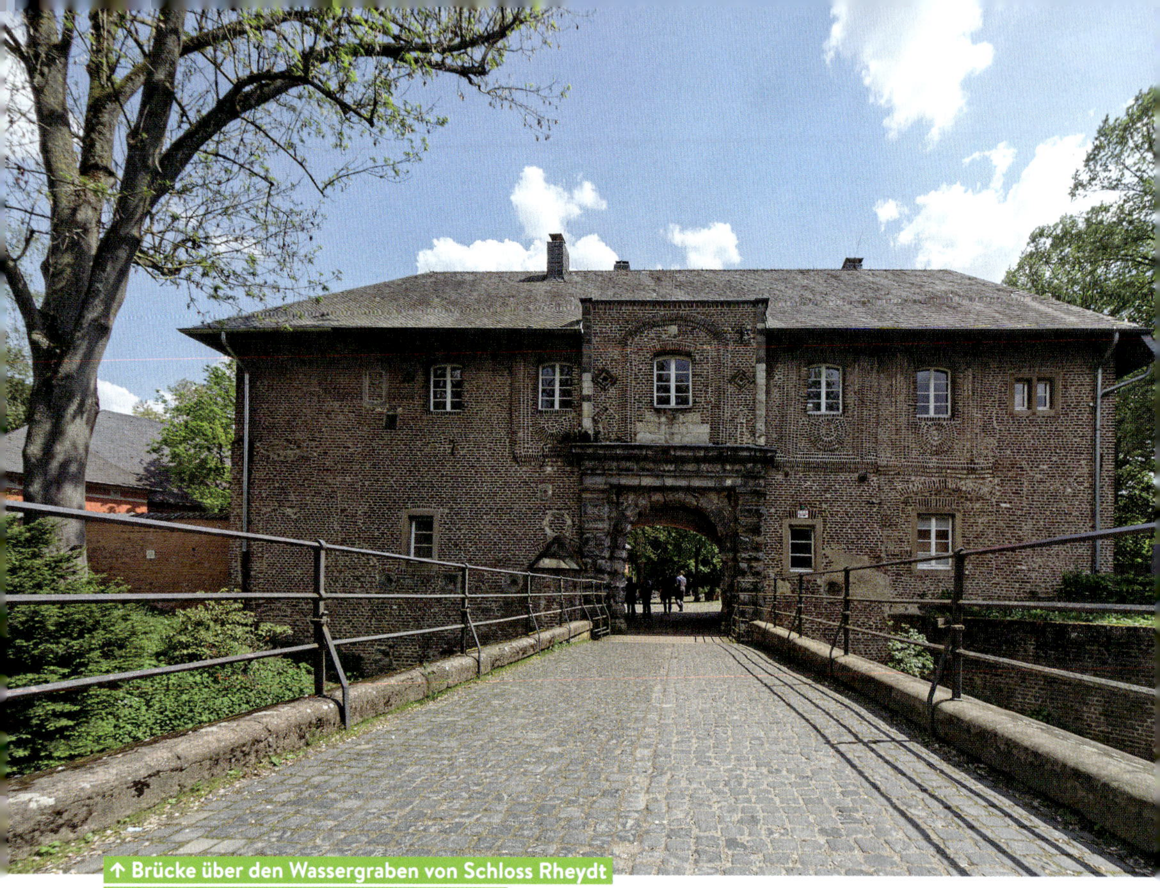

↑ Brücke über den Wassergraben von Schloss Rheydt

↓ Vom Sporthafen Neuss nach Düsseldorf

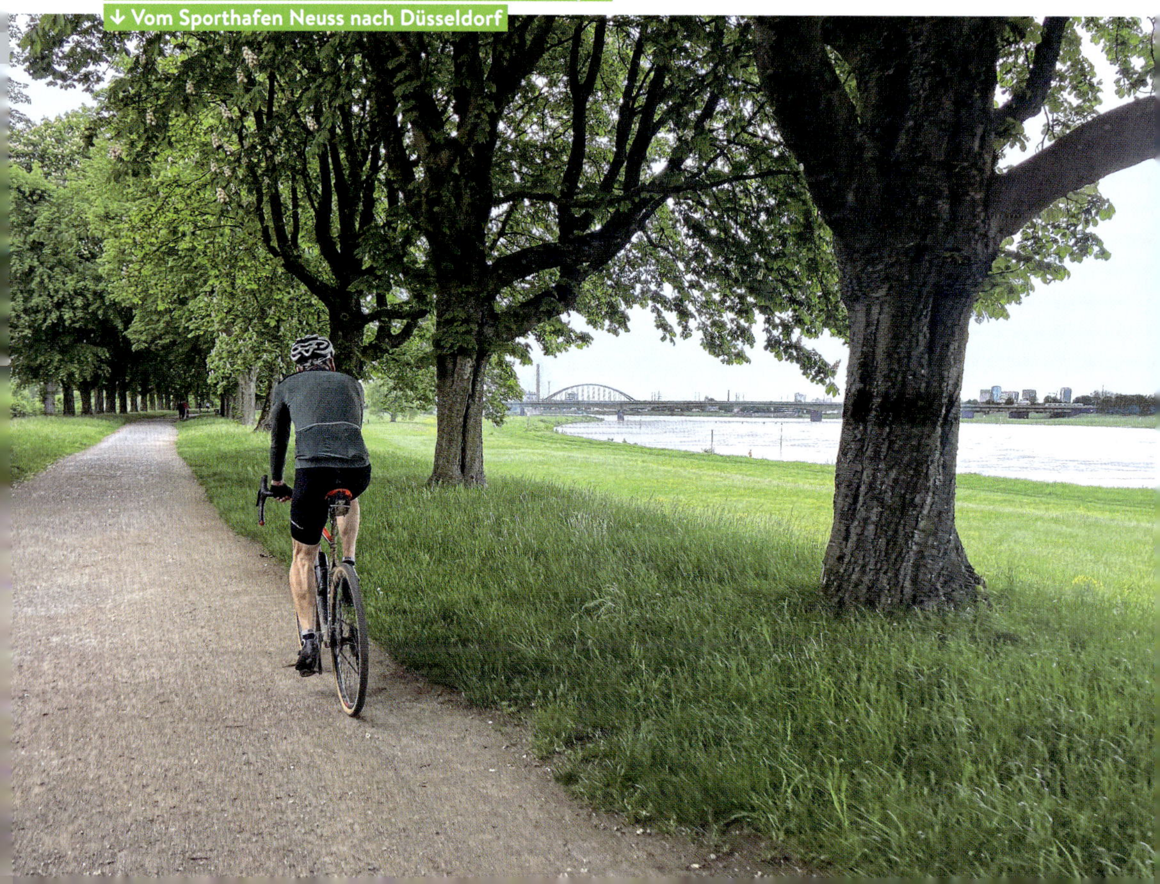

Wasserschloss Myllendonk versteckt hinter hohen Bäumen. Nach weiteren fünf Kilometern lohnt sich ein Abstecher zum Renaissanceschloss Rheydt. Wer dringend den Koffeinspeicher auffüllen möchte: Dort gibt es auch ein Café.

FACHWERKROMANTIK IN LIEDBERG Wir fahren noch ein kleines Stück weiter auf dem Flussradweg und queren nun wieder offenes und einsameres Terrain. Unser nächstes Ziel ist ein grüner Hügel in einiger Entfernung. Obwohl nur 34 Meter hoch, überragt der Liedberg das Umland. Wie ein bewaldetes Schiff liegt die 700 Meter lange Quarzitkuppe auf dem platten Land. Auf der von uns aus gesehen anderen Seite dieses Hügels schmiegt sich ein Dorf wie aus dem Bilderbuch: Liedberg. Da wollen wir hin.
Weil's so schön ist, radeln wir langsam über den Marktplatz und bewundern die schönen alten Fachwerkhäuser. Wer Bock hat, steigt für einen halben Euro auf den Mühlenturm und schaut weit übers flache Land.

DURCHS WASSER Wenn es vor eurer Ausfahrt viel geregnet hat, dann freut euch auf ein besonderes Abenteuer. Die landwirtschaftlichen Wege in Richtung Raketenstation – das ist unser nächstes Ziel – sind teilweise so gut gepflastert, dass sich in den Vertiefungen das Regewasser sammelt. Wir fahren erst durch einen kleinen See – er ist mindestens zehn Meter lang –, dann durch eine noch größere Wasserfläche. Hoffentlich versteckt sich unter dem trüben Wasser nicht irgendein Stein oder Ast, der uns von den Rädern holt. Das Wasser ist so tief, dass ich beim Treten mit den Schuhen ins Wasser komme.

RAKETENSTATION HOMBROICH Vorbei an einem Feld, auf dem man sich seinen eigenen Kohlkopf ernten kann, führt der Weg zu ungewöhnlichen Betonbauten. Sie liegen zum Teil versteckt hinter Bäumen und könnten gut die Kulisse eines James-Bond-Films sein, etwa für ein geheimes Forschungslabor. Woran an der Raketenstation Hombroich – einer ehemaligen NATO-Basis – jedoch gearbeitet wird, sind keine geheimen Raketen,

Tipp

MEINE EISLIEBE

Im Sommer sieht man an der Rheinpromenade in Grimlinghausen immer viele Menschen, die Eis essen. Manche spazieren mit einer Eistüte in der Hand, andere haben es sich mit einem Becher auf einem Mäuerchen gemütlich gemacht. Sie alle genießen das handwerklich hergestellte Eis von »Meine Eisliebe«. Je nach Saison werden spezielle Sorten angeboten (Rheinuferstraße 94, 41468 Neuss).

Schöner Landweg auf der Ilvericher Altrheinschlinge

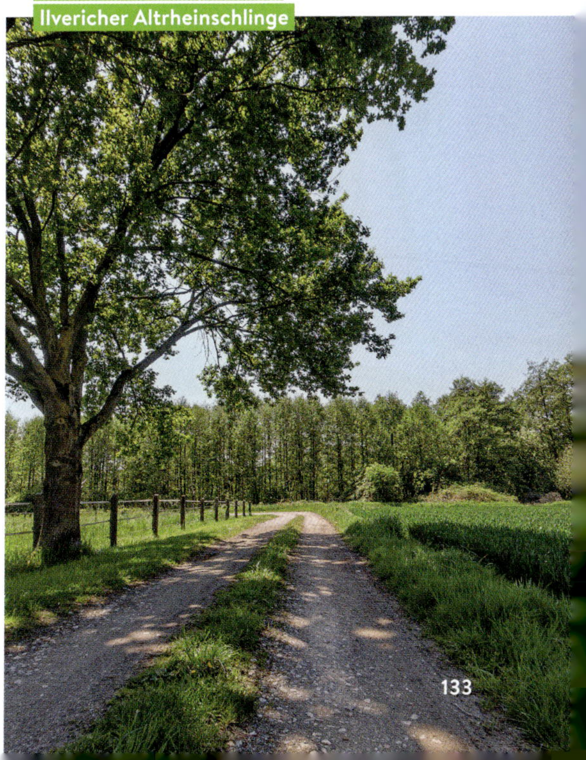

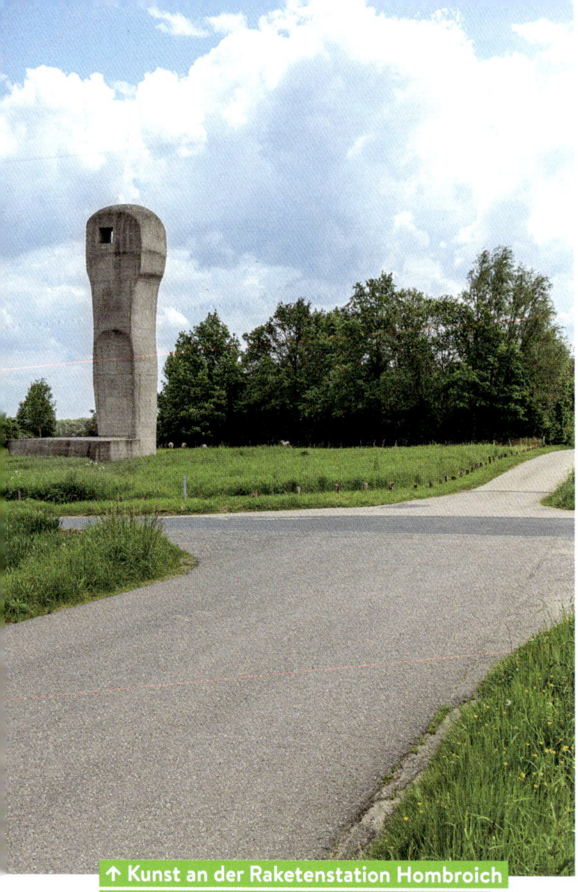

↑ Kunst an der Raketenstation Hombroich
↓ Gleich gegenüber: die Skulpturenhalle mit Figuren von Thomas Schütte

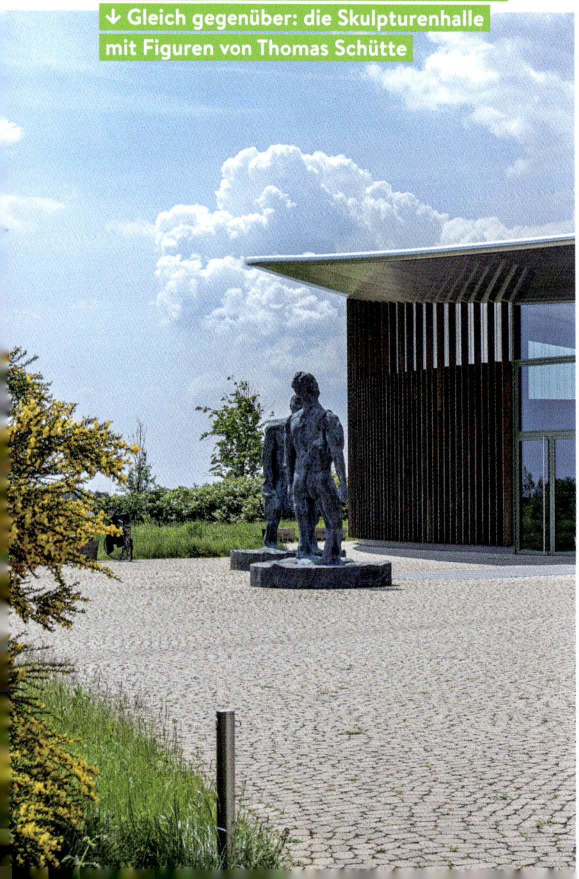

sondern Kunst- und Kulturprojekte. Kunstinteressierte können sich die Ausstellungen in der Langen Foundation anschauen und in der Skulpturenhalle Neuss. In der Raketenstation gibt es auch ein nettes Café, wenn man eine Pause einlegen möchte.
Die Backsteingebäude, an denen wir vorbeikommen, während wir zwischen den Äckern bergab rollen, sind auch einen zweiten Blick wert. Es sind Atelier- und Ausstellungsbauten, die der 2018 verstorbene Künstler Per Kirkeby entworfen hat. Könnten wir jetzt durch das Areal der Museum Insel Hombroich radeln, würden wir noch mehr Kirkeby-Gebäude sehen und natürlich noch mehr Kunst.

AN DER ERFT ENTLANG Stattdessen führt die Route am Museumsgelände vorbei auf den Erft-Radweg. Das ist keine Fahrradautobahn, sondern ein schöner, schmaler und meist fein geschotteter Weg, der durch eine wunderschöne Landschaft führt. Wir kommen an diversen Mühlen vorbei – alle mit ganz viel Geschichte. Erst die Eppinghovener Mühle und dann die Erprather Mühle, die noch in Betrieb ist. Auf Höhe von Gut Gnadental rauscht die Erft wie ein Wildbach. Über dem Fluss hängen an Schnüren Stangen herab, es sind die Tore des Wildwasserparcours, auf dem Kanuten trainieren.
Wir folgen der Erft bis an die Stelle, wo sie in den Rhein mündet. Jedenfalls fast. Kurz vorher geht's am Sporthafen Neuss vorbei auf den Rheindamm. Erst durch eine schöne Platanenallee, dann über die Josef-Kardinal-Frings-Brücke führt die Tour über die Felder bei Hamm, wo auf riesigen Anbauflächen Schnittblumen, Topfpflanzen und Küchenkräuter in Töpfen gezogen werden. Zusammen mit der Skyline des Medienhafens ist das ein spannender Kontrast.

DÜSSELDORF FÜR TOURISTEN Etwas abgekämpft, schlammbespritzt und mit immer noch nassen Schuhen rollen wir an den touristischen Highlights der Landeshauptstadt vorbei: an den Gehry-Bauten am Medienhafen, dem Funkturm, der Rheinpromenade. Es folgen der Turm des ehemaligen Stadtschlosses, die Lambertus-Kirche mit dem schief gewundenen Kirchturmdach, die Kunstakademie, die Tonhalle – und das Fortuna-Büdchen. Ein kleines Altbier zum Abschluss an Düsseldorfs berühmtestem Büdchen? Warum nicht. Danach ist es bis zum Start- und Zielpunkt nur noch ein Kilometer.

INFO

Mittel | 76 km | 170 Hm | 4.00 Std.

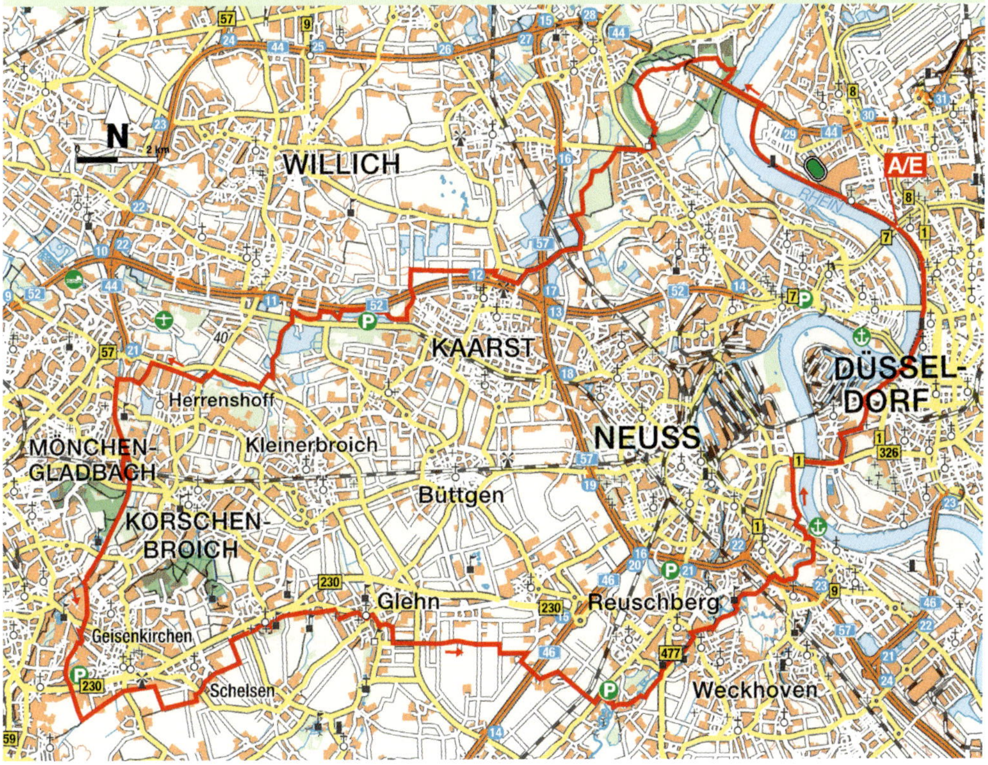

TOURENCHARAKTER
Mittelschwere Tour fast ohne Steigungen und mit einfach zu befahrenden Untergründen

WEGBESCHAFFENHEIT
Wald, Kies, Schotter, Singletrail: ca. 26 km

AUSGANGS-/ENDPUNKT
Pkw: Parkplatz Theodor-Heuss-Brücke, 40474 Düsseldorf
Bahn: S-Bahn-Station Düsseldorf-Hamm

KOMBINIERBAR MIT
Tour 1, 9 und 18

FAHRRADWERKSTATT
Schicke Mütze, Oststraße 119, 40210 Düsseldorf, Tel. 0211/87 66 39 70, www.schickemuetze.de

ALDEKERK-ALPEN-EXPRESS

Aldekerk – Stender Benden – Turmruine Haus Langendonk – Fleuthkuhlen – Alpen – Leucht – Oermter Berg – Schaephuysener Höhen

Plattes, leeres Land, nichts als Felder-- auf den ersten Blick sieht es ganz danach aus, dass die Tour in Richtung des unteren Niederrheins wenig zu bieten hat. Stimmt natürlich nicht, denn auf dem platten Land ist es abgeschieden schön und ein paar Waldstücke und Anstiege haben wir auch noch gefunden.

Im Sommer willkommen – ein wenig Schatten in der ansonsten offenen Landschaft

17

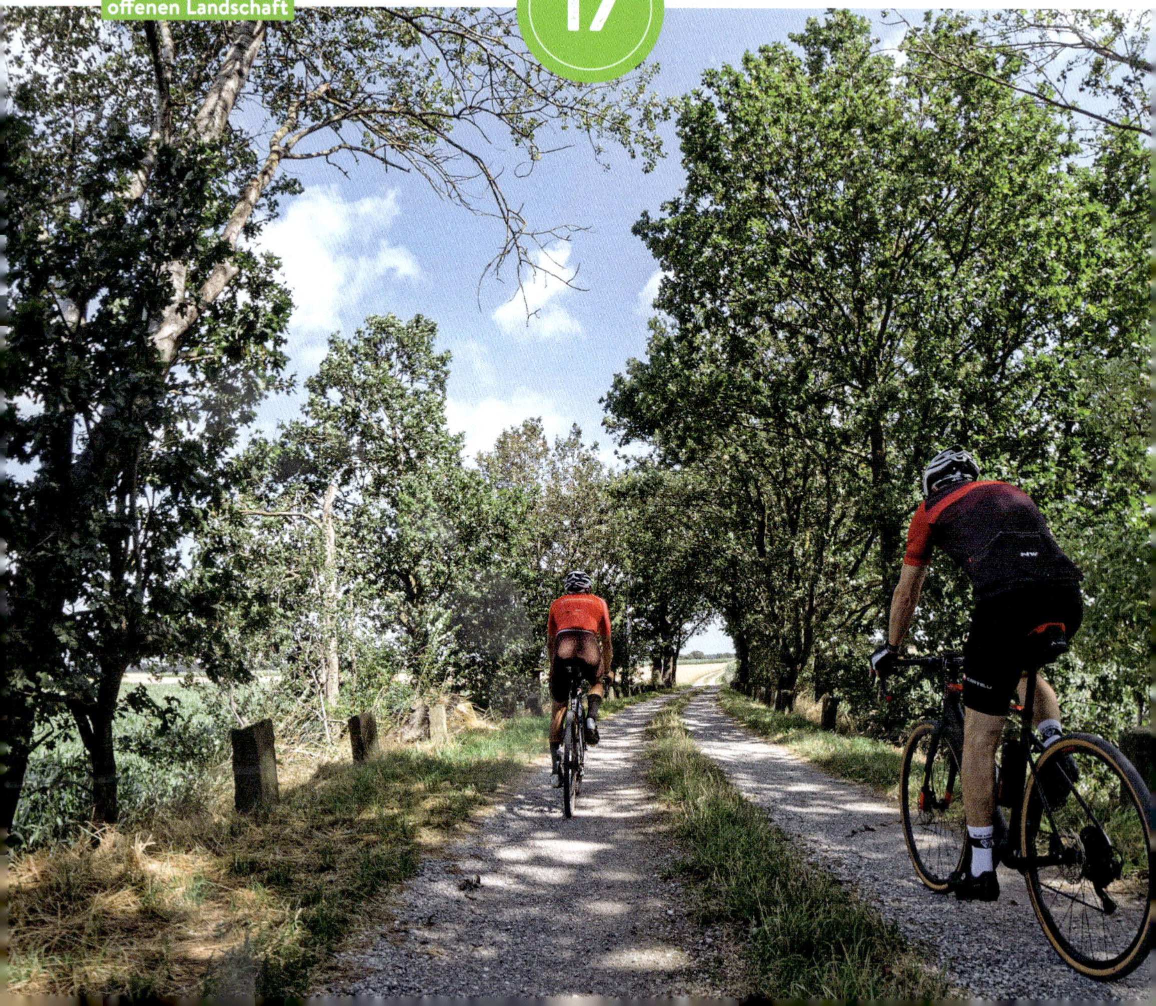

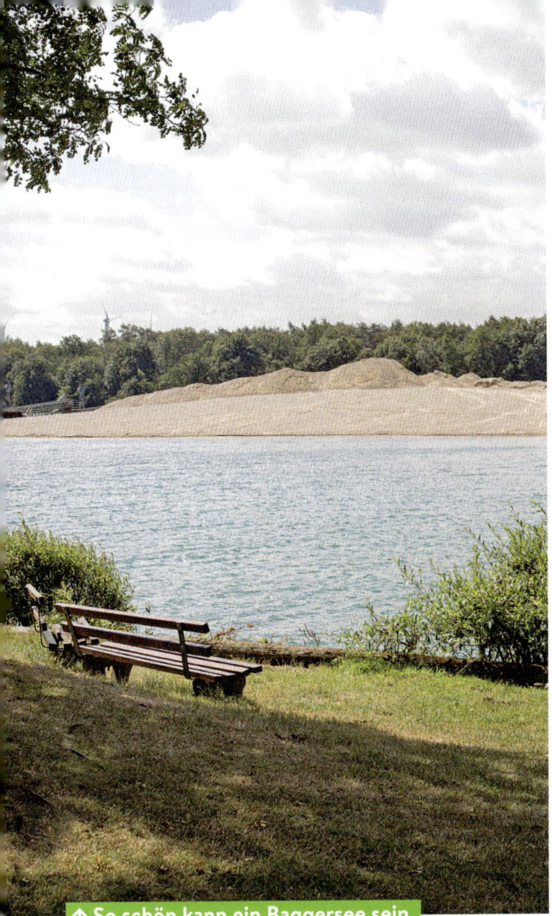

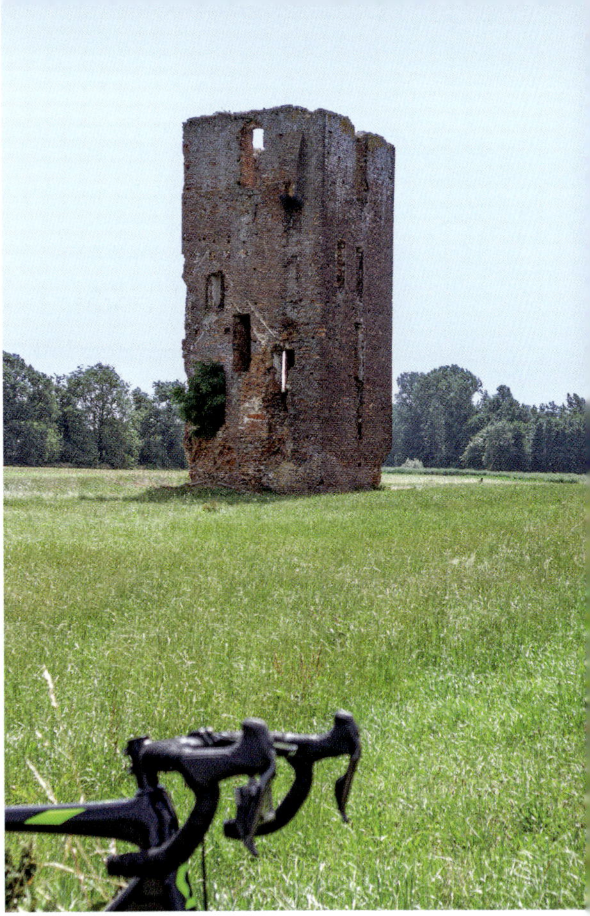

↑ So schön kann ein Baggersee sein.

↗ Die Turmruine von Haus Langendonk – der Rest der Burg ist verschwunden.

START Ist das hier das flache Land, also das, wo so richtig Provinz ist? An diesem Sonntagmittag in Aldekerk kann man nur sagen: Ja, das muss das platte Land sein. Nichts regt sich, Bienen summen, es ist Sommer. Wir sind zu dritt am Bahnhof des Kleinstädtchens, machen unsere Bikes fertig und cremen sicherheitshalber noch mal Arme, Nacken und Nase mit Sonnencreme ein. Es ist ein gutes Gefühl, an diesem leeren, heißen Tag aufzubrechen. Ein bisschen fühle ich mich wie ein Cowboy in einem Western – High Noon, nichts regt sich in der Mittagshitze.

STENDER BENDEN Passend zur Stimmung blendet die Sonne, während wir uns erst einmal nach Süden aufmachen. Aber nicht lange, denn nach wenigen Minuten tauchen wir ins Grün des Naturschutzgebiets Stender Benden ein. Wie das Landesamt für Natur-, Umwelt- und Verbraucherschutz Nordrhein-westfalen dokumentiert hat, durchfahren wir

Tipp

ALLES GELB

Im Frühjahr, meist zwischen April und Mai, blüht auf den weiten Feldern der Raps. Da die Tour auf vielen Kilometern durch die offene Ackerlandschaft führt, kommt man auch an den blühenden Feldern vorbei, die das Land in einen gelben Farbteppich verwandeln.

gerade eine Niederung mit feuchte- bzw. nässegeprägten Lebensräumen.
Bei Kilometer 9 verlässt die Route den Feuchtwald und umkurvt Kerken. An diesem Tag bläst ein heißer Südwind, der uns wie von selbst über die Felder segeln lässt. Die schmalen asphaltierten landwirtschaftlichen Wege tragen ihren Teil dazu bei, dass wir ohne große Anstrengung Kilometer schrubben. Die 35 km/h Windgeschwindigkeit, die die Wetter-App angekündigt hat, scheinen zu stimmen.

TURMRUINE HAUS LANGENDONK Ich habe vergessen, mir zu notieren, wo genau die Stelle kommt, aber irgendwo zwischen Kilometer 13 und 16 kommt ihr auf das vielleicht schmalste asphaltierte Wegstück am Niederrhein. Es ist kaum breiter als 30 oder 40 Zentimeter und verläuft zwischen zwei Feldern. Bei Kilometer 17 bleiben wir kurz stehen und kratzen uns am Kopf. Unvermittelt und ohne irgendwelche umliegenden Bauten erhebt sich auf einer grünen Wiese ein alter löchriger Turmstumpf. Was macht der da, wo kommt der her?
Die Ruine inmitten der Landschaft hätte sicher auch dem Maler Caspar David Friedrich gefallen, wenn er hier mal vorbeigekommen wäre. Ist er aber nicht – dafür aber viele Hobbyfotografen, wie man im Internet sehen kann. Das Relikt stammt von einer ehemaligen Wasserburg aus dem 14. Jahrhundert, dem Haus Langendonk. Das Wasser, das die Wasserburg umfloss und das heute immer noch hier vorbeifließt, ist die Issumer Fleuth. Sie mäandert zwischen Geldern und Issum durch das flache Land. Das Naturschutzgebiet Fleuthkuhlen ist ein Moorgebiet mit stehenden Gewässern. Einige dieser verwunschenen Kuhlen sehen wir bei Kilometer 23 durch dichtes Geäst.

Der älteste reformierte Kirchenbau Deutschlands steht in Alpen.

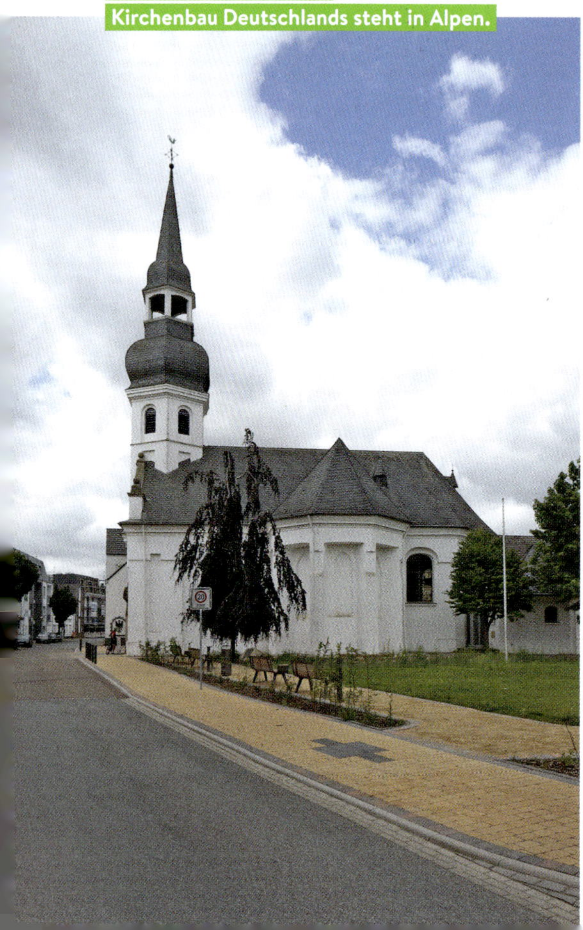

ALPEN Issum liegt auf der Strecke. Von der Stadt und ihren 12 000 Einwohnern bekommen wir fast nichts mit, was auch daran liegt, dass wir das Städtchen nur streifen und uns der Wind weiter nach Norden schiebt. Nach 37 Kilometern erreichen wir Alpen. Schon gewusst? Hier steht der älteste reformierte Kirchenbau Deutschlands – ich wusste es nicht. Uns knurrt der Magen und wir hoffen, dass es in diesem typisch niederrheinischen Städtchen einen geöffneten Imbiss gibt, eine Eisdiele oder ein Café. Wir haben Glück. Das Mühlencafé Hoenen im Zentrum hat noch geöffnet. Dem Frankfurter Kranz in der Auslage kann ich nicht widerstehen. Die Mitfahrer wagen sich an eine kuriose Kreation des Hauses, eine Verschmelzung von Bienenstichtorte und Croissant.

Nachdem wir wieder auf die Räder gestiegen sind, setzt sich eine Zahl in meinem Kopf fest: 35. Von Aldekerk bis Alpen waren es etwas mehr als 35 Kilometer. 35 Kilometer sind in etwa die Hälfte der Tour. Und mit 35 Kilometern Geschwindigkeit pro Stunde bläst der Wind – jetzt allerdings uns entgegen.

WALDGEBIET LEUCHT Auf den nächsten Kilometern verstecken wir uns vor den heftigen Böen in einem Waldgebiet. Es ist die Leucht, die zum Niederrheinischen Höhenzug gehört, der in diesem Buch auf mehreren Touren und an mehreren Stellen überquert wird. Weil es sich um einen Höhenzug handelt, geht es ab Kilometer 39 auch erst einmal bergauf. Der federnde Waldboden ist eine willkommene Abwechslung nach den vielen Asphaltabschnitten.
Nach einer schönen Abfahrt im Wald landet die Route wieder in der Niederung der Issumer Fleuth, jetzt allerdings einige Kilometer

Tipp

STREETFOOD-FESTIVAL IN ALPEN

Das Blumen- und Spargelfest von Alpen hat sich in den letzten Jahren um ein Streetfood-Festival erweitert. Zuletzt fand es am letzten Sonntag im April statt. Wer die Tour auf diesen Tag legt, braucht sich keine Sorgen zu machen, dass es unterwegs nichts zu essen gibt (www.alpen.de).

Ein fast bergiges Vergnügen – über die Schaephuysener Höhen

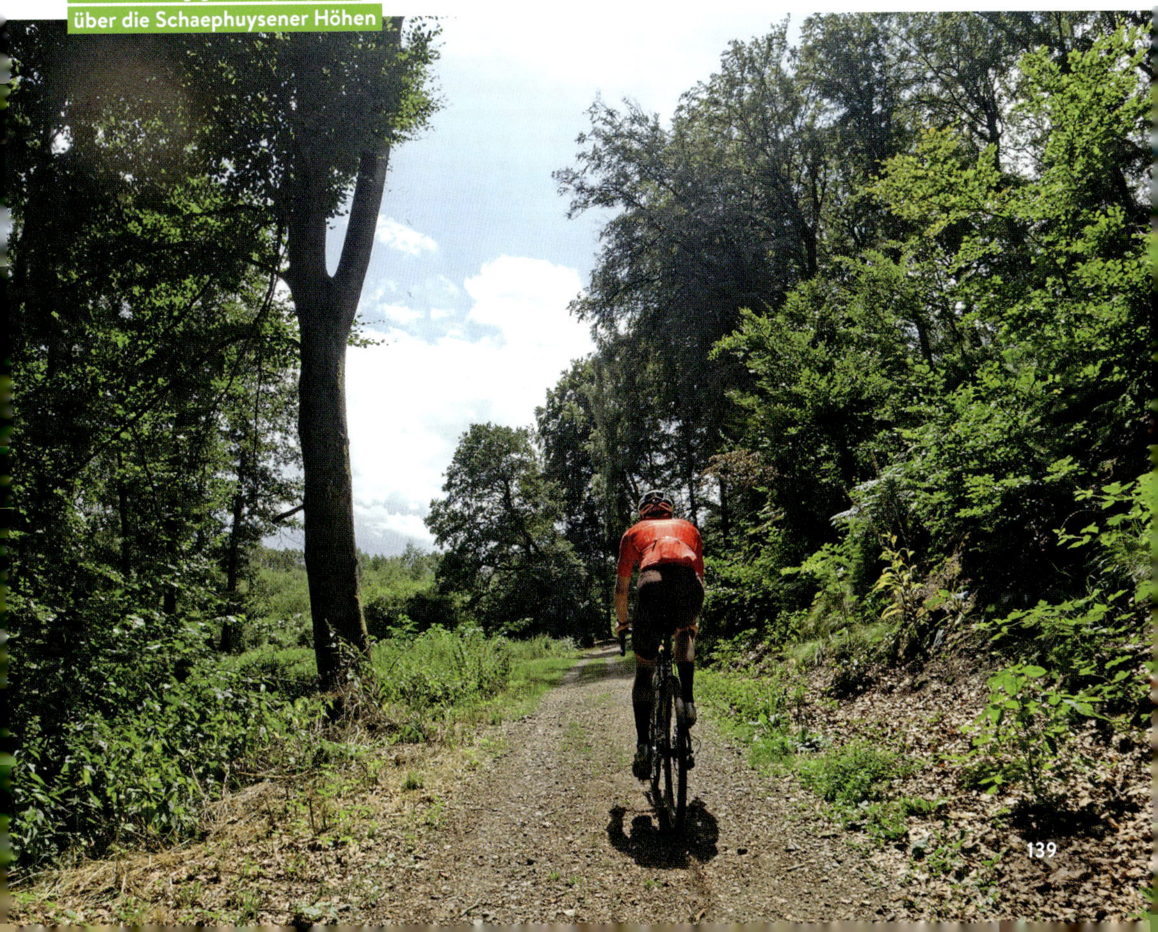

östlicher als vorhin. Das Gleiche gilt für das Naturschutzgebiet Fleuthkuhlen, das man jetzt in einem anderen Bereich kennenlernen kann. So viel kann ich verraten: Auch hier gibt es mit Wasser gefüllte Kuhlen zwischen Feuchtwäldern.

OERMTER BERG Bei Sevelen bläst uns der Wind direkt ins Gesicht und ich muss wieder an diese verflixte Zahl 35 denken. Wenn das jetzt die letzten 20 Kilometer so weitergeht, wird es hart. Ich weiß nicht, wieso, aber auch wenn der Wind von vorne

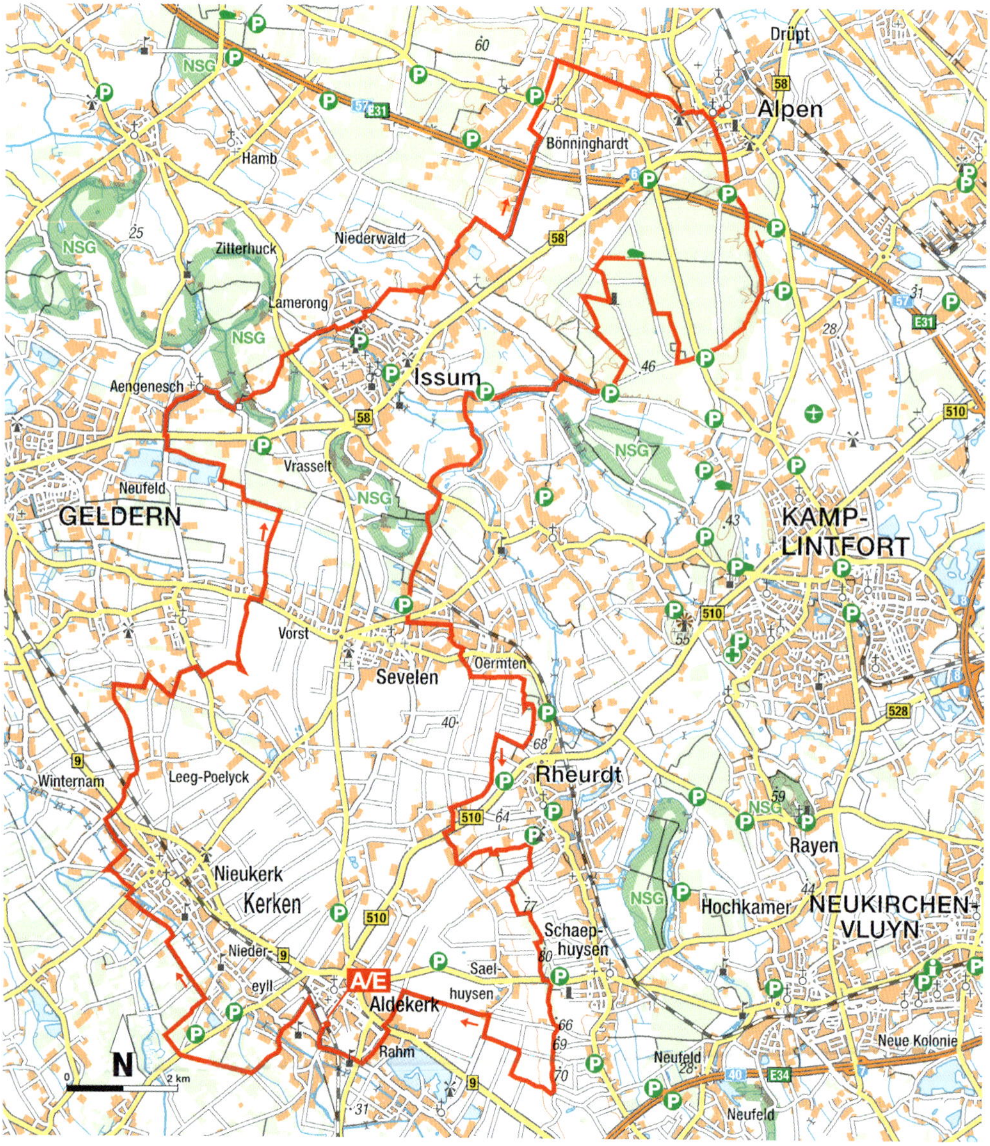

kommt, ist er etwas weniger stark, wenn man möglichst eng an den hohen Maisfeldern entlangfährt. Das tun wir, manchmal auch im Windschatten.

SCHAEPHUYSENER HÖHEN Wie heißt der Spruch – der Wind ist der Berg der Niederrheiner? So oder so ähnlich. Wir tauschen für einen Moment Wind gegen Berg. Die Route führt in einem kurzen Anstieg auf den Oermter Berg. Immerhin 68 Meter hoch ist diese Erhebung des Niederrheinischen Höhenzugs. Wenn schon mal ein paar Hügel oder ein Höhenzug, wenn man ihn denn so nennen will, zu haben sind, dann sollte man das auch nutzen. Auf schönen Trails führt die Route nun über und entlang der Schaephuysener Höhen.

In einigen Kilometern Entfernung kann ich schon Aldekerk sehen. Wir rollen vom Höhenzug herunter, und eigentlich müsste das ein perfektes Stück sein, um Tempo zu machen. Aber obwohl es bergab geht, müssen wir fest in die Pedale treten, um auf 25 km/h zu kommen, der Wind bläst über die offenen Felder und es ist ihm völlig egal, was wir davon halten. Aber da wir nun mal so etwas Ähnliches wie Sport betreiben, fährt der Fitteste vor, greift an den Unterlenker und tritt einfach seinen Rhythmus, die anderen dicht im Windschatten hinterher und dann im Wechsel.

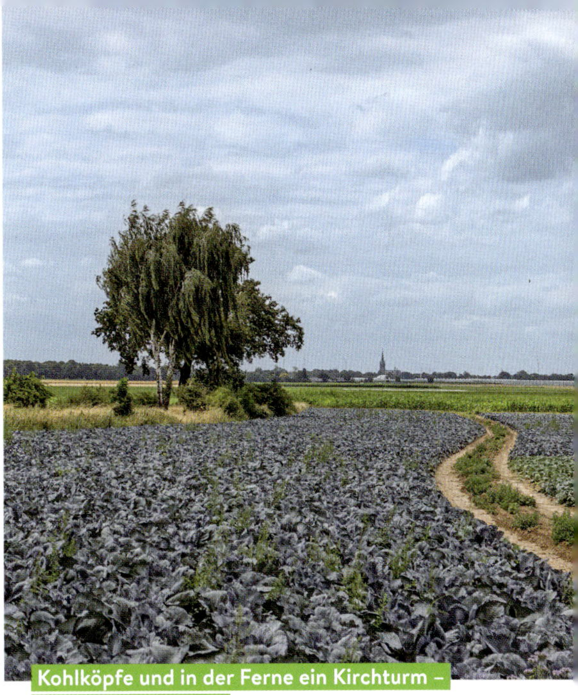

Kohlköpfe und in der Ferne ein Kirchturm – typisch Niederrhein

Wie heiß es ist, habe ich bei dem Wind gar nicht gemerkt. Erst als wir in Aldekerk einrollen und am Bahnhof von den Rädern steigen, spüre ich, wie der Schweiß läuft, und ich spüre diese Stille, die immer noch da ist. Auch an Sonntagnachmittagen ruht Aldekerk in sich.

INFO

Schwer	78 km	320 Hm	4.15 Std.

TOURENCHARAKTER
Mittelschwere bis schwere Tour mit einfach zu befahrenden Strecken. Durch den hohen Asphaltanteil auch an nassen Tagen gut zu befahren

WEGBESCHAFFENHEIT
Wald, Kies, Schotter: ca. 29 km
Asphalt, Pflasterstein: ca. 49 km

AUSGANGS-/ENDPUNKT
Pkw und Bahn: Bahnhof Aldekerk

KOMBINIERBAR MIT
Tour 12

FAHRRADWERKSTATT
Alpenfiets, Alte Kirchstraße 6, 46519 Alpen, Tel. 02802/948 5170, www.alpenfiets.de

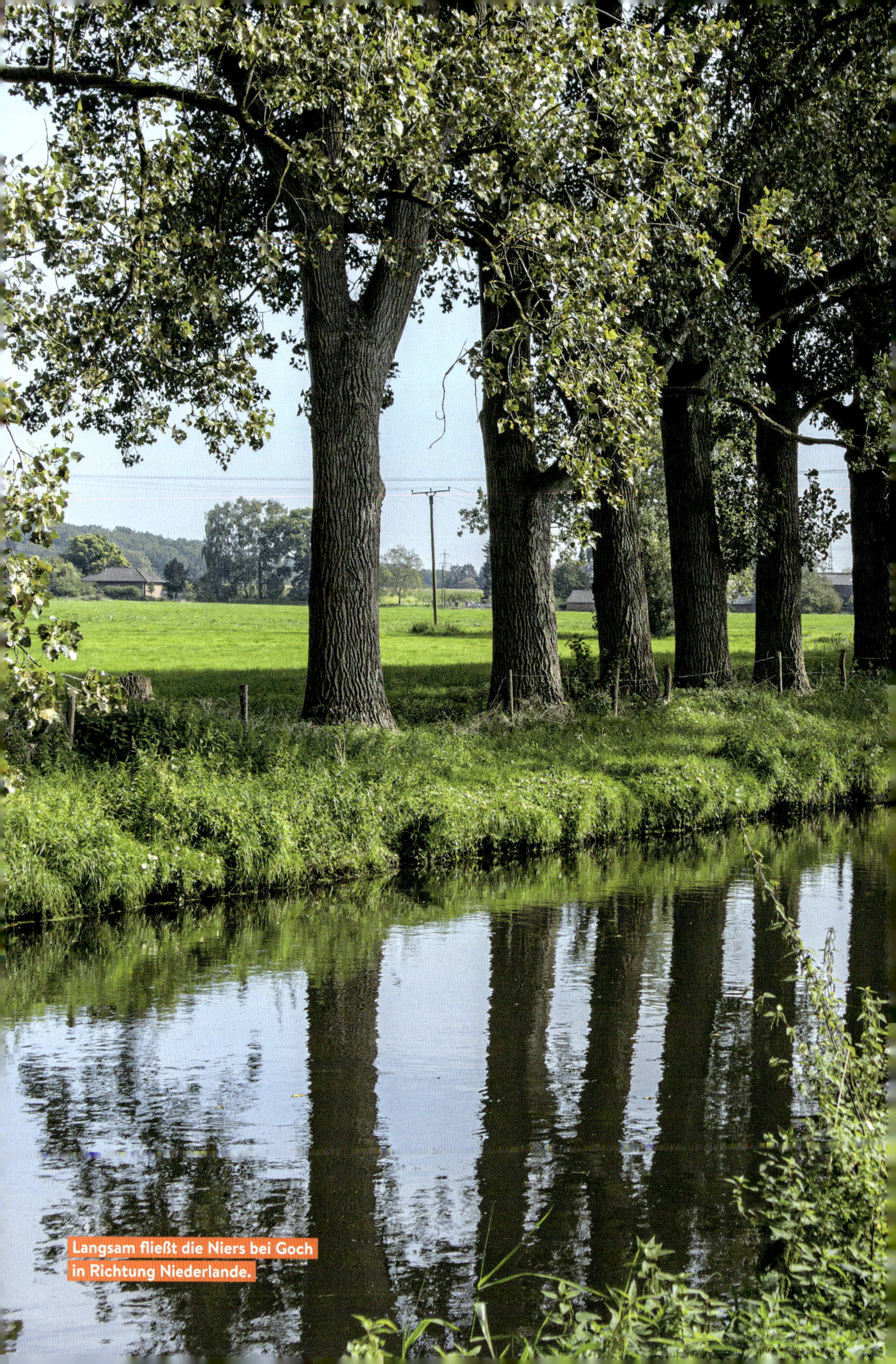

Langsam fließt die Niers bei Goch in Richtung Niederlande.

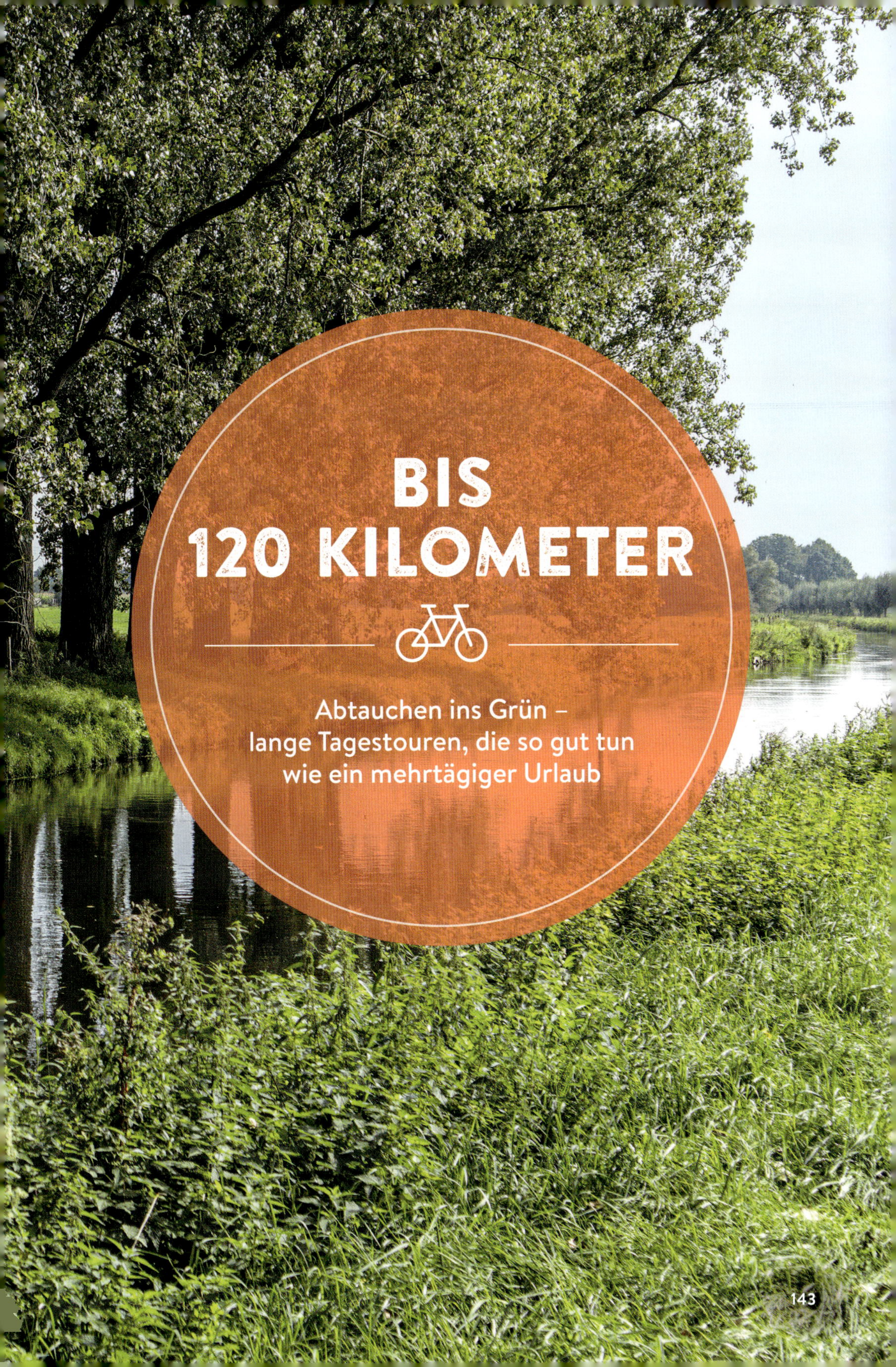

BIS 120 KILOMETER

Abtauchen ins Grün –
lange Tagestouren, die so gut tun
wie ein mehrtägiger Urlaub

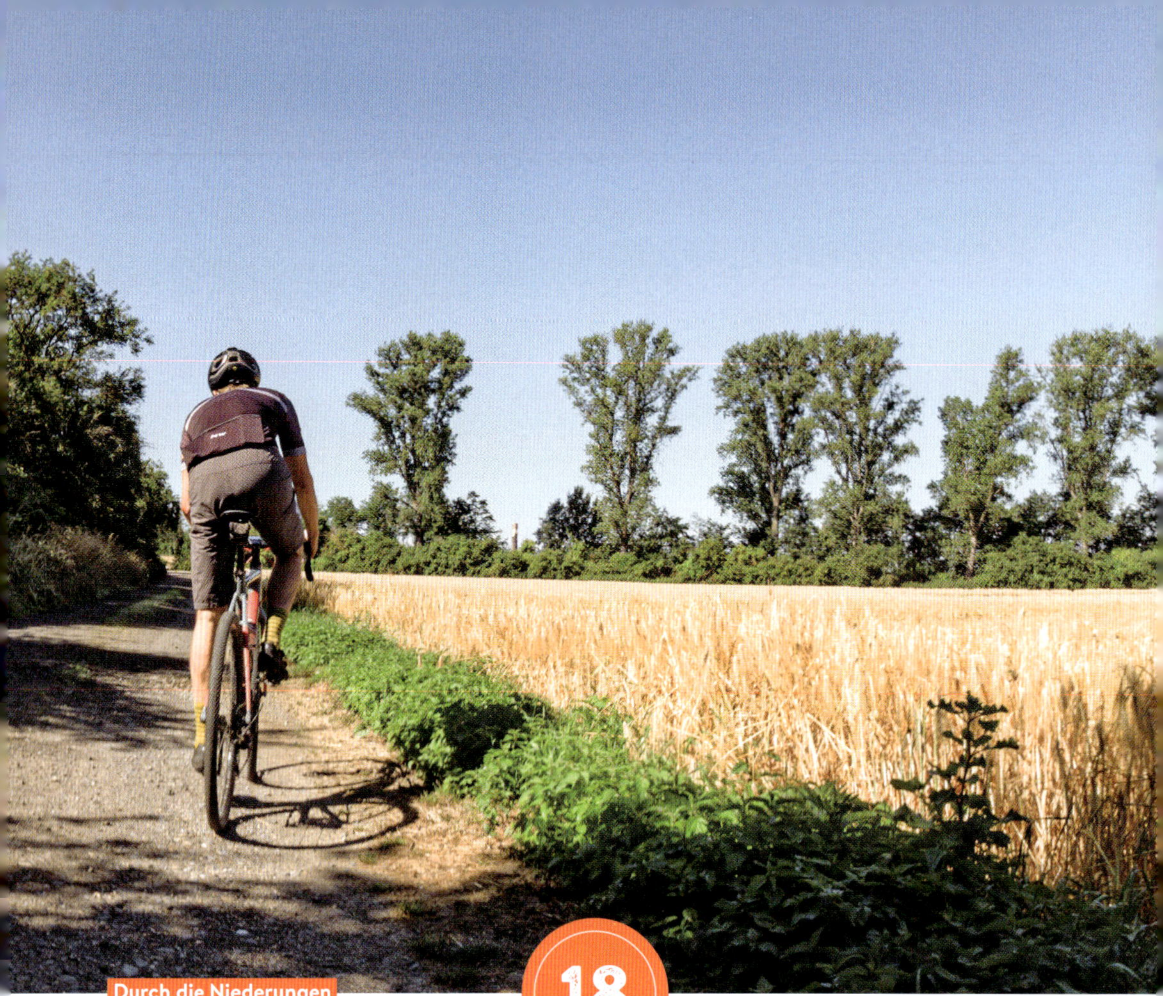

Durch die Niederungen des Butzheimer Bruchs

18

BEWEGTES GEBIET

Norfbach – Ville – Strategischer Bahndamm – Butzheimer Bruch – Königsdorfer Forst – Glessener Höhe – Erft-Radweg

Im weiten Bogen zwischen Neuss und Köln folgt die Route Bach- und Flussläufen, erkundet die Niederungen ehemaliger Rheinarme und steigt dem Königsdorfer Forst aufs Dach. Zu entdecken gibt es ein Land, das vom Rhein und dem Bergbau immer wieder verändert wird – und viele erstklassige Trails.

START Der S-Bahnhof Neuss-Norf ist mit dem Auto von Köln und Neuss aus gut zu erreichen – und mit der Bahn sowieso. Wer aus dem Kölner Raum kommt, hat ebenfalls guten S-Bahn-Anschluss oder steigt in Puhlheim in die Tour ein – oder wo es eben am besten passt. Der Vorteil von Neuss-Norf ist: Schon nach wenigen Hundert Metern rollen wir auf einem fein geschotterten Waldweg am Norfbach entlang. Dieser Bach hat es sich in einem ehemaligen Rheinbett bequem gemacht, folgt den Windungen, die der große Strom im Lauf der Geschichte ins Land gegraben hat.
Der bilderbuchmäßige Radweg trägt uns am Reitstall Gut Neuenberg vorbei in den Mühlenbusch. Wie auf einer königlichen Allee rollen die Räder auf einem breiten und geraden Waldweg unter dem hohen grünen Dach des Mischwalds. Ein erhebendes Gefühl.

AUF DIE VILLE Was mit dem Norfbach begann, setzt sich nun fort. Diese Tour hat jede Menge geografischer Besonderheiten zu bieten. Die nächste ist sogar in den Beinen zu spüren. Eben kommen wir aus dem Wald, fahren ein kleines Stück auf einem Radweg

Tipp

ERFT-RADWEG

Wer sich Projekte gerne von Anfang bis Ende ansieht, der kann sich den Erft-Radweg auch in seiner ganzen Schönheit und vollen Länge vornehmen. Aktuell sind das 143 Kilometer abwechslungsreiche Flusslandschaften. Eigentlich sind es nur gut 110, aber noch immer gibt es Schäden nach dem Hochwasser im Juli 2021, und zwischen Kerpen und Erftstadt-Bliesheim muss man eine größere Umleitung fahren. Von der Mündung bei Neuss bis zum Start bei Holzmühlheim sammelt man immerhin 718 Höhenmeter (www.rhein-erft-tourismus.de).

Kurze Pause im Schatten – am Strategischen Bahndamm

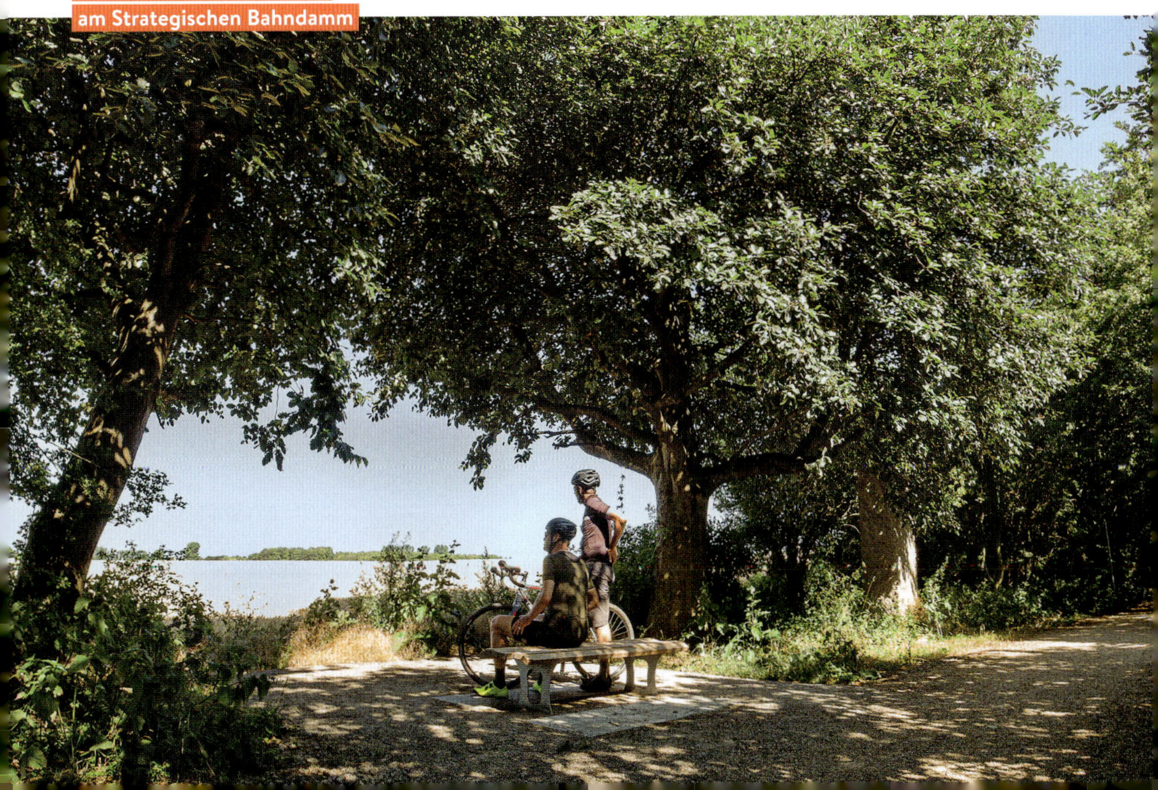

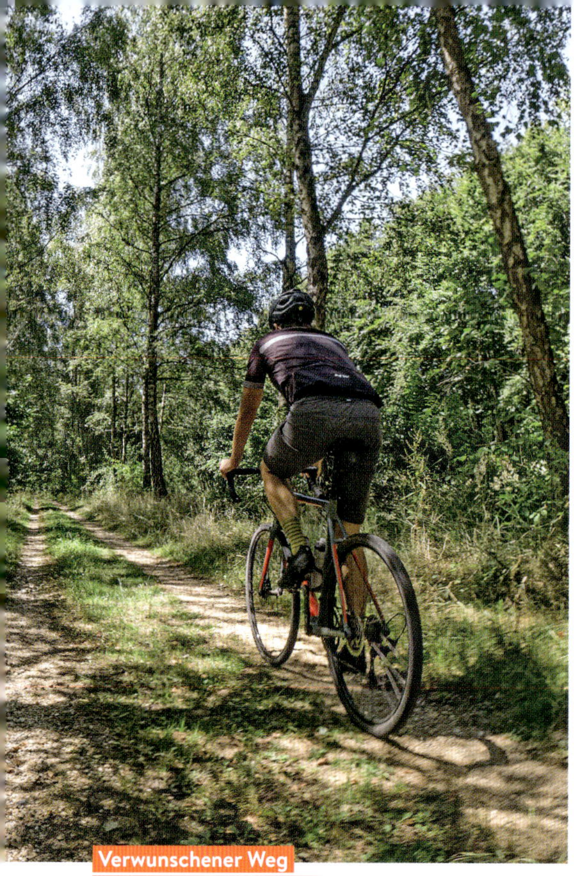

Verwunschener Weg
auf der Giessener Höhe

neben einer Straße und müssen in Gohr plötzlich einen kurzen Anstieg hinauf. Wo kommt der plötzlich her? Ganz einfach, der Rhein ist mal wieder schuld. Denn auch hier hat sich der Fluss herumgeschlängelt und die Ville – so heißt der Höhenzug, der sich aus der Köln-Bonner Gegend bis hierherzieht – so sehr unterspült, dass es zu einer Abbruchkante kam. Und genau an dieser Kante liegt Gohr.

Genug Geografie, jedenfalls fürs Erste. Auf der Anhöhe radeln wir stur in Richtung Westen. Etwa zwei Kilometer geht das so und hat doch nur einen Zweck: Wir wollten (oder besser gesagt: Tourguide Johannes wollte) unbedingt den Strategischen Bahndamm auf mehreren Kilometern in die Route einbauen. Und mit dem Abstecher nach Westen ist ihm das gelungen. Ich bin mir sicher, ihr werdet den kleinen Umweg genießen. Nicht nur, weil die jetzt folgenden sieben Kilometer eine erstklassige Gravelpiste sind, sondern weil dieser ehemalige Bahndamm auch ein Stück Geschichte am Niederrhein darstellt.

STRATEGISCHER BAHNDAMM Bei Kilometer 13 biegt die Route auf den ehemaligen Bahndamm ein. Eine Bahn ist hier jedoch nie gefahren. Es wurden nicht einmal Gleise verlegt. Ein kurzer Ausflug in die Vergangenheit: 1904 wurde diese Bahnstrecke geplant, die von Neuss-Hafen bis ins Ahrtal führen sollte. Zum einen ging es darum, die Bahnstrecke am Rhein zu entlasten und zum anderen, um schnell Truppen an die deutsch-französische Grenze zu befördern. Es blieb bei dem Plan.

Für alle ist die gut präparierte Strecke ein Genuss, ja sogar ein Kunstgenuss. Der Bildhauer Ulrich Rückriem hat den Weg mit insgesamt sieben Granitskulpturen aufgewertet. Bei Rommerskirchen endet der Bahndamm und auch wir machen uns davon und steuern bei Butzheim den nächsten spannenden Weg an.

LÖSSHOHLWEG Wo sich schon im Mittelalter die Butzheimer auf den Weg machten, um in die niedergelegenen Moorgebiete zu kommen – zum Beispiel, um Torf für die Feuerstelle zu stechen –, dort rollen wir nun hinunter. Der Lößhohlweg gilt als einer der schönsten Hohlwege des Lands. Unten angekommen führt die Route durch den Butzheimer Bruch. Auf einer Infotafel ist zu lesen, dass es hier in den 1950er-Jahren noch unbegehbare Sümpfe gab. Heute gibt es stattdessen den Golfclub Velderhof, an dem die Route vorbeiführt, ehe sie in den Chorbusch eintaucht.

Wo wir gerade bei den 50er-Jahren sind: In der Zeit wurde auch der Kanal angelegt, an

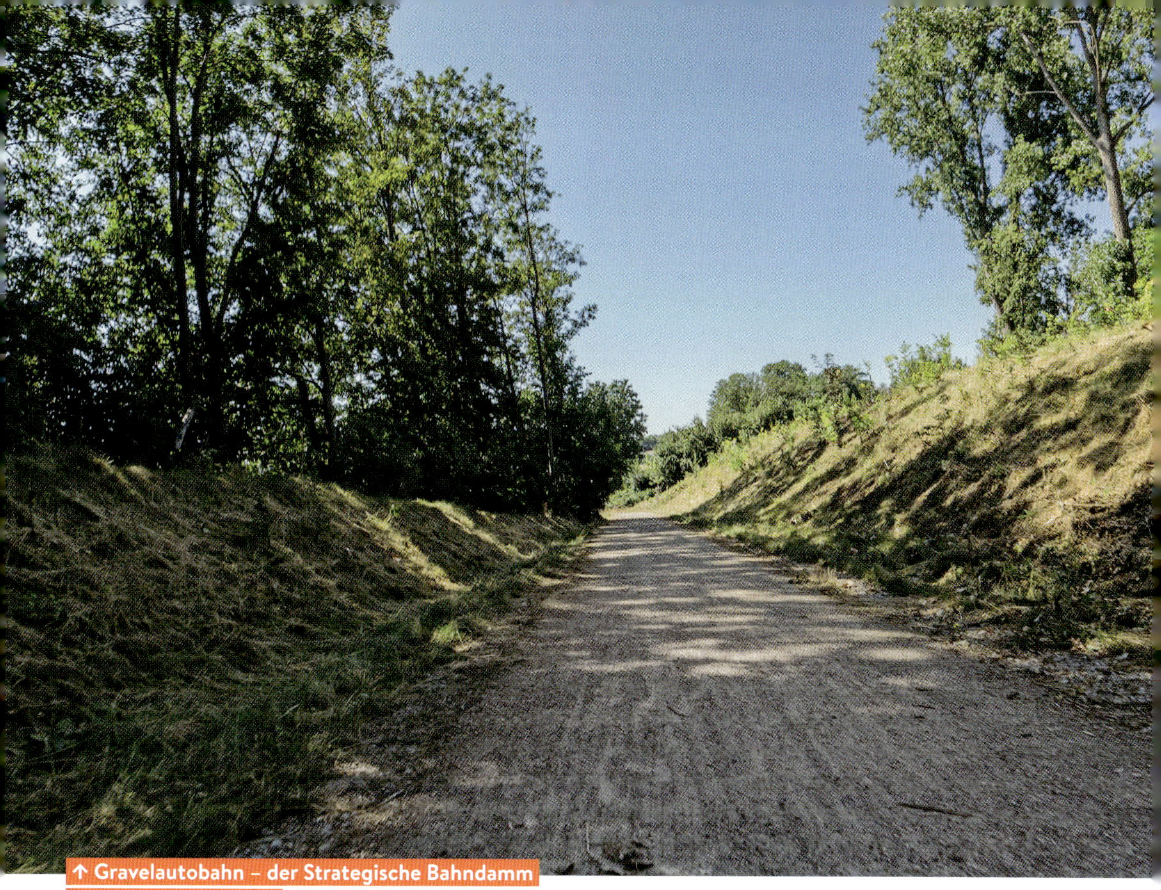

↑ Gravelautobahn – der Strategische Bahndamm

↓ Kurz vor Brauweiler

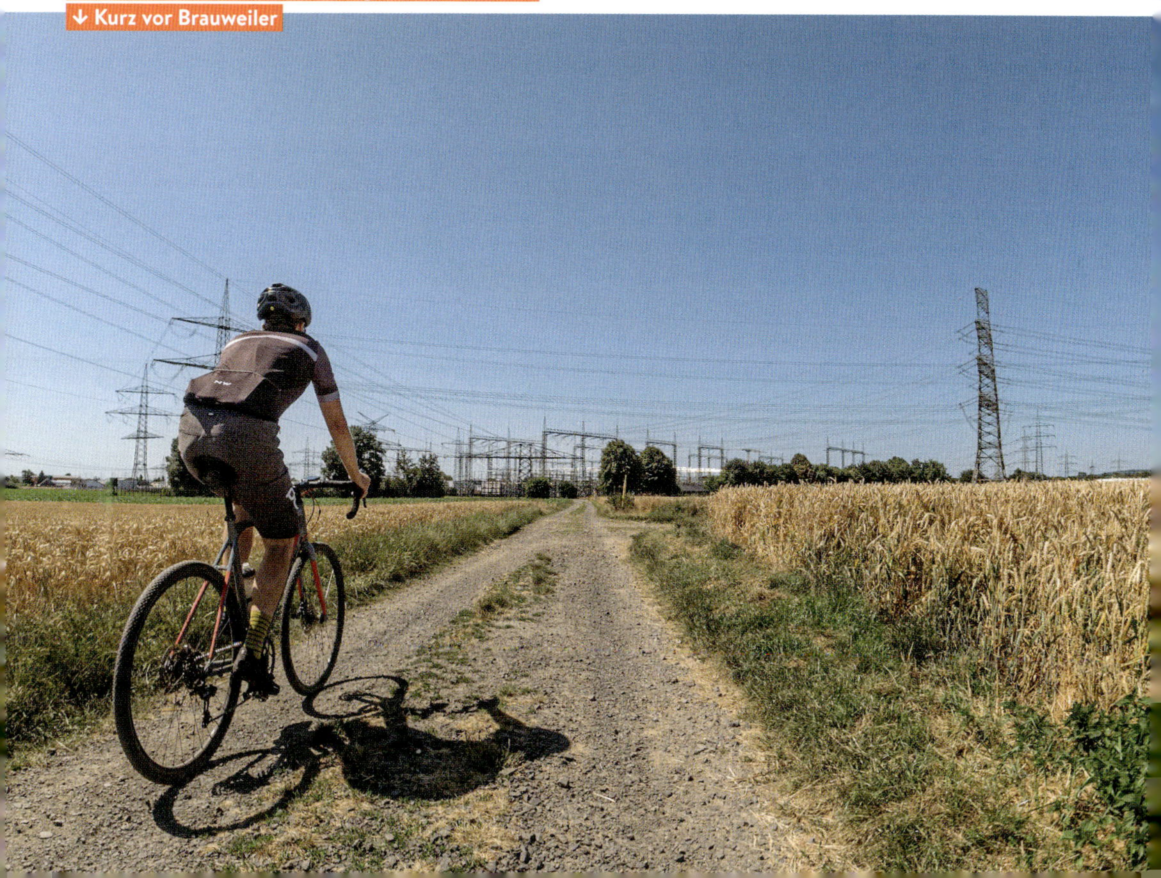

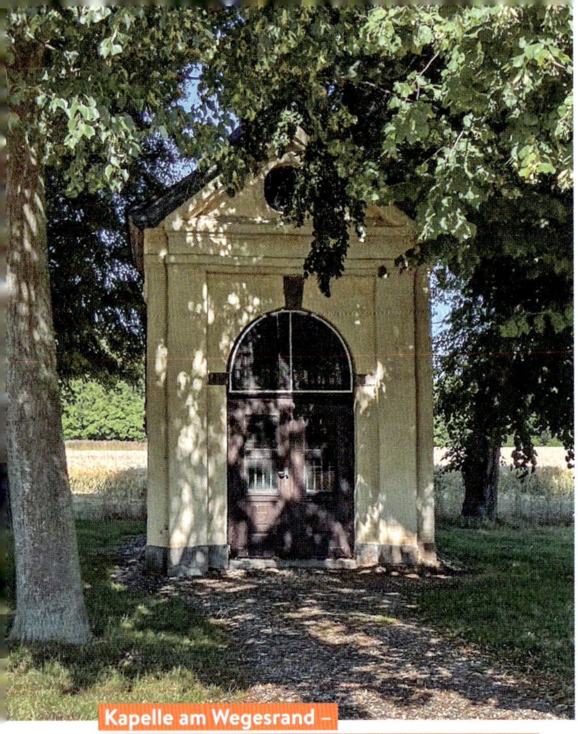

Kapelle am Wegesrand – nicht ungewöhnlich am südlichen Niederrhein

dem wir jetzt schon seit einigen Kilometern entlangfahren. Wir rätseln darüber, was das für ein rotbraunes Wasser ist, und vermuten, dass es etwas mit dem Braunkohleabbau zu tun haben könnte. Das ist wohl auch so, wie ich später nachlese. Der Kölner Randkanal, so heißt das rund 20 Kilometer lange Bauwerk, führt aber nicht nur Wasser aus dem Braunkohletagebau ab, sondern auch geklärte Abwasser und kann die Erft bei Hochwasser entlasten.

KÖNIGSDORFER FORST Zwischen Pulheim und Brauweiler führt die Route durch Waldstücke und über offene Felder – und irgendwie merkt man der Natur die nahe Großstadt an. Die Zeichen der Zivilisation sind nicht zu übersehen: Strommasten wachsen aus dem Grün und ab und an rattern wir über ein vergessenes und nicht mehr genutztes Stück Asphalt.
Alles ist im Fluss, alles verändert sich, so banal ist das – auch das Land. Hinter Brauweiler steigt das Gelände langsam an – und dann richtig. Bei Kilometer 47 erreichen wir den Königsdorfer Forst. Wegen seiner Stieleichen und Hainbuchen soll der Wald besonders sein. Ich finde ihn auch wegen des gut zu befahrenden Kieswegs einen Ausflug wert. Die Piste zwischen dem alten Königsdorfer Forst und der vergleichsweise jungen Glessener Höhe, die ist nämlich eine ehemalige Abraumhalde.

GLESSENER HÖHE Die Steigung bleibt im einstelligen Bereich. Obwohl ich weiß, dass ich es nicht bin, habe ich das Gefühl, topfit zu sein, so locker war der Anstieg. Oben angekommen hat man es sozusagen doppelt geschafft, also sowohl den Gipfel als auch die Hälfte der Tour. Jetzt wäre ein Lokal schön. Gibt es leider nicht, aber einen Aussichtspunkt mit weitem Blick bis in Richtung Sophienhöhe. Wer dort mal hinmöchte, schaut sich am besten die Tour 11 an.
Direkt an dem Rast- und Aussichtspunkt sausen wir einen kurzen Trail runter und landen auf einer weiten Ebene mit Feldern. Man sieht dem Land an, dass es noch jung ist und künstlich angelegt. Früher war hier mal Tagebau. Das mit dem leichten Anstieg von vorhin muss ich jetzt etwas relativieren. Bei Kilometer 56 biegen wir wieder in den jungen Wald einer Halde und keuchen einen steilen Trail bergauf. Komoot gibt eine Steigung von 21 Prozent an. Auf dem Wahoo sind es 13 Prozent. Keine Ahnung, was stimmt, auf jeden Fall ist es steil.
Die Spuren des erst abgebaggerten und dann aufgeschütteten Lands sind teilweise noch zu sehen. Bei Kilometer 67 etwa, wo wir auf einer Bahn rollen, auf der früher die Bänder mit dem Abraum oder der Braunkohle entlangliefen. Wir bleiben auf dem neu angelegten Stück Erde und cruisen durch einen schönen Birkenhain. Dieses Mal kreuzen wir nur den Speedway :terra Nova, der ja auch mal eine Bandtrasse war.

Stattdessen arbeiten wir uns zum Peringsmaar vor. Maar klingt nach Eifel und Vulkanlandschaft. Hier handelt es sich jedoch um ein schnödes Tagebaurestloch. Schön ist es trotzdem.

BEDBURG Habt ihr auch dieses leere Gefühl im Magen? Endlich, bei Kilometer 67 können wir ein Café ansteuern. Die Wahl fällt auf eines der Lokale direkt am Marktplatz mit Blick auf die Kirche St. Lambertus. Entspannt radeln wir entlang der Kasterer Mühlenerft auf einem perfekten fein geschotterten Waldweg. Was auch immer jetzt passiert, im Prinzip folgen wir mehr oder weniger der Erft bis kurz vor Norf.
Die Idylle an der Erft wird in Frimmersdorf kurz unterbrochen. Wir biegen in die Gustorfer Straße ein und fühlen uns plötzlich wie in einem Filmset. Links und rechts stehen einfache Mehrfamilienhäuser, die schon lange eine Renovierung verdient hätten, und am Ende der Straße erhebt sich das im Vergleich dazu riesige Braunkohlekraftwerk. Beeindruckt fahren wir an dem Monstrum vorbei.

Tipp

RODELHÜGEL-CROSS

Der Pulheimer SC veranstaltet regelmäßig Crossrennen. Mit dem Rodelhügel-Cross ist der Verein Teil der Bombtrack NRW-Cross-Cup-Serie (www.radteam-pulheim.com).

ERFT-RADWEG Grevenbroich erreichen wir über einen ehemaligen Betriebsweg, der an der Erft entlangführt, später dann auf dem offiziellen Erft-Radweg. Hinter Grevenbroich schwimmen seltsam salatkopfartige Wasserpflanzen auf dem Fluss. Was nett aussieht, ist gar nicht gut für das Ökosystem des Flusses. Die aus Südamerika stammende Muschelblume verhindert, dass Licht in die tieferen

Zeit für eine Pause – im Zentrum von Bedburg gibt es Cafés und Restaurants.

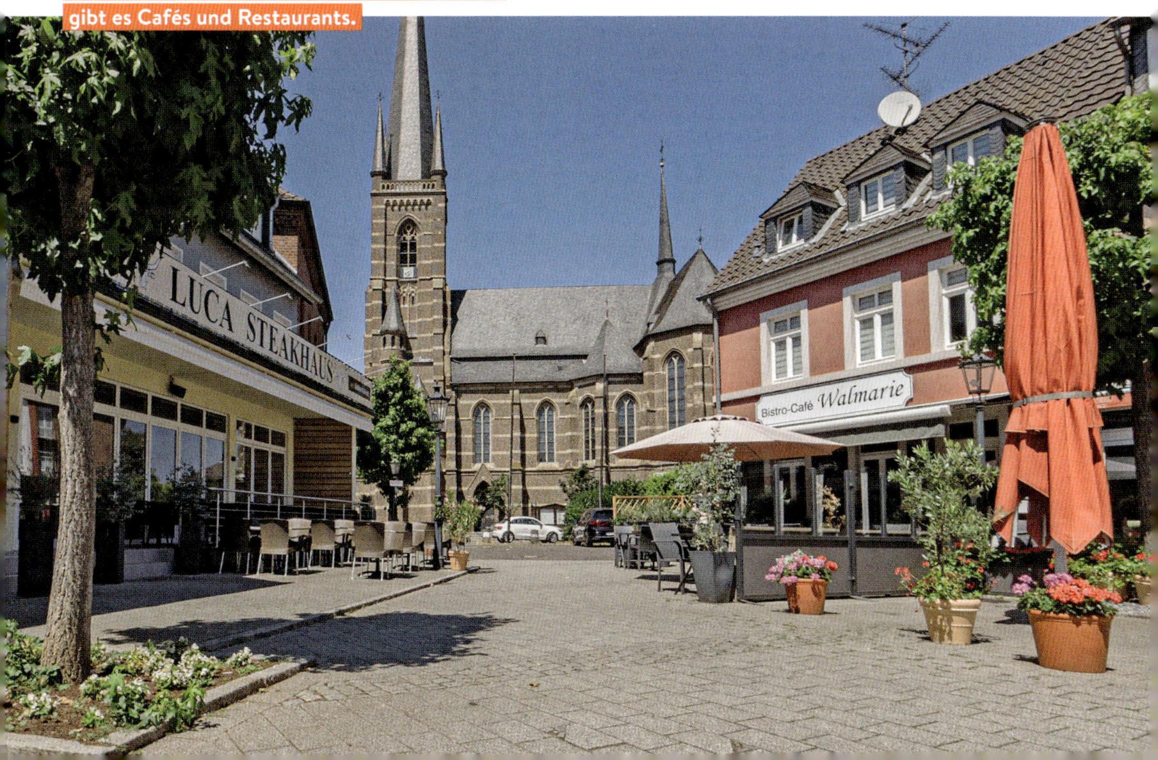

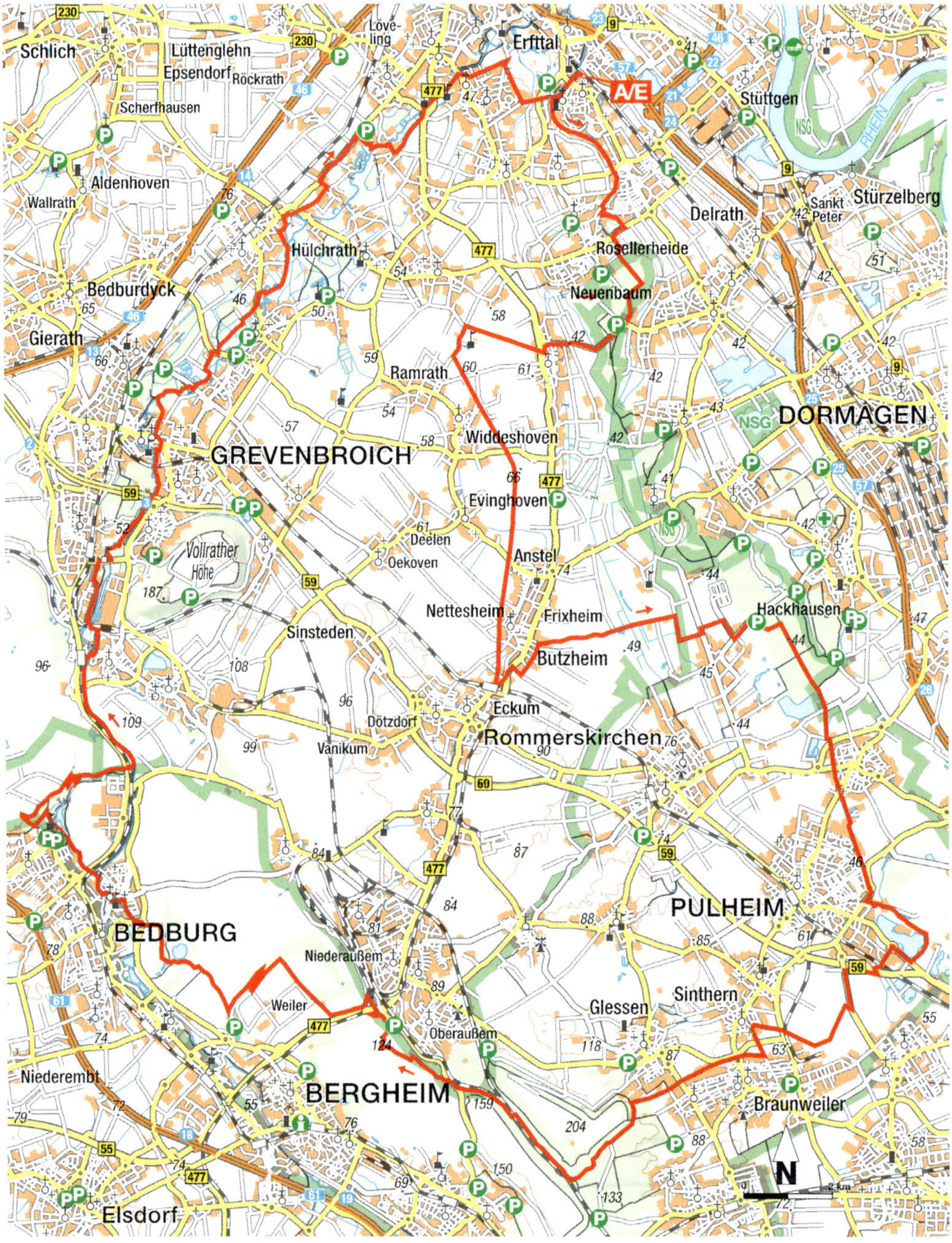
Schlich
Lüttenglehn
Epsendorf
Röckrath
Scherfhausen
Erfttal
Stüttgen
Aldenhoven
Wallrath
Delrath
Sankt Peter
Stürzelberg
Hülchrath
Rosellerheide
Neuenbaum
Bedburdyck
Gierath
Ramrath
DORMAGEN
GREVENBROICH
Widdeshoven
Evinghoven
Vollrather Höhe
Deelen
Oekoven
Anstel
Nettesheim
Frixheim
Hackhausen
Sinsteden
Butzheim
Eckum
Dötzdorf
Vanikum
Rommerskirchen
PULHEIM
BEDBURG
Niederaußem
Weiler
Oberaußem
Glessen
Sinthern
Niederembt
BERGHEIM
Braunweiler
Elsdorf
RHEIN
NSG
A/E

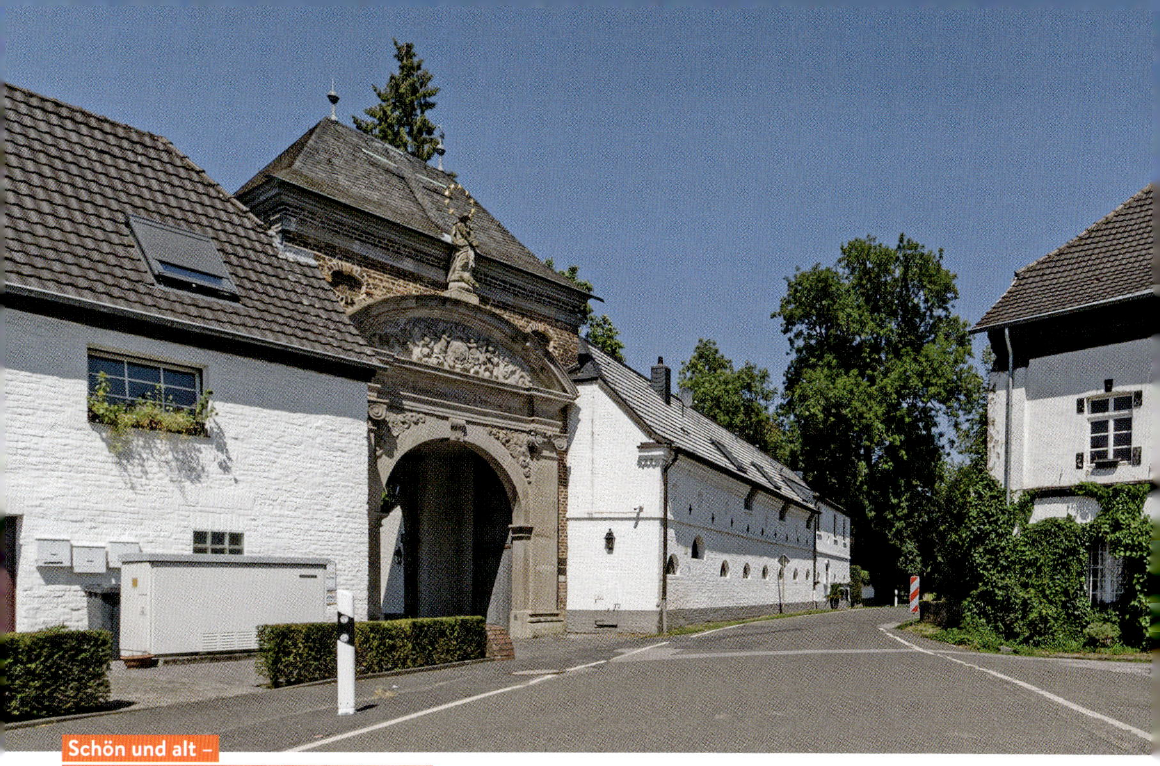

Schön und alt – das Eppinghovener Kloster an der Erft

Wasserbereiche vordringen kann. Mitverursacher der invasiven Art sind die warmen Grundwasser aus dem Tagebau Hambach, die in die Erft geleitet werden.
Den Erft-Radweg kennt ihr vielleicht von den Touren 9 und 16, die am unteren Flusslauf entlangführen. Da gerade keine Spaziergänger unterwegs sind, legen wir etwas Tempo zu. Ist das nicht oft so, wenn man sich dem Ende einer Tour nähert? Noch sind es einige Flussradwegkilometer, bis wir bei Kilometer 98 auf Höhe der Erprather Mühle den Fluss verlassen. Bis Neuss-Norf rollen wir wieder entspannt übers Land und sind praktisch ohne lange Ortsdurchfahrten wieder am S-Bahnhof.

INFO

Schwer	102 km	470 Hm	5.45 Std.

TOURENCHARAKTER
Schwere Tour mit insgesamt eher leicht zu fahrenden Untergründen

WEGBESCHAFFENHEIT
Wald, Kies, Schotter, Singletrails: ca. 45 km

AUSGANGS-/ENDPUNKT
Pkw und Bahn: S-Bahnhof Neuss-Norf

KOMBINIERBAR MIT
Tour 9 und 16

FAHRRADWERKSTATT
Rad und Roller GmbH, Mathildenstraße 44, 50259 Pulheim, Tel. 02234/83471, www.rad-und-roller.de

MAAS NEHMEN

Bockerter Heide – Brachter Wald – Steyl – Maas – Arcen – Maasduinen – Groote Heide – Süchtelner Höhen

Das Grenzgebiet bei Venlo ist ein wahres Graveljuwel. Der Brachter Wald, die Groote Heide und der Nationalpark De Maasduinen sind kaum zu toppen. Dass neben Schotter und Asphalt dort auch mal Sand unter die Stollen kommt, gehört dazu. Ebenso wie zwei Fährfahrten über die Maas. Bei dieser Runde kommen Urlaubsgefühle auf.

19

Das Highlight von Arcen – der Schlosspark Kasteeltuinen

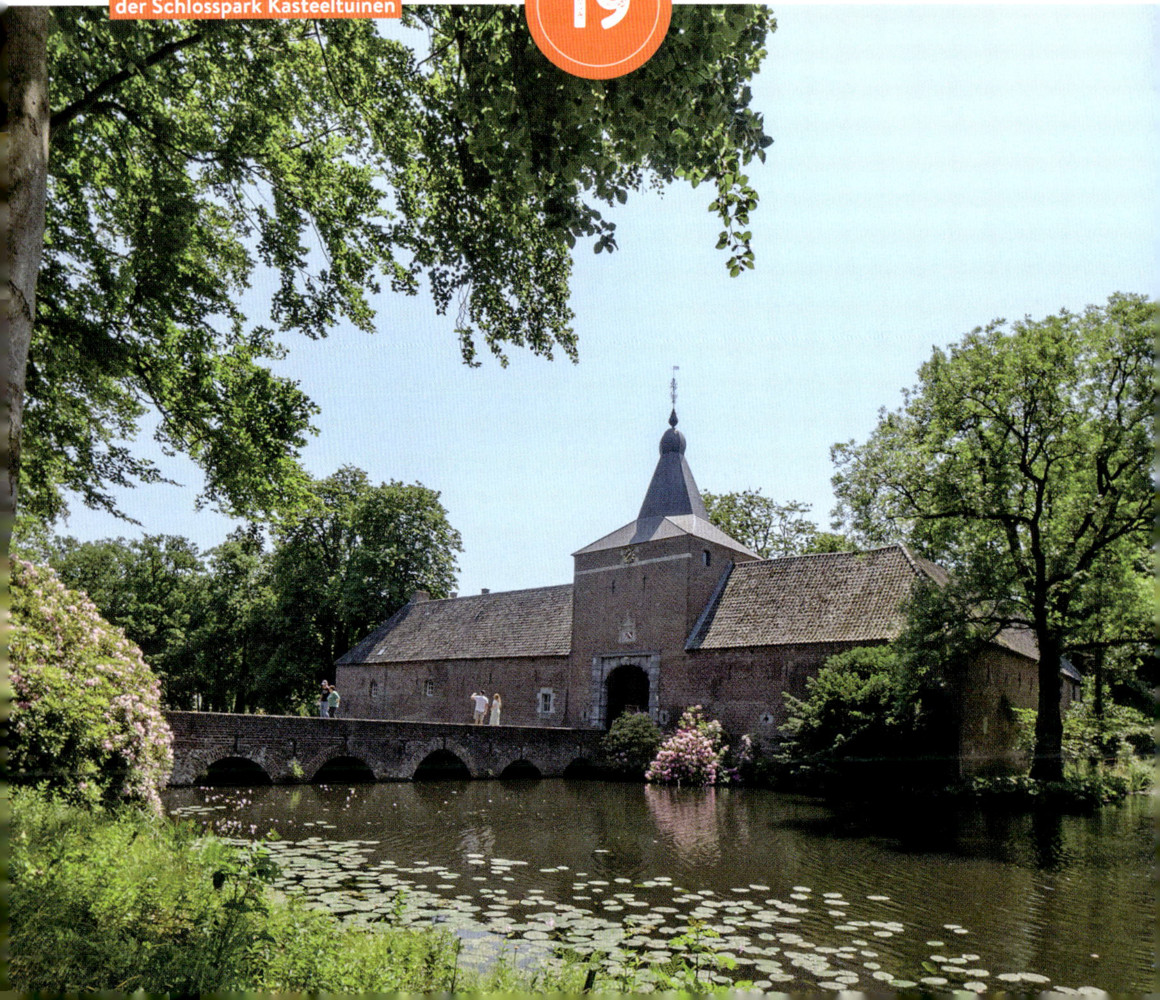

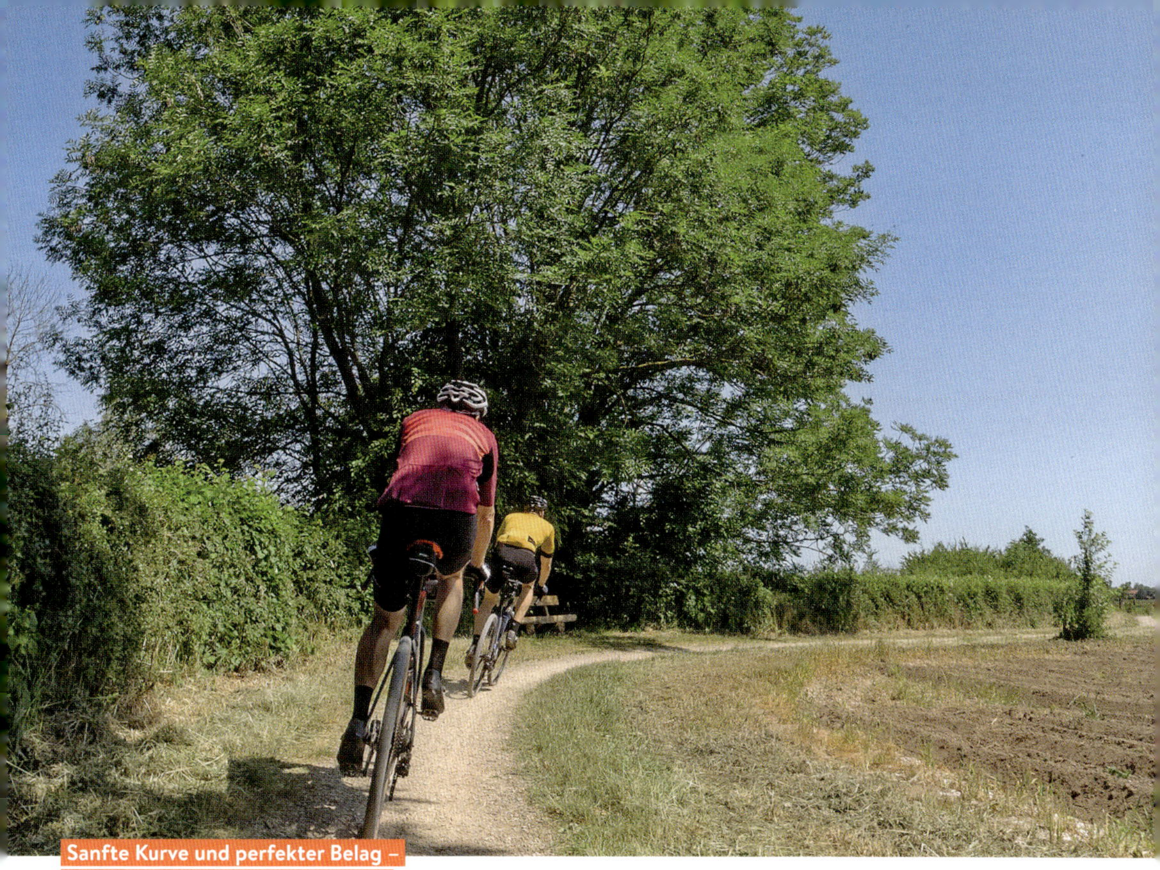
Sanfte Kurve und perfekter Belag – so ist die Piste nördlich von Venlo.

START Der Parkplatz am Hügesweg in Viersen ist unser Startpunkt. Mit dem Auto fährt man bequem über die A 61, Abfahrt Nr. 7, Viersen-Dülken, an. Nach Viersen kommt ihr natürlich auch mit der Bahn. Für Bahnnutzer kann auch der Hauptbahnhof von Venlo interessant sein. Dann startet ihr die Tour von Venlo aus.
Wie auch immer, wir rollen los und es geht zum Aufwärmen durch ein unspektakulär grünes Land, das wir auf asphaltierten Landwirtschaftlichen Wegen durchfahren. Keine Sorge, euch erwarten noch viele eindrucksvolle Abschnitte. Über Feldwege umfahren wir den Südosten von Viersen, mitsamt seinen Vororten Bockert und Beberich.

BOCKERTER HEIDE Ein kleines Stück weiter südlich verläuft die Stadtgrenze zu Mönchengladbach. Das ist auch der Grund, weshalb wir oberhalb von Helenabrunn auf zwei weitere Mitfahrer treffen, beide kommen aus Mönchengladbach. Zu viert zieht das Tempo gleich an. Warum eigentlich? Ist das so ein Konkurrenzding, wo man zeigen muss, wie fit man ist? Kann sein, wäre aber auch egal, denn wir brettern über eine Schotterpiste in ein kleines Wäldchen, und wenn ich mir die Gesichter der Mitfahrenden anschaue, sehe ich da nur kindliche Freude.
Wir fahren durch die Bockerter Heide, dann in den Bockerter Busch. Der Parkplatz beim Ausflugslokal Waldfrieden kommt euch bekannt vor? Kein Wunder, hier kommt auch die Tour 10 vorbei. Hinter der A 61, die wir souverän überqueren, ist das Terrain flach und die Pisten gerade. Der Untergrund ist meist asphaltiert. Wenn der Wind gnädig ist wie heute und leicht von hinten schiebt, kann man gut Tempo machen. Bei einer

Tipp

VENLO HERUNGERBERG

Das Schöne in der Region Niederrhein ist auch: Einmal kurz über die Grenze und schon ist man im Fahrradland Nummer eins, den Niederlanden. BMX, MTB, Rennrad, Cyclecross, Gravel – für alle wird gesorgt. Zum Beispiel in der Radsportanlage Herungerberg. Auf den Parcours können Rennradler, MTBler und BMXler trainieren. Cyclecross-Rennen finden hier ebenfalls regelmäßig statt. Veldrijden heißt das auf Niederländisch. Die Trainingsrennen auf der 800-Meter-Asphaltrunde nutzen auch die Rennradlerinnen und Rennradler vom Cycling Club Düsseldorf, um sich zu messen. Wie man hört, ist das Tempo heftig (www.wieleromgevingvenlo.nl/huren – nur niederländisch!).

100-Kilometer-Tour nimmt man das gerne mit, jedenfalls geht es mir so.

BRACHTER WALD Während ich mich mit einem der Mitfahrer über Laufräder und Profile austausche, sausen wir an Bauernhöfen und Scheunen vorbei. Die Landschaft zwischen Dülken und Dilkrath ist flach und offen. Hinter Dilkrath sorgt ein kleines Waldstück mit passendem Waldboden für Abwechslung. Dann wieder offenes Feld, dann wieder Wald und eine sandige Piste, was die routinierten Mountainbiker unter uns nicht stört. Ich muss mich sehr konzentrieren, um die Sandlöcher frühzeitig auszumachen und zu umfahren. Die Sonne knallt durch das Blätterdach des Walds und verwandelt den Trail in einen Flickenteppich aus Licht und Schatten. Meine fotochromatische Brille kommt nicht mehr hinterher. Trotzdem ist es großartig. Der Brachter Wald, durch den die Tour jetzt führt, ist wirklich einzigartig. Erstaunlicherweise ist es dem britischen Militär zu verdanken, dass es heute dieses Naturschutzgebiet mit seiner Heidelandschaft gibt. Die hatte hier ihr größtes Munitionsdepot in Deutschland bis 1996 betrieben. Damals dachte man ja noch, dass der Ost-West-Konflikt Geschichte sei, aber das ist ein anderes Thema. Andererseits sind Geschichte, Grenzverläufe und Politik Themen, die einem auf den Touren durch den Niederrhein ständig begegnen. Bei uns ist es nicht nur das besagte Naturschutzgebiet und ehemalige Munitionslager, sondern auch die Grenze zu den Niederlanden, die wir ohne großes Aufheben passieren, als wir aus den Naturschutzgebieten Heidemoore und Holtmühle wieder ans Tageslicht kommen.

IN DIE NIEDERLANDE Grenzüberquerungen, auch wenn sie erst mal kaum wahrzunehmen sind, geben einer Tour einen besonderen Reiz. Über einen kurvigen Weg geht es in die schöne Ortschaft Steyl. Wer glaubt, die Niederländer hätten mit dem Glauben und insbesondere mit dem katholischen nichts am Hut, sollte hierherkommen und die riesige Kirche und das Kloster der Steyler Missionare besuchen. Wir genießen die besondere Stimmung des Orts, indem wir auf die Maas schauen, Müsliriegel oder Banane essen und auf die Fähre warten, die eben anlegt.
Nun gibt es also eine doppelte Grenzüberschreitung, erst die in die Niederlande und dann noch die über den Fluss. Von der Fähre aus sieht Steyl mit seiner großen Doppelkirche noch schöner aus. Nach der kurzen Überfahrt erwartet uns auf der anderen Maasseite ein gemischtes Programm aus Radwegen und einigen Straßen.

UM VENLO Wir radeln auf einem gravelmäßigen Idealweg über das Areal, auf dem 2012 die Welt-Garten-Expo Floriade statt-

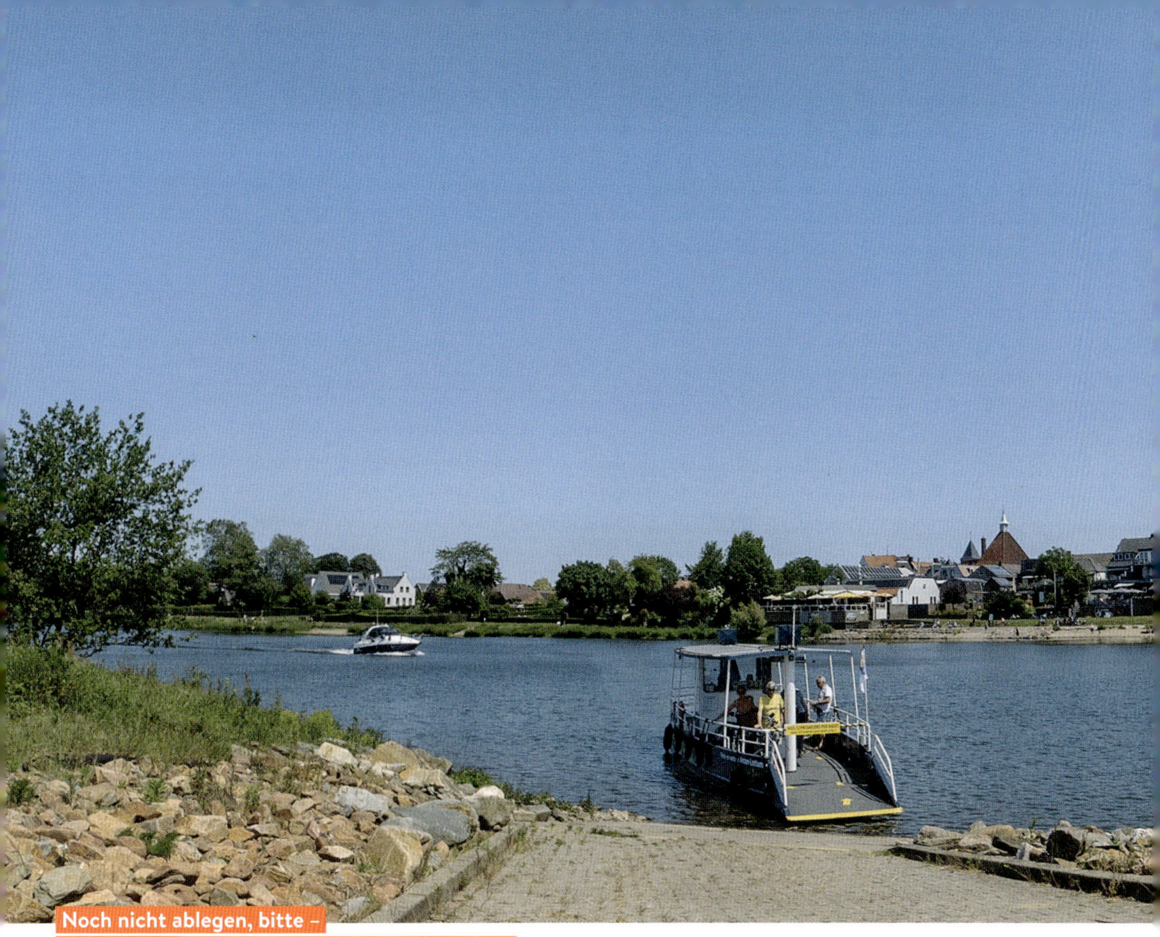

Noch nicht ablegen, bitte – auf der anderen Uferseite der Maas liegt Arcen.

fand. Zeit für einen Coffee und etwas Gebackenes? Legt einen Stopp bei Kilometer 43 im Hofladen De Gardeneer ein.

Nördlich der A 67 beginnt wieder so ein wunderbares Gravelrevier. Ein schmales Sträßchen führt an alten Bauernhäusern vorbei, die so edel restauriert und deren Gärten so perfekt sind, dass dort wohl sicherlich keine Landwirtinnen und -wirte mehr wohnen.

Hinter Grubbenvorst wird es noch ländlicher und graveliger. Wir biegen auf einen geschotterten Feldweg ein, der in einigem Abstand parallel am Fluss entlangführt. Das offene, flache Land, der Weg, der am Hinterrad kleine Staubfahnen aufwirbeln lässt – hier könnte man den Werbespot für ein neues Schotterbike drehen.

ARCEN Rund sieben Kilometer lang ist das Vergnügen, dann führt die Route nicht nur an der Maas entlang, sondern wieder über sie hinüber. Kurz vor der Fähre biegen wir in einen schmalen, von wilden Rosen gesäumten Weg und kommen am Fähranleger an. Die Fähre ist so klein, dass keine Autos darauf passen. Langsam schippern wir nach Arcen rüber und einmal mehr fühlt es sich an, als wäre Urlaub. Das liegt natürlich auch an dem malerischen Städtchen, das voller Menschen ist, die auf den Caféterrassen sitzen und es sich gut gehen lassen. Wir legen auch einen Stopp ein. Ob Pizzeria, Eiscafé oder Restaurant, hier sollten alle etwas finden können.

Das Highlight von Arcen, den Schlosspark Kasteeltuinen, lassen wir aus. Auf dessen

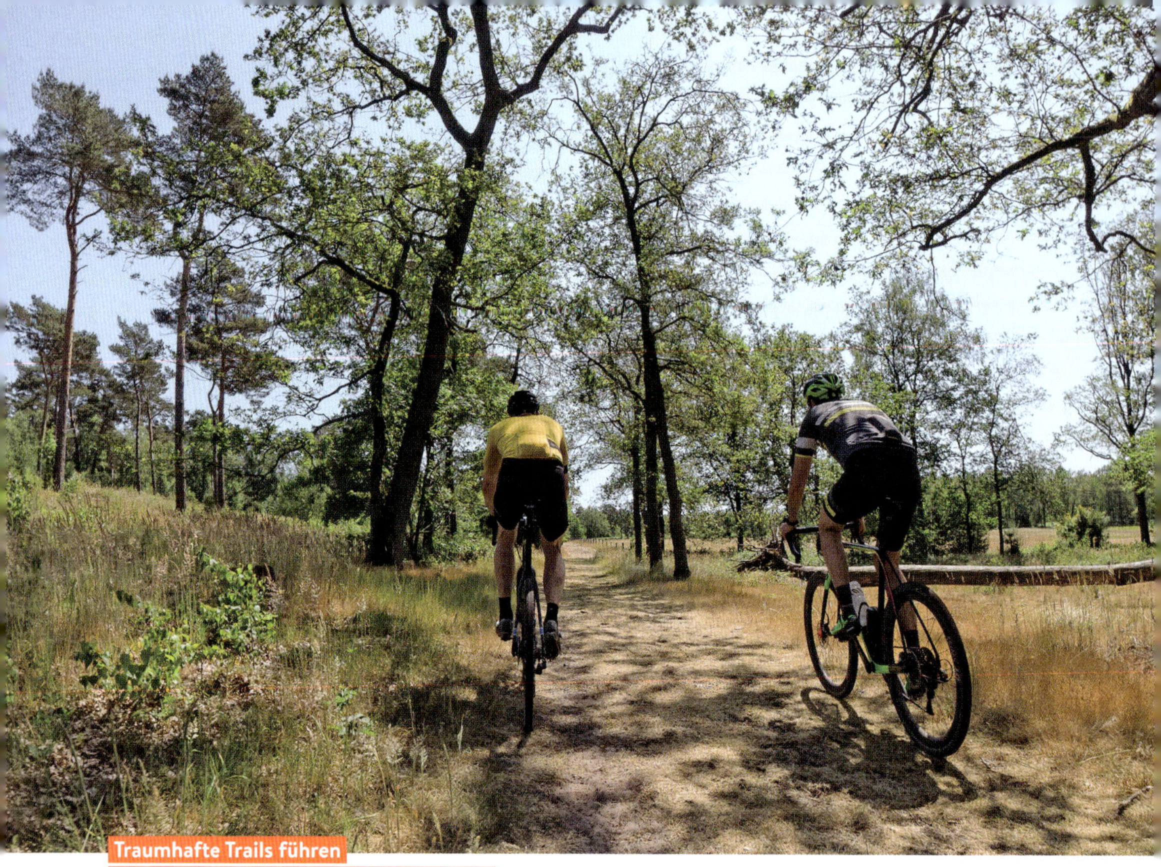

Traumhafte Trails führen durch den Nationalpark De Maasduinen.

gepflegten Schotterwegen der Parkanlage sind wir bestimmt nicht willkommen. Macht gar nichts, denn gleich erwartet uns ein viel spannenderes Revier, die südlichen Ausläufer des Nationalparks De Maasduinen. Genauer gesagt ist es die Leeremarksche Heide.

NATIONALPARK DE MAASDUINEN Dünen kennt man sonst nur vom Strand, wie also kommen die hierher? Wasser, Wind und Zeit haben sie geschaffen. In rund 400 000 Jahren haben die Ur-Maas und der Ur-Rhein hier den längsten Flussdünengürtel der Niederlande aufgeschichtet. Unter den Waldkiefern, Stiel- und Steineichen verläuft unsere Piste relativ breit über sanfte Dünenhügel und im Großen und Ganzen eher flach. Die Pisten sind für holländische Verhältnisse wild und naturbelassen.

Natürlich sind in einem Dünengebiet auch Passagen mit losem Sand zu meistern. Entweder lassen sie sich umfahren oder man rollt mit etwas Schwung einfach hindurch. An einem von Schilf und Binsen gerahmten Gewässer bleiben wir kurz stehen und sind sprachlos, weil die Landschaft so unfassbar schön ist.

GROOTE HEIDE Das geht nicht nur uns so. An einer Eiche ist eine kleine Tafel befestigt, wo die »Ode aan Het Landschap«, eine Ode an die Landschaft eines gewissen Piet Fleuren, zu lesen ist. Die Route ist jetzt nur noch ein schmaler, aber gut zu befahrender Trail. Was wir natürlich nicht sehen, ist, dass nur wenige Meter neben uns die Grenze zwischen den Niederlanden und Deutschland verläuft. Erst als wir die Landstraße, die Dammersbrucher Straße, über-

queren – zwischen den Länderschildern –, wird es uns klar.
Die Groote Heide bei Venlo erreichen wir kaum drei, vier Kilometer später. Wir sind jetzt mal westlich, mal östlich der Grenze oder fahren mitten darauf. Das Heide- und Waldgebiet ist wieder so ein Highlight, das den Niederrhein so einmalig werden lässt. Und natürlich stecken auch hier wieder unter dem sandigen Waldboden Schichten wechselhafter Geschichte. Beim Segelflugplatz informieren Tafeln über die wechselhafte Geschichte während des Zweiten Weltkriegs und danach.

SÜCHTELNER HÖHEN Nach dem Überqueren der L 164 ist der Einstieg in den Waldweg auf der anderen Seite etwas schwer zu finden, aber es gibt ihn, und nach ein paar Metern öffnet sich der Weg und wird breiter. Der Waldweg entlang der Krickenbecker Seen und des Wittsees ist ein echter Graveltraum. Jetzt einfach nur fahren und genießen. Der Bahnradweg, auf den wir jetzt in Richtung Nettetal einbiegen, ist auf eine ganz

Tipp

VENLO MIT DEM RE 13

Seit es das Deutschlandticket von der Deutschen Bahn gibt, haben viele entdeckt: Bahnfahren ist günstig, bequem und manchmal kommt man auch pünktlich an. Auch in die Grenzstadt Venlo rollt ein Regionalexpress. Mit dem RE 13 ist man von Düsseldorf, Neuss, Mönchengladbach, Viersen, Dülken, Boisheim, Breyell und Kaldenkirchen schnell drüben. Das heißt, wer in Viersen startet und zwischendurch schwere Beine bekommt, kann die Tour mit einem lokalen Hertog Jan-Bier abschließen und entspannt mit der Bahn nach Hause rollen.

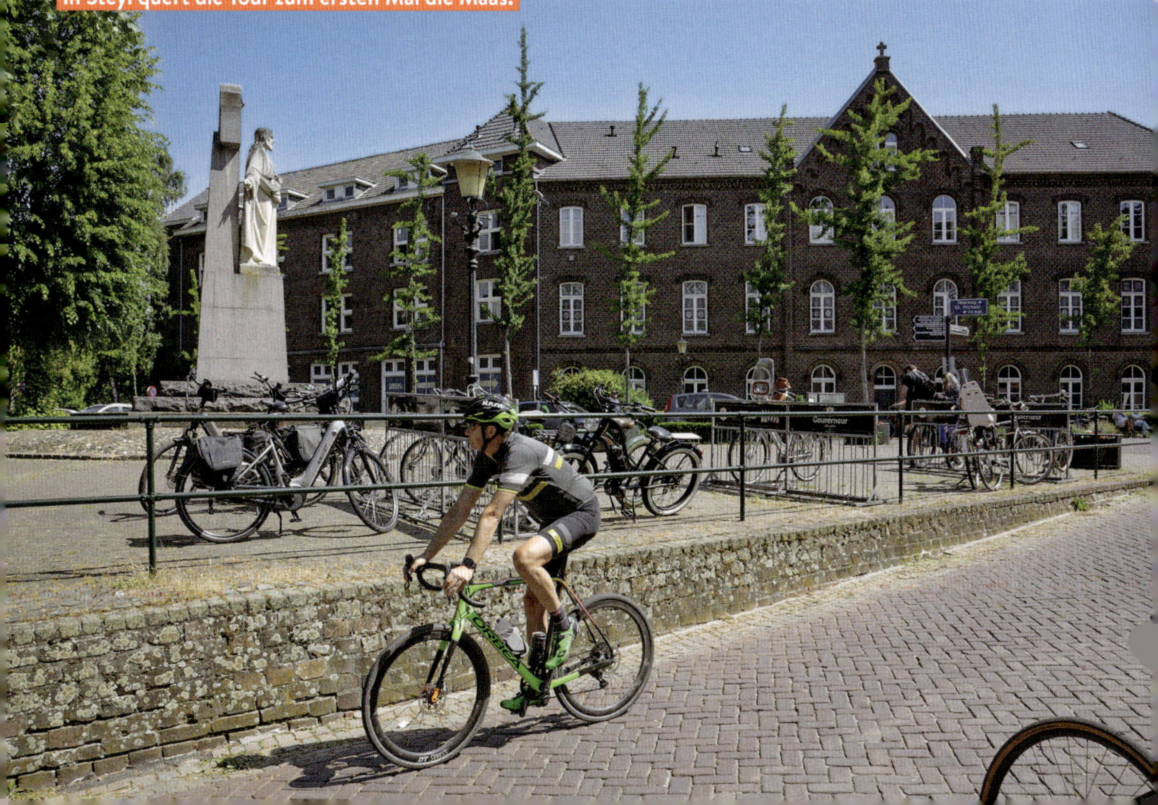
In Steyl quert die Tour zum ersten Mal die Maas.

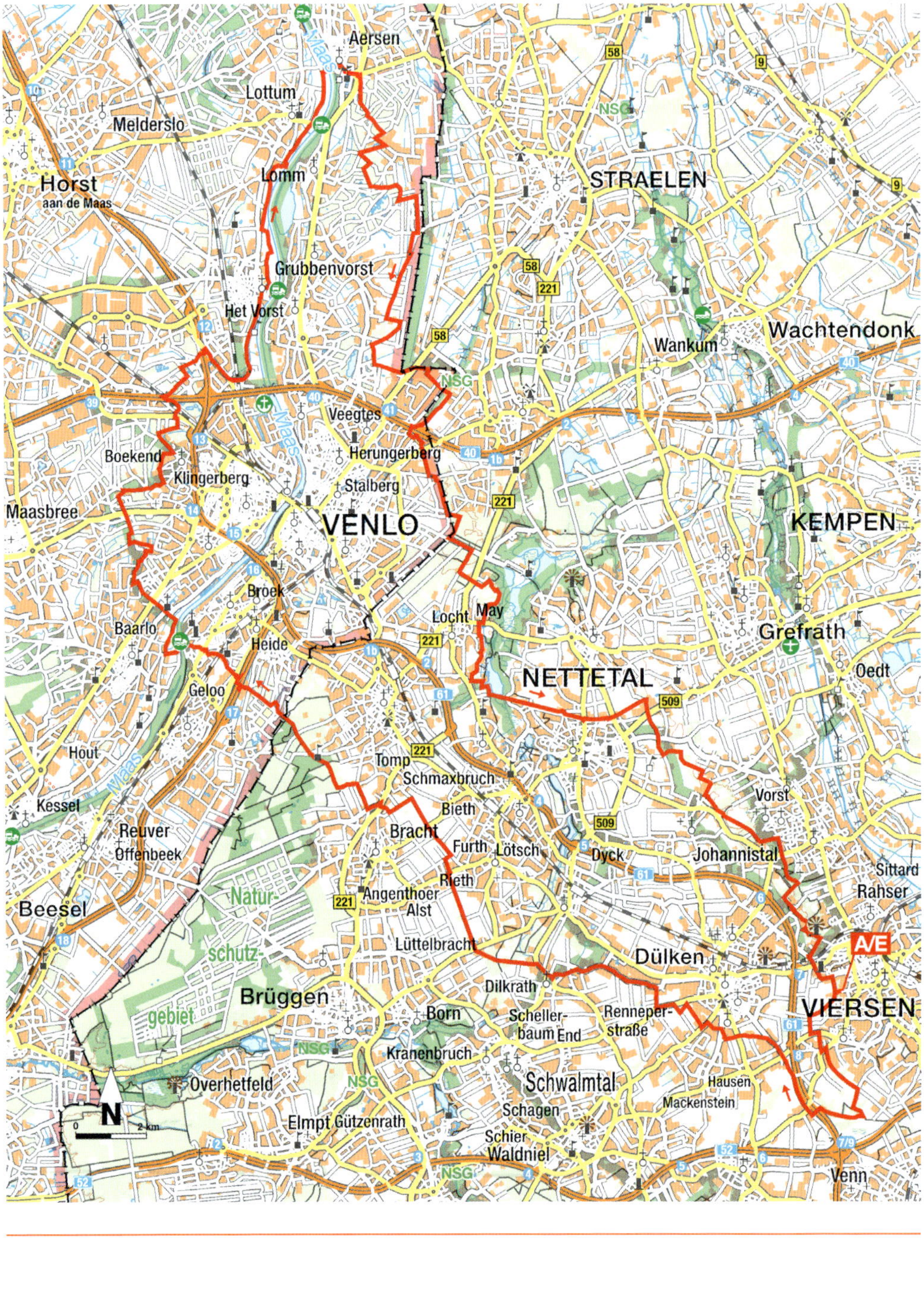
Aersen
Lottum
Melderslo
Horst
aan de Maas
Lomm
Grubbenvorst
Het Vorst
Maas
STRAELEN
Wankum
Wachtendonk
NSG
Veegtes
Herungerberg
Boekend
Klingerberg
Stalberg
Maasbree
VENLO
KEMPEN
Broek
Baarlo
Heide
Locht
May
Grefrath
Oedt
NETTETAL
Geloo
Hout
Tomp
Schmaxbruch
Vorst
Kessel
Bieth
Reuver
Offenbeek
Bracht
Furth
Lötsch
Dyck
Johannistal
Sittard
Rahser
Beesel
Natur-
schutz-
gebiet
Angenthoer
Alst
Rieth
Lüttelbracht
Dülken
A/E
Brüggen
Dilkrath
Born
Scheller-
baum End
Renneper-
straße
VIERSEN
Kranenbruch
Overhetfeld
Schwalmtal
Hausen
Mackenstein
Schagen
Elmpt
Gützenrath
Schier
Waldniel
Venn
N
0
2 km

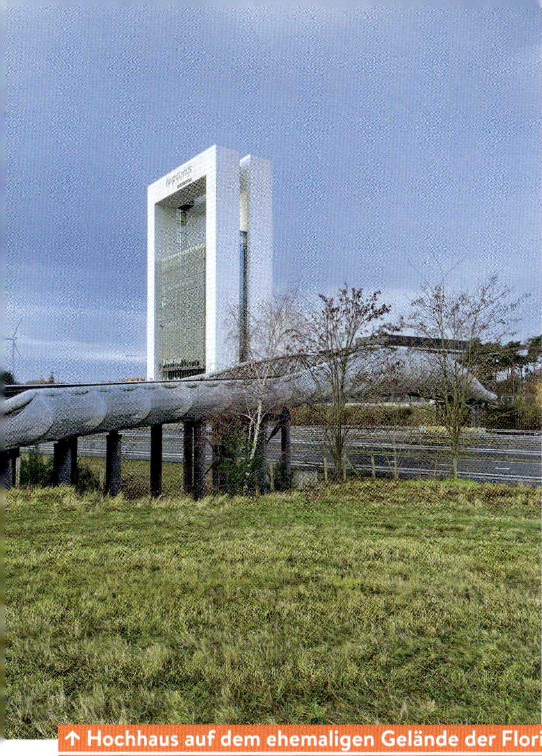

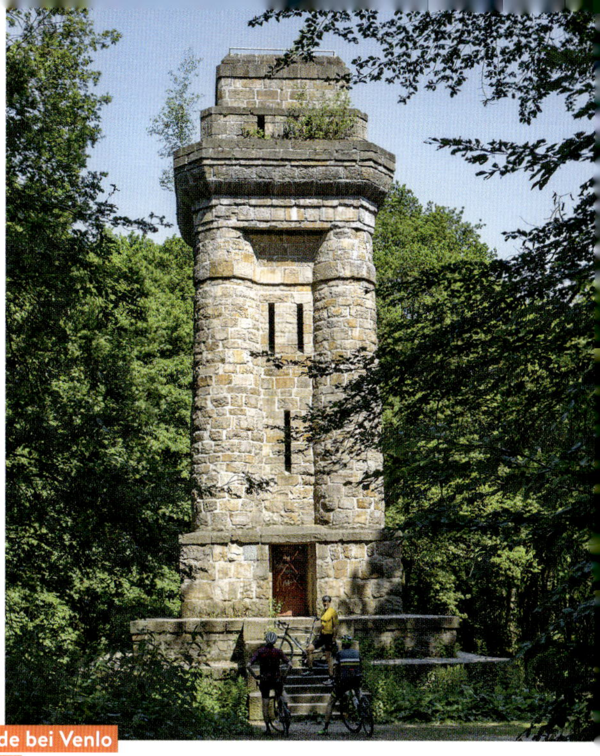

↑ Hochhaus auf dem ehemaligen Gelände der Floriade bei Venlo

↗ Kurze Pause am Bismarckturm oberhalb von Viersen

andere Weise willkommen. Auf jeden Fall entspannt es, jetzt einfach geradeaus auf Asphalt zu fahren. Da der Wind leicht von Westen schiebt, nehmen wir die Steigung beim Dörfchen Bocholt auf die Süchtelner Höhen mit links. Das Auf und Ab entlang des Bergrückens geht nach knapp 100 Kilometern dann aber doch an die Reserven. So schön die Waldwege auch sind – als wir vom Bismarckturm bei Viersen die letzten Meter durch den Wald hinunterrollen, freue ich mich, an unserem Start- und Zielpunkt anzukommen.

INFO

Schwer	105 km	410 Hm	5.45 Std.

TOURENCHARAKTER

Schwere Graveltour, die einiges an Kondition fordert. Die Wege sind fast überall gut und leicht zu befahren. Mit sandigen oder tiefen Passagen muss je nach Witterung gerechnet werden.

WEGBESCHAFFENHEIT

Wald, Kies, Schotter, Singletrail: ca. 43 km

AUSGANGS-/ENDPUNKT

Pkw: Parkplatz Hüsgesweg 1, 41747 Viersen
Bahn: Viersen Hbf

KOMBINIERBAR MIT

Tour 3, 10, 13 und 22

FAHRRADWERKSTATT

Cube Store Venlo, Marinus Dammeweg 31, 5928 PW Venlo-Blerick, Tel. +31 (0)77 382 13 87, www.cubestorevenlo.nl

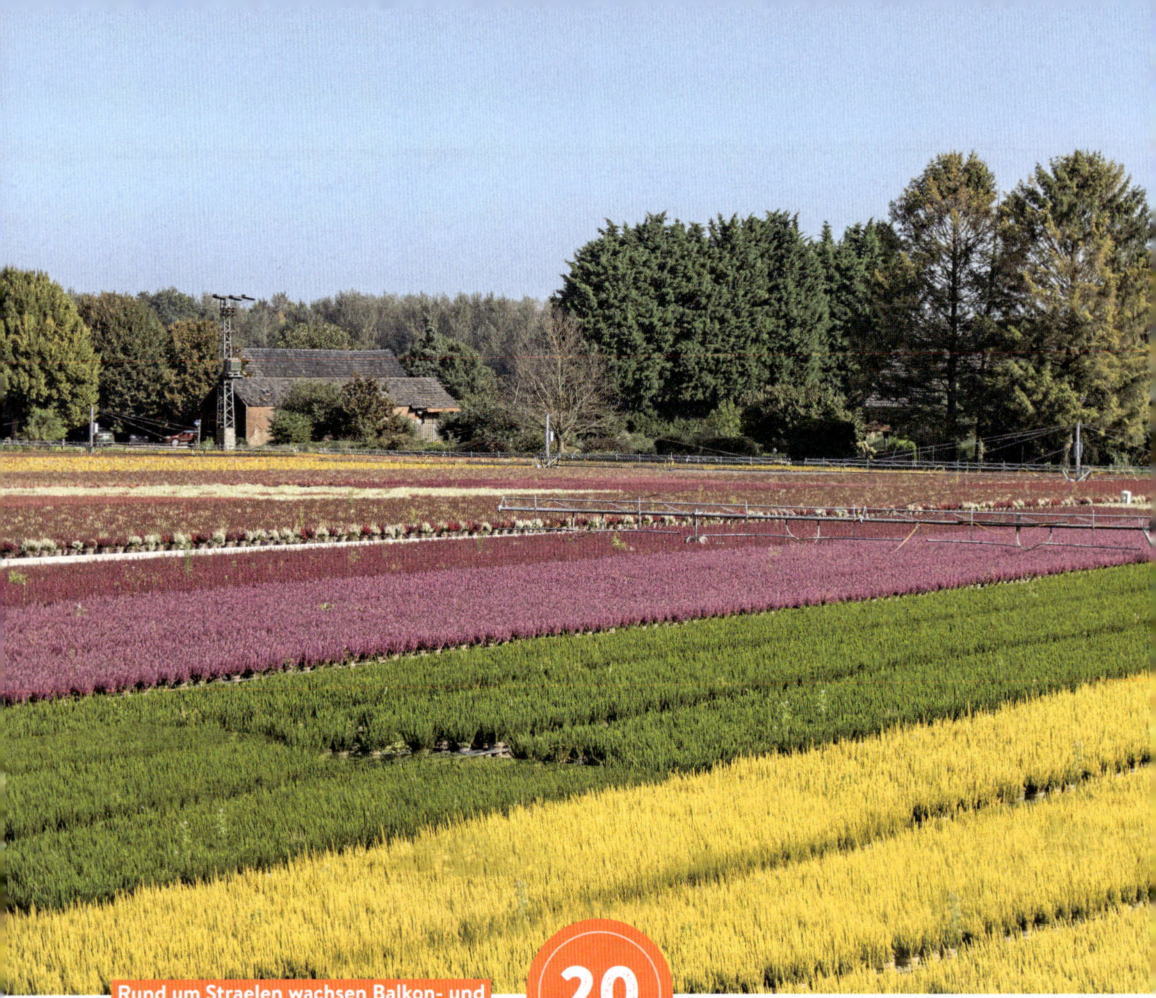

Rund um Straelen wachsen Balkon- und Beetpflanzen in bunten Farbteppichen.

20

ERST DER FLUSS, DANN DIE DÜNEN

Straelen – Irrland – Kevelaer – Niers-Radwanderweg – Goch – Kloster Graefenthal – Maasduinen

Diese Tour führt durch den Unteren Niederrhein in die niederländischen Maasduinen. Auf dem Weg dorthin liegen Kevelaer, Goch und ein besonders schöner Teil des Niers-Radwanderwegs. Kurz gesagt, eine traumhafte Runde.

START Im netten Städtchen Straelen mit der kreisrunden Innenstadt startet diese Tour. Für mich ist sie eindeutig eine der schönsten des Buchs. Vielleicht kommt mir das auch nur so vor, weil es ein herrlicher Spätsommertag ist, an dem wir von einem der Parkplätze starten, die rund um die Altstadt zu finden sind. Wir sind insgesamt vier Fahrer – und das ist eine gute Anzahl, wie ich finde. Wie spricht man Straelen aus, mit langem »a« oder mit »ä«? Die Meinungen sind geteilt. Bei Grevenbroich, so weit ist man sich einig, wird das »oi« zum langen »o«. Aber Straelen? Um es kurz zu machen: Ja, auch das »e« ist ein Dehnungsvokal und »ae« wird zum langen »a«. Aha. Eigentlich schade, dass niemand in der Runde den echt niederrheinischen Plattdeutsch-Sound beherrscht.

Tipp

KLOSTERCAFÉ GRAEFENTHAL

Das ehemalige Zisterzienserkloster Graefenthal steht nun schon seit rund 700 Jahren an der Niers. Die Tour führt direkt an dieser sehenswerten Anlage vorbei. Wenn nicht gerade ein Event stattfindet, lohnt ein kurzer Stopp. Das Klostercafé mit Außenterrasse lockt mit hausgemachten Kuchen (Kloster Graefenthal, Maasstraße 48–50, 47574 Goch, Tel. 02823/928 87 80, www.kloster-graefenthal.de/cafe).

BLUMENLAND Das Gebiet um Straelen ist bekannt für den Anbau von Blumen, besser gesagt für vorgezogene Balkon- und Beet-

Abflug ins Kinderparadies Irrland. Die Tour führt knapp daran vorbei.

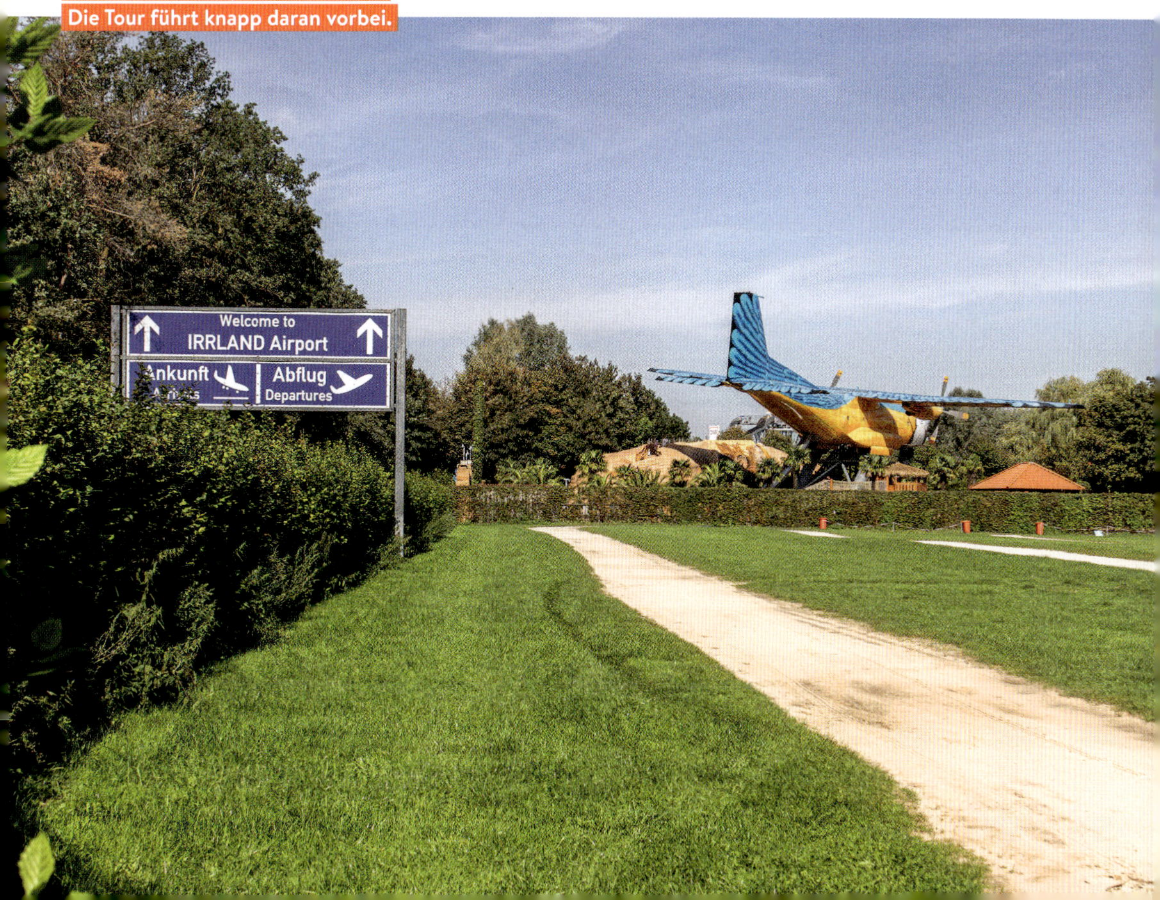

pflanzen. Davon werden in Deutschland jedes Jahr rund eine Milliarde gekauft und viele davon kommen aus der Region Straelen. Etwas weiter südlich, in Straelen-Herongen, ist übrigens Deutschlands größte Pflanzenversteigerung. Hier werden am frühen Morgen bis zu 13 000 Lkw-fertige Rollwägelchen mit Pflanzen versteigert, die dann direkt in die Bau- und Supermärkte und den Blumenhandel gebracht werden.
Auf den ersten Kilometern kommt die Route an einigen dieser Gärtnereibetriebe vorbei. In breiten Farbstreifen reihen sich blühende Blumentöpfe auf dem platten Land aneinander. Fotostopp? Unbedingt. Ab Kilometer 12 wird das Blumeneldorado von einem Waldstück abgelöst. Einige Anwohner sind mit Motorsägen und Traktoren im Wald – Holz für den Winter machen. Dem Waldboden, also unserer Piste, tut das nicht gut, aber was solls, solange wir nicht schieben müssen.

IRRLAND Wald und offenes Land wechseln sich ab, ebenso wie asphaltierte und unbefestigte Wege. Es macht Spaß, an diesem sonnigen Septembertag durchs Land zu fahren, alles ist im Flow. Plötzlich landen wir auf einer breiten Asphaltpiste, ein Flugzeug älteren Modells steht zum Abheben bereit – allerdings auf einem Gestänge, das fest im Boden verankert ist. Na klar, wir sind beim Irrland, diesem besonderen Vergnügungspark, den vermutlich die meisten Eltern der Region einmal mit ihren Kindern besucht haben. An diesem Spätsommertag sind die Parkplätze voll. Also tauchen wir wieder in den Wald ab und ab Kilometer 23 auf einen schmalen Weg durchs Gehölz.
Auch wer nichts mit Kirche und Glauben am Hut hat, hat vermutlich schon mal etwas von Kevelaer gehört. Wir rollen in die Stadt, die zu den am besten besuchten Marienwallfahrtsorten Deutschlands zählt. Und wie auf Bestellung fahren wir auch an einer Pilgergruppe vorbei. Wenn man schon mal hier ist, kann man sich auch das Epizentrum anschauen, den Kapellenplatz. Hier steht die Gnadenkapelle mit dem verehrten Bild der Maria. Daneben rahmen den Platz noch eine Kerzenkapelle und die Basilika. Keine Frage, hier herrscht schon eine ganz besondere Atmosphäre.

KEVELAER Die Marienverehrung geht auf das Jahr 1641 zurück. Und weil die Geschichte so anrührend ist, verlasse ich mal kurz das sportliche Gravelterrain und switche ins 17. Jahrhundert. Dort berichtet ein armer Handelsmann mit Namen Hendrick Busmann vor einem kirchlichen Rat in Venlo Folgendes: »Ich bin mit Mechel Schrouse, welche ungefähr 50 Jahre alt ist, verheiratet. Ich habe mich mit dieser durch einen kleinen Handel ernährt und bin deshalb genötigt, öfter hierhin und dorthin zu reisen. So bin ich im Jahre des Herrn 1641 um Weihnachten von Weeze gekommen auf dem Wege, der nahe bei Kevelaer ist. Dort stand in jener Zeit ein Hagelkreuz. Dort hörte ich eine Stimme, welche mir sagte: »Op deze plaats sult gij mij een kapelleken bouwen!« (An dieser Stelle sollst du mir ein Kapellchen bauen!)
Der Mann sparte vom wenigen, was er hatte. Seine Frau sah in einer nächtlichen Erscheinung ein Heiligenhäuschen mit einem Bildchen der Gottesmutter Maria als Trösterin der Betrübten. Dieses Bild wurde ihr kurz zuvor von zwei Soldaten zum Kauf angeboten. Hendrick Busman fühlte sich bestätigt, er hatte sich Maria, die ihm auf niederrheinischem Platt Befehle gab, doch nicht eingebildet. Er beauftragte seine Frau, die beiden Soldaten ausfindig zu machen und das Bild zu kaufen, was dann auch geschah.

NIERS-RADWANDERWEG Noch ein bisschen beeindruckt verlassen wir den Wallfahrtsort und wenden uns der Niers zu. Sie ist

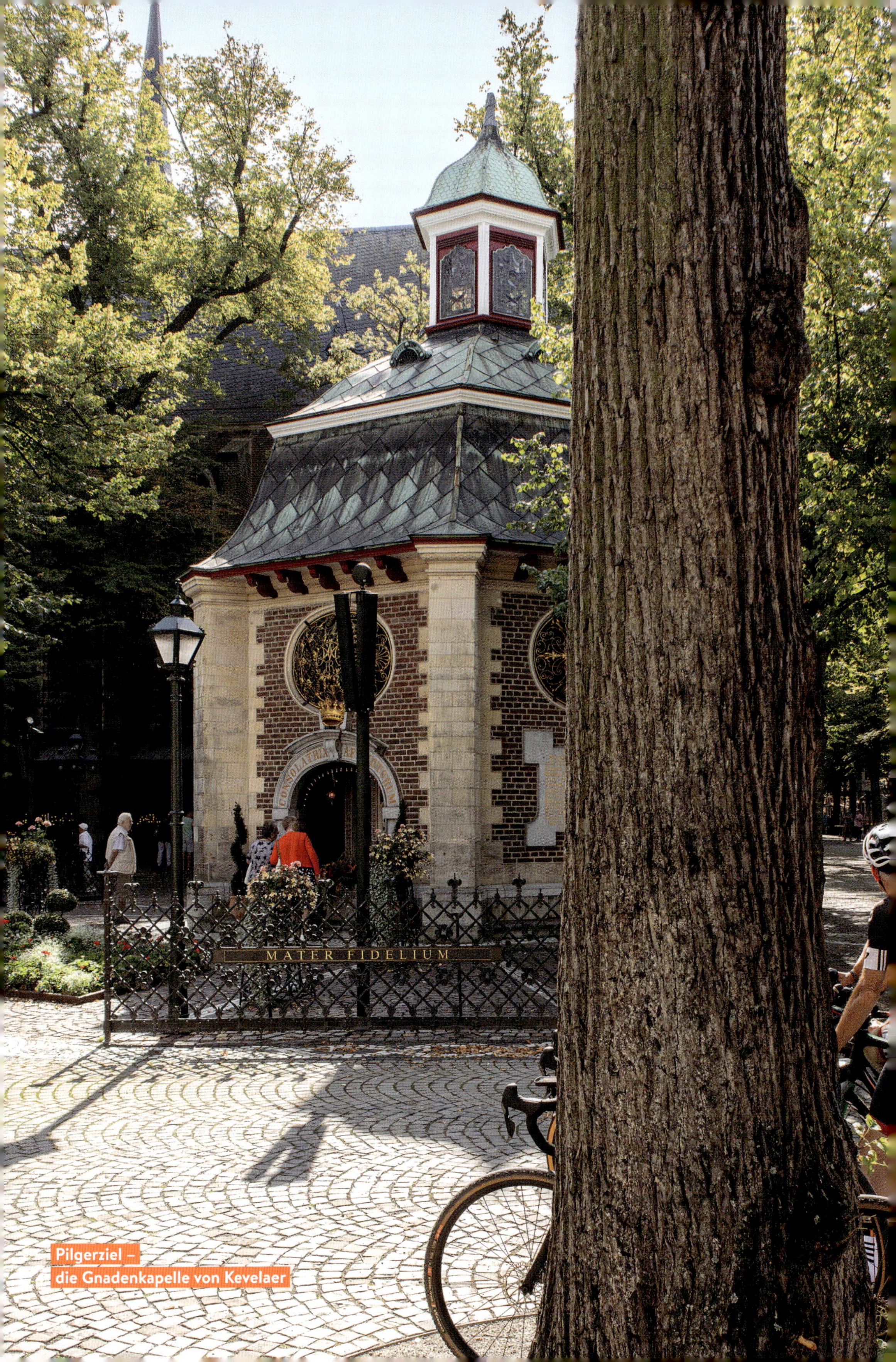

Pilgerziel –
die Gnadenkapelle von Kevelaer

Tipp

BEI REGI

Direkt beim Zweirad-Grenzübergang Hommersum-Huyskensstraße ist die Gaststätte »Bei Regi« perfekt gelegen für einen Zwischenstopp. Vor allem, wenn man den Charme alter Landgasthäuser mag. Samstags und sonntags wird eine Auswahl an Kuchen und Torten angeboten. In der Woche ist nur am Abend geöffnet (Huyskensstraße 34, 47574 Goch-Hommersum, www.bei-regi.de).

schon fast eine alte Bekannte, der wir immer wieder auf den Touren in diesem Buch begegnen. Die Route wird dem Flüsschen nun auf rund 30 Kilometer folgen. Der Radwanderweg ist ein Traum, nicht zu breit, ein feiner Kiesbelag – und nur wenige Spaziergänger. Und natürlich dieses hundertprozentige Niederrheinidyll aus Wasser, Wiesen, Weiden – fehlt nur noch ein altes Wasserschloss.
Da ist es ja schon. Bei Kilometer 43 öffnet sich, nachdem wir die A 57 unterquert haben, der Blick auf eine intakte Schlossanlage. Es ist das Schloss Wissen, das noch bewohnt ist und in dem man aber auch übernachten kann, wenn man denn mal in einem Schloss nächtigen möchte.

GOCH Zusammen mit der Niers rollen wir nach Goch. Die große Kirche, die alten Gebäude und die lauschigen Wege am Fluss – diese Stadt hat viel zu bieten. Heute allerdings nicht uns. Nach dem kulturellen Exkurs in Kevelaer hatten wir bereits unsere Dosis Geschichte und fahren weiter. Die Hälfte der Strecke ist ja noch nicht geschafft. Das mit der Geschichte hätte ich nicht sagen sollen. Denn wenige Kilometer weiter führt die Route am Kloster Graefenthal vorbei. Die ehemalige Zisterzienserabtei ist ein beeindruckendes Ensemble. An diesem Tag wird es von Menschen bevölkert, die in mittelalterliche Gewänder gekleidet sind, die als Nonnen, Ritter, Knappen, Kurpfuscher oder Sonstige für ein Wochenende aus ihrer gewohnten Welt und Identität in eine andere schlüpfen. Wenn mal gerade kein Ritterfestival ist – hier kann man auch im Klostercafé eine Rast einlegen.
Bei dieser Tour kommt man aus dem Schauen und Staunen gar nicht mehr raus. Wäre da nicht dieses hohle Gefühl im Bauch. Nach nun schon mehr als 50 Kilometern rächt sich das zu knappe Frühstück. Wie ein Wunder taucht direkt an der Grenze zu den Niederlanden bei Kilometer 65 ein Schild mit dem Hinweis »Kaffee & Kuchen« auf. Es gehört zu einem dieser noch lebendigen Relikte altehrwürdiger und ehrlicher Gasthäuser, die in kleinen Orten wie Hommersum auch eine gesellschaftliche Funktion erfüllen. Sie begleiten den Reigen des Lebens von der Taufe über die Hochzeit bis zum Leichenschmaus, von Karneval über Ostern bis Silvester. Hier treffen sich in der Woche Vereine und am Wochenende Familien mit ihren Kindern, die längst nicht mehr im Dorf wohnen.
Vielleicht male ich mir das auch nur schön, weil ich mich so freue, etwas zu essen. Der Wirt der Gaststätte »Regina Evers« empfiehlt an diesem heißen Tag eine Grillasch-Eistorte. Dazu ein Kännchen Kaffee – weil wir ja draußen sitzen.
Über die grüne Grenze führt die Tour nun über offenes Land. Nicht vergessen: Wenn in den Niederlanden ein Radweg neben einer Straße verläuft, sollte man den auch unbedingt nehmen. Autofahrer kicken einen sonst fast vom Asphalt. Auf so einem niederländischen Radweg führt die Strecke nun an einem Waldgebiet vorbei beziehungsweise hindurch. Ganz so still ist es hier nicht. Links verläuft die Autobahn, rechts liegt das Areal des Center Parcs Heijderbos.

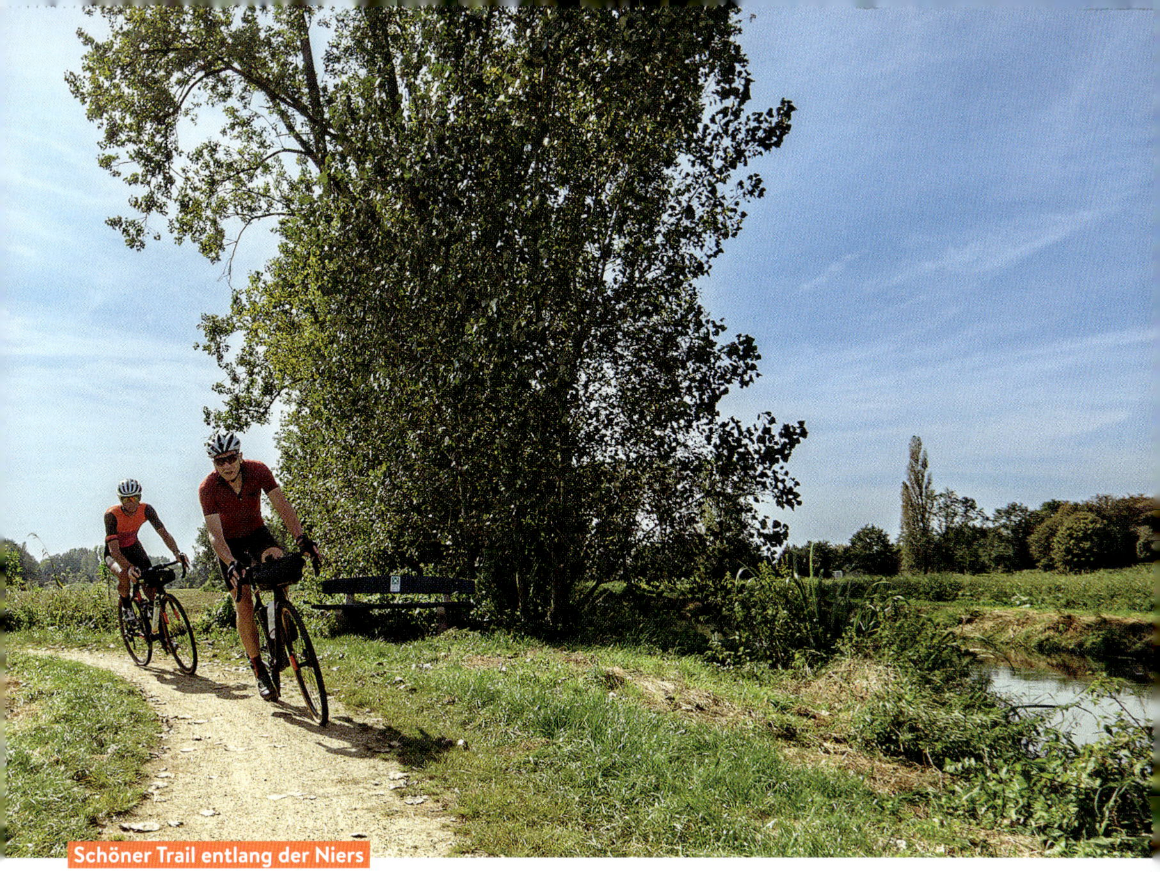

Schöner Trail entlang der Niers

DE MAASDUINEN Ab Kilometer 70 führt die Tour durch den niederländischen Nationalpark De Maasduinen. Bis auf wenige Unterbrechungen werden die jetzt folgenden gut 30 Kilometer durch dieses Dünen- und Waldgebiet führen, das sich im Lauf der Jahrtausende rechts der Maas gebildet hat. Ein Nationalpark verspricht immer intakte und vielfältige Natur. Das ist in diesem Fall nicht anders. Uns erwarten Moore und Magerwiesen, Dünen in diversen Ausformungen, Wasser- und Heideflächen. Kiefern und verschiedene Eichenarten säumen den Weg, der so aussieht, als wäre er fürs Gravelbikefahren gemacht.
Unter den Mitfahrenden ist es still geworden, das mag an den Folgen der Grillasch-Torte liegen, die noch verarbeitet werden will. Es ist aber auch diese großartige Piste durch diese großartige Landschaft. Bei einem Dünengebiet bleibt es nicht aus, dass auch mal sandige Passagen dazwischenkommen. Neben den Gravelidealpisten erwarten euch im Nationalpark auch Waldwege mit zwei Fahrspuren, die hollandtypische Variante mit breitem Schotterweg für die Landwirtschaft und schmalem Fietsspat an der Seite – und schmale Trails.

REINDERSMEER Das Reindersmeer, bei dem die Tour bei Kilometer 88 entlangkommt, ist das größte Gewässer des Nationalparks. Es ist mit dem Leukermeer verbunden, das mit Campingplatz, Hafen und anderen Installationen auch touristisch erschlossen ist. Das lockt uns aber gerade nicht. Wir bleiben im Off und trainieren auf einem kurzen Stück bei Kilometer 97 das Fahren im Sand. In diesem Abschnitt ist es auch etwas hügelig.
Ab Kilometer 104 führt die Route exakt auf oder an der Grenze zwischen Deutschland

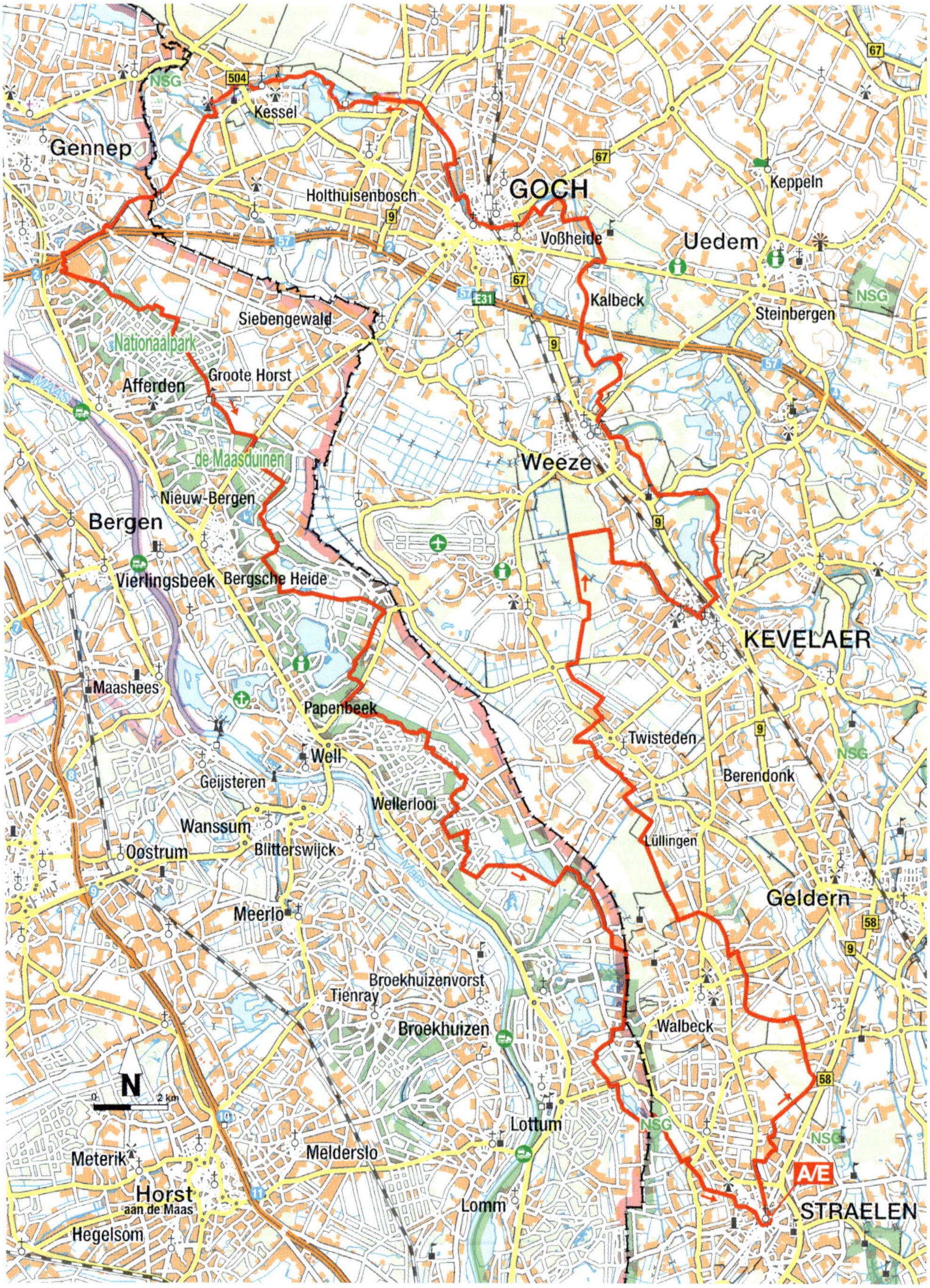
Gennep
Kessel
NSG
504
Holthuisenbosch
GOCH
Keppeln
Voßheide
Uedem
Kalbeck
Steinbergen
Siebengewald
Nationaalpark
Groote Horst
Afferden
de Maasduinen
Weeze
Nieuw-Bergen
Bergen
Vierlingsbeek
Bergsche Heide
KEVELAER
Maashees
Papenbeek
Well
Twisteden
Berendonk
Geijsteren
Wellerlooi
Wanssum
Lüllingen
Oostrum
Blitterswijck
Meerlo
Geldern
Broekhuizenvorst
Tienray
Broekhuizen
Walbeck
Lottum
Meterik
Melderslo
Horst
aan de Maas
Lomm
Hegelsom
STRAELEN
A/E
N
2 km
Maas

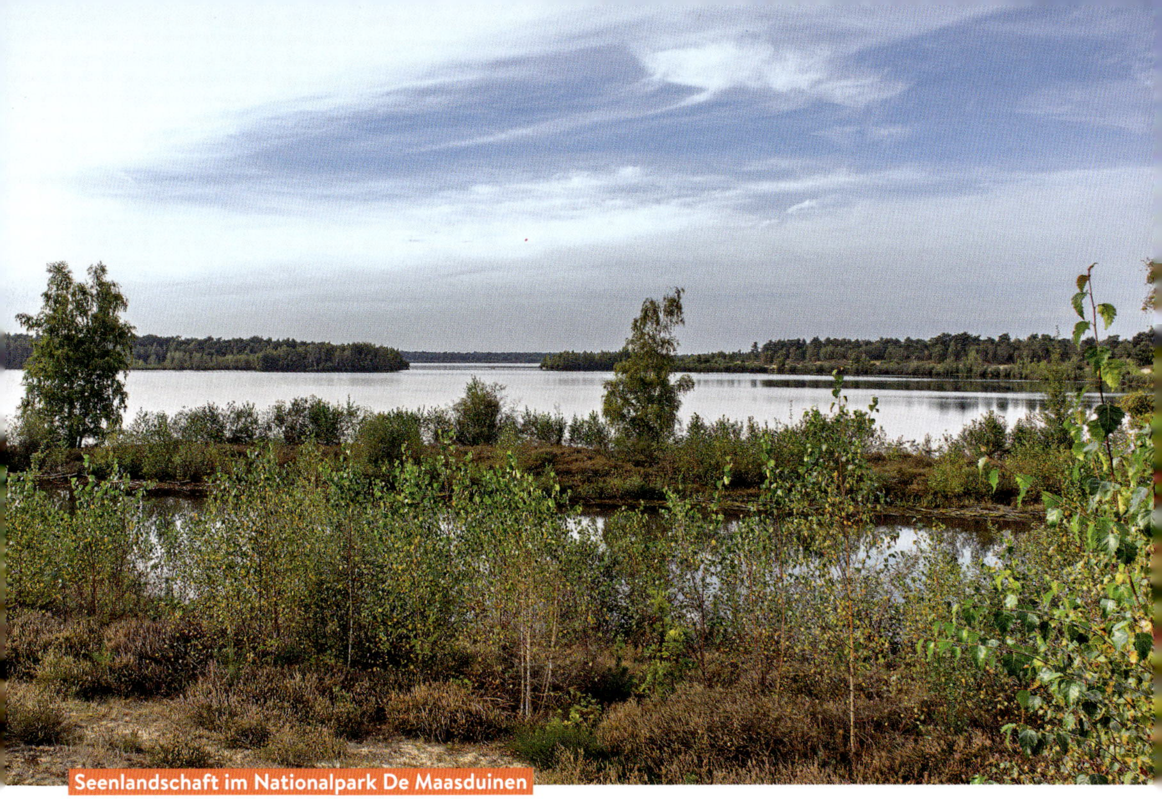

Seenlandschaft im Nationalpark De Maasduinen

und den Niederlanden entlang. Links schauen wir in den Wald und rechts auf ehemalige Baggerseen. Weil's so schön ist, macht die Route noch mal einen kleinen Schwenk durch die Leeremarksche Heide und nimmt dann Kurs auf Straelen. Auf den entspannten letzten vier Kilometern über die Felder kommt es mir vor, als wäre ich lange und weit weg gewesen. In gewisser Weise stimmt das ja auch. Da sind sie ja wieder, die Gärtnereibetriebe mit den Blumenplantagen – und Straelen mit seinem praktischen Altstadtring, der uns sicher zum Parkplatz leitet.

INFO

Schwer	116 km	340 Hm	6.30 Std.

TOURENCHARAKTER
Schwere Graveltour mit einem Singletrailanteil von ca. 24 Kilometern. An einigen Abschnitten im Bereich der Maasduinen muss mit tieferem Sand gerechnet werden.

WEGBESCHAFFENHEIT
Wald, Kies, Schotter, Singletrails: ca. 63 km

AUSGANGS-/ENDPUNKT
Pkw: Parkplatz Rathaus P2, Josefstraße, 47648 Straelen

KOMBINIERBAR MIT
Tour 7

FAHRRADWERKSTATT
Zweirad-Center van de Stay, Ostwall 10, 47638 Straelen, Tel. 02834/918 88, www.van-de-stay.de

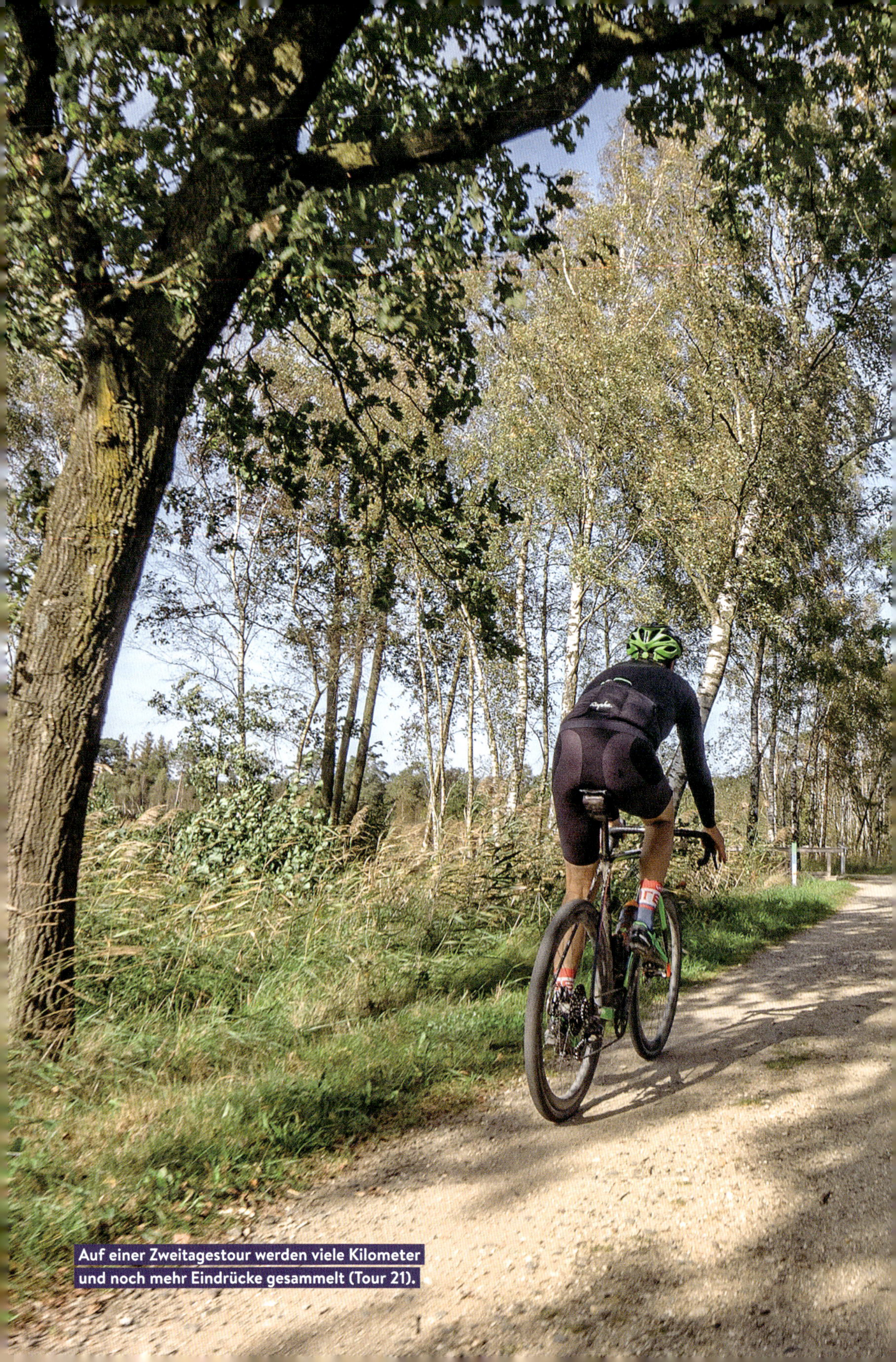

Auf einer Zweitagestour werden viele Kilometer und noch mehr Eindrücke gesammelt (Tour 21).

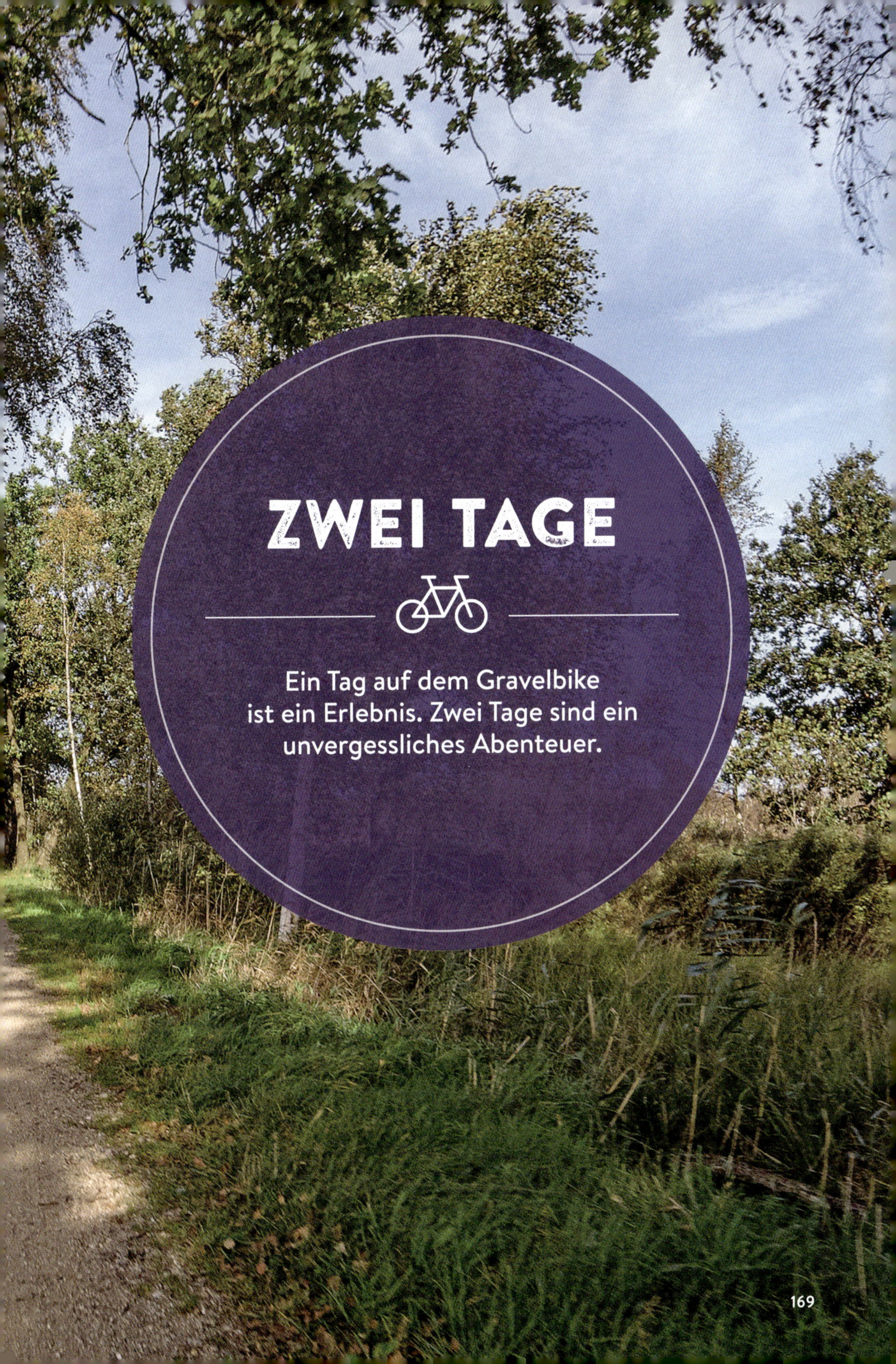

ZWEI TAGE

Ein Tag auf dem Gravelbike ist ein Erlebnis. Zwei Tage sind ein unvergessliches Abenteuer.

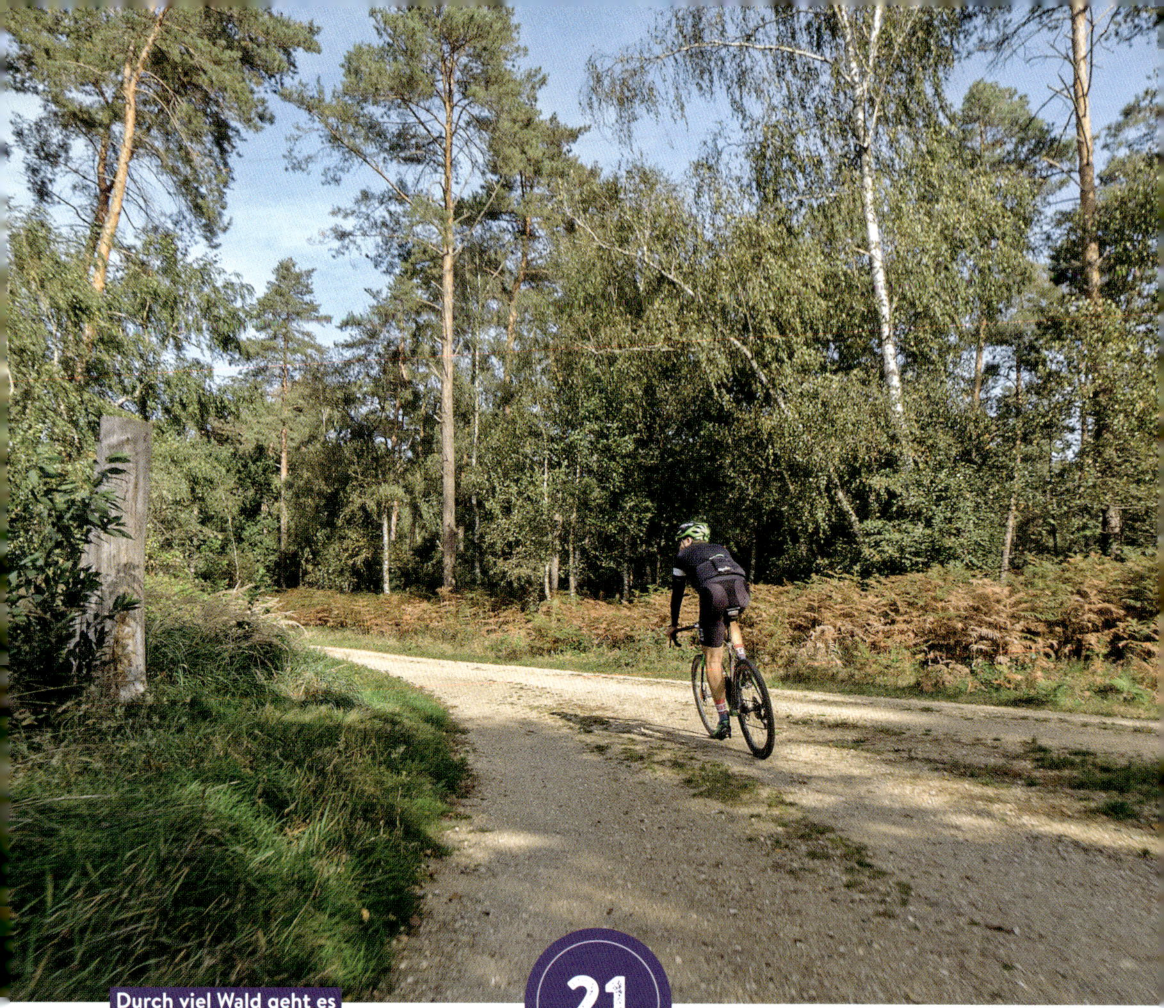

Durch viel Wald geht es im Grenzgebiet zu den Niederlanden.

21

ZWISCHEN RHEIN UND MAAS

Meerbusch – Niers-Radwanderweg – Ruraue – Roermond – De Meinweg – Schwalmbruch – Nordkanal – Ilvericher Altrheinschlinge

Unsere erste Zweitagestour erkundet den südlichen Niederrhein. Vom Rhein an die Maas und wieder zurück. Mit im Gepäck: Fluss- und Heidelandschaften, Kohl- und Spargelfelder, Weite und Natur. Das Übernachtungsziel ist Roermond in den Niederlanden.

ERSTER TAG Eins vorweg, die Zweitagestour ist eine Art Best-of. Eine Compilation schöner Gravelabschnitte. Es sind aber auch Abschnitte dabei, die für uns neu sind und die wir noch nicht gefahren sind. Insgesamt sollte die Strecke ein rundes Bikepacking-Abenteuer ergeben – egal ob mit Übernachtung im Zelt, im Hotel oder mit Overnighter in der freien Natur.
Bei 191 Kilometern Gesamtstrecke auf zwei Tage verteilt kann man es entspannt angehen. Es bleibt Zeit für ausgedehnte Picknickpausen oder die ein oder andere Besichtigung. Trotzdem sollte man früh aufbrechen. Im Morgengrauen oder bei Sonnenaufgang mit dem Rad loszufahren, ist ein tolles Gefühl. Start ist in Meerbusch, nordwestlich von Düsseldorf. Natürlich kann auch jeder andere Ort entlang der Strecke Start und Ziel sein. Je nach Startzeit könnt ihr im Radlertreff bei Dino Cappuccino noch einen Kaffee trinken. Eine Bäckerei gibt es gleich um die Ecke auf der Düsseldorfer Straße.
Erst mal raus aus dem Düsseldorfer Umland und etwas Strecke machen. Kaarst wird nur

Tipp

VERPFLEGUNG

Auch wenn die gesamte Region gut erschlossen ist, nimm besser zwei Trinkflaschen und ein paar Energieriegel oder Snacks mehr mit. Weiter hinten im Buch findest du eine Packliste mit allem, was du eventuell mitnehmen kannst.

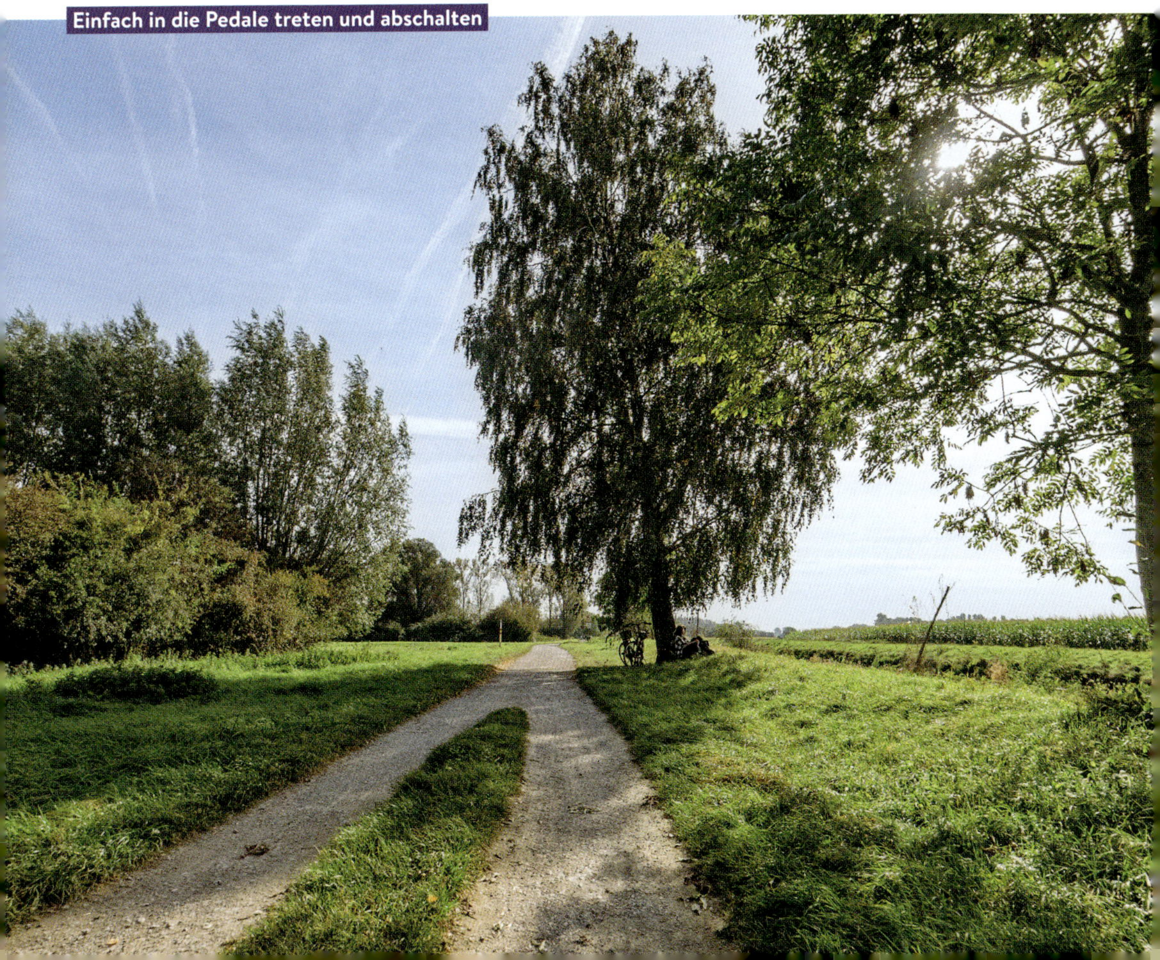

Einfach in die Pedale treten und abschalten

Tipp

FAHRRADFREUNDLICHE HOTELS IN ROERMOND

Hotel Roermond Next Door
Das Hotel liegt mitten in der Altstadt. Die Räder können über Nacht in einem abschließbaren Raum abgestellt werden. Frühstück wird angeboten (www.hotelroermondnextdoor.nl).

B&B De Hofnar
Das kleine Bed and Breakfast befindet sich ebenfalls in der Altstadt von Roermond. Auch hier wird ein abschließbarer Raum für die Räder bereitgestellt. Wie der Name schon sagt, können die Gäste im Haus frühstücken (www.hofnarroermond.nl).

CAMPING

Hoeve Linnerveld
Der kleine Landcampingplatz liegt auf dem Weg nach Roermond im Roerdal. Von Frühjahr bis Herbst geöffnet (www.hoevelinnerveld.nl).

Camping Van Ass
An den Maasplassen, einem Gebiet mit mehreren zusammenhängenden Seen, das an Roermond angrenzt, finden sich mehrere Campingplätze. Sehr schön am Wasser gelegen ist Camping Van Ass. Von Frühjahr bis Herbst geöffnet (www.campingvanass.nl).

gestreift, ebenso wie der **Kaarster See** mit seinem Strandbad. Weiter geht es durch Felder und kleine Waldstücke bis Kilometer 18, wo die Route auf den **Niers-Radwanderweg** einbiegt. Wer möchte, kann bei Kilometer 22 einen kurzen Abstecher zum Schloss Rheydt machen. Zehn Kilometer später führt die Tour an Schloss Wickrath vorbei. Hier verlässt die Route auch den geschotterten Flussradweg.

Langsam steigt das Gelände an. Zwischen Erkelenz und dem Tagebau Jackerath führt der Weg nun über offene Felder und durch weite Landschaften, erst nach Süden, dann nach Westen. Jetzt sind schon 50 Kilometer geschafft und auch der höchste Punkt der Tour. Freuen wir uns auf eine rasante Abfahrt bei Lövenich in die **obere Ruraue**.
Auch hier wartet ein schöner Flussradweg, dem die Route auf etwa 15 Kilometern folgt. Typische Bruch- und Auenlandschaften begleiten die Tour auch nach dem Grenzübertritt bei Kilometer 80. Durch den **Annendaalsbosch** und den **Reigersbroek** geht es durch das **Roerdal** – so heißt das Rurtal in den Niederlanden – nach **Roermond**, wo die Rur in die Maas mündet. Roermond ist auch das Ziel der ersten Etappe. Nach 110 Kilometern ist man in der hübschen Stadt mit der schönen Altstadt.

ZWEITER TAG Wie war die Nacht? Wer von Freitag auf Samstag unterwegs ist, kann morgens noch einen Gang über den lebhaften Wochenmarkt im Zentrum machen. Aber auch am Sonntag ist noch einiges los. Viele Geschäfte haben hier täglich geöffnet. Tag zwei beginnt auf dem Rad mit dem Sightseeing niederländischer Wohngebiete – die Tour führt erst einmal aus der Stadt heraus.
Es geht eine Weile über die Felder, bis bei Kilometer 122 das geschützte Grenzgebiet erreicht ist. Erst verläuft der Weg auf der deutschen Seite durch das **Naturschutzgebiet Luesekamp und Boschbeek** und dann auf niederländischer Seite in den **Nationalpark De Meinweg**.
Die Schönheit von De Meinweg und des daran angrenzenden **Schwalmbruchs** wurde bei verschiedenen Touren in diesem Buch gefeiert. Klar, dass sie auch bei dieser Bikepacking-Runde ein Highlight sind. Durch die grüne, waldreiche Natur

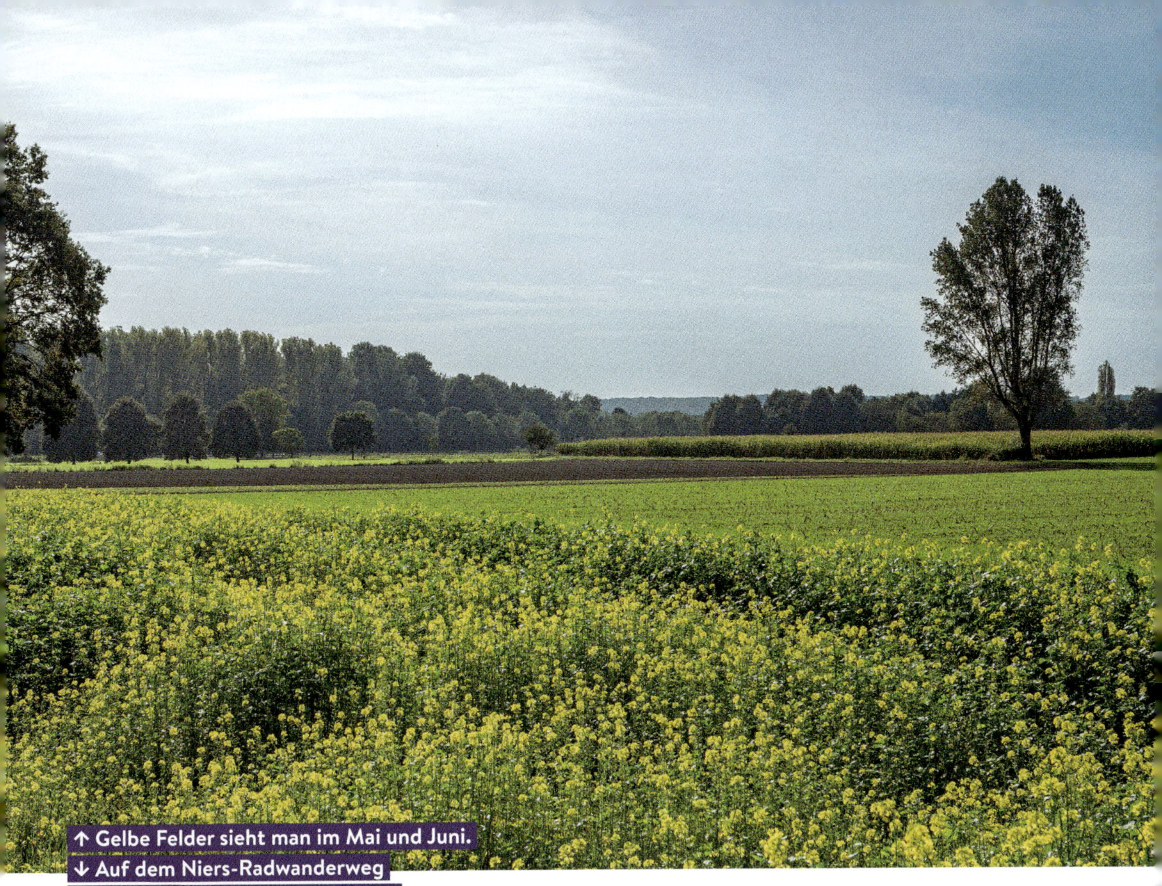

↑ Gelbe Felder sieht man im Mai und Juni.
↓ Auf dem Niers-Radwanderweg
↘ Altes Bauernhaus bei Roermond

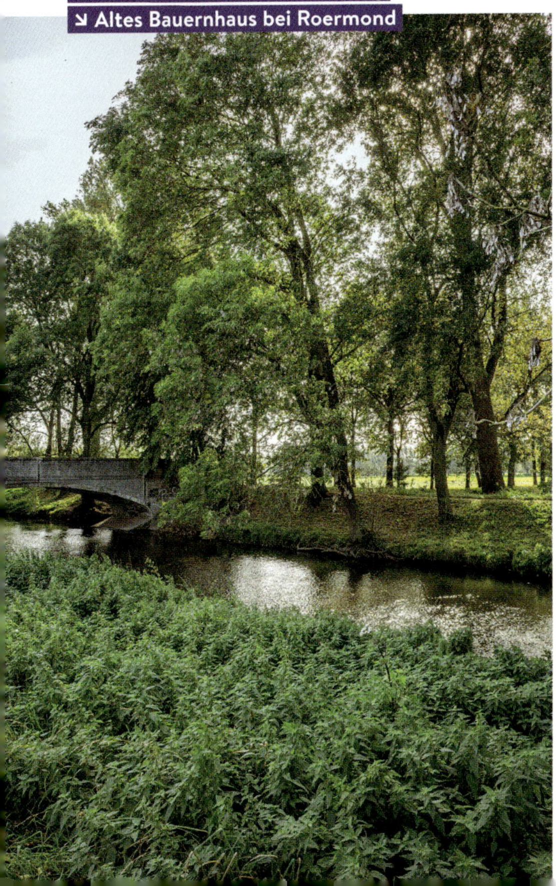

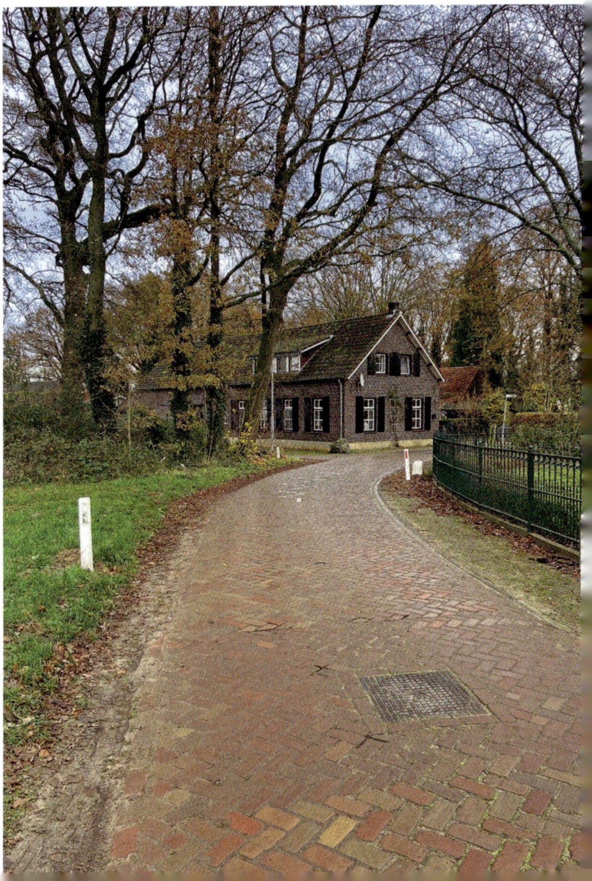

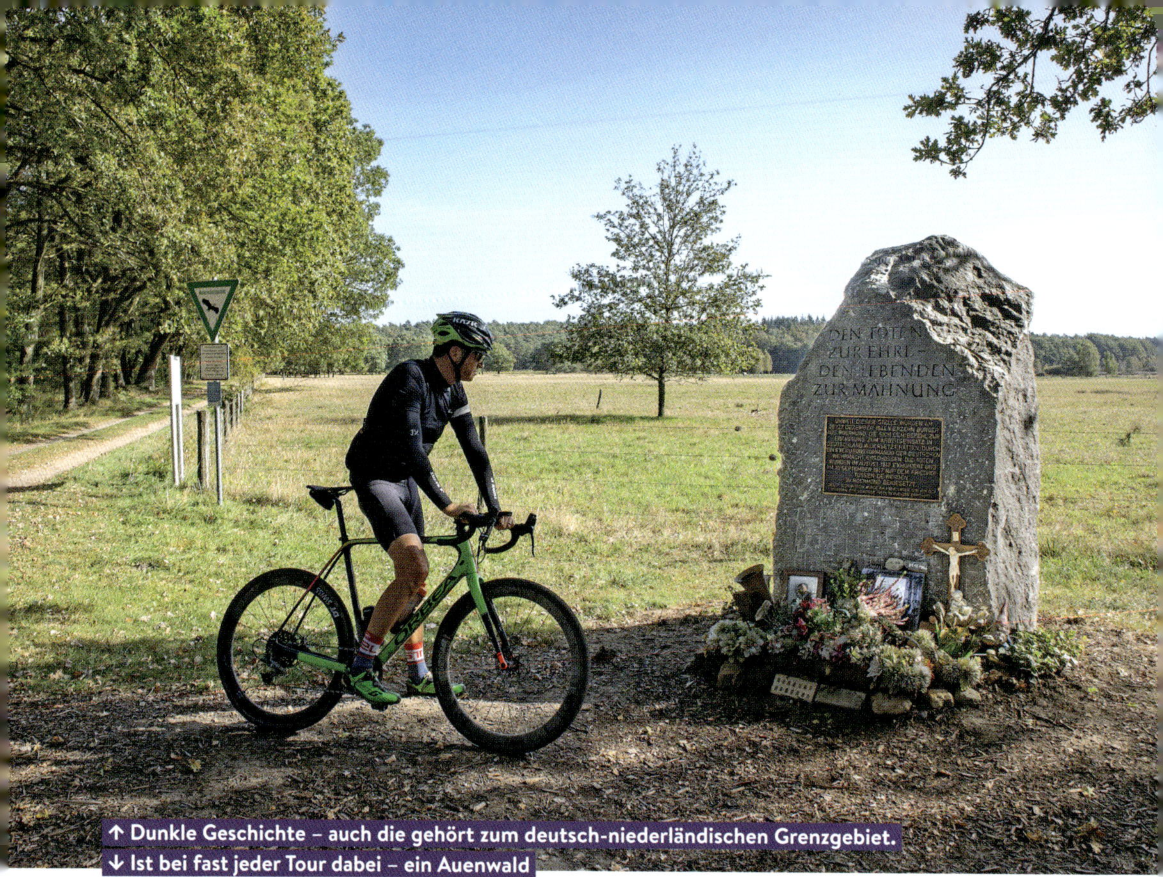

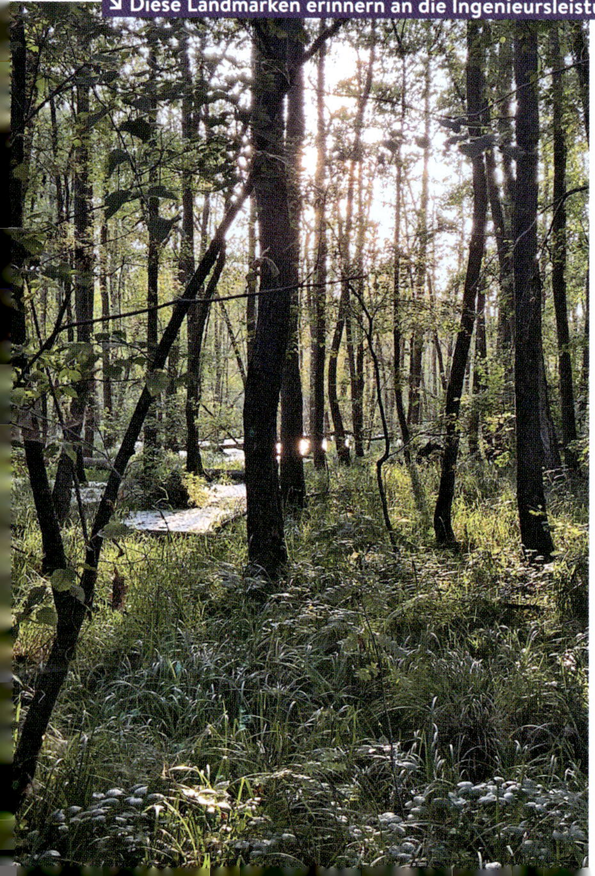

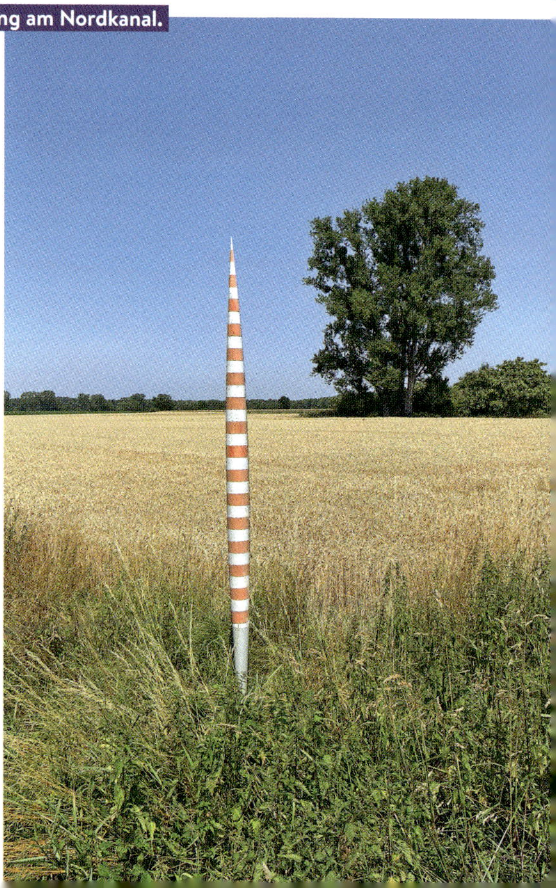

↑ Dunkle Geschichte – auch die gehört zum deutsch-niederländischen Grenzgebiet.
↓ Ist bei fast jeder Tour dabei – ein Auenwald
↘ Diese Landmarken erinnern an die Ingenieursleistung am Nordkanal.

schlängelt sich die Strecke langsam, aber sicher weiter in Richtung Osten. Von Mönchengladbach bekommt man nichts mit, selbst beim Autobahnkreuz ist der Weg so naturnah, dass man sich in seiner eigenen Welt befindet.

Ein kurzes Stück folgt die Route dem unvollendeten **Nordkanal** Napoleons und führt dann über die Felder bei Willich wieder ins Düsseldorfer und Neusser Umland. Im Frühjahr kommt man hier mit großer Wahrscheinlichkeit an weiten Spargelfeldern vorbei. Je nach Jahreszeit wachsen auch Salatköpfe, Kohl, Kohlrabi und anderes Gemüse. Bis zum Start- und Zielpunkt ist es jetzt nicht mehr weit. Um noch einmal Rheinluft zu atmen, schwingt sich die Route über die **Ilvericher Altrheinschlinge** über die Felder am Rhein zurück ins Zentrum von Meerbusch-Büderich.

INFO

Schwer | 191 km | 500 Hm | 11.00 Std.

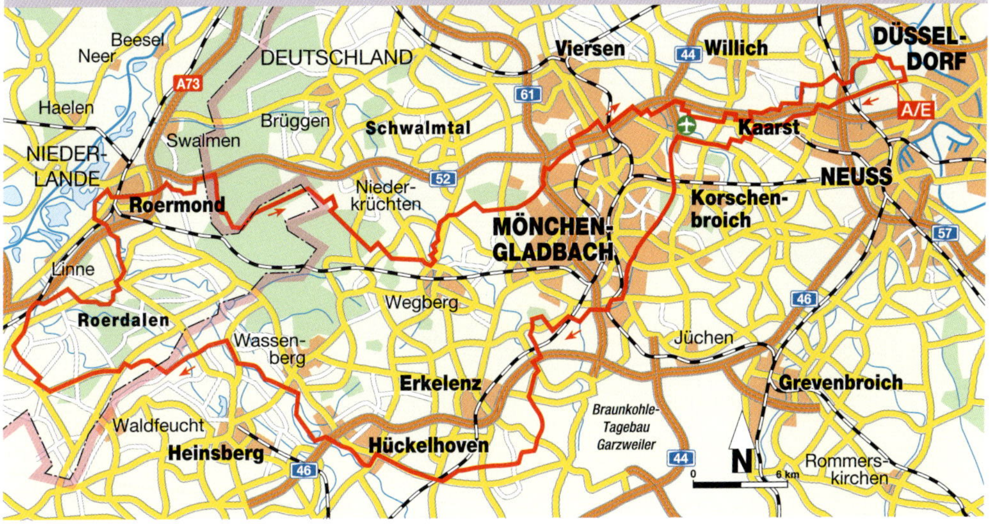

TOURENCHARAKTER

Schwere Tour, die viel Kondition erfordert. Die Wege sind einfach zu befahren und können je nach Witterung tiefe Passagen aufweisen.
Die Tour lässt sich auch gut mit der folgenden Zweitagestour kombinieren. Auf den insgesamt rund 420 Kilometern erlebt man den Niederrhein in fast all seinen Facetten.

WEGBESCHAFFENHEIT

Wald, Kies, Schotter, Singletrails: ca. 94 km

AUSGANGS-/ENDPUNKT

Pkw: Dorfstraße 1, 40667 Meerbusch-Büderich
Bahn: Bahnhof Meerbusch-Osterath

FAHRRADWERKSTATT

Fahrrad Mous,
Dorfstraße 2, 40677 Meerbusch,
Tel. 02132/49 64,
www.fahrrad-mous.de
(Gegenüber dem Startpunkt)
Giant Store Roermond,
Doctor Philipslaan 35A,
6042 CT Roermond,
Tel. +31 (0)475 26 60 07,
www.giantstore-roermond.nl

ÜBER DÜNEN UND ANDERE BERGWELTEN

Hülser Bruch – Sonsbecker Schweiz – Kalkar – De Maasduinen – Arcen – Krickenbecker Seen – Hinsbecker Schweiz – Saalbruch

Den Niederrhein der Länge nach erfahren – das ist die Grundidee dieser zweitägigen Tour. Großartige Landschaften sind garantiert. Neben typischen Auen und Niederungen geht es in die Sonsbecker und Hinsbecker Schweiz. Der Nationalpark De Maasduinen mit seinen Wäldern und Sanddünen ist ein weiterer Höhepunkt.

Durch die Terrassenlandschaft im deutsch-niederländischen Grenzgebiet

22

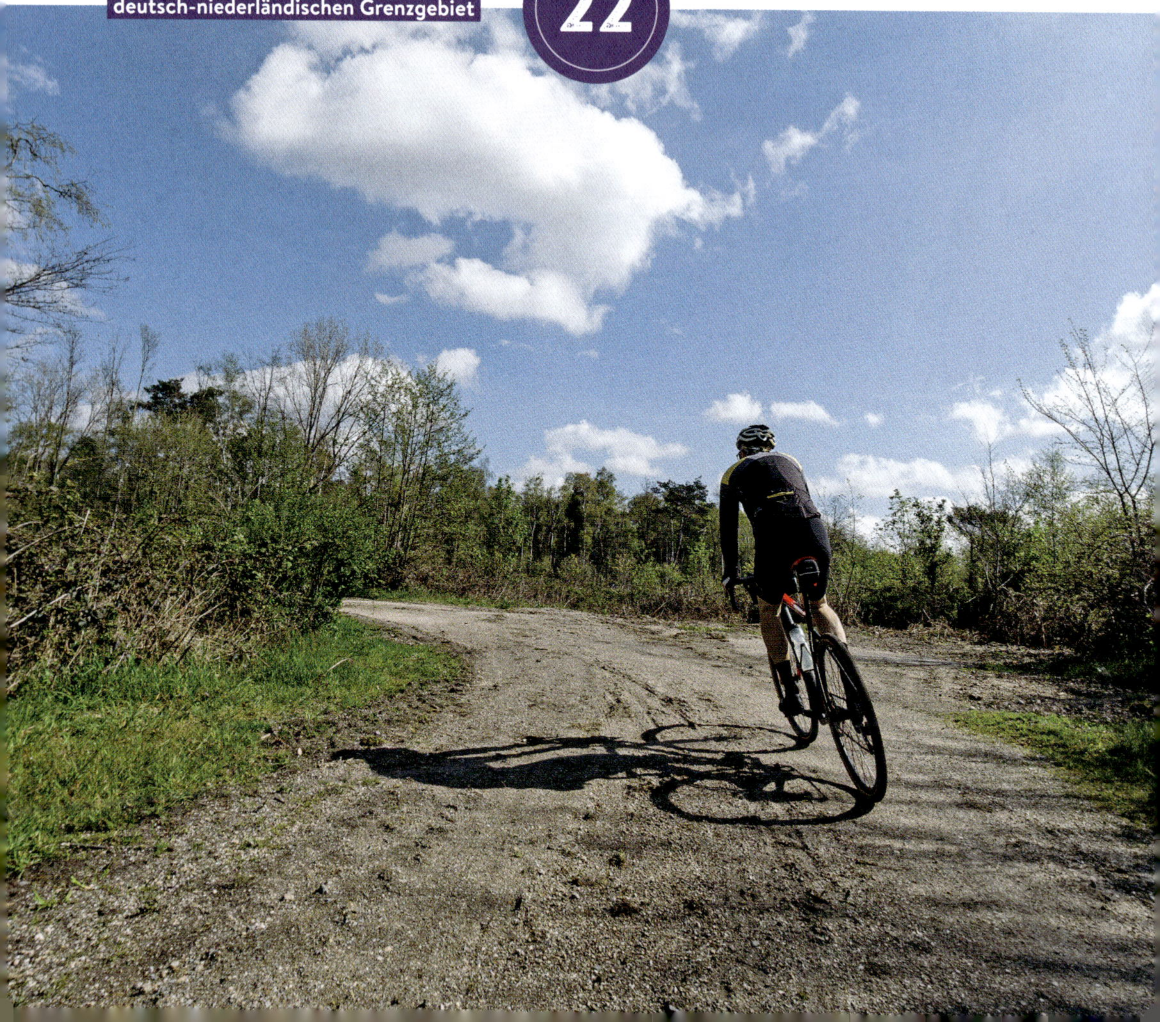

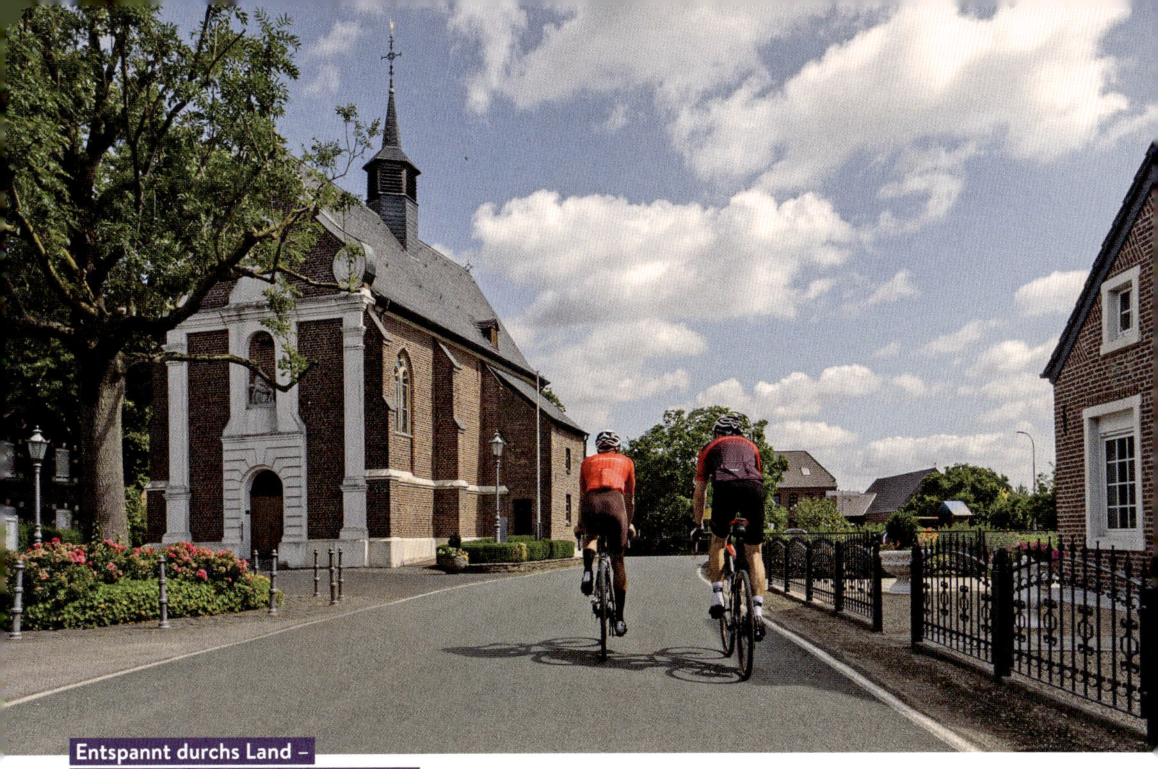

Entspannt durchs Land –
zur Abwechslung mal auf der Straße

ERSTER TAG Auch für diese Zweitagestour gilt: Sie vereint ausgesuchte Gravelpassagen der ersten 20 Touren. Mit 235 Kilometern und 710 Höhenmetern ist sie etwas anspruchsvoller als Tour 21. Um nicht im Dunkeln fahren zu müssen, eignet sie sich daher besser für lange Sommertage oder zumindest für Tage mit mindestens zehn Stunden Tageslicht. Je nachdem, wie ihr übernachten wollt – in der freien Natur, im Zelt oder im Hotel –, findet ihr am Ende des Buchs eine Packliste, die euch hilft, an alles zu denken. Der Startpunkt liegt im Norden von Krefeld im Hülser Bruch, am Parkplatz Hülser Berg. Wie immer kann auch jeder andere Punkt entlang der Route zum Start- und Zielpunkt werden. Die Übernachtung sollte idealerweise etwas nach der Hälfte der Strecke sein. Erfahrungsgemäß sind am Tag zwei die Beine etwas schwerer und vielleicht tut auch der Hintern vom Sitzen weh. Es geht zwar am Hülser Berg los, doch den Anstieg heben wir uns für das Finale auf. Zum Aufwärmen geht es zunächst auf gemütlichen Wald- und Wirtschaftswegen Richtung Norden. Linker Hand erheben sich die Schaephuysener Höhen, die zum Niederrheinischen Höhenzug gehören und von den Gletschern der Eiszeit geschaffen wurden. Eine typisch niederrheinische Landschaft durchquert ihr im **Staatsforst Rheurdt/Littard**. Stillgewässer, die sich in ehemaligen Torfstichen gebildet

Tipp

IMMER VOLLE POWER

Das Navigieren mit dem Smartphone zieht viel Strom aus dem Akku und verkürzt die Akkulaufzeit erheblich. Eine Powerbank sollte bei längeren Touren immer dabei sein, inklusive der passenden Kabel.

Tipp

HOTELS IN DER REGION MAASDUINEN

Haus am See GochNess
Noch auf der deutschen Seite liegt das komfortable Hotel beim Freizeitbad GochNess. Frühstück gibt es schon ab 7 Uhr. Gut, wenn man früh aufbrechen möchte (www.hausamsee-gochness.de).

B&B Bosserheide
In der Nähe des Reindersmeers können bis zu vier Personen in gut ausgestatteten Appartements übernachten (www.bosserheide.nl).

B&B Veronique
Ein paar Kilometer weiter in Well an der Maas liegt das kleine feine Bed and Breakfast günstig an der Route. Eine eigene Fahrradgarage gibt es allerdings nicht (www.veroniquewell.nl).

CAMPING

De Beukenhof
Kleiner Familiencamping am Rande des Nationalparks Maasduinen am Reindersmeer. Gut für Selbstversorger, denn einen Laden oder ein Restaurant gibt es hier leider nicht. Gastronomie gibt es am Reindersmeer, ca. 1,5 km entfernt (www.campingdebeukenhof.com).

Camping Halve Maan
Der Minicampingplatz liegt ebenfalls am Reindersmeer. Auch hier befindet sich das nächste Restaurant an der Schleuse zum See (www.camping-halvemaan.nl).

haben, ein dichter naturnaher Mischwald – wie in allen sensiblen Naturschutzgebieten ist es selbstverständlich, auf den ausgewiesenen Wegen zu bleiben.
Waldreich und hügelig wird es ab Kilometer 22. Die Tour nähert sich sozusagen alpinen Gefilden. Die **Sonsbecker Schweiz** erhebt sich zwar nur rund 50 Meter über das Flachland, trotzdem verändert dies das Landschaftsbild entscheidend. Die Anstiege hinter Sonsbeck bei Kilometer 40 können einen schon fordern. Auch im **Uedemer Hochwald** bleibt es bergig, bis die Route sich am oberen Niederrhein bei Rees fast bis auf Meereshöhe absenkt. **Kalkar** ist bundesweit für seinen »Schnellen Brüter« bekannt, ein Kernkraftwerk, das nie ans Netz ging und das stattdessen als Vergnügungspark seine Bestimmung fand. Zeit für eine Pause, zum Beispiel in einem der Lokale auf dem historischen Marktplatz.
Im Reichswald geht es wieder leicht bergauf. Auf den geraden Wegen durch diesen hohen Wald – und dann auf einem fantastischen Trail entlang der deutsch-niederländischen Grenze. Bei Kilometer 113 überqueren wir die grüne Grenze bei Hommersum.
Der eindrucksvolle **Nationalpark De Maasduinen** – es sind tatsächlich echte Sanddünen, die sich hier an den Ufern der Maas gebildet haben – ist ein reines Vergnügen. Ebenso wie die hervorragenden Pisten im Nationalpark. Wer mit dem Zelt unterwegs ist, findet auf der niederländischen Seite mehrere Campingplätze beim **Leukermeer**. Bei Hotels und Pensionen ist es etwas schwieriger, etwas Geeignetes zu finden (siehe Adressen).

ZWEITER TAG Wo auch immer ihr die Nacht verbracht habt, am Reindersmeer bei Kilometer 130 wechselt die Route ans Ufer der Maas, dann wieder in das Waldgebiet und beim Ausflugsort Arcen wieder an die Maas. Arcen mit seinem sehenswerten Schlosspark und den vielen Kaffees und Lokalen bietet sich für ein zweites Frühstück an oder für ein erstes.
Von der **Leeremarkschen Heide** in den Niederlanden geht es in das nicht weniger schöne Gebiet der **Krickenbecker Seen** bei ca. Kilometer 170. Das flache Land steigt

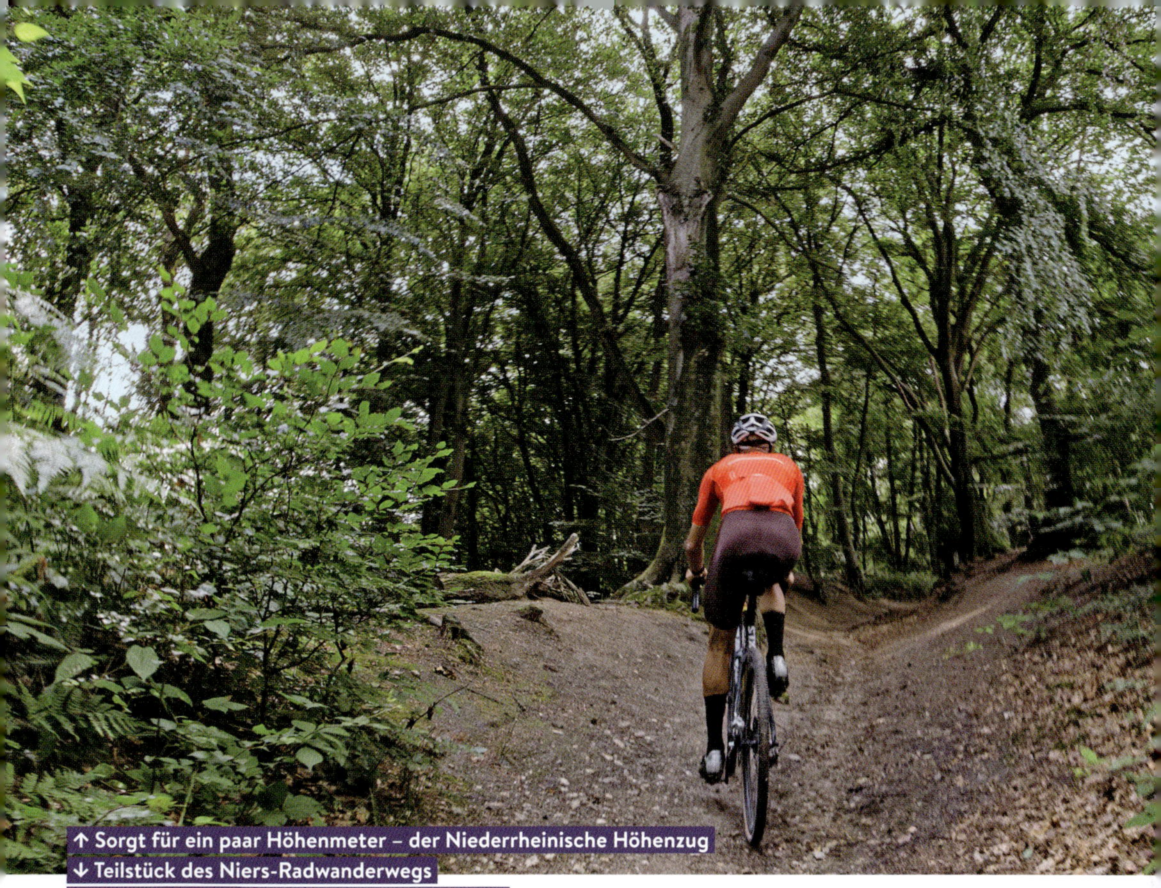

↑ Sorgt für ein paar Höhenmeter – der Niederrheinische Höhenzug
↓ Teilstück des Niers-Radwanderwegs
↘ Auf einem Singletrail durch den Reichswald

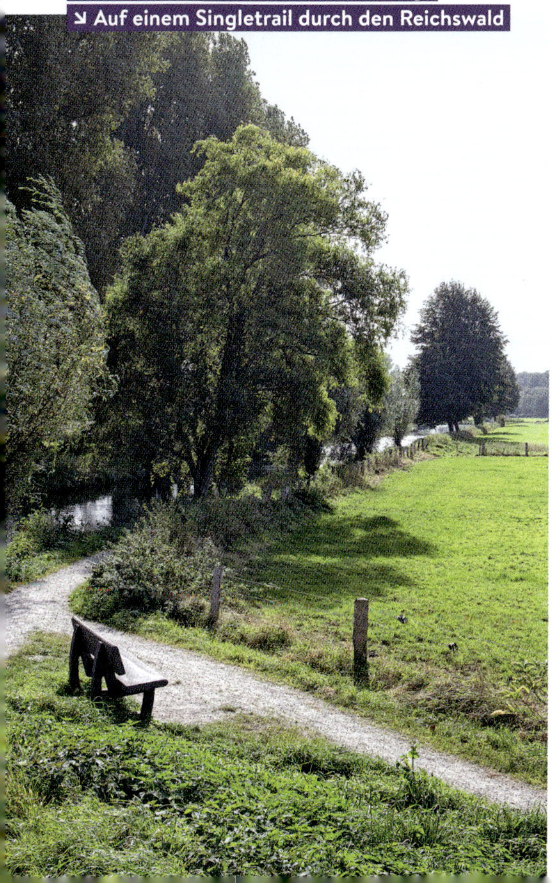

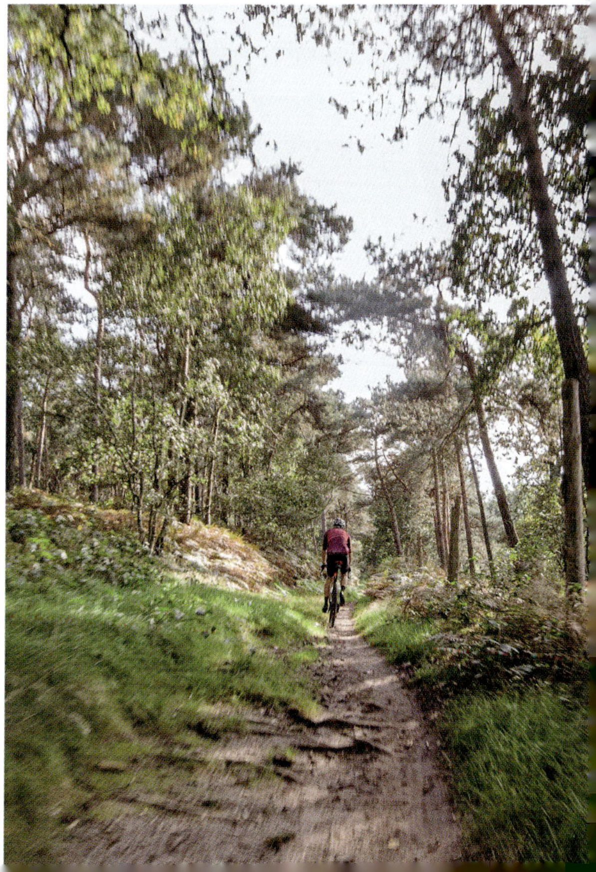

beim »Bergort« Hinsbeck merklich an. Kein Wunder, jetzt geht es in die zweite Schweiz des Niederrheins, die **Hinsbecker Schweiz**. Für niederrheinische Verhältnisse bleibt es auch auf den folgenden Kilometern bergig: Die Route erklimmt die **Süchtelner Höhen** und umkurvt elegant die Stadtgebiete von Viersen und Mönchengladbach.

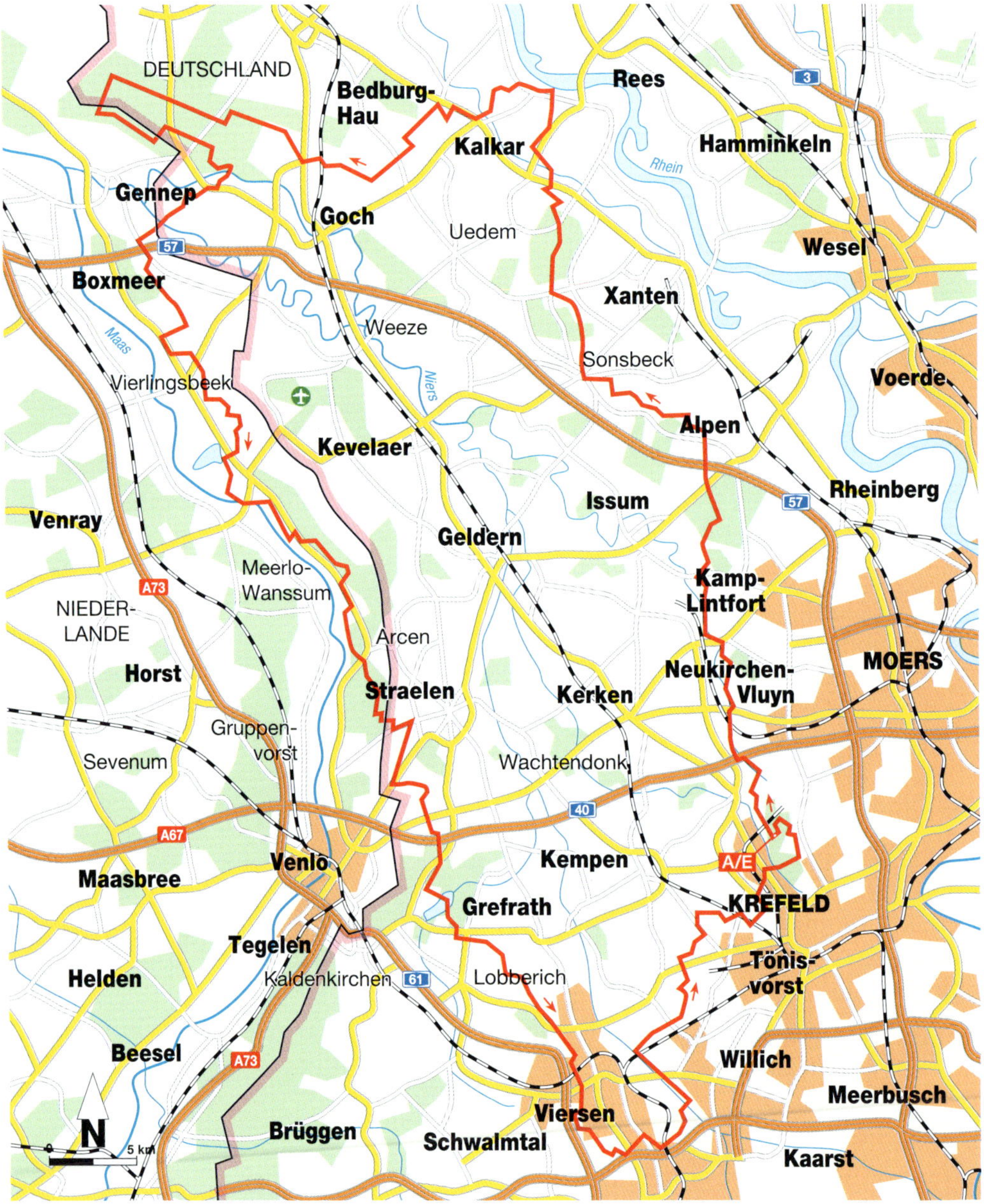

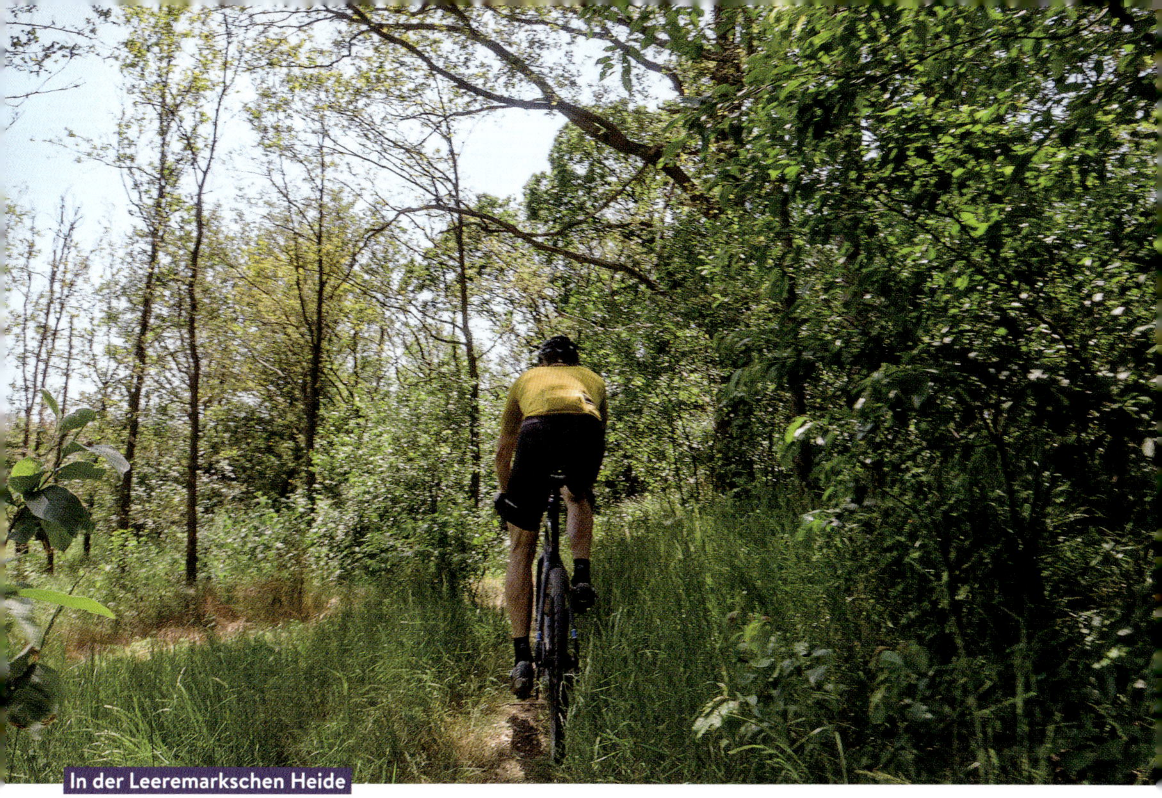

In der Leeremarkschen Heide

Eine Zweitagestour ohne Flussradweg geht gar nicht. Deshalb folgt die Route auf wenigen Kilometern dem **Niers-Radwanderweg**. Die Wege durch das kleine **Naturschutzgebiet Saalbruch** ist genauso eindrucksvoll wie die Obstplantagen rund um Tönisforst. Auch wenn die Beine langsam schwer werden. Ein kleines sportliches Highlight zum Schluss darf nicht fehlen. Der Gipfel des 63 Meter hohen **Hülser Bergs** darf bezwungen werden. Wer nicht mehr kann, kürzt bei Kilometer 233 einfach ab und fährt links zum Start- und Zielpunkt. Wer mag, steigt nach dem erfolgreichen Anstieg noch auf den Aussichtsturm auf dem Hülser Berg und blickt über das weite Land, das man nun schon viel besser kennt.

INFO

Schwer	235 km	710 Hm	14.00 Std.

TOURENCHARAKTER
Schwere Tour, die viel Kondition erfordert.
Die Wege sind einfach zu befahren und können je nach Wetterbedingungen tiefe und sandige Passagen aufweisen.

WEGBESCHAFFENHEIT
Wald, Kies, Schotter, Singletrails: ca. 102 km

AUSGANGS-/ENDPUNKT
Pkw: Parkplatz am Hülser Berg, 47802 Krefeld

FAHRRADWERKSTATT
Die Edelhelfer, Moerser Straße 80, 47803 Krefeld, Tel. 02151/255 62, www.die-edelhelfer.de
P. van Rijt Fietsen, Rimpelt 35, 5851 EK Afferden, Tel. +31 (0)475 26 60 07

PS:

ALS AUTOR UND FOTOGRAF DIESES BUCHS WOLLEN WIR EUCH DANKEN, dass ihr euch für unsere Gravelbiketouren durch den Niederrhein entschieden habt. Wir kannten die Region bereits unterschiedlich gut, aber was wir auf den Touren erlebt haben, hat uns immer wieder umgehauen. Diese unglaublich vielfältigen Landschaften, diese grandiosen Trails – letztlich war die Arbeit an diesem Buch eine unvergessliche Reise. Jede Tour war eine neue Entdeckung, ein Abenteuer, das uns die Region Niederrhein aus neuen Perspektiven gezeigt hat.

WIR HABEN VIEL GESEHEN UND VIEL ERLEBT

Während all der Kilometer hatten wir null platte Reifen, eine gebrochene Speiche und zwei harmlose Umfaller (der Autor). Wir haben während der Fahrten singende Pilger getroffen, Menschen in mittelalterlichen Gewändern, Menschen, die unter freiem Himmel den Gottesdienst feierten, Kinder mit blumengeschmückten Gokarts und Familien, die mit einer alten Dampflokomotive übers Land fahren. Wie auf den Fotos zu sehen, haben sich den Ausfahrten auch immer wieder Bekannte und Freunde angeschlossen. Danke an Christoph, Dietmar, Erik, Jörn und Michael – auch für ihre Geduld bei den unvermeidlichen Fotostopps.

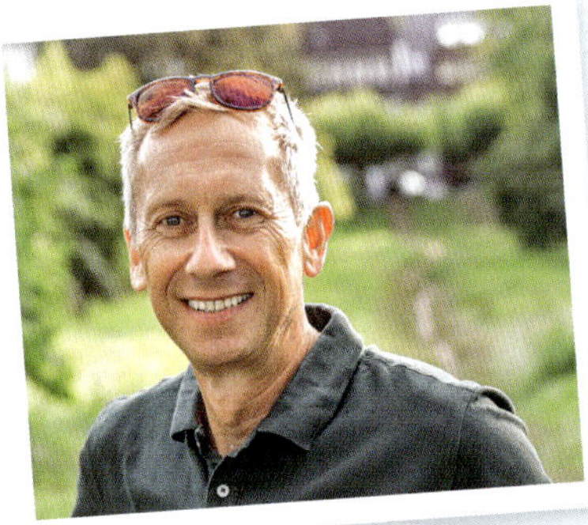

JEDER KILOMETER EIN GENUSS

Wir hoffen, dass dieses Buch euch genauso inspiriert wie uns und dass ihr jeden Kilometer auf dem Gravelbike genießen könnt. Wir wünschen euch viel Spaß und unvergessliche Erlebnisse auf euren eigenen Gravelabenteuern am Niederrhein!

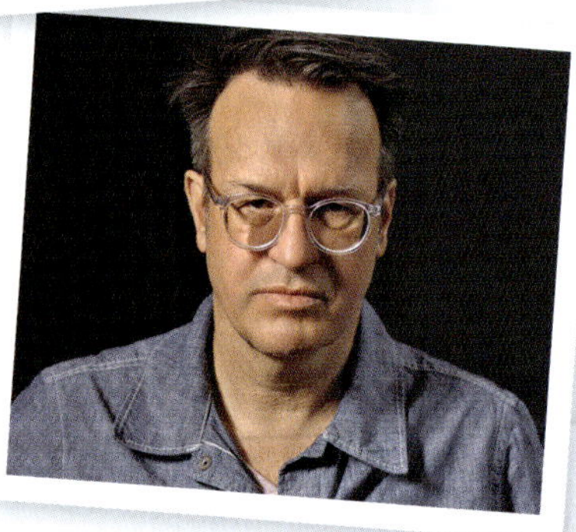

Lothar Schmidt
Johannes Pöttgens

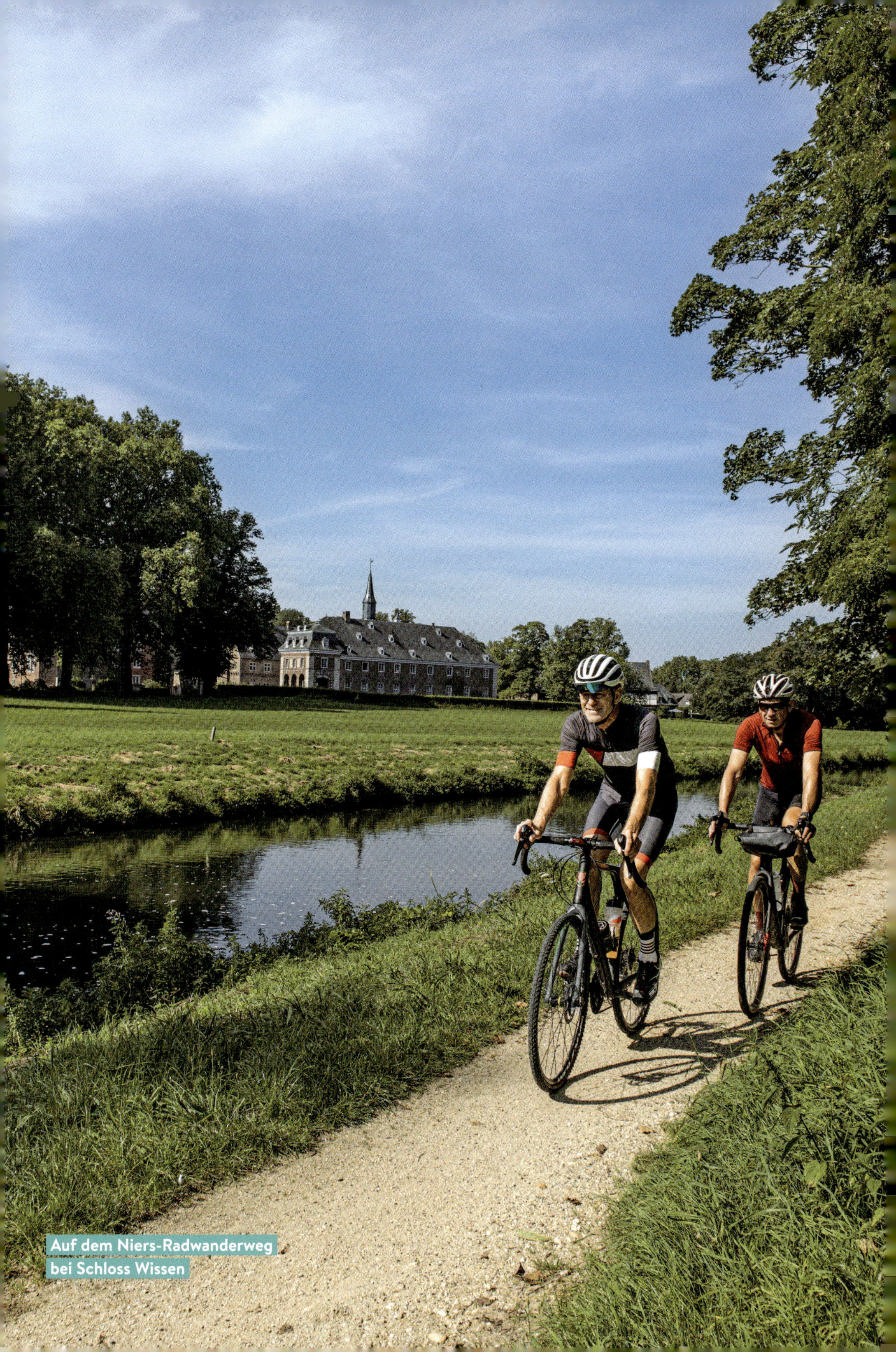

Auf dem Niers-Radwanderweg
bei Schloss Wissen

Packliste

Checkliste für deine Graveltour

Was brauchst du für dein Miniabenteuer? Das hängt auch von der Jahreszeit, Region und Länge der Tour ab. Daher wird man selten alles mitnehmen müssen, was die Packliste aufführt. Wähle aus, was dir wichtig ist.

RUND UMS BIKE

- [ ] Bike
- [ ] Minitool mit Kettennieter
- [ ] Ersatzschlauch oder Flickzeug
- [ ] Reifenheber
- [ ] Luftpumpe oder CO_2-Patrone
- [ ] Vorder- und Rücklicht

NAVIGATION UND KOMMUNIKATION

- [ ] Fahrradcomputer oder GPS-Gerät
- [ ] Karten oder GPS-App auf dem Smartphone
- [ ] Powerbank für das Smartphone
- [ ] Handyhalterung am Lenker

KLEIDUNG

- [ ] Fahrradhelm
- [ ] Fahrradhandschuhe
- [ ] Fahrradbrille
- [ ] Radtrikot
- [ ] Radhose mit Polster
- [ ] Fahrradsocken
- [ ] Fahrradschuhe (Cleats und Verschraubung checken)
- [ ] Leichte Jacke oder Weste

VERPFLEGUNG

- [ ] Trinkflaschen mit Wasser oder isotonischem Getränk
- [ ] Energieriegel oder -gels
- [ ] Leichte Snacks (z. B. Trockenfrüchte, Nüsse), Lunchpaket oder Sandwiches

ERSTE HILFE

- [ ] Erste-Hilfe-Set
- [ ] Persönliche Medikamente
- [ ] Ausweis und Notfallkontakte

SONSTIGES

- [ ] Leichtes Fahrradschloss
- [ ] Geld und Ausweis
- [ ] Kleine Tasche oder Rahmentasche
- [ ] Regenschutz (je nach Wettervorhersage)
- [ ] Sonnencreme

ZUSÄTZLICH BEI MEHRTÄGIGEN TOUREN

- [ ] Wechselkleidung für den Abend
- [ ] Bequeme Schuhe für die Zeit außerhalb des Radfahrens
- [ ] Schlafbekleidung
- [ ] Toilettenartikel (Zahnbürste, Zahnpasta, Dusch-Shampoo usw.)
- [ ] Ladekabel für elektronische Geräte
- [ ] Powerbank
- [ ] Kettenöl
- [ ] Wasserdichte Taschen: Lenkerrolle, Satteltasche, Rahmentasche
- [ ] Rucksack
- [ ] Taschenmesser
- [ ] Zurrgurte

ZUSÄTZLICH BEIM CAMPIEREN

- [ ] Zelt oder Hängematte
- [ ] Schlafsack
- [ ] Isomatte
- [ ] Stirnlampe
- [ ] Mini-Kocher
- [ ] Minimales Koch-/Essgeschirr
- [ ] Feuerzeug
- [ ] Kleines Handtuch
- [ ] Toilettenpapier

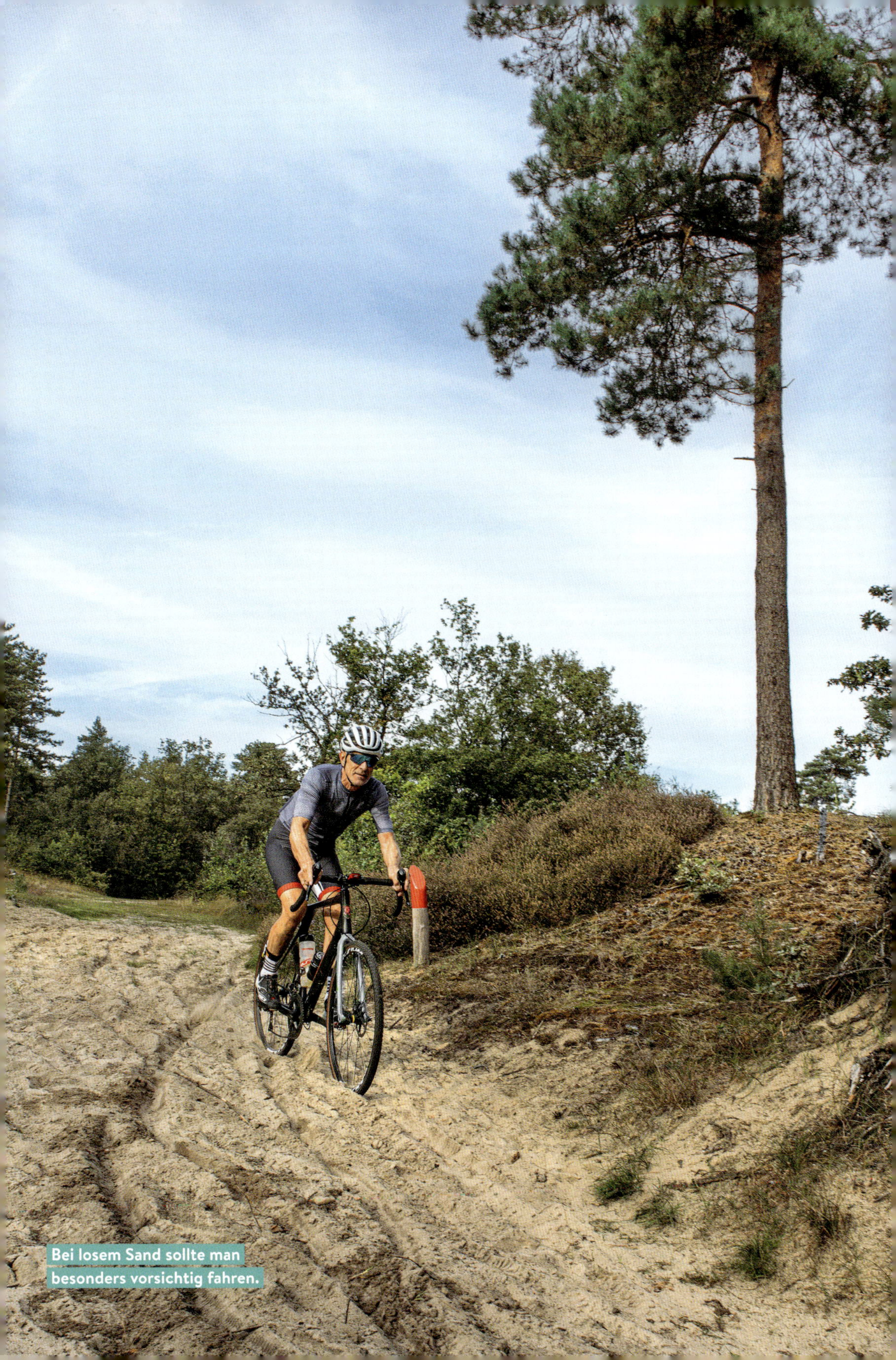
Bei losem Sand sollte man
besonders vorsichtig fahren.

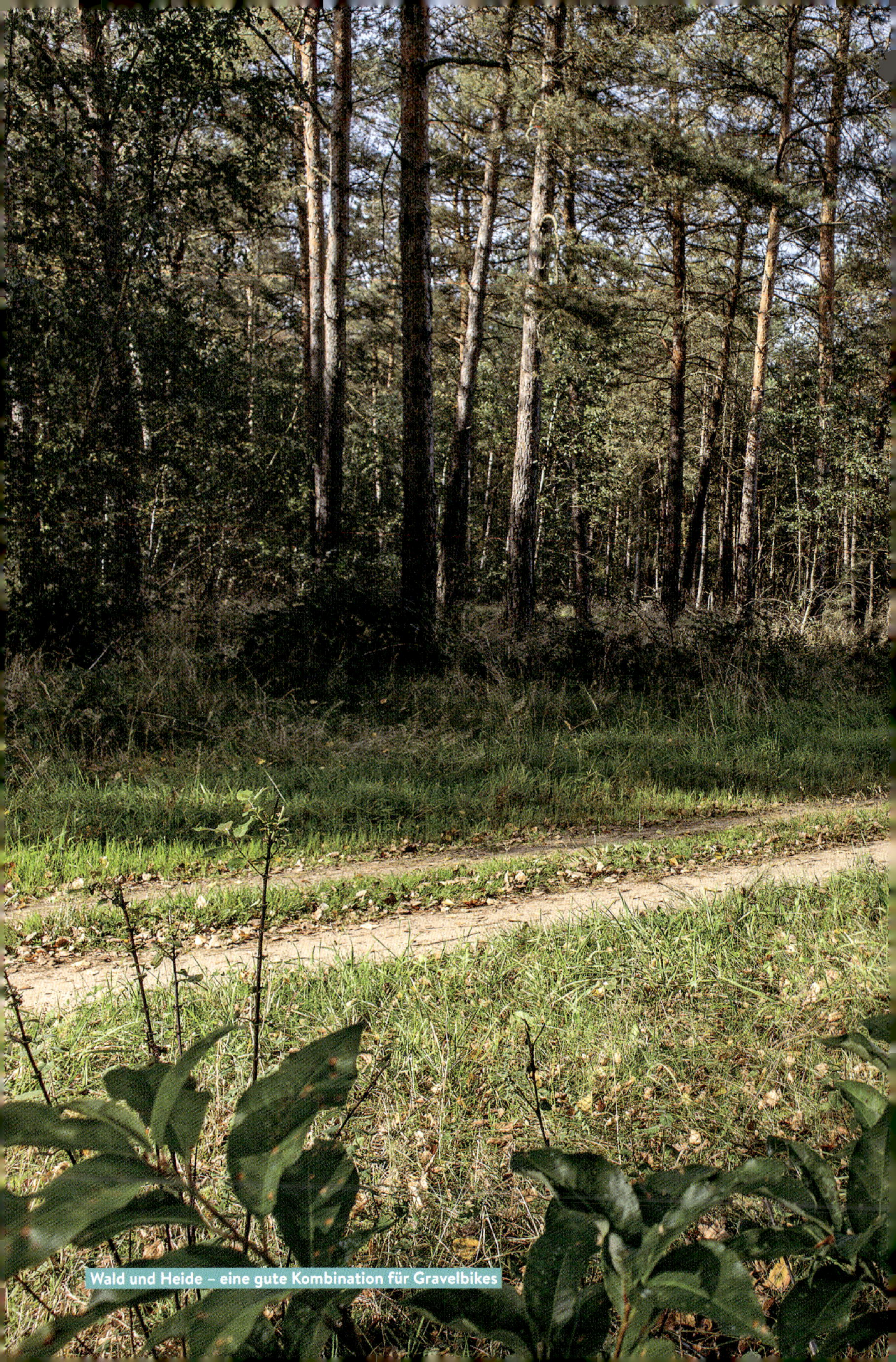
Wald und Heide – eine gute Kombination für Gravelbikes

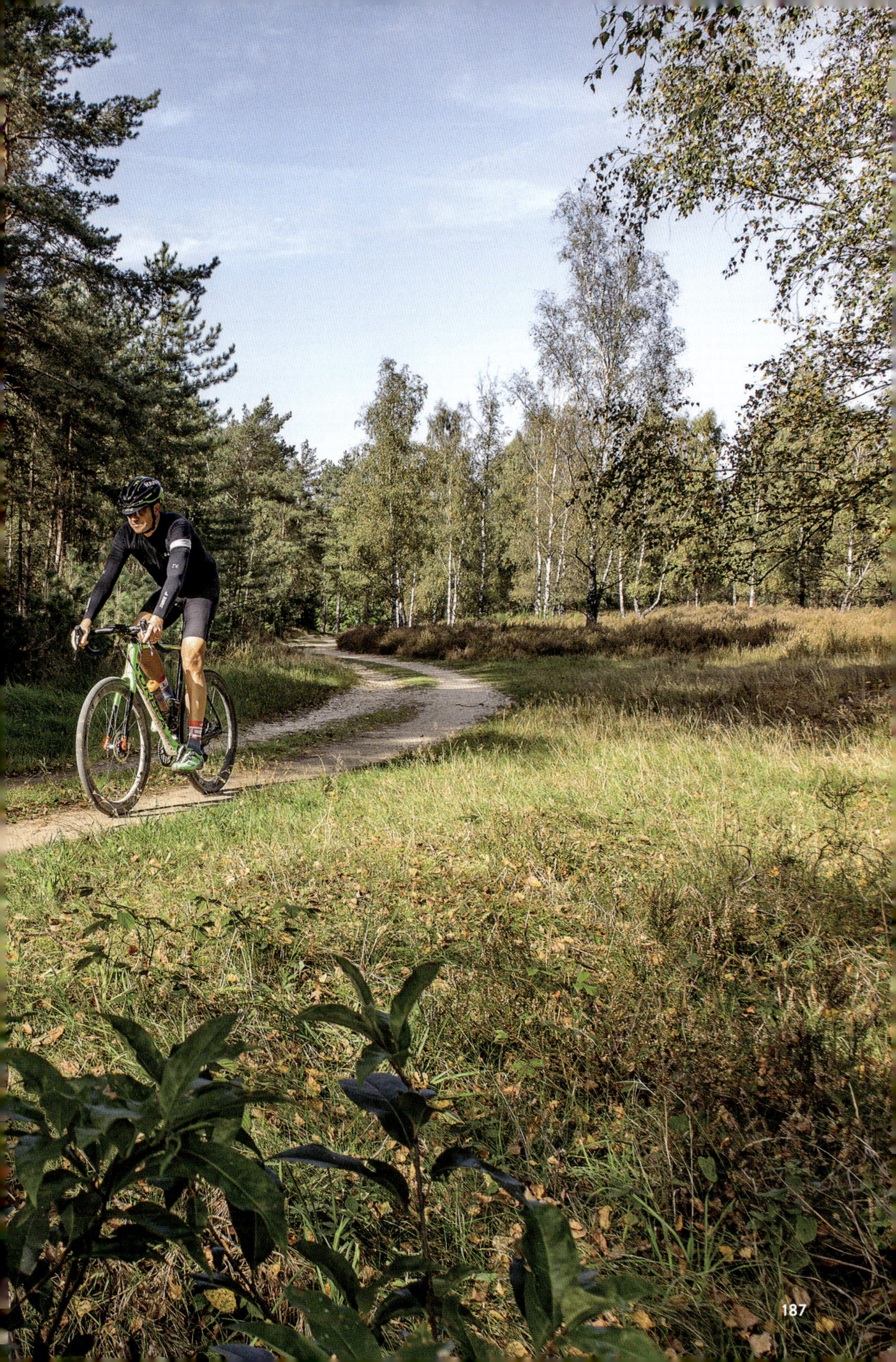

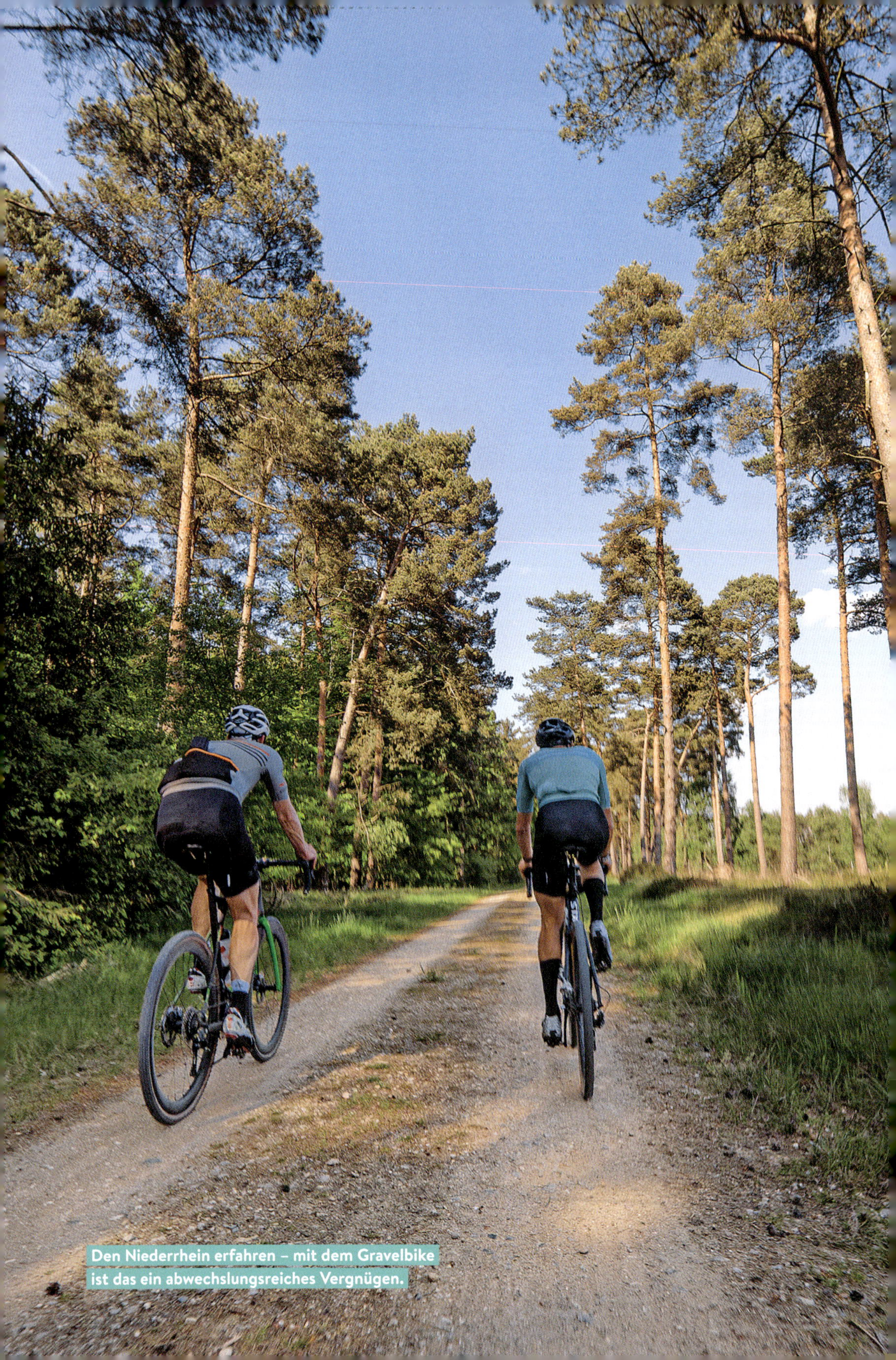

Den Niederrhein erfahren – mit dem Gravelbike ist das ein abwechslungsreiches Vergnügen.

REGISTER

Ebenfalls erhältlich ...

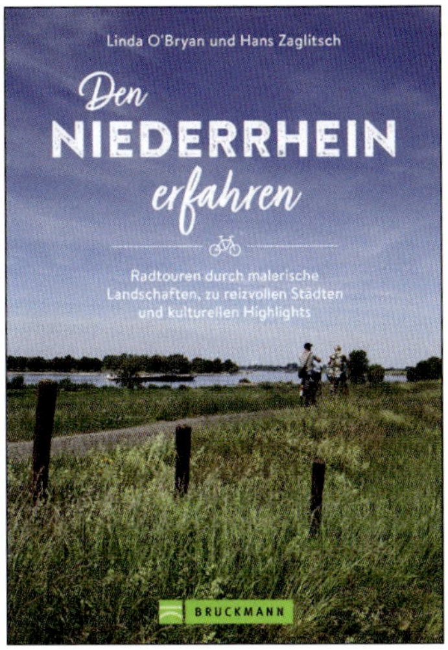

ISBN 978-3-7343-2148-1

Abwechslungsreiche Tagestouren in Nordrhein-Westfalen, mit den Niederlanden im Gepäck: So definiert sich Radelvergnügen am Nieder-rhein.

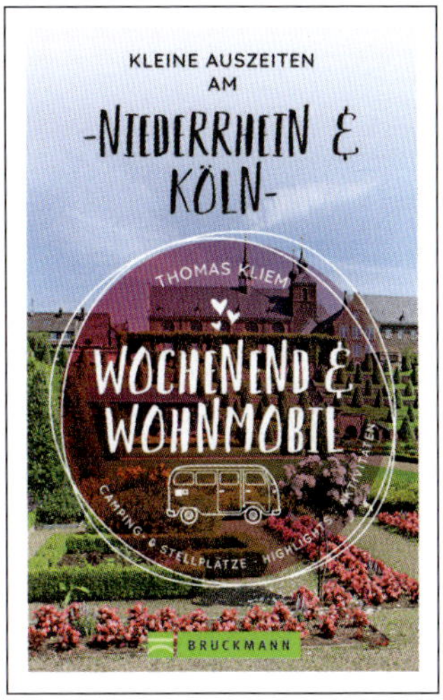

ISBN 978-3-7343-2054-5

Den Niederrhein mit allen Sinnen erleben – mit diesem Reiseführer ein Kinderspiel! Inklusive Tipps zu Ausflügen, Aktivitäten und Campingplätzen

BRUCKMANN

www.bruckmann.de

IMPRESSUM

Verantwortlich: Kerstin Thiele, Tabea Rheinert
Redaktion und Lektorat: Susanne Maute, mcp concept GmbH
Layout- und Reihengestaltung: Mathias Frisch
Satz: mcp concept GmbH
Repro: LUDWIG:media
Kartografie: Heidi Schmalfuß
Herstellung: Alexander Knoll
Printed in Poland by CGS Printing

Exklusiv für Sie als Leser:

MIT GPS-DATEN ZUM DOWNLOAD

unter: gps.bruckmann.de

★★★★★

Bist du mit diesem Titel zufrieden? Dann würden wir uns über deine Weiterempfehlung freuen.
Erzähle es im Freundeskreis, berichte es deinem Buchhändler, oder bewerte bei Onlinekauf. Und wenn du Kritik, Korrekturen, Aktualisierungen hast, freuen wir uns über deine Nachricht an Bruckmann Verlag, Postfach 40 02 09, D-80702 München oder per E-Mail an lektorat@verlagshaus.de.

Unser komplettes Programm findest du unter www.bruckmann.de

Bildnachweis: Alle Bilder im Innenteil stammen von Johannes Pöttgens mit Ausnahme von S. 22 © Michael Webb, S. 56 o., 67 u. r., 83, 87 © Lothar Schmidt, Autorenfoto von Johannes Pöttgens auf der Umschlagklappe © Katharina Jarzombek
Umschlagvorderseite: An der Niers entlang, nördlich von Goch
Umschlagrückseite: Kurz vorm Rhein bei Meerbusch

Die Deutsche Nationalbibliothek verzeichnet diese Publikation in der Deutschen Nationalbibliografie; detaillierte bibliografische Daten sind im Internet über http://dnb.d-nb.de abrufbar.

Infanteriestraße 11a
80797 München

ISBN: 978-3-7343-2910-4